Hans Bruno Fröhlich

·

LICHTBLICKE IM DUNKEL

D1620084

Hans Bruno Fröhlich

LICHTBLICKE IM DUNKEL

Ein Jahrgang siebenbürgischer Predigten

Mit einem Geleitwort von
Bischof em. D. Dr. Christoph Klein

HONTERUS VERLAG

Dieses Buch erscheint mit der finanziellen Unterstützung
des Martin-Luther-Bundes aus Erlangen/Deutschland
und der Evangelischen Kirchengemeinde A.B. Schäßburg.

Umschlag: Kanzel der Klosterkirche in Schäßburg
Fotos: „La Rely"

ISBN: 978-973-1725-77-2
Honterus Verlag Sibiu/Hermannstadt
www.honterus-verlag.ro

Druck: Honterus Sibiu/Hermannstat
Printed in Romania

„Dein Wort ist meines Fußes Leuchte"
Festhalten will die Kanzel
Das Licht

...

(Matthias Buth: Licht)

Inhaltsverzeichnis

Geleitwort

Der vorliegende Band LICHTBLICKE IM DUNKEL ist eine Überraschung. Ein Stadtpfarrer und langjähriger Dechant legt eine Sammlung von Predigten für ein ganzes Kirchenjahr vor, die er innerhalb seiner 15-jährigen Dienstzeit gehalten hat. Das ist in unserer Zeit neu und zu begrüßen.

Die Herausgabe von Predigten im Zeitalter des Internet, die sich allen Themen stellen, die die Perikopenordnung aufgibt, beweist schon an und für sich Mut und legt Zeugnis ab von einer fleißigen Arbeit an dem schwierigen Auftrag der Verkündigung eines Pfarrers. Hier spricht nicht ein Bischof oder Theologieprofessor, der sich bei seinen sporadisch gehaltenen Predigten in einem Predigtband, mit seiner theologischen Grundhaltung und seinem spezifischen Auftrag zum Amt der Lehre ausweist. Hier ist es ein Seelsorger, der Sonntag für Sonntag auf der Kanzel steht und während der Woche bestimmte andere gemeindespezifische geistliche Dienste und Verwaltungsaufgaben zu erledigen hat. Ein solcher Diener des Wortes steht – das beweisen viele dieser Predigten – mit beiden Füßen auf dem Boden der Wirklichkeit des Alltaglebens, das täglich und stündlich Fragen und Probleme aufwirft, die auf sehr konkrete Antworten und Stellungnahmen warten.

Wir gewinnen mit diesen aus einer eineinhalb Jahrzehnten treuen Verkündigungsarbeit ausgewählten Predigten Einblick in die Werkstatt, in der diese entstanden sind. Im Vordergrund der Predigt steht meist eine gründliche Auseinandersetzung mit dem Text, dem der Prediger sich – wie er es an einer Stelle ausdrückt – „gerecht zu werden" bemüht. Man erkennt dahinter eine minutiöse Exegese und anschließend eine Aktualisierung des Textes, oft als „Erzählen der Geschichte", der bekannten und geschätzten Weise des „telling the story".

Der Verkündiger stellt sich in den sehr unterschiedlichen Predigten auch schweren Texten und Themen. Er scheut auch vor heiklen Fragen nicht zurück. Dabei leuchtet immer wieder das Besondere seines siebenbürgisch-sächsischen Kirchenverständnisses in Vergangenheit und Gegenwart auf. Und nicht selten wird die politische Situation deutlich artikuliert, in die das biblische Wort hineinspricht. Ja, selbst persönliches Zeugnis und Einblick in den eigenen theologischen und geistlichen Werdegang fehlen nicht.

So sind die hier vorgelegten Predigten ein Zeugnis dafür, wie in den schweren Zeiten des Umbruchs und Neuaufbruchs unserer Evangelischen Kirche A. B. in Rumänien nach

1989 auf der Gemeindeebene theologisch gedacht, die Bibel ausgelegt und die Verkündigung gestaltet wird. Der Leser kann sich davon überzeugen, welche Aufmerksamkeit der ernsten theologischen Arbeit geschenkt wird, wie sehr die Verbindung zur Gemeinde und dem Predigthörer eine verständliche und natürliche Sprache findet und wie wichtig dabei die Verwurzelung im Glaubensgut der eigenen Kirche ebenso wie der Blick auf die Ökumene ist.

Dem Buch darf man daher Leser wünschen, die davon angeregt werden, sich den hier dargestellten Fragen unseres christlichen Glaubens und Lebens zu stellen, ihnen weiter nachzugehen und das Gespräch, das die Sonn- und Feiertagspredigt entfacht, in unseren Alltag hineinzutragen.

D. Dr. Christoph Klein
Bischof emeritus

Vorwort des Autors

Nachdem Mitte der 1990er Jahre der Massenexodus der evangelischen Siebenbürger Sachsen abgeschlossen war und klar wurde, dass das kirchliche Leben unserer Gemeinschaft hier in Siebenbürgen dennoch weiter geht, wenn auch unter ganz anderen Bedingungen, musste man damit beginnen, neue gehbare Wege auszuloten. Wer sich auf die Suche ins Dunkel begibt, braucht Lichtblicke; das gilt im eigentlichen, wie im übertragenen Sinne. Im Vergleich zum Dunkel der Zeit vor 1989, hat es in den letzten zwanzig Jahren an Lichtblicken nicht gefehlt. Die Realität im postkommunistischen Rumänien bot und bietet ein Paradoxon: viele dunkle Ecken und Momente einerseits, Glanz und Glamour bis zur Blendung andererseits. In dieser Zeit nach dem wahren Licht (Johannes 8,12) Ausschau zu halten, ist eine Aufgabe, der man sich als Theologe und Prediger zu stellen hat. Zum Licht werden (Matthäus 5,14) ist eine ständige Herausforderung.

Im Jahr 1997 veröffentlichte ein Freund Siebenbürgens und insbesondere der Stadt Schäßburg – Dr. Matthias Buth, Ministerialrat beim Beauftragten der Bundesregierung für Angelegenheiten der Kultur und Medien – den Gedichtband «Die Stille nach dem Axthieb». Mit diesem Titel charakterisiert er die damalige Situation treffsicher. Als Motto über dem vorliegenden Predigtband stehen Verse aus seinem Gedicht «Licht». Am Palmsonntag des Jahres 1997 begann ich – nachdem ich am Palmsamstag, den 22. März 1997 ordiniert wurde – meinen Dienst als Pfarrer in Schäßburg. Mein Ordinator, Bischof D. Dr. Christoph Klein empfahl in einem seiner Bücher «Ausschau nach Zukunft» zu halten. Dieser Aufforderung habe ich versucht nachzukommen, indem ich «Lichtblicke im Dunkel» gesucht habe. Nach fünfzehn Jahren im „Dienst am Wort" ist es mir ein Anliegen, darüber Rechenschaft abzulegen. Ich tue es mit dem vorliegenden Band, welcher mit sechsundsechzig ausgewählten Predigten ein Kirchenjahr abdeckt, wobei die Überschrift der Predigt vom Verklärungssonntag (Letzter Sonntag nach Epiphanias) als „pars pro toto" zum Titel dieses Buches geworden ist: LICHBLICKE IM DUNKEL.

Unsere Kirche ist eine „Kirche des Wortes" und die Hauptaufgabe eines evangelischen Pfarrers ist die Predigt. Dahingehend sind wir am Theologischen Institut in Hermannstadt in den Jahren nach der Wende 1989 vorbereitet worden. Doch nicht nur theoretisch habe ich dies gelernt, sondern auch in der Praxis – vor und nach dem Studium – erlebt, wobei mir zwei Beispiele vor Augen stehen: Walter Schneider, Pfarrer in meiner Heimatgemeinde Leschkirch und mein Konfirmator sowie Heinz Georg Schwarz, Pfarrer in Zeiden und mein Vikarlehrer. Gerne ging ich als Heranwachsender zum Gottesdienst. Was mich damals beeindruckte war die Tatsache, dass in der düsteren und perspektivlosen Zeit des zu Ende gehenden Kommunismus (wobei damals niemand ahnte, dass der Kommunismus so schnell ausgedient haben würde) das ausgelegte Wort Gottes eine Perspektive bot und ein «Lichtblick» war. Bei meinem Vikarlehrer dann, sollte ich mit dem „Predigthandwerk" vertraut werden. Was ich rückblickend an ihm bewundere – vor allem auch darum, weil ich es selber nie so konsequent durchhalten konnte – ist die Tatsache, dass Pfarrer Schwarz am Anfang der Woche mit seiner Predigtvorbereitung begann und am Samstag ihr den letzten Schliff gab. Obwohl er sich kurz vor dem Eintritt in den Ruhestand befand, las er jedes Mal das auszulegende Bibelwort im Urtext und sammelte eine Woche lang Ideen. So konnte sein Predigtdienst nicht zur Routine verkommen.

Die Entwicklung, durch welche unsere Kirche in den letzten zwanzig Jahren gegangen ist, hat ein anderes Pfarrerbild hervorgebracht. Etwas überspitzt formuliert: aus dem „Herr Vater" ist ein Manager, der auch geistliche Funktionen wahrzunehmen hat, geworden. Die größte Schwierigkeit eines evangelischen Pfarrers aus Siebenbürgen, der seinen „Dienst am Wort" in dieser Zeit ernst nimmt ist die, dass für die Gottesdienstvorbereitung wenig Zeit übrig bleibt. Das liegt nicht nur an den demografischen Strukturveränderungen nach der Auswanderung und damit zusammenhängend, dass ein Pfarrer mehrere Gemeinden betreut und 2 bis 3 Gottesdienste pro Sonn- und Feiertag und die dazugehörigen Kasualhandlungen zu „halten" hat. Es sind vor allem die vielen kleinen, mehr oder weniger vorhersehbaren Dinge, welche den Terminkalender während der Woche (über)füllen; Dinge über deren Wichtigkeit der Pfarrer oft alleine zu entscheiden hat. Ohne eine erschöpfende Aufzählung zu geben, seien genannt: Religionsunterricht in den deutschsprachigen Schulen halten; Finanzierungsanträge für Renovierungs- und Bauprojekte schreiben; Kontakte mit Partnergemeinden pflegen; Diakonische Einrichtungen aufbauen und ihre Arbeit koordinieren; Miet- und Pachtverträgen aufsetzen; bei verschiedenen Ämtern vorstellig werden wobei man die Kenntnisse eines Anwaltes, Agraringenieurs, Buchhalters, Forstwartes gleichzeitig mitbringen müsste usw. In den fünfzehn Jahren meines Pfarrdienstes, von denen ich acht Jahre dem Kirchenbezirk Schäßburg als Dechant vorstand, ist es öfters so gewesen, dass meine Predigtvorbereitung nicht am Anfang, sondern erst am Ende der Woche beginnen konnte. Doch selbst wenn in der Woche Herausforderungen unterschiedlichster Art auf einen Pfarrer zukommen, so ist es umso erforderlicher in einer freien Stunde sich einen Kommentar zu einem biblischen Buch oder das Griechische Neue Testament bzw. die hebräische Bibel zur Hand zu nehmen, um dem gerecht zu werden, wofür man ausgebildet und wozu man ordiniert wurde: als „Diener am Wort" und als „Haushalter der mancherlei Gnadengaben Gottes" (1. Petrus 4,10). Solches zu tun, kann ein «Lichtblick im Dunkel» sein.

An dieser Stelle sei darauf hingewiesen, dass dieses Buch keinen wissenschaftlichen Anspruch hat, wiewohl ich in der „Werkstatt, in der die Predigten entstanden sind" (D. Dr.

Christoph Klein) durchaus jenes Instrumentarium angewendet habe, mit dem der Theologe umgeht: exegetische Textbearbeitung, homiletische Situationsanalyse, Konsultation von einschlägiger Literatur (Die «Göttinger Predigtmeditationen» aus dem Verlag Vandenhoeck & Ruprecht, Göttingen und die «Predigtstudien» des Kreuz Verlag, Stuttgart der Jahrgänge 1996 bis 2008 sind neben andern wissenschaftlichen Kommentaren Teil meiner Handbibliothek). Außer dem Verzeichnis der Predigttexte mit Zuordnung zur jeweiligen Predigtreihe gibt es keine weiterführenden Literaturangaben. Fußnoten stehen nur dort, wo es unbedingt erforderlich war um den Hintergrund der Predigt zu verstehen: wo es sich um eine Erklärung zum Gottesdienst bzw. Feiertag handelt, an welchem die Predigt gehalten wurde oder wenn ein Beispiel aus dem aktuellen Tagesgeschehen der Zeit als die Predigt gehalten wurde, verwendet wird. Keine Fußnoten werden z. B. bei Zitaten verwendet, die sich in den Erzählstrang der Predigt einfügen. Der Zweck dieses Buches ist, die Predigt als „fertiges Produkt" zu präsentieren, welches aus sich heraus verstanden werden möchte und – gerade auch für den theologisch weniger bewanderten Leser – zugänglich sein will.

Um der Anschaulichkeit willen, verwende ich mitunter anachronische Formulierungen: z. B. unter „blühender Textilindustrie" (Seite 21) kann der Leser des 21. Jahrhunderts sofort verstehen, was gemeint ist, auch wenn jedem klar ist, dass es im zweiten Jahrhundert n. Chr. selbstverständlich noch keine „blühenden Industriezweige" gab, sondern im besten Fall ein gut entwickeltes Handwerk; für diese Predigt wichtig ist nicht ein historischer Exkurs über die Entwicklung des Textilgewerbes, sondern die Information, dass die Menschen von denen der Bibeltext berichtet, sich bestens auf ihr Handwerk verstanden und ihre Produkte gut vermarkten konnten.

Vielleicht erscheint es denen, die die „klassische Art" gewohnt sind, unüblich dass in einer Predigt Anekdoten erzählt werden. Doch eine heitere Veranschaulichung prägt sich vielen Menschen am leichtesten ins Gedächtnis. Aber nicht nur so viel: es ist meine feste Überzeugung, dass Gott Humor hat und Humor versteht. Auch das ist in dieser dunkeln Welt ein «Lichtblick».

Dieser Predigtband spiegelt die vielfältigen Möglichkeiten der Verkündigung heute, wobei diese Vielfältigkeit damit beginnt, dass man als Pfarrer und erst recht als Dechant an unterschiedlichen Predigtstätten dient. Weiterhin ist es die sprachliche Vielfalt – wenn auch mit mehr Arbeit für den Prediger verbunden – welche in den letzten 20 Jahren in unserer Kirche eine Selbstverständlichkeit geworden ist. Auf Rumänisch (und wenn es geht auch Ungarisch) zu predigen birgt einerseits die Chance unsere „evangelische Stimme" in das „ökumenische Konzert" einzubringen, andererseits aber ist es eine schlichte Notwendigkeit geworden, weil Gemeindeglieder nicht mehr selbstverständlich der deutschen Sprache mächtig sind. Drittens sind die Kommunikationsmittel vielfältiger geworden. Das Evangelium wird nicht mehr nur von der Kanzel verkündigt, sondern kommt als «Lichtblick» in die Häuser: durch die Zeitung, über die audiovisuellen Medien und selbstverständlich übers Internet. Diesem versuche ich Rechnung zu tragen, indem ein Wort zum Sonntag (Okuli), eine

Radioandacht (Weihnachten) oder eine Predigt, welche im Radio direkt übertragen wurde (Invokavit) abgedruckt wird; eine der Predigten (Dreizehnter Sonntag nach Trinitatis) kann auch im Internet nachgelesen werden und zwar auf: www.ev-kirche-schaessburg.ro.

Am Schluss einer Arbeit gebührt es sich, Dank zu sagen.

Zu danken habe ich Herrn Bischof em. D. Dr. Christoph Klein. Auf meine Anfrage hin hat er sich, ohne lange zu überlegen, bereit erklärt, die Predigten zu begutachten und ist mir mit hilfreichen Anregungen zur Seite gestanden. Als mein ehemaliger theologischer Lehrer hat er die Herausgabe dieses Bandes als Mentor begleitet und freundlicher Weise das Geleitwort dazu geschrieben, wofür ich ihm sehr verbunden bin.

Zweitens danke ich Herrn Stadtpfarrer i. R. Wolfgang Rehner. Als väterlicher Freund mit einer Erfahrung im Predigen von vielen Jahrzehnten, hat er das zu publizierende Material aufmerksam durchgesehen und mir wertvolle Hinweise gegeben.

Für die Durchsicht und Korrektur der rumänischen Predigten danke ich meinem orthodoxen Amtsbruder aus Schäßburg: Pfarrer i. R. Adrian Dobre. Mulțumesc din suflet.

Ebenso danke ich für die Übersetzungshilfe des ungarischen Predigtmaterials meinem reformierten Amtsbruder aus Schäßburg Pfarrer Bíró István und meiner Frau Karola. Nagyon szépen köszönöm.

In der Schäßburger Kirchengemeinde haben mir des Öfteren treue Gottesdienstbesucherinnen gehörte Predigten in ausgedruckter Form verlangt, was mich ermutigte. Als mir dann auch Stadtpfarrer Zorán Kézdi, ehemaliger Dechantstellvertreter im Schäßburger Kirchenbezirk bestätigte, dass ich mich damit an die Öffentlichkeit wagen könnte, bekam die Herausgabe dieses Bandes klare Konturen.

Zu danken ist selbstverständlich dem Presbyterium der Schäßburger Kirchengemeinde und dem Martin-Luther-Bund für die anteilige Übernahme von Druckkosten.

Und „last but not least" möchte ich meinem Jugendfreund Benjamin Józsa danken, der mit seiner Erfahrung als Herausgeber wesentlich dazu beigetragen hat, dass technisch und formal alles stimmt.

Nun möchte ich meiner persönlichen Freude darüber Ausdruck verleihen und dem allmächtigen und gnädigen Gott dafür danken, dass er mich „bis hierher gebracht hat" (EG 269) und mir Gesundheit sowie Schaffenskraft verliehen hat, diesen Band kurz vor (m)einem runden Geburtstag erscheinen zu lassen. Mögen diese Predigten für Leser und Leserinnen – Gemeindeglieder oder Theologen; Evangelische oder Anderskonfessionelle – zu «Lichtblicken» werden.

Schäßburg, am Palmsonntag 2012
Hans Bruno Fröhlich
Stadtpfarrer und Dechant a. D.

ER kommt

Erster Sonntag im Advent (28. November 2010) – Schäßburg
Predigt zu **Jeremia 23,5 – 8**

5. Siehe, es kommt die Zeit, spricht der HERR, dass ich dem David einen gerechten Spross erwecken will. Der soll ein König sein, der wohl regieren und Recht und Gerechtigkeit im Lande üben wird. 6. Zu seiner Zeit soll Juda geholfen werden und Israel sicher wohnen. Und dies wird sein Name sein, mit dem man ihn nennen wird: «Der HERR unsere Gerechtigkeit«. 7. Darum siehe, es wird die Zeit kommen, spricht der HERR, dass man nicht mehr sagen wird: »So wahr der HERR lebt, der die Israeliten aus Ägyptenland geführt hat!«, 8. sondern: «So wahr der HERR lebt, der die Nachkommen des Hauses Israel herausgeführt und hergebracht hat aus dem Lande des Nordens und aus allen Landen, wohin er sie verstoßen hatte.» Und sie sollen in ihrem Lande wohnen.

Liebe Gemeinde!

I. Auf eine Zeitreise mit mehreren Stationen wollen wir uns heute begeben. Zunächst gehen wir ganz weit, ca. 2.500 Jahre in die Vergangenheit zurück. Das Wort aus dem Buch des Propheten Jeremia gehört – um es mit einem theologischen Fachbegriff auszudrücken – zu den „messianischen Weissagungen" des Alten Testamentes. Das sind Aussagen auf welche sich Juden und Christen in gleicher Weise in ihrer Hoffnung – auf einen von Gott gesandten, endzeitlichen Retter – berufen. Allerdings ist dies nicht ursprünglicher oder einziger Sinn und Zweck solcher Texte und ihrer Urheber gewesen. Die Propheten des alten Israel waren keine Zukunftsvorhersager bzw. keine Hellseher im Sinne dessen wie heutzutage der Begriff «Prophet» in abwertender Weise verstanden wird. Das nicht obwohl ein Jesaja oder Jeremia und die andern für so manche Situation und ihre Folgen in der (nahen) Zukunft eine rechte Einschätzung hatten. Die Propheten des Alten Testamentes waren Prediger, welche die – zu ihrer Zeit aktuelle – gesellschaftliche, soziale aber auch politische Situation des Volkes am Maßstab der von Gott erwarteten „Gerechtigkeit" auswerteten. Sodann sagten sie im Namen Gottes an: entweder welche Konsequenzen sich aus dem Fehlverhalten des Volkes ergeben werden würde oder aber, wie Gott trotz all dieses Fehlverhaltens des Volkes **von sich aus** am zugesagten Bund und an seiner Gerechtigkeit festhalten wird. Zu diesen Hoffnung machenden Zusagen gehört dabei oft auch die Ankündigung eines Königs. Der Fachbegriff des Alten Testamentes dafür ist **„Gesalbter" = „Messias"** (hebräisch) = „Christus" (griechisch). Bei der Inthronisation des Königs wurde diesem Salböl auf das Haupt gegossen; daher der Name. Dieser Gesalbte wird jeweils als Nachkomme des – im geschichtlichen Rückblick doch – sehr idealisierten Königs David gesehen, der Gottes Gerechtigkeit durchsetzen wird.

Jeremia lebte zwar in einer Zeit, in der sehr wohl ein leiblicher Spross aus dem Hause Davids als König in Israel regierte, nur eben NICHT so regierte, wie Jeremia und viele andere es von einem Nachkommen Davids erwartet hätten. Dieser König namens ZEDEKIA verdankte seinen Thron der feindlichen Großmacht Babylon, die mit Waffengewalt ins Land eingedrungenen waren und zur Sicherung der eigenen Macht einen einheimischen Regenten brauchte. Zedekia hatte sich mit der herrschenden Macht arrangiert. Deshalb hatte er selber wenig wirkliche Macht und genau so wenig Rückhalt im Volk. „Zedekia" bedeutet *«Gott ist meine Gerechtigkeit»*. Aber trotz dieses schönen Namens konnte Zedekia keine Gerechtigkeit durchsetzen, weder für sich selbst noch für sein Volk. Die wirkliche Herrschaft hatten andere, für welche „Gerechtigkeit" nur ein Deckname für Bereicherung und Unterdrückung war. Das ist der Grund weshalb Jeremia von dem anderen – dem besseren – Davidspross spricht; einer den nicht der König von Babylon, sondern Gott selbst auf den Thron bringen wird.

Aus solchen – im Namen Gottes eigentlich für die Gegenwart und die nahe Zukunft gemachten – Zusagen und Aussagen, entstand nach und nach die Vorstellung eines von Gott gesandten Retters, der endgültig Gottes gute Herrschaft auf der Erde durchsetzen werden würde. Die Sichtweisen in den unterschiedlichen Gruppen des Judentums im Blick auf diesen Retter und seine Vorgehensweise, waren (vor, während und auch nach Jesus) durchaus unterschiedlich. Als kurioses Beispiel sei angeführt: Auch heute gibt es im Staat Israel eine Gruppe von ganz konservativen Juden, die sich weigert die neuhebräische Landessprache („Iwrit") zu benutzen, weil nach ihrer Überzeugung Hebräisch außerhalb des Gottesdienstes erst dann wieder benutzt werden darf, wenn der Messias gekommen ist.

II) Wir kommen auf unserer Reise zur nächsten Station: ca. 500 Jahre nachdem Jeremia gelebt und gewirkt hatte, lebte JESUS, der – ähnlich wie Jeremia schon zu Lebzeiten – von vielen als ein Prophet angesehen wurde. Über sein Leben, vor allem die letzten Monate und Tage (seine Lehre, sein Tod, seine Auferstehung) berichten uns die Evangelien. Als nach Ostern die christliche Kirche entstand, war es für diese ersten Christen – die allesamt Juden waren – klar und deutlich, dass Jesus der gottgesandte Retter sein musste, von dem die Propheten (nicht nur Jeremia) geredet hatten. Sie kamen zu der Überzeugung, dass JESUS der von vielen sehnlichst erwartete „Messias" sein musste; also der (griechisch ausgesprochen) „Christus". Das ist der Grund weshalb alle Texte der hebräischen Bibel, die einen solchen Retter versprechen, von den Christen auf Jesus bezogen und auf IHN hin gelesen und interpretiert wurden. Interessant ist das vor dem Hintergrund, dass Jesus ja ganz offenkundig gerade nicht der **„starke Herrscher"** (und vor allem nicht der politische Herrscher) war, von dem in den prophetischen Texten – so wie wir es auch bei Jeremia vorfinden – die Rede ist. Die politischen Veränderungen und die daran geknüpften Erwartungen, welche – in der Sicht der Juden – der Messias vornehmen sollte, hat Jesus **nicht** erfüllt. Doch Jesus erfüllte seinen Auftrag, gerade weil er sich NICHT in die Politik seiner Zeit einmischte. Wenn wir zum Vergleich die politischen Entwicklungen unserer Zeit heran ziehen, dann kann man Jesu Verhalten durchaus verstehen. Wer sich in die Politik hinein begibt, wird früher oder später Kompromisse eingehen und sich die Hände schmutzig machen. Das lag Jesus ferne: durch sein Leben und seine Lehre verlangte er unbedingte Nächstenliebe. Die Veränderung, welche er anstrebte und predigte, sollte bzw. soll in den Herzen stattfinden. So etwas kann man nicht oder nur in ganz geringem Maße durch politische Programme erreichen. Durch seinen Tod und seine Auferstehung hat Jesus Christus all denen, die daran glauben, eine Perspektive für dieses Leben gegeben. Doch die Quelle woraus sich diese Perspektive speist, liegt nicht in dieser Welt und darum kann kein Herrscher dieser Welt eine solche Perspektive bieten; auch wenn er die besten Sozialprogramme und Steuervergünstigungen im Angebot hat.

III) Damit sind wir auf unserer Zeitreise in unsere Realität zurückgekehrt. Es ist Advent: dieser Begriff bedeutet so viel wie „er kommt" oder „er wird kommen". Diese Vorweihnachtszeit spricht eine tiefe menschliche Sehsucht an. Eine Sehnsucht die sich vor allem dann verstärkt, wenn ein aktueller Zustand nicht mehr auszuhalten ist. Man sehnt sich nach etwas Neuem, nach etwas Besserem, nach JEMANDEM der die aktuelle Situation verändern soll. Leider sind jene Veränderungen und Verbesserungen, die Menschen versprechen und vorzunehmen gedenken entweder leere Worte, oder – im besten Fall – redliche Bemühungen, die das Übel nicht bei der Wurzel packen. Auf Gott können und sollen wir in dieser Zeit unsere Hoffnung setzen. In seine Zukunft sind wir unterwegs und dürfen dies hoffen: dass ER uns in seinem Sohn etwas NEUES, etwas BESSERES vorbereitet hat. Auch wenn das jetzt noch nicht in seinem vollen Glanz erkennbar ist. Wir nehmen das Dunkel dieser Welt wahr, aber Gott kommt zu uns mit seinem Licht. Er kommt – «Advent»! Amen.

Sinnesänderung

Zweiter Sonntag im Advent und Landeskirchlicher Bußtag

Schäßburg und Klein-Alisch – 10. Dezember 2006
Kreisch und Groß-Alisch – 17. Dezember 2006[1]

Predigt zu Offenbarung 3,14 – 22

14. Dem Engel der Gemeinde in Laodizea schreibe: „Das sagt, der Amen heißt, der treue und wahrhaftige Zeuge, der Anfang der Schöpfung Gottes: 15. Ich kenne deine Werke, dass du weder kalt noch warm bist. Ach, dass du kalt oder warm wärest! 16. Weil du aber lau bist und weder warm noch kalt, werde ich dich ausspeien aus meinem Munde. 17. Du sprichst: ‚Ich bin reich und habe genug und brauche nichts!' und weißt nicht, dass du elend und jämmerlich bist, arm, blind und bloß. 18. Ich rate dir, dass du Gold von mir kaufst, das im Feuer geläutert ist, damit du reich werdest, und weiße Kleider, damit du sie anziehst und die Schande deiner Blöße nicht offenbar werde, und Augensalbe, deine Augen zu salben, damit du sehen mögest. 19. Welche ich lieb habe, die weise ich zurecht und züchtige ich. So sei nun eifrig und tue Buße! 20. Siehe, ich stehe vor der Tür und klopfe an. Wenn jemand meine Stimme hören wird und die Tür auftun, zu dem werde ich hineingehen und das Abendmahl mit ihm halten und er mit mir. 21. Wer überwindet, dem will ich geben, mit mir auf meinem Thron zu sitzen, wie auch ich überwunden habe und mich gesetzt habe mit meinem Vater auf seinen Thron. 22. Wer Ohren hat, der höre, was der Geist den Gemeinden sagt!"

Liebe Gemeinde!

I. Die Thematik des heutigen Sonntages ist eine ambivalente, aber sie reflektiert die tatsächliche Situation in der wir uns tagtäglich wieder finden. Einerseits begehen wir heute den Landeskirchlichen Bußtag in dem Bewusstsein, dass wir sündige Menschen sind und jeder seinen Teil von Schuld auf sich geladen hat und mit sich trägt. Wir sind an unserem Nächsten schuldig geworden und wir sind an Gott schuldig geworden. Darum ist es recht gewesen, dass wir in der Beichte – am Anfang des Gottesdienstes – diese unsere Schuld bekannt haben und Vergebung von Gott erbeten haben. Andererseits aber feiern wir heute den Zweiten Adventsonntag. Die Vergebung der Schuld, aber noch viel mehr, nämlich unsere Erlösung geschah durch DEN, den wir im Advent erwarten: Jesus Christus, der Sohn Gottes der für uns Mensch geworden ist. Gott selber hat sein Versprechen gegeben, uns Menschen erlösen zu wollen. Und ER hat dies Versprechen eingehalten indem er seinen Sohn als Menschen zu uns gesandt hat. ER hält es ein, indem er immer bei uns ist; und ER

---

[1]   Diese Predigt wurde an zwei aufeinanderfolgenden Sonntagen in den jeweiligen Bußgottesdiensten mit Heiligem Abendmahl gehalten.

wird es einhalten, dann wenn wir ihn von Angesicht zu Angesicht sehen werden. Wir sind auf dem Weg mit ihm und zu ihm. Allerdings ist es aber so – und das wissen wir nur zu gut – dass wir von diesem Wege immer wieder abkommen, sei es nun gewollt oder ungewollt. **Buße** bedeutet nichts anders als **Umkehr**. Der griechische Begriff dafür «metanoia» meint so viel wie «Sinnesänderung». Von einem Weg der Orientierungslosigkeit und Ziellosigkeit sollen wir auf einen Weg kommen, welcher ein Ziel hat, dem nachzustreben es sich lohnt. <u>Somit hängen Advent und Buße eng miteinander zusammen.</u> Wir warten auf unsern Erlöser und können ihn doch nicht so empfangen, wie es sich gebührt. Darum gehen wir in uns und erkennen unsere Schwächen; zugleich erhoffen und erbitten wir von Gott, dass er selber uns vorbereiten möge, dass wir seinen Sohn würdig und recht empfangen jetzt in dieser Zeit und dereinst am Ende aller Tage.

II. Unser Bibelwort ist das letzte der sieben so genannten «Sendschreiben» des Sehers Johannes an verschiedene christliche Gemeinden in Kleinasien um die Wende vom ersten zum zweiten nachchristlichen Jahrhundert. Die Adressaten werden als „Engel" der einzelnen Gemeinden bezeichnet. Ob das nun der jeweilige Bischof (d. i. in damaliger Lesart der Gemeindevorsteher) gewesen ist, oder ob ein Engel Gottes – der als für die betreffende Gemeinde zuständig angesehen wird – angerufen wird, das bleibt unklar. Klar und deutlich sind aber die Aussagen, bzw. Beschreibungen der jeweiligen Gemeinden. Als letztes von den 7 Sendschreiben, überragt jenes an **Laodizea** die andern dadurch, dass es sehr stark von der äußeren Umwelt der Ortschaft geprägt ist. Wenn wir dieses Bibelwort aufmerksam lesen und wenn wir die historischen Hintergründe näher betrachten, dann wird uns deutlich, warum es gerade heute, am Landeskirchlichen Bußtag angebracht ist, über diesen Text nachzudenken. Zum *geografischen Umfeld* und *historischen Hintergrund* sei einiges bemerkt: Die Stadt Laodizea lag strategisch günstig im Lykos-Tal. Für drei Dinge war diese Stadt im Altertum berühmt: es gab 1) eine blühende Textilindustrie, welche einen richtigen Wohlstand aufkommen ließ. Durch die blühende Wirtschaft entwickelte sich 2) ein solides Bankennetz. Sogar Cicero empfahl die Geldinstitute aus Laodizea. 3) In Laodizea war – für jene Zeit – die medizinische Wissenschaft hoch entwickelt und damit im Zusammenhang gab es eine berühmte Medikamentenmanufaktur. Galenos aus Pergamon (neben Hypokrates einer der berühmtesten Ärzte des Altertums) empfahl die aus Laodizea stammenden Medikamente. Nun empfiehlt das Sendschreiben den Christen aus dieser Stadt drei Dinge zu kaufen, nämlich: 1) wahrhaft wertvolles Gold; 2) Kleider, die ernsthaft kleiden und 3) Salbe, die wirklich hilft. Diese Empfehlungen sind nicht ohne Ironie abgegeben: gerade an den Punkten – wo man meinen sollte, dass die Stadt nicht zu überbieten sei – hapert es gewaltig. Selbstverständlich nimmt diese Verkündigung auf das geistliche und nicht auf das materielle Leben Bezug; aber diese beiden hängen eng miteinander zusammen. Natürlich haben die Leute aus Laodizea – materiell gesehen – alles was sie brauchen. Doch gerade das ist ihr Problem. Sie laufen Gefahr, dieses Motto *„Ich habe genug, ich brauche nichts mehr"*, auch auf ihr geistliches Leben zu beziehen. Darum die Einschätzung am Anfang des

Sendschreibens: *„Ich kenne deine Werke, dass du weder kalt noch warm bist. Ach, dass du kalt oder warm wärest! Weil du aber lau bist und weder warm noch kalt, werde ich dich ausspeien aus meinem Munde. Du sprichst: Ich bin reich und habe genug und brauche nichts! und weißt nicht, dass du elend und jämmerlich bist, arm, blind und bloß.“* (VV. 15 – 17) Das sind harte Worte, aber sie müssen offenbar so ausgesprochen werden, um vor Schlimmerem zu bewahren. Der Fortschritt, der Reichtum, die äußere Sicherheit führen zu einem Maß von Selbstsicherheit und Hochmut, die ihrerseits dann in die Sackgasse führen. Die Gemeinde lebt in einem Gefühl der selbstzufriedenen Sättigung. Sie hat sich in dieser Welt gut eingerichtet und merkt nicht, was ihr vorgeworfen wird: sie ist lau, arm, blind, bloß, einfach elend und jämmerlich.

III. Zwischen Laodizea damals und Schäßburg[2] heute liegen Welten. Eines jedoch haben wir gerade heute am Bußtag gemeinsam, nämlich das Eingeständnis arm, elend und bloß dazustehen. Immer neu müssen wir uns dessen bewusst werden, dass wir in einer direkten Abhängigkeit von unserm Schöpfer leben. Selbst dann, oder gerade dann wenn es uns – äußerlich gesehen – besser geht, dann gilt es nicht der Gefahr zu erliegen, sich zurück zu lehnen und zu sagen: *„Ich habe alles, ich brauche nichts mehr.“* Gottes Gnade brauchen wir jeden Tag aufs Neue. Aber das vergessen wir oft; gerade auch jener Mensch, der meint in einem sehr guten Verhältnis mit seinem Herrgott zu leben. Darum gilt natürlich auch für uns: *„Welche ich lieb habe, die weise ich zurecht und züchtige ich. So sei nun eifrig und tue Buße!“* (V. 19) Jeder Mensch muss sich selber prüfen. Wenn man ehrlich mit sich selbst umgeht, dann kommt man relativ schnell darauf, wo man gefehlt hat. Es muss nur die Bereitschaft da sein, im Gebet auf Gott und im Gespräch auf seinen Nächsten zu zugehen. Gott selber ist bereit, Hindernisse aus dem Weg zu räumen; wir müssen allerdings einsehen, dass wir diese Hindernisse gelegt haben. Was auf dem Spiel steht, ist nicht mehr und nicht weniger, als die Gemeinschaft mit dem Herrn, der vor der Tür steht, anklopft und Abendmahl mit uns feiern möchte. Amen.

---

[2]   bzw. Klein-Alisch, Kreisch, Groß-Alisch

Herold Christi

Dritter Sonntag im Advent (15. Dezember 2002) – Schäßburg[3]
Predigt zu **Matthäus 11,2 – 6**

2. Als aber Johannes im Gefängnis von den Werken Christi hörte, sandte er seine Jünger 3. und ließ ihn fragen: „Bist du es, der da kommen soll, oder sollen wir auf einen andern warten?" 4. Jesus antwortete und sprach zu ihnen: „Geht hin und sagt Johannes wieder, was ihr hört und seht: 5. Blinde sehen und Lahme gehen, Aussätzige werden rein und Taube hören, Tote stehen auf, und Armen wird das Evangelium gepredigt; 6. und selig ist, wer sich nicht an mir ärgert."

Liebe Gemeinde!

I. Ich möchte heute dazu einladen, ein diakonisches Anliegen wahrzunehmen. Heute habe ich mir vorgenommen einen Besuch im Gefängnis abzustatten und ich lade Sie/Euch ein mitzukommen. Da ist einer unschuldig eingesperrt, Johannes ist sein Name. Er wurde aus dem Verkehr gezogen und hinter Gittern gebracht, weil er dem Herrscher (Herodes) durch seine Predigten unbequem geworden war. Nicht nur dessen Politik, sondern auch seinen unmoralischen Lebenswandel hatte Johannes thematisiert. Dabei hatte er es nicht bei allgemeinen Formulierungen bewenden lassen. Er war ganz konkret geworden und hatte Namen genannt. Johannes weiß, dass der Spaß vorbei ist; und doch verhält er sich nicht wie ein Verlierer. Im Gegenteil: auch im Gefängnis sitzend konspiriert er weiter. In der Tat ein interessanter Typ. Diesen Menschen besuche ich im Gefängnis. Mir zittern die Knie, weil ich zum ersten Mal eine Justizvollzugsanstalt betrete. Was soll ich ihm sagen? Was werde ich ihm antworten, wenn er mir Fragen stellt? Es ist schwer in solchen Situationen Worte zu finden. Was sagt man einem Menschen, der – nicht aufgrund von persönlicher Schuld, sondern aus politisch-taktischen Überlegungen – ins Gefängnis geworfen wurde, so wie es in Diktaturen nun mal üblich ist? Ich gehe hinein in die kleine Zelle; meine Augen gewöhnen sich nur langsam an das Halbdunkel.

II. Doch der, den ich antreffe ist nicht einer der die Hoffnung aufgegeben hat, auch wenn Zweifel ihn plagen. Letztendlich kommt es darauf hinaus, dass ich zunächst gar nicht viel sagen muss. Er – Johannes – redet und ich höre zu. Er ist ein selbstbewusster Mensch;

3 An diesem Sonntag hatte ich meine erste Amtshandlung als Dechant vorzunehmen, und zwar die Einführung von Pfarrerin Helga Rudolf als Stadtpredigerin in Schäßburg. Doch es war nicht nur für mich etwas Neues, sondern auch für die Schäßburger Kirchengemeinde, in welcher zum ersten Mal in der Geschichte eine Frau ins Pfarramt eingeführt wurde. Konsequenterweise ist auch die Einführungspredigt eine nonkonformistische.

von Natur aus aber auch durch seine Erziehung. Von klein auf wurde ihm schon von seinem Vater (dem Priester Zacharias) eingetrichtert, dass er einst als Prophet auftreten werde und dem Volk Weisung erteilen werde. Es geschah in der Tat auch so. Er rief das Volk zur Buße, er verpasste – all denen, die zu ihm kamen (ob sie es hören wollten oder nicht) – eine ordentliche Kopfwäsche, um sie dann aber doch auf das Reich und die Gnade Gottes aufmerksam zu machen. Sein Auftrag bestand darin, den Messias (den Gesalbten Gottes) anzukündigen. Eine ganz konkrete Vorstellung von diesem Messias hatte er nicht; wohl aber wusste er (denn so sagten es die Heiligen Schriften und die Propheten vor ihm), dass DER Ordnung machen werde, und zwar radikal. Und weil seiner Ansicht nach, vor allem auch auf politischem Gebiet mit dem eisernen Besen gekehrt werden sollte und müsste, nahm er sich kein Blatt vor den Mund, mit dem Ergebnis, dass er im Gefängnis des Herodes gelandet war. Da saß er nun und wartete auf den Messias. Die Gefangenschaft bereitete ihm nicht unüberwindbare Probleme. Als Asket war er es gewohnt, sich mit wenig zufrieden geben (z.B. Essen, Schlafen, Trinken). Auch wenn die Bedingungen in der kleinen Zelle keineswegs rosig waren, so blieb er vor allem geistig aktiv. Er nutzte die Sicherheitslücken, die es in der Vollzugsanstalt gab und kommunizierte mit seinen Leuten, die draußen waren. Das Wachpersonal hat auch bei meinem Besuch ein Auge zugedrückt. Der Wachmann hat sich diskret zurückgezogen, so dass wir uns ungestört unterhalten können.

III. Johannes ist ganz aufgeregt, weil er von einem Wanderprediger gehört hat, der durch die Gegend zieht und kolossale Dinge vollbringt: er heilt, er spricht Sündenvergebung zu, er tröstet. Aber er tut es nicht wie Johannes sich das vorgestellt hatte, indem er die Leute erst zur Schnecke macht. Dieser Mensch – Jesus heißt er übrigens – wäscht Füße und nicht Köpfe. Johannes ist irritiert. Was ist dies für einer? Was er tut, ist in der Tat bemerkenswert. Aber in der sanften Art, kann man nicht radikal Ordnung machen, vor allem nicht mit Typen wie Herodes oder der römischen Besatzungsmacht, aber auch nicht mit den religiösen Behörden des Jerusalemer Tempels. Johannes muss genaueres wissen und direkt wie er nun mal ist lässt er Jesus fragen: *„Bist du es, der da kommen soll, oder sollen wir auf einen andern warten?"* Auf so eine eindeutige Frage kann man eigentlich nur mit JA oder NEIN antworten. Bemerkenswert ist die Antwort Jesu: *„Geht hin und sagt Johannes wieder, was ihr hört und seht: Blinde sehen und Lahme gehen, Aussätzige werden rein und Taube hören, Tote stehen auf, und Armen wird das Evangelium gepredigt; und selig ist, wer sich nicht an mir ärgert."* So viel konnten Johannes Agenten durch die dicken Mauern und hohen Tore rüberbringen. Wir kommen über Jesus ins Gespräch.

IV. „Schade, dass ich mit diesem Jesus nicht persönlich sprechen kann, ich müsste mehr über ihn erfahren." Man merkt Johannes seine Anspannung an. „Sicherlich ist das eine kodifizierte Sprache" wende ich ein, „vielleicht würde er es anders formulieren, wenn er hier säße; z. B. müssten eigentlich in seiner Aufzählung auch die Gefangenen vorkommen. Aber wahrscheinlich hat er das bewusst nicht gesagt, um dich nicht in Gefahr zu bringen."

Da sitzen wir nun beide, Johannes und ich als ob wir nicht im Gefängnis wären und denken über diese Worte Jesu nach. Nach einer Zeit der Stille sagt Johannes „Eigentlich ist es doch überwältigend: wo dieser Jesus auftaucht ändern sich Lebensläufe. Ich weiß nicht, ob nach meinen radikalen Predigten, die Menschen sich wirklich auf Dauer verändert haben, oder nur für einige Zeit sich ihrer Unzulänglichkeiten entledigt haben. Aber hier ist das anders: Aus Gaunern werden ehrliche Menschen; aus gescheiterten Existenzen werden gläubige Seelen." „Auch ich kenne solche Fälle auch heute in unserer Zeit" fällt mir ein; und ich füge hinzu. „Schließlich haben wir Jesus als Gottes Sohn erkannt, weil er sich hat kreuzigen lassen, dann aber auferstanden ist" [Johannes hatte es ja nicht woher zu wissen, da er vor Jesus umgebracht worden war.] „Und trotzdem bleibt noch eines offen", wendet Johannes ein: „Was meint er denn damit *selig ist, wer sich nicht an mir ärgert.*"? Es wird wieder still, weil jeder seinen Gedanken nachhängt. Ich denke laut: „Wenn Jesus so etwas sagt, dann rechnet er damit, dass sich Menschen an ihm ärgern. Wahrscheinlich ist unser Egoismus damit gemeint. Wir ärgern uns, wenn Sündern das Reich Gottes geöffnet wird und wir – die wir uns für Gerechte halten – nicht gebührend gewürdigt werden. Jesus hatte doch einmal gesagt, dass über einen Sünder der Buße tut, im Himmel mehr Freude ist, als über 99 Gerechte, die der Buße nicht bedürfen. Doch die wichtigste Aussage in dieser bemerkenswerten Antwort Jesu ist für mich die: «Armen wird das Evangelium gepredigt.» Wie denn sonst als über die Predigt, kann man etwas über Gott erfahren?"

V. „Das kann ich mit unterschreiben" sagt Johannes, „die Predigt ist auch mir äußerst wichtig." Dann überlegt er einige Momente und fragt mich: „Wie ist das bei Euch in der Evangelischen Kirche des 21. Jahrhunderts; wird da überhaupt noch gepredigt, und wer ist dazu berufen?" „Gut, dass du mich das fragst, denn gerade heute muss ich jemanden in dies Amt einführen." antworte ich. Dann erkläre ich ihm: „Bei uns ist es so, dass zunächst ein Theologiestudium zu absolvieren ist. Das können heute Männer und Frauen in gleicher Weise tun. [Johannes macht große Augen]. Dann absolviert man ein Praktikum, das Vikariat heißt, wo man mit der Gemeindearbeit vertraut wird. Sodann wird man vom Bischof ordiniert und zuletzt in eine Gemeinde eingeführt. Wer all diese Bedingungen erfüllt ist dann Pfarrer oder Pfarrerin und hat die Aufgabe, das Wort Gottes zu verkündigen und die Sakramente zu reichen. Sicherlich gibt es auch noch eine Menge anderer Verpflichtungen, aber diese beiden sind die wichtigsten." Johannes wird neugierig: „Und was ist das für ein Mensch, den Du heute in dieses, wie sagtest Du: »Pfarramt.« einführst?" „Es ist eine junge Dame; sie hat unter anderem auch bei Euch in Jerusalem Theologie studiert und kennt Euch Juden ziemlich gut. Sie ist die erste Pfarrerin in der Geschichte unserer Kirchengemeinde. Die Gemeinde hat sie aber – wie mir scheint – freundlich aufgenommen. Sie ist – wie es scheint – ein aufgeschlossener Mensch und geht auf andere Menschen zu." Es entsteht wieder eine Pause. Dann sagt Johannes: „Danke für deinen Besuch und das aufschlussreiche Gespräch. Wer weiß, wann und ob wir uns wieder sehen." Ich stehe auf und gehe zur Zellentür, dann drehe ich mich nochmals um: „Wir haben zu danken Johannes, dass Du uns den Messias, den Gesalbten Gottes angekündigt hast. Wir denken öfter an Dich, vor allem jetzt in der Adventszeit. Immer an diesem Dritten Sonntag im Advent lesen wir diesen Teil des Evangeliums, wo Du eine wichtige Rolle spielst". Ich verlasse das Gefängnis und gehe hinaus. Draußen ist Advent. Amen.

Maria – Vorbild des Glaubens

Vierter Sonntag im Advent (21. Dezember 2008) –
Neudorf bei Schäßburg und Groß-Alisch
Predigt zu **Lukas 1,39 – 56**

39. Maria machte sich auf in diesen Tagen und ging eilends in das Gebirge zu einer Stadt in Juda 40. und kam in das Haus des Zacharias und begrüßte Elisabeth. 41. Und es begab sich, als Elisabeth den Gruß Marias hörte, hüpfte das Kind in ihrem Leibe. Und Elisabeth wurde vom Heiligen Geist erfüllt 42. und rief laut und sprach: „Gepriesen bist du unter den Frauen, und gepriesen ist die Frucht deines Leibes! 43. Und wie geschieht mir das, dass die Mutter meines Herrn zu mir kommt? 44. Denn siehe, als ich die Stimme deines Grußes hörte, hüpfte das Kind vor Freude in meinem Leibe. 45. Und selig bist du, die du geglaubt hast! Denn es wird vollendet werden, was dir gesagt ist von dem Herrn." 46. Und Maria sprach: „Meine Seele erhebt den Herrn, / 47. und mein Geist freut sich Gottes, meines Heilandes; 48. denn er hat die Niedrigkeit seiner Magd angesehen. / Siehe, von nun an werden mich selig preisen alle Kindeskinder. 49. Denn er hat große Dinge an mir getan, / der da mächtig ist und dessen Name heilig ist. 50. Und seine Barmherzigkeit währt von Geschlecht zu Geschlecht / bei denen, die ihn fürchten. 51. Er übt Gewalt mit seinem Arm / und zerstreut, die hoffärtig sind in ihres Herzens Sinn. 52. Er stößt die Gewaltigen vom Thron / und erhebt die Niedrigen. 53. Die Hungrigen füllt er mit Gütern / und lässt die Reichen leer ausgehen. 54. Er gedenkt der Barmherzigkeit / und hilft seinem Diener Israel auf, 55. wie er geredet hat zu unsern Vätern, Abraham und seinen Kindern in Ewigkeit." 56. Und Maria blieb bei ihr etwa drei Monate; danach kehrte sie wieder heim.

Liebe Gemeinde!

I. Lukas bringt – im Unterschied zu den drei andern Evangelisten – eine lange Einleitung zum *eigentlichen* Evangelium des erwachsenen Jesus. Kein anderer Evangelist bietet eine so ausführliche Erzählung über die Umstände und Zeiten um die Geburt von Jesus. Zunächst wird die Geburt von Johannes dem Täufer erzählt, dessen Eltern Elisabeth und Zacharias heißen. Dann schreibt Lukas darüber, wie der Erzengel Gabriel Maria besucht, ihr die Schwangerschaft kundtut und ihr mitteilt, dass auch ihre Verwandte Elisabeth guter Hoffnung sei. Sodann folgt der Abschnitt, wo der Besuch Marias bei Elisabeth erzählt wird. **Anlässlich der Begegnung der beiden Frauen kommt es dazu, dass Maria den Psalm betet, der Teil unseres heutigen Predigtwortes ist.** Was für ein Mensch ist Maria und was bringt sie dazu, solche Worte auszusprechen? Zunächst sehen wir eine in Aufregung gebrachte junge Frau, aus einfachen Verhältnissen stammend. Ihr wird eine unerklärliche und unerwartete Schwangerschaft bewusst. Schwanger aufgrund einer „Engelsbotschaft"? Man kann sich die Reaktionen der Menschen vorstellen: von besser wissendem Grinsen bis hin zu mitleidiger Anteilnahme und Zweifel an ihrer Zurechnungsfähigkeit. Nach geltendem Recht damals hätte sie sich unter Umständen auch vor einem Gericht verantworten müssen. Sie kannte ihre Rolle, als Verlobte eines Mannes innerhalb der jüdischen Gemeinde. Da war nicht viel Spielraum. Der Besuch bei Elisabeth kann auch als Versuch von Maria gedeutet werden, für einige Zeit (unser Text spricht von 3 Monaten) aus einer Gesellschaft auszubrechen um die innere Ruhe und das seelische Gleichgewicht wieder zu finden. In unserem Bibelwort ist aber nicht viel von Unruhe und Unbehagen zu spüren; es handelt von der Freude zweier Frauen. Zwei schwangere Freundinnen begegnen sich und sie teilen ihre Freude über das in ihnen wachsende Leben miteinander. Die Freude dieser beiden Frauen ist aber nicht nur auf ihre Schwangerschaft begrenzt, sondern sie greift darüber hinaus. Denn Jesus Christus wird viele Jahre später die Erlösung der Menschheit vollbringen, indem ER das Trennende zwischen Gott und den Menschen beseitigt und den Tod besiegt. Diese universelle Tragweite ihrer Schwangerschaft besingt Maria in diesem neutestamentlichen Psalm.

II. Marias Lied steht in der Tradition der Psalmen des Alten Testamentes. Wir kennen es aus den Liedern anderer großer Frauen der Bibel, z. B. von *Mirjam*, die das Wunder des Durchzugs durch das Schilfmeer der Israeliten besingt. Oder aus dem Lied einer anderen Schwangeren, die vorher als unfruchtbar galt: *Hanna*, welche den späteren Propheten Samuel zur Welt bringt; sie besingt das Wunder, welches Gott an ihr tat. Maria besingt in diesem Lied beides: die Tatsache, dass Gott an ihr Großes getan hat; dass er zugleich aber allen Menschen zu Hilfe gekommen ist. Marias Psalm weiß um die Zwiespältigkeit und die Zerrissenheit des Lebens auf dieser Welt. Dieser Gesang hat im Blick, dass die Unterschiede noch nicht aufgehoben sind: z. B. die Unterschiede zwischen Reich und Arm, die Unterschiede zwischen Privilegierten und denen, die an der unteren Grenze leben; die Unterschiede zwischen denen, die Macht haben und denen, die dieser Macht ausgeliefert sind. <u>Dass Gott einem zugewandt ist, erkennt man ja nicht nur am äußeren Wohlergehen eines Einzelnen.</u> Oder anders formuliert: materielles und politisches Wohlergehen bedeuten nicht unbedingt, Gottes Anwesenheit, denn *„ER stößt die Gewaltigen vom Thron / und erhebt die Niedrigen. Die Armen füllt er mit Gütern / und die Reichen lässt er leer ausgehen."* Gott kehrt nicht einfach die Rollen und Verhältnisse um, dass die Mächtigen gestürzt werden, und dann die bisher Niedrigen ihre Rolle einnehmen, mit allen Unarten, Versuchungen und Fehlentwicklungen. Die Niedrigen erhebt er nicht zu politischen Würden. Aus Bettlern werden keine Bankdirektoren. Doch durch seine Liebe und seine Barmherzigkeit kann Gott aus Unwürdigen, Würdige machen; unmenschliche Situationen kann er in menschenwürdige Situationen verwandeln. Das war und ist darum möglich, weil Gott sich selbst erniedrigt hat, weil er unten blieb, nahe bei den kleinen Menschen, bei den Frauen, bei den Fischern und Handwerken, bei den verachteten Zöllnern. Gott kam und blieb bei denen, die von Angst und Not beherrscht wurden. So wird Marias Gesang zu einem Trost- und Hoffnungslied für jene, die es nicht geschafft hatten bzw. haben, für die Perspektivlosen. Dieser Trost und diese Hoffnung sind mit dem Kind, welches Maria unter ihrem Herzen trug in die Welt gekommen. Auch zu uns! Gott will in seinem Sohn auch in dieser Zeit zu all denen kommen, die bereit sind ihn in ihren Herzen aufzunehmen. Dabei spielt der soziale, gesellschaftliche oder auch politische Hintergrund keine Rolle. Aufgrund dessen was wir von Maria gehört haben, können wir schließen: Er wird zu uns kommen!

III. Marias Schwangerschaft wird zu einem Sinnbild für das Wesen des Glaubens. Der Glaube ist – um beim Bild unsers Bibelwortes zu bleiben – wie eine Schwangerschaft: Etwas ist gewiss, was noch nicht da ist, noch nicht greifbar ist. Wiewohl nicht sichtbar, ist es aber wirklich und bestimmt das Leben nicht nur der Schwangeren selber, sondern auch der Menschen im Umfeld. Dieser Zustand verändert Lebenseinstellungen. Die einfache Magd Maria wird zu einer starken Frau, aller Bewunderung wert. Ihr erwächst die Kraft den ganzen Weg ihres Sohnes zu verfolgen bis hin zu seinem Tod. Sie ist sogar so stark – und diese Kraft kann nur außerhalb von ihr selbst kommen – dass sie auch unter dem Kreuz bleibt, als alle anderen Anhänger verschwunden sind. So hat sie in ihrem Leben verwirklicht, was sie in ihrem Lied bekannt hat: *„Denn er hat große Dinge an mir getan, der da mächtig ist und dessen Name heilig ist. Und seine Barmherzigkeit währt von Geschlecht zu Geschlecht."* Maria wird zu einer adventlichen Gestalt; sie lebt ihr Leben zwischen Verheißung und Erfüllung. Sie ist bestimmt von dem, was da kommt, was Gott mit ihr vorhat. Dieser Glaube ist erstrebenswert: er kann und soll auch der unsrige werden. Wir alle dürfen aus unserer Niedrigkeit heraus Gottes Barmherzigkeit erfahren und darauf hin leben. Amen.

Die Liebe und das Licht

Heiligabend (24. Dezember 2004) – Schäßburg[4]

Predigt zu **Johannes 3,16 – 21**

16. Denn also hat Gott die Welt geliebt, dass er seinen eingeborenen Sohn gab, damit alle, die an ihn glauben, nicht verloren werden, sondern das ewige Leben haben. 17. Denn Gott hat seinen Sohn nicht in die Welt gesandt, dass er die Welt richte, sondern dass die Welt durch ihn gerettet werde. 18. Wer an ihn glaubt, der wird nicht gerichtet; wer aber nicht glaubt, der ist schon gerichtet, denn er glaubt nicht an den Namen des eingeborenen Sohnes Gottes. 19. Das ist aber das Gericht, dass das Licht in die Welt gekommen ist, und die Menschen liebten die Finsternis mehr als das Licht, denn ihre Werke waren böse. 20. Wer Böses tut, der hasst das Licht und kommt nicht zu dem Licht, damit seine Werke nicht aufgedeckt werden. 21. Wer aber die Wahrheit tut, der kommt zu dem Licht, damit offenbar wird, dass seine Werke in Gott getan sind.

Liebe Gemeinde!

I) Das Fest der Geburt unseres Herrn und Heilandes Jesus Christus ist – wie kaum ein Fest im Kirchenjahr – mit Symbolen befrachtet. Es sind Symbole die versuchen einen Bezug herzustellen: zwischen dem – an sich ganz normalen – Phänomen einer Geburt in ärmlichen Verhältnissen EINERSEITS und den besonderen Implikationen dieser Geburt für die ganze Welt und unser Leben ANDERERSEITS. Eines dieser Symbole – dem wir uns am heutigen Abend zuwenden wollen – ist das **LICHT**. Zu aller Zeit, so auch heute, ist das Licht ein besonders aussagekräftiges Symbol und vor allem in dieser kalten und dunkeln Jahreszeit besonders wichtig. Doch wo Licht ist, da ist auch Schatten. Gerade das Weihnachtslicht symbolisiert auch unerfüllte Wünsche und Sehnsüchte. Soziale oder gesellschaftliche Probleme (Armut oder Einsamkeit) werden in dieser Zeit – wenn man überall das Weichnachtslicht leuchten sieht – viel gravierender empfunden. Für den Evangelisten Johannes ist das Lichtsymbol ein ständiger Begleiter (ein Leitmotiv) seines Evangeliums, so auch in unserem Bibelwort. Und als Kontrast dazu kommt immer wieder die Finsternis ins Spiel. Mit der Licht-Finsternis-Symbolik (bzw. durch den Kontrast zwischen den beiden) will der Evangelist den Unterschied zwischen GUT und BÖSE herausarbeiten. Dabei geht es ihm aber nicht um eine philosophische Abhandlung, sondern was Johannes sagt, trifft uns existentiell: er sieht die Menschheit allgemein als in der Finsternis lebend. Und das betrifft

---

[4] Bemerkenswert am Heiligen Abend in Schäßburg ist, dass zu diesem Nachtgottesdienst (22°° – 23°° Uhr) viele Menschen, die nicht zu unseren Gemeindegliedern zählen und auch der deutschen Sprache nicht mächtig sind unsere Kirchenbänke füllen. Darum gibt es eine Zusammenfassung der Predigt in rumänischer und ungarischer Sprache.

uns alle natürlich; auch heute obwohl wir mit unseren technischen Möglichkeiten, bzw. dem künstlichen Licht unsere Lebensräume füllen können und dies auch tun. Der Evangelist Johannes will deutlich machen: erst durch die Einwirkung von außen, d. h. durch die Wundertat Gottes (dadurch dass Gott selbst in diese Welt kam), wird die Finsternis, die uns umgibt, von dem Licht verdrängt. Dieses Licht Gottes ist ein Geschenk von ihm und steht im Kontrast zu allen andern Geschenken, die wir Menschen bekommen. Das Licht, welches in der Christnacht aufleuchtet, stellt alle andern Beleuchtungsträger in den Schatten; ja mehr noch: das Licht Gottes entlarvt alle falschen Lichter als solche. Durch die Menschwerdung Gottes in dem Kind im Stall von Bethlehem wird Gott unter den Menschen sichtbar und spürbar: er ist nicht mehr der ferne und unnahbare, sondern der „zum Greifen nahe" Gott. Diese Offenbarung Gottes als Kind in der Krippe – es sind zugegebenermaßen paradoxe Umstände –nimmt eine Umwertung der Werte vor. Das was wir Menschen als wichtig und wesentlich erachten verliert seine Bedeutung und scheinbar Banales und Belangloses tritt in den Vordergrund und hat die Kraft unser Leben zu verändern. Die Allmacht Gottes kommt gerade in der Ohnmacht des Kindes zum tragen.

II) Das göttliche Licht (symbolisiert durch das Kind in der Krippe) ist die Grundlage für den Glauben geworden: den Glauben an den Gott, der in Jesus Christus Mensch wurde und uns einerseits als Mensch nahe kam; andererseits durch seine göttliche Macht die Rettung aus dieser verfallenen Welt ermöglicht hat. Zu Weihnachten wird uns ein ewiger Wert vermittelt, und zwar der Glaube an DEN, der von sich sagt: „Ich bin der Weg und die Wahrheit und das Leben; niemand kommt zum Vater, denn durch mich." Um bei der Symbolsprache unseres Bibelwortes zu bleiben: Wer ohne dieses Licht Gottes existiert bzw. existieren möchte, der bleibt in der Finsternis. Dies wird nicht zur Abschreckung gesagt; heißt es doch in dem Bibeltext: „Gott hat seinen Sohn nicht in die Welt gesandt, dass er die Welt richte, sondern dass die Welt durch ihn gerettet werde."

III) Die täglichen negativen Erfahrungen (Hass und Neid; verbale und physische Aggression) führen uns deutlich vor Augen, dass diese Welt sich nicht selber erretten kann. Darum war Gottes Rettungstat durch die Menschwerdung der einzige Weg, welcher aus der Finsternis heraus führen konnte. Für uns ALLE ist Gottes Sohn Jesus Christus diesen Weg gegangen: "Also hat Gott die Welt geliebt, dass er seinen eingeborenen Sohn gab, damit alle, die an ihn glauben, nicht verloren werden, sondern das ewige Leben haben." Die Beziehung zwischen Gott und dieser Welt ist eine gestörte und kann von uns aus nicht wieder hergestellt werden. Darum hat Gott dies von sich aus getan, und zwar durch die Menschwerdung seines Sohnes und dessen Preisgabe am Kreuz. Gott lässt seinen Sohn in diese Welt zu uns Menschen kommen, damit wir diese Welt, bzw. das was der Evangelist mit «Finsternis» umschreibt (d. i. Leid, Angst, Versagen, Schuld, Schmerz, Ungerechtigkeit und letztendlich auch der Tod) überwinden. Aus einem einzigen Grund tut Gott dieses: weil er uns Menschen über alles liebt. Genau so wie wir jene beschenken die wir lieben, so beschenkt uns Gott: weil er uns liebt. Und diese große Liebe Gottes wird durch das Licht symbolisiert. So wie das Licht die Finsternis durchdringt und verdrängt indem es leuchtet, so will und so soll die Liebe Gottes in unser Herz kommen und dieses erfüllen. Das ist deshalb nötig, damit wir dieses große Geschenk Gottes auch annehmen und zwar im Glauben. Ein Geschenk ist nur dann Geschenk (bzw. ein Zeichen der Liebe und Wertschätzung für den, der es erhält), wenn es von dem Betreffenden auch angenommen wird. Erst dadurch entsteht die Beziehung oder sie verfestigt sich. Das Kind in der Krippe ist dies Geschenk, welches uns Gott anbietet; wir werden heute dazu ermutigt es auch anzunehmen. Die Einladung gilt allen: groß und klein; arm und reich. Aus Gottes Hand dürfen wir heute seine große Gabe, unsere Rettung annehmen. Das ist ein wahrer Grund zur Freude, das lässt unsere Herzen heute höher schlagen. Darum: frohe und gesegnete Weihnacht!

Ajunul Crăciunului (24 decembrie 2004) – Sighişoara
Rezumatul predicii

Atât de mult a iubit Dumnezeu lumea, că a dat pe unul născut fiul său, pentru ca oricine crede în El să nu piară, ci să aibă viață veșnică. (Ioan 3,16)

Iubiți creștini!

Unul dintre simbolurile cele mai grăitoare ale Crăciunului este LUMINA. Nașterea Mântuitorului nostru Iisus Hristos a adus LUMINA în cele mai întunecate locuri. În Evanghelia după Ioan, lumina și mai ales contrastul între lumină și întuneric (simbolizând binele și răul) apare ca un leitmotiv.

Lumina simbolizează iubirea lui Dumnezeu față de oameni, dar și relația oamenilor cu Dumnezeu, relație care se manifestă prin credință. Această determinare dublă; respectiv a omului față de Dumnezeu, dar – tocmai prin venirea sa pe pământ – și a lui Dumnezeu față de om, o găsim desăvârșit descrisă de Sf. Evanghelist Ioan:„Atât de mult a iubit Dumnezeu lumea, că a dat pe unul născut fiul său, pentru ca oricine crede în El să nu piară, ci să aibă viață veșnică. (Ioan 3,16)" În mod similar, cum noi oamenii ne oferim reciproc cadouri de Crăciun, așa Dumnezeu l-a dat în lumea aceasta pe fiul său iubit. Este de notorietate faptul, că lumea în care trăim este dominată de rău, de întuneric și are nevoie de mântuire. Omul însă nu este în stare să se salveze prin propria putere. Bunul și iubitorul Dumnezeu însă, ne face cadou mântuirea prin faptul că Pruncul din ieslea Belehemului va deveni ACELA care va fi răstignit pentru păcatele noastre și va învia a 3-a zi după răstignire. Acest adevăr nu este unul logic ci unul teologic, care se vrea înțeles în credință. Un dar își păstrează calitatea lui de dar, doar dacă este acceptat de acela, care urmează să-l primească. În această seară sfântă – când prăznuim venirea lui Dumnezeu pe acest pământ, prin nașterea pruncului Iisus de către fecioara Maria – suntem invitați să primim în inimile noastre acest mare dar.

Bunul Dumnezeu să vă hărăzească un Crăciun binecuvântat și liniștit. "Slavă întru cei de sus lui Dumnezeu și pe pământ pace, între oameni bunăvoire!" (Luc 2, 14) Amin.

Szenteste (2004 december 24-én) – Segesvár
Prédikácio tartalma

Mert úgy szerette Isten a világot, hogy az ö egyszülött Fiát adta, hogy valaki hiszen ö benne, el ne veszszen, hanem örök élete legyen. (János 3,16)

Kedves testvéreim!

A karácsonynak az egyik legfontosabb jelképe a fénj. A fénjt megtalájuk az istáló felett ahol Jézus születet és megtalájuk a karácsonyfán is. A fénj jelképezi Isten szeretetét de ugyanakor jelképezi a hitet is. A János evangélium fényének szimbóluma a vezérmotívum. Ezzel szemben áll a sötétség. Mi – az emberek – élünk a sötétségben, de Isten eljön hozzánk, és adja nekünk az ő egyszülött Fia által a fényt.

Isten fénye ragyog a mi sötétségünkben. Ugy a hogy mi emberek megajándékhozuk egymást, ugy Isten adta nekünk az ö egyetlen szeretet fiát. A Szentirás tanitja, hogy ez a világ romló képeségbe van, és épen azért Isten megakarja szabaditani. De hogy megtudja szabaditani, kell a hit. Isten nem azért küldte a fiát a földre hogy itéljen, hanem azért hogy általa megszabaditsa a népet. De aki nem hisz, az már elvan ítélve. Ezt nem azért mondja Szent János hogy megíjeszen, hanem azért, hogy hivjon bennünket a hithez. Egy ajándéknak csak akkor van értelme hogyha, az akinek adjuk, elfogadja. Igy van az Isten ajándékával is: Ö azért küldte a fiát erre a földre, hogy mi elfogadjuk és általa megszabaduljunk.

Áldjon meg és örizen meg titeket az Úr, hogy az életünk legyen felvilágosult, és hogy tudjátok tiszta szivből Isten ajándékát elfogadni és megörizni. Áldott, Békés Karácsonyi Ünnepeket kivánok. Ámen.

Das Besondere an Weihnachten

Erster Christtag (25. Dezember 2008) –
Schäßburg, Klein-Alisch und Klein-Lasseln
Predigt zu **Lukas 2,15 – 20**

15. Als die Engel von ihnen gen Himmel fuhren, sprachen die Hirten untereinander: „Lasst uns nun gehen nach Bethlehem und die Geschichte sehen, die da geschehen ist, die uns der Herr kundgetan hat". 16. Und sie kamen eilend und fanden beide, Maria und Josef, dazu das Kind in der Krippe liegen. 17. Als sie es aber gesehen hatten, breiteten sie das Wort aus, das zu ihnen von diesem Kinde gesagt war. 18. Und alle, vor die es kam, wunderten sich über das, was ihnen die Hirten gesagt hatten. 19. Maria aber behielt alle diese Worte und bewegte sie in ihrem Herzen. 20. Und die Hirten kehrten wieder um, priesen und lobten Gott für alles, was sie gehört und gesehen hatten, wie denn zu ihnen gesagt war.

Liebe Gemeinde!

I) Die Tatsache, dass Gott Mensch wird, ist der kühnste Gedanke, welcher überhaupt gedacht werden kann. Wenn wir einen Blick in die Religionsgeschichte werfen, dann werden wir diesen Gedanken so nicht finden. Religion kommt aus dem Lateinischen „re–ligio" und bedeutet so viel, wie *Rückbindung*. Der religiöse Mensch will und muss sich immer wieder dessen vergewissern, dass die Gottheit ihm gnädig zugewandt ist und es auch bleibt. Damit diese Rückbindung an Gott realisiert werden kann, muss der Mensch von sich aus etwas tun. Dieses TUN des Menschen realisiert sich immer in gleicher Weise: der Mensch pilgert zum Heiligtum und vollzieht ein vorgeschriebenes Ritual. Manche Rituale müssen mindestens einmal im Leben durchgeführt werden: z. B. dass ein Moslem nach Mekka pilgert; andere müssen in regelmäßigen Abständen wiederholt werden. z. B. die verschiedenen Feste, an welchen die Juden zum Tempel nach Jerusalem pilgerten. Das vorgeschriebene Ritual wird von dazu theologisch ausgebildeten Menschen (Priester, Tempeldiener, Mönche o. ä.) überwacht, damit auch die Garantie gegeben ist, dass alles korrekt ausgeführt wird. Ob das Ganze sich nun im Tempel von Jerusalem abspielte, wo Tieropfer dargebracht wurden; ob man als Hindu zum Ganges geht und darin rituelle Waschungen vollzieht; ob man als Moslem nach Mekka fährt und das dortige Heiligtum (die Kaaba) umkreist, ja ob man als Christ in ein Kloster pilgert, und dort an festgeschriebenen Gottesdienstzeiten teilnimmt und seine Gebete verrichtet, ist *religionsphänomenologisch* dasselbe! Der Pilger geht anschließend zufrieden nach Hause, weil er seine Gottesbeziehung auf den neuesten Stand gebracht hat; weil er seinen Part erfüllt hat. Er steht gerade vor Gott und seinen Mitmenschen. Er ist **konform**.

II) Die Art und Weise, wie Gott in seinem Sohn Jesus Christus in diese Welt gekommen ist, ist das **Nonkonformistischste** was es überhaupt gibt. Den Stall in Bethlehem kann man sich wirklich nicht als Heiligtum vorstellen. „Heilig" bedeutet in der hebräischen Sprache des Alten Testamentes nichts anderes als *„für einen besondern Gebrauch ausgesondert".* Das heißt mit andern Worten: In einer Kirche hält man Gottesdienste und geistliche Veranstaltungen und nichts anders. Schon wenn es um ein Konzert geht, muss man sich vorher überzeugen, dass diese Musik mit dem Kirchenraum kompatibel ist, bzw. dass es sich um geistliche und nicht etwa um Rockmusik handelt. Mit der Vorstellung, dass Gottesdienst in einem dafür nicht vorgesehenen Raum stattfindet, können wir uns nicht anfreunden. Ein Viehstall ist der unmöglichste Raum für eine Gottesbegegnung. Gott hat damit aber ernst gemacht, dass er zu **allen** Menschen kommen möchte; und er hat damit ganz unten begonnen. Die Hirten wären – wenn es sich um den Jerusalemer Tempel oder den Palast des römischen Stadthalters Quirinius gehandelt hätte – sicher nicht auf diesen Gedanken gekommen: *„Lasst uns nun gehen ... und die Geschichte sehen, die da geschehen ist, die uns der Herr kundgetan hat".* Die Hirten haben sehr schnell begriffen: „Gott ist ganz herunter gekommen, dort wo wir sind; lasst uns darum jetzt die Chance ergreifen, die sich so nicht mehr bieten wird." Bewundernswert ist, dass sie nicht anfangen in der Heiligen Nacht über die Worte des Engels zu diskutieren und seine Botschaft zu zerreden. Sicherlich war es auch für die Hirten nicht unbedingt logisch nachvollziehbar, den Heiland der Welt in einem Stall zu finden; möglicherweise mussten sie einige Zweifel beiseite schieben. Man kann sich aber vorstellen, was geschehen wäre, wenn die Hirten in jener Nacht ihre Engelsvision zuständigkeitshalber an die Theologen in Jerusalem weiter geleitet hätten. Die hätten eine Sitzung des Synedriums (des obersten Tempelrates) einberufen, hätten Ausschüsse gebildet, hätten getagt, hätten Argumente pro und contra erwogen, hätten sich möglicherweise auch noch in die Haare bekommen. Wahrscheinlich wären sie zu keinem Schluss gekommen und hätten das Problem auf eine nächste Sitzung vertagt. Aus der Heiligen Nacht wäre nichts geworden. Aus der Botschaft des Engels: *„Siehe ich verkündige euch große Freude",* wäre möglicherweise ein Rundschreiben der Tempelbeamten geworden: *„Wir haben ein theologisches Problem, welches noch studiert werden muss".* Die Hirten nehmen den nächtlichen Weg in Kauf. In einer Zeit ohne elektrische Straßenbeleuchtung, ist es sicher schwer gewesen, einen einfachen Stall – von dem es hunderte gab – zu finden. Umso größer muss die Freude gewesen sein, als sie alles so fanden, wie es der Engel geschildert hatte: *„Maria und Josef, dazu das Kind in der Krippe".* Das war ihnen genug: die Ankündigung des Engels hatte sich erfüllt. Ohne sich mit irgendwelchen politischen Machthabern oder Religionsführern zu besprechen, brachten sie die Kunde von dem was sie gehört und gesehen hatten unter das Volk. Sie loben und preisen Gott. Einfach und deutlich, ohne Ausschmückungen erzählen sie, was sie gehört und gesehen haben und werden dadurch zu unverzichtbaren Zeugen, die dazu beitragen die Spuren Gottes auf dieser Erde zu sichern. Die Hirten haben sich damals korrekt verhalten. Zu bewundern ist, wie sie im rechten Moment richtig reagieren. Wenn Gott ruft, dann gibt es keine andern höheren Pflichten mehr; dann gilt es diesem Ruf Folge zu leisten.

III) Das **Besondere** an Weihnachten ist, dass gängige religiöse Mechanismen außer Kraft gesetzt werden. Zum Heiligtum (welches das nun auch immer sei) zu pilgern, entscheidet der Mensch selber. Religiös zu sein bedeutet, dass der Mensch von sich aus zu Gott eine Beziehung aufbauen möchte, oder eine als existent geglaubte Beziehung verfestigen möchte. Wie gut das gelingen mag, sei dahin gestellt. *Das religiöse Modell (oder das Glaubensmodell), welches uns Weihnachten bringt ist so neu wie unerhört*: Gott selber macht sich auf den Weg zu dem Menschen. Er tut es unvermittelt, d. h. er braucht weder ein Heiligtum dazu (keinen Tempel, keine Kirche, keinen heiligen Berg oder heiligen Fluss, keine goldene oder silberne Statue); er braucht auch kein Bodenpersonal dazu, welches die Menschen anleitet, die richtigen Rituale zu vollziehen, um dann vor Gott gerade stehen zu können (keine Priester, Pfarrer, Theologen und andere Spezialisten in heiligen Dingen). Hirten auf dem Felde erfahren, dass ein Kind in einem Stall geboren ist. Der Heiland dieser Welt kommt, bzw. offenbart sich – um einen dogmatischen Begriff zu verwenden – „sub contrario": 1) *dann* wann wir es nicht erwarten, 2) *dort* wo wir es nicht erwarten, 3) *so* wie wir es nicht erwarten. Das ist ein Wunder; nein es ist DAS Wunder schlechthin. Was können wir denn sonst tun, als selber zur Krippe gehen, und Gott loben und preisen für das was wir sehen und hören? Amen.

Bethlehem als Programm

Radioandacht gesendet zu Weihnachten (25. Dezember 2010)
in der deutschsprachigen Sendung von Radio Neumarkt / Târgu Mureş
Micha 5,1 und 4a

1. Und du, Bethlehem Efrata, die du klein bist unter den Städten in Juda, aus dir soll mir der kommen, der in Israel Herr sei, dessen Ausgang von Anfang und von Ewigkeit her gewesen ist. [...] 4a. Und er wird der Friede sein.

Liebe Zuhörerinnen und Zuhörer!

I. Dies Bibelwort aus dem Alten Testament ist ein prophetischer Text, eine Weissagung aus einer Zeit etwa 7 Jahrhunderte vor der Geburt Jesu; das sind also etwas mehr als 2 ½ Jahrtausende zeitlicher Entfernung von unserer heutigen Zeit. Es geht – so wie wir gehört haben – um BETHLEHEM. Dieser Name bezeichnet in erster Linie natürlich eine Ortschaft, die es auch heute noch gibt. Zugleich aber ist dieser Name – so wie wir dies den Formulierungen des Propheten Micha entnehmen können – mehr als nur eine Ortsbezeichnung. Bethlehem ist ein **Programm**, und das über Jahrhunderte hinweg bis in unsere Zeit hinein. Der Prophet Micha spricht über Bethlehem, als ob er es mit einem lebendigen Wesen zu tun hätte.

II. In der Tat ist der historische Hintergrund des Prophetenwortes ein lebendiger: Israel war zu jener Zeit – politisch gesehen – zweigeteilt: das Nordreich (auch «Israel» genannt) war im Jahr 722 v. Chr. von der damaligen Weltmacht Assyrien erobert worden. Das Südreich (auch «Juda» genannt) – und vor allem die hier liegende Hauptstadt Jerusalem – konnte sich der assyrischen Belagerung widersetzten. Im Buch des Propheten Micha, in den unserem Bibelwort vorausgehenden Kapiteln, finden wir eine harsche Kritik des Propheten. Diese Kritik gilt den Machthabern in Juda und hat vielschichtige, vor allem auch sozial-politische Hintergründe. In diesem Zusammenhang droht der Prophet Juda und der Hauptstadt Jerusalem dasselbe Schicksal an, wie dem eroberten und untergegangenen Nordreich Israel. Zugleich aber richtet der Prophet seine Hoffnung auf Bethlehem: eine kleine, provinzielle Ortschaft ca. 8 km von Jerusalem entfernt, die – vor allem politisch, aber auch gesellschaftlich – immer schon im Schatten der Hauptstadt Jerusalem gestanden hatte. Doch der Schein, dass Bethlehem ganz und gar unbedeutend wäre trügt; man muss nur genauer hinsehen. Hier hat nämlich schon Wichtiges, Entscheidendes ja Wegweisendes für die Geschichte des Volkes Israel stattgefunden.

III. Da ist der alte Prophet Samuel, welcher von Gott beordnet wird nach Bethlehem zu gehen und im Hause Isais – unter dessen Söhnen – einen geeigneten König zu suchen und zu salben. Wiewohl Samuel nach den älteren (großen und stattlichen) Söhnen Isais Ausschau hält, wird er von Gott eines Besseren belehrt, nämlich das Herz anzusehen. Die Wahl fällt auf den jüngsten und unscheinbarsten, nämlich auf DAVID. Vor diesem Hintergrund lesen wir nun die Worte des Propheten Micha. Die Gegenwart sieht nicht rosig aus: das Nordreich ist erobert und die Hauptstadt des Südreiches Jerusalem wird von den Assyrern belagert. Unter diesen Bedingungen sagt Micha dem kleinen, augenscheinlich unbedeutenden Bethlehem Großes voraus. Großes wird klein und Kleines wird groß. Gott beginnt sein Werk unscheinbar, unspektakulär: bei kleinen Leuten, an einem – aus menschlicher Sicht – unbedeutenden Ort.

IV. Heute liegt Bethlehem im Grenzgebiet zwischen Israel und Palästina auf der palästinensischen Seite; Bethlehem liegt heute zwischen zwei Völkern bzw. zwei Religionen, die sich spinnefeind gegenüberstehen und mit der gleichen Vehemenz ihre unterschiedlichen Ansprüche geltend zu machen versuchen. Dabei wird vor gar nichts zurückgescheut, bis hin zu Selbstmordattentaten. Wenn man jene Situation zur Zeit Michas mit der heutigen vergleicht, dann können aber durchaus Parallelen gefunden werden. Bethlehem scheint dazu prädestiniert zu sein, belagert zu werden. Der Ort Bethlehem scheint vom Schicksal dazu bestimmt worden zu sein, umkämpft zu werden. Aber Bethlehem ist zugleich (paradoxerweise) zum Gegenteil prädestiniert. Gegen den Augenschein stellen wir fest: von Bethlehem geht eine Botschaft des Friedens aus. Und das deshalb, weil dort jenes so einfache wie weltbewegende Ereignis stattgefunden hat, welches im Laufe der Zeit das Leben vieler Menschen verändert hat, welches zu einem Glauben geführt hat, dem heute ein Drittel der Menschheit angehört, nämlich die Geburt Jesu Christi. Sicherlich sieht das, was auch in dieser unserer Zeit vor Augen liegt – was spürbar und wahrnehmbar ist, was man immer wieder in den Nachrichten aus dieser Region hört – **nicht** nach Frieden aus. Aber auch wenn es noch so paradox klingen mag: wo auch immer auf dieser Welt der Name Bethlehem fällt, wird zuerst an die *Geburt Jesu im Stall und weniger an das Blutvergießen* – das natürlich auch nicht vergessen werden darf – *gedacht*. Und damit hat der Prophet Micha recht behalten wenn er sagte: *„Du, Bethlehem Efrata, die du klein bist unter den Städten in Juda, aus dir soll mir der kommen, der in Israel Herr sei, dessen Ausgang von Anfang und von Ewigkeit her gewesen ist. Und er wird der Friede sein."*

V. Darum ist Bethlehem auch heute mehr als nur eine Ortschaft; Bethlehem ist: ein **Programm**, ein **Symbol**, eine **Botschaft**. Bethlehem ist die Botschaft unseres Weihnachtsfestes, die Botschaft von der Errettung des Menschen, dadurch dass Gott Mensch wurde. Bethlehem zeigt uns dies: auf dieser Welt, unter uns Menschen liegt vieles im Argen. Doch zugleich zeigt uns Bethlehem: was Menschen außerstande sind zu tun, das tut Gott. Was der Menschen an Verfehlungen auf sich lädt, das wird von Gott in Bethlehem zurecht gerückt.

Bethlehem zeigt uns, dass Friede und Verständigung nicht einfach da sind, oft gegen den Augenschein wahrgenommen und auch erkämpft werden müssen. Darum ist Bethlehem die frohe Botschaft die wir nicht nur passiv zur Kenntnis nehmen sollen, sondern an deren Verwirklichung wir uns aktiv einbringen sollen. Amen.

Der ideale Herrscher

Erster Sonntag nach Weihnachten (30. Dezember 2001) – Schäßburg

Predigt zu **Jesaja 49,13-16**

13. Jauchzet, ihr Himmel; freue dich, Erde! Lobet, ihr Berge, mit Jauchzen! Denn der HERR hat sein Volk getröstet und erbarmt sich seiner Elenden. 14. Zion aber sprach: „Der HERR hat mich verlassen, der Herr hat meiner vergessen". 15. Kann auch ein Weib ihres Kindleins vergessen, dass sie sich nicht erbarme über den Sohn ihres Leibes? Und ob sie seiner vergäße, so will ich doch deiner nicht vergessen. 16. Siehe, in die Hände habe ich dich gezeichnet; deine Mauern sind immerdar vor mir.

Liebe Gemeinde!

I. Zu Weihnachten wird uns eine große Botschaft verkündigt und damit implizit auch eine „Heile-Welt-Stimmung" vermittelt. Auch wenn es diese «heile Welt» so nicht gibt – auf dieser Erde zumindest, sicher nicht – so liegt es doch in der menschlichen Natur, sich von dieser Weihnachtsstimmung mit allem was dazu gehört, mitnehmen zu lassen. Da ist auch nichts Abwegiges dran; der Mensch hat ein Recht darauf, sich gut zu fühlen. Allerdings bewegt mich seit meiner Kindheit bis auf den heutigen Tag eine Frage jedes Jahr aufs Neue: Wie lange ist diese Weihnachtsstimmung zu halten? Wie lange oder wie kurz ist die Zeit, bis uns die Alltagsproblematik wieder ganz im Griff hat? In den Nachrichten der vergangenen Tage kam schon die erste böse Überraschung: ab Jahresanfang wird es wieder Preissteigerungen für alle Gebrauchsgüter geben. Der im wahrsten Sinne des Wortes graue Alltag hat uns wieder. Was uns zu Weihnachten verkündet wurde: welche Relevanz hat es heute noch, erst 3 Tage nach dem Ausklang des Festes?

II. Es ist eine immer wiederkehrende Frage, welche auch von unserem heutigen Predigttext thematisiert wird und an welcher auch wir nicht vorbei kommen: Hat Gott den Menschen verlassen oder vergessen? Natürlich lautet die Antwort eines Christen: Gott vergisst uns nicht. Er verlässt niemals die Menschen, denen er doch seinen Beistand zugesagt hat. Aber woran erkennen wir das? Denn es sieht für uns oft so aus, als ob Gott verborgen wäre. Woran liegt das? Einmal sicher an unserem kurzen Geduldsfaden. Es fällt uns schwer zu warten; doch Gott handelt dann wenn es ihm wohl gefällt. Gewiss liegt es aber auch daran, dass Gottes Zeit eine andere ist als unsere. Was wir uns im Augenblick wünschen, das tut Gott oft erst im Laufe von Jahren oder gar Jahrzehnten, vielleicht aber auch gar nicht, denn „er erfüllt nicht alle unsere Wünsche, aber alle seine Verheißungen" (D. Bonhoeffer). Was wir heute noch ersehnen und erhoffen, kann morgen gegenstandslos sein und wir stellen fest, dass Gott besser weiß als wir, was wir richtig brauchen. Gott hat uns nicht aus seinen gütigen Augen gelassen. Er führt seinen guten Willen zum Ziel; auch wenn es über unser Vermögen zu warten dauert, auch dort, wo das nicht auf Anhieb erkennbar ist.

III. Damit sind wir bei unserem Predigtwort und seinem historischen Hintergrund angekommen: Nebukadnezar der Feldherr der Babylonier hatte einst (587 v. Chr.) ein zerstörtes und entvölkertes Jerusalem zurückgelassen. Der Tempelplatz verwahrloste, es wuchsen Büsche und Sträucher wo einst das Zentralheiligtum des jüdischen Glaubens gestanden hatte. Siebzig Jahre waren die Israeliten in Babylon deportiert, aus ihrer heiligen Stadt vertrieben. Da erlaubte ihnen der politische Machtwechsel (die Perser hatten Babylon erobert und waren im Jahr 539 v. Chr. in Babel eingezogen) bzw. der neue Machthaber König Kyros die Rückkehr in ihre alte Heimat. Kyros gewann gewiss mit dieser Religionspolitik die Sympathie der bisher unterdrückten Völker. Doch diese Möglichkeit löste bei den Israeliten, die nun nach Israel und in die heilige Stadt Jerusalem zurückkehren durften, nicht nur Begeisterung aus. Gewiss, schnell brachen die Ersten auf. Der letzte Nachkomme aus dem Geschlechte des Königshauses David, «Serubabel», wurde im Jahr 520 v. Chr. Stadthalter in Jerusalem. Doch der erste Schwung verpuffte schnell. Statt Begeisterung herrschte nun Mühsal. Der Wiederaufbau erwies sich schwerer, wie man in der ersten Begeisterung angenommen hatte. Dem kargen Boden musste die Ernte mühevoll abgerungen werden. «Serubabel» ist eine von den vielen enttäuschten Hoffnungen und verschwindet von der Politbühne. In diese Situation hinein spricht der Prophet. Er ist uns namentlich nicht bekannt. Da er sich in der Tradition des (ersten) Jesaja weiß – welcher etwa 200 Jahre vorher lebte und wirkte – und das Werk seines Vorgängers fortsetzt, wird er in der alttestamentlichen Wissenschaft «Deuterojesaja» (der zweite Jesaja) genannt. Die Kapitel 40 – 55 des Jesajabuches stammen von ihm und seine Wirkungszeit wird auf die Rückkehr der Israeliten aus dem Exil bzw. kurz davor datiert (2. Hälfte des 6. vorchristlichen Jahrhunderts).

IV. Die Grundaussage des Propheten ist diese: Weil Gott sein Volk getröstet hat, wird Himmel und Erde voll Jubel sein. Die Natur verändert sich; in den Versen vor unserm Predigttext wird erzählt, dass die Berge eben werden, damit der Weg bzw. die Wanderung auf dem Pilgerpfad leichter wird. Fremde Völker sind bereits aufgebrochen auf dem Wallfahrtsweg nach Jerusalem. Allein Zion, allein Jerusalem verharrt weiter in der Klage und nimmt (so gibt der Prophet zu verstehen), den Trost des HERRN nicht an. Der Prophet wirbt im Namen Gottes mit einer logischen Überlegung: Keine Mutter verlässt oder vergisst ihr Kind. Wenn aber dies so ist, wie viel weniger kann Gott sein Volk verlassen und vergessen. Zur Bekräftigung wird noch hinzugefügt: Selbst wenn es Ausnahmesituationen gibt, in welchen Mütter ihre Kinder verlassen – leider kennen wir solche Ausnahmen auch in unserer heutigen Zeit: im Schäßburger Kinderkrankenhaus gibt es eine Abteilung für diese wirklich erbarmungswürdigen verlassenen Kinder – so gibt Gott die eigentlich unnötige Versicherung: „Ich will deiner nicht vergessen". Der Zweifel an Gottes Treue ist unnatürlich und er ist unlogisch. Unser Verstand müsste dem Zweifel an Gottes Treue widersprechen.

V. Soweit so gut. Nur: kann man so etwas denn auch dem Straßenkind oder dem, der am Rande der Gesellschaft lebt, sagen? Es wird uns nicht gut anstehen, als Leute aus einigermaßen gesicherten Verhältnissen hinzugehen und dem Kind – das von seiner Mutter wirklich verlassen wurde – zu sagen: „*Gott lässt dich nicht im Stich*". Da müssen wir schon auch selbst etwas tun, wenn wir dem Elend begegnen. Aber das Kind kann sehr wohl glauben und begreifen, dass es nicht aus dem Netz der Liebe Gottes – sozusagen durch die Maschen – heraus gefallen ist; auch gegen die eigene Erfahrung. Andererseits kann man von so manchem Armen in der Welt eine Menge an Glauben und Gottvertrauen lernen, weil solche Menschen eher gewohnt sind, sich mit Wenigem zufrieden zu geben. Schon die ersten Jesuszeugen, die Hirten von Bethlehem, waren arme Leute und sie begriffen, dass hier Gott sein Versprechen eingelöst hatte.

VI. Eine heile Welt gibt es – wie eingangs gesagt – nicht. Wir können aber viel dafür tun (und diese weihnachtliche Freudenzeit legt es geradezu nahe) dass Gottes Liebe in dieser Welt Gestalt gewinnt. Wir erleben Gottes Liebe über die Zuwendung anderer Menschen. Daher dürfen und sollen wir empfangene Zuwendung auch weiter geben. So werden wir am Ende geborgen sein in der Liebe Gottes, die uns an die Mutterliebe erinnert. Deshalb lasst uns einstimmen in das große Loblied am Anfang unseres Predigtwortes aus dem Jesajabuch: „Jauchzet, ihr Himmel; freue dich, Erde! Lobet, ihr Berge, mit Jauchzen! Denn der Herr hat sein Volk getröstet und erbarmt sich seiner Elenden." Die ganze Schöpfung soll mit einstimmen in den Weihnachtsjubel. Er hat uns nicht verlassen, sondern ist in diese Welt gekommen, um ihr die Erlösung zu bringen. Gelobt sei Gott in Ewigkeit. Amen.

Stiller Rückblick und hoffnungsvoller Ausblick

Altjahresabend (31. Dezember 2010) – Schäßburg
Predigt zu **Jesaja 30,15 – 17**

15. So spricht Gott der HERR, der Heilige Israels: „Wenn ihr umkehrtet und stille bliebet, so würde euch geholfen; durch Stillesein und Hoffen würdet ihr stark sein. Aber ihr wollt nicht 16. und sprecht: «Nein, sondern auf Rossen wollen wir dahin fliehen», - darum werdet ihr dahin fliehen, «und auf Rennern wollen wir reiten», - darum werden euch eure Verfolger überrennen. 17. Denn euer tausend werden fliehen vor eines einzigen Drohen; ja vor fünfen werdet ihr alle fliehen, bis ihr übrig bleibt wie ein Mast oben auf einem Berge und wie ein Banner auf einem Hügel."

Liebe Gemeinde!

I. Am Abend eines zu Ende gehenden Jahres sind wir nachdenklicher als sonst. Bilder aus dem letzten Jahr ziehen an unserm inneren Auge vorbei: Bilder von persönlich Erlebtem, aber auch Bilder die im Laufe des Jahres aus der gesamten Welt, über die audiovisuellen und Printmedien zu uns gekommen sind. Manche tauchen immer wieder auf, weil sie so schrecklich sind. Z. B: die Bilder aus Krisengebieten (Haiti oder Pakistan), wo es Erdbeben oder Überschwemmungen gab, oder Bilder aus Kriegsgebieten. Andere Erinnerungen stehen nicht direkt mit einem Bild im Zusammenhang, haben aber unser Leben in direkter Weise getroffen: z. B. die Kürzungen bei Löhnen und Renten oder die Preiserhöhungen für Sachen des täglichen Bedarfs. Darüber hinaus haben wir im vergangenen Jahr eine Vielzahl individueller Erfahrungen machen dürfen: positive und negative. Jeder und jede weiß um seine eigenen. Manches haben wir erreicht in den vergangenen Tagen und Monaten, anderes war nicht (oder nicht mehr) möglich. Es ist uns gute und schöne Zeit geschenkt worden, die wir nutzen durften: denken wir etwa an schöne Stunden mit der Familie oder Begegnungen mit Menschen, die man schon lange nicht mehr gesehen hatte. Zugleich ist uns aber auch bewusst geworden, wie begrenzt gute und schöne Zeit sein kann: etwa dort wo wir mit Krankheit oder sogar dem Tod konfrontiert wurden. Das Jahresende bzw. die Jahreswende gibt uns die Chance, uns dem Erlebten noch einmal zu stellen, Rückschau zu halten. Manchmal ist es hilfreich sich aus ganz anderer Perspektive Dinge anzuschauen, um ein objektiveres Urteil fällen zu können.

II. Unser Predigtwort aus dem Buch des Propheten Jesaja kommt aus einer andern Zeit und einer andern Situation und spricht zu uns. Jesaja hält keine Rede zum Jahreswechsel. Doch der Zweck seiner Rede geht in dieselbe Richtung, wie wenn wir Rückschau halten: es geht darum Sachverhalte zu analysieren, das was nicht in Ordnung ist anzusprechen und zugleich Ausrichtung zu suchen und Entscheidungen zu treffen. Jesaja spricht in die aktuelle Tagespolitik seiner Zeit hinein. Die damalige Weltmacht Assyrien hatte den Norden Israels erobert und stand als reale Bedrohung vor den Toren Jerusalems. Es herrschte Kriegsstimmung. In dieser Situation bestand die Möglichkeit ein Bündnis mit einer andern Weltmacht jener Zeit (nämlich Ägypten) einzugehen, um – mit verstärkten Kräften – dem Feind aus dem Osten die Stirn zu bieten. Aus menschlicher Sicht eine strategisch richtige Entscheidung, mag man meinen. In solchen Fällen ist es immer sinnvoll, einen guten Bündnispartner zu haben. Ägypten hatte eine – für damalige Zeitverhältnisse – hochmoderne Rüstungstechnik: Reiter und Kriegswagen gehörten zur Standartausrüstung, und so etwas hatte nicht jeder. Die Verantwortlichen in Jerusalem sahen es als den vernünftigsten Schachzug, in Verhandlungen mit diesem potentiellen Bündnispartner Ägypten zu treten. Doch was nach menschlichem Gutdünken sinnvoll ist, dagegen begehrt Jesaja auf. Er hält eine Scheltrede denen, die von Kriegsstrategie und Bündnissen mit Weltmächten mehr halten, als von Gottvertrauen. Jesaja versucht seinen Zeitgenossen einzureden, dass übereifriges menschliches Tun und Planen dazu führen, dass Gottes Weisung überhört wird. Wer kein Sensorium mehr dafür hat, was Gottes Wille ist, dem droht der Zusammenbruch; der wird schließlich besiegt werden. Der Prophet erhebt den Vorwurf, dass die Verantwortlichen seiner Zeit sich weigern auf Gottes Wort zu hören und damit Gottes Weisung zurück weisen. Zugleich sind sie auf ihre eigenes Wissen stolz, und das wird vom Propheten als Schuld und Versagen entlarvt. „Noch ist Zeit zur Umkehr" so mahnt der Prophet.

III. Sicherlich ist ein Vergleich zwischen der Situation damals und heute nur in geringem Maße möglich. Ein Vers aus diesem Bibelwort ist aber über Raum und Zeit hinweg gültig; auch heute spricht er uns in besonderer Weise an: *„Wenn ihr umkehrtet und stille bliebet, so würde euch geholfen; durch Stillesein und Hoffen würdet ihr stark sein."* Ein Problem unserer heutigen schnelllebigen Gesellschaft ist wirklich dies, dass UMKEHREN oder STILLE SEIN für unsere heutigen Zeit Fremdwörter zu sein scheinen. Wir befinden uns Gott-sei-Dank nicht im Kriegszustand, wie Jesaja und seine Zeitgenossen. Trotzdem kann die Zeit in welcher wir leben, aber nicht unbedingt als friedevoll bezeichnet werden. Eigentlich leben wir in ständigen Paradoxien. Einige davon kann man so umschreiben: «Wir haben größere Häuser, aber kleinere Familien; wir haben mehr Wissen, aber weniger Urteilsvermögen; wir haben immer mehr Experten und trotzdem mehr Probleme. Wir haben immer mehr Medizin und immer weniger Gesundheit. Wir sind bis zum Mond gekommen, aber es fällt uns schwer, wenn wir die Straße überqueren müssen um mit einem Nachbarn Bekanntschaft zu machen. Wir haben das Weltall erobert aber nicht unsere innere Welt. Wir haben große Dinge geleistet, aber nicht bessere. Wir haben immer mehr Rechner gebaut, die immer mehr Informationen speichern … aber wir kommunizieren immer weniger. Wir machen immer schnelleren Profit, unsere Beziehungen sind aber immer oberflächlicher.» (Octavian Paler) Diese Auflistung könnte man beliebig fortsetzen. Dabei sollte es – gerade in der heutigen Zeit mit den gesamten technischen Errungenschaften – einfacher und nicht komplizierter werden. Vielleicht erinnern wir uns öfter daran, Zeit mit den geliebten Menschen zu verbringen, denn sie werden nicht für die Ewigkeit neben uns sein. Vielleicht erinnern wir uns öfter daran, Zeit mit unseren Kindern zu verbringen, weil sie so schnell wachsen und ehe man sich's versieht, sie von zu Hause ausziehen.

IV. Am Ende des Jahres müssen wir uns nicht vornehmen die Welt zu verändern. Wir täten aber gut daran, wenn wir die ganze Last des vergangenen Jahres in Gottes Hände legen würden und ihm gleichzeitig für alles was er uns gab danken würden: für die schönen Momente, aber auch für die schwierigen, zu deren Überwindung er uns geholfen hat. Zugleich aber dürfen wir im Vertrauen auf seine Gnade die Schwelle zum neuen Jahr überschreiten. Amen.

Das Gnadenjahr des HERRN

Neujahrstag (1. Januar 2003) – Schäßburg
Predigt zu **Lukas 4,16 – 30**

16. Jesus kam nach Nazareth, wo er aufgewachsen war, und ging nach seiner Gewohnheit am Sabbat in die Synagoge und stand auf und wollte lesen. 17. Da wurde ihm das Buch des Propheten Jesaja gereicht. Und als er das Buch auftat, fand er die Stelle, wo geschrieben steht: 18. «Der Geist des Herrn ist auf mir, weil er mich gesalbt hat, zu verkündigen das Evangelium den Armen; er hat mich gesandt, zu predigen den Gefangenen, dass sie frei sein sollen, und den Blinden, dass sie sehen sollen, und den Zerschlagenen, dass sie frei und ledig sein sollen, 19. zu verkündigen das Gnadenjahr des Herrn.» 20. Und als er das Buch zutat, gab er's dem Diener und setzte sich. Und aller Augen in der Synagoge sahen auf ihn. 21. Und er fing an, zu ihnen zu reden: „Heute ist dieses Wort der Schrift erfüllt vor euren Ohren." 22. Und sie gaben alle Zeugnis von ihm und wunderten sich, dass solche Worte der Gnade aus seinem Munde kamen, und sprachen: „Ist das nicht Josefs Sohn?" 23. Und er sprach zu ihnen: „Ihr werdet mir freilich dies Sprichwort sagen: «Arzt, hilf dir selber!» Denn wie große Dinge haben wir gehört, die in Kapernaum geschehen sind! Tu so auch hier in deiner Vaterstadt!" 24. Er sprach aber: „Wahrlich, ich sage euch: Kein Prophet gilt etwas in seinem Vaterland. 25. Aber wahrhaftig, ich sage euch: Es waren viele Witwen in Israel zur Zeit des Elia, als der Himmel verschlossen war drei Jahre und sechs Monate und eine große Hungersnot herrschte im ganzen Lande, 26. und zu keiner von ihnen wurde Elia gesandt als allein zu einer Witwe nach Sarepta im Gebiet von Sidon. 27. Und viele Aussätzige waren in Israel zur Zeit des Propheten Elisa, und keiner von ihnen wurde rein als allein Naaman aus Syrien." 28. Und alle, die in der Synagoge waren, wurden von Zorn erfüllt, als sie das hörten. 29. Und sie standen auf und stießen ihn zur Stadt hinaus und führten ihn an den Abhang des Berges, auf dem ihre Stadt gebaut war, um ihn hinabzustürzen. 30. Aber er ging mitten durch sie hinweg.

Liebe Gemeinde!

I. Dies Bibelwort erzählt darüber, wie Jesus am Anfang seiner Wirkungszeit mit seiner Botschaft in seiner Heimatstadt Nazareth ankommt. Der Grund weshalb wir heute – am Neujahrstag – über diesen Text zu predigen haben, ist das Zitat aus dem Jesajabuch: *„...zu verkündigen das Gnadenjahr des Herrn."* Mit «Gnadenjahr des Herrn» ist das so genannte «Jobeljahr» gemeint. (Vom Wortstamm „jobel" leitet sich der Begriff „Jubel" ab.) Im III. Buch Mose (Levitikus) ist davon die Rede und es werden Richtlinien dafür aufgestellt. Gemeint ist damit eine Reihe von Erlässen, die alle neunundvierzig Jahre (d. h. alle 7 x 7 Jahre) zur Anwendung kommen sollen. Zu den wichtigsten Bestimmungen gehören u. a., dass die Sklaven frei gelassen werden sollen oder dass das Feld unbearbeitet bleiben soll um sich „auszuruhen". Der Grundgedanke ist jener, dass alle offenen Rechnungen als beglichen angesehen werden sollen, dass im materiellen wie im geistlichen Sinn, ein Neuanfang stattfindet. Ob dieses «Jobeljahr» in Israel je so strikt eingehalten wurde, ist mehr als fraglich. Aller Wahrscheinlichkeit nach wurde es seltener (nicht unbedingt genau alle 50 Jahre), zu besonderen Anlässen aufgrund eines königlichen Dekretes ausgerufen. Der Sinn eines solchen Schuldenerlasses ist natürlich nicht von der Hand zu weisen. Wer z. B. durch Schulden in Sklaverei fiel, hatte die Möglichkeit nach langen Jahren aus dieser Unfreiheit wieder heraus zu kommen.

II. Um diesem Predigtwort aber gerecht zu werden muss der gesamte Kontext mitbedacht werden. Und in der Tat, es ist am Neujahrstag hilfreich, wenn wir uns mit den näheren Umständen, bzw. dem Umfeld Jesu zur Anfangszeit seines Wirkens beschäftigen. Da hören wir zunächst, dass der junge Mann Jesus mit Vollmacht im Synagogengottesdienst die Heilige Schrift liest und auch auslegt. In den nächsten Momenten aber kippt die Stimmung schon und die Menschen wollen ihn umbringen. Die Prophezeiung des alten Simeon an Maria (Lukas 2,34) klingt nach, wo es hieß, dass Jesus „zum Fall und zum Aufstehen für viele gesetzt ist". Gemeint hatte Simeon damit soviel, dass Jesus durch Wort und Tat die Geister scheidet. Wie sehr sich diese Prophetie bewahrheiten sollte, haben wir in unserem heutigen Predigtwort gelesen. Jesus gegenüber gab es keine Neutralität. Diese Art an die Dinge heranzugehen auch am Anfang eines Jahres hilfreich. Sicherlich wünschen wir uns nur das Beste und hoffen, dass auch alles gut wird. Doch um sich keiner Illusion hinzugeben, sollten die Dinge realistisch betrachtet werden. Gute Wünsche nützen nichts, wenn die Realität in der wir leben eine andere Sprache spricht. Am Anfang eines Jahres ist es sinnvoll auf Gottes Geleit zu vertrauen, aber auch gute und vor allem durchführbare Vorsätze zu haben. Jesus verkündet in Anlehnung an den Propheten Jesaja den Randexistenzen, den Geschundenen Gottes Heil: *„Der Geist des Herrn ist auf mir, weil er mich gesalbt hat, zu verkündigen das Evangelium den Armen; er hat mich gesandt, zu predigen den Gefangenen, dass sie frei sein sollen, und den Blinden, dass sie sehen sollen, und den Zerschlagenen, dass sie frei und ledig sein sollen, zu verkündigen das Gnadenjahr des Herrn."* Doch zugleich nimmt er auch Einschränkungen vor; er erinnert an die Propheten Elia und Elisa, in deren Zeit auch nicht allen geholfen worden war.

III. Mit andern Worten: Die gute Nachricht wird nicht nur gesagt und dann geht alles von selbst. Die gute Nachricht, welche Jesus verkündigt ist gebunden an ihren Überbringer: *„Heute ist dies Wort vor euren Ohren erfüllt"*, sagt er, Jesus Christus. Er ist es, durch den das alles geschieht, der solch einen Wandel herbeiführt. Glauben wir ihm das? Als Jesus diese Worte in der Synagoge von Nazareth sagte, da ging ein Sturm los, und am Ende versuchte man, ihn zu beseitigen. Heute – das war unerhört und unglaublich, ja dies «heute» war eine Provokation. Wenn wir im Namen Jesu diese Worte zu uns **heute** sprechen lassen bzw. wenn er uns in diesen Worten heute entgegentritt – wie reagieren wir da?

Trauen wir ihm mehr als die Leute von Nazareth? Es geht heute nicht (nur) darum, dass wir am Jahresanfang ein paar freundliche Worte hören über Gott, von dem wir erhoffen dass er bei uns sein wird auf unseren Wegen durch dieses Jahr. Es geht um mehr: es geht um unseren Glauben und um unser Leben. *„Christ der Retter ist da!"* haben wir vor einigen Tagen in den Weihnachtsliedern gesungen. Er will uns mit Gott versöhnen. Er will uns den Weg des Lebens, den Weg zu Gott zeigen. Und er will natürlich unser Helfer sein: auch in diesem Jahr, Tag für Tag. Aber er kann das nur, wenn er als Wegweiser und Helfer in Anspruch genommen wird. Wenn uns das, was er anzubieten hat nicht interessiert, dann wird er uns sicher nichts aufzwingen. Aber es wäre unvernünftig und leichtsinnig sein Angebot auszuschlagen. <u>Heute</u> beginnt das «Gnadenjahr des Herrn»: Jetzt steht die Tür zum Vater weit offen, weil Jesus sie geöffnet hat. Die Möglichkeit zu Gott zu kommen ist gegeben: und zwar jetzt.

IV. Es tut gut, neu anfangen zu können. Es tut gut, inne zu halten, neu zu planen, sich zu besinnen. Neujahr ist ein Anlass dafür. Die kalendarische Jahreswende fällt mitten in die Weihnachtszeit, in der die Christenheit Gottes Erscheinen auf der Erde in dem Kind in der Krippe feiert. Die große Zeitenwende ist gekommen, weil mit der Geburt des Kindes Friede und Gnade, Heil und Freude verheißen sind. Mit der Ankunft Gottes in diese Welt ist eine neue Zeit angebrochen. Gott ist mit uns; mit seinem Geist der Liebe, des Erbarmens, der Gerechtigkeit und der Hoffnung. Ein neues Jahr beginnt, so wie das Leben eines Kindes. Wie das Leben eines Kindes vielfach unbestimmt und ganz unverbraucht ist, so ist auch das neue Jahr noch unbestimmt und offen für viele Möglichkeiten. Heute gilt in Anlehnung an das Predigtwort: es ist «Gnadenjahr des Herrn». Auch da, wo etwas zu zerbrechen droht oder zerbrochen ist, will Gott da sein. Zwar werden enttäuschte Wünsche und nicht erfüllte Hoffnungen nicht weg gezaubert. Gott aber kommt mit seinem Licht ins Dunkle; er ist da mit seiner Liebe. Not, Zerstörung und Schuld sind bei ihm aufgehoben. Wir dürfen uns aufs Neue IHM anvertrauen. Damit können wir in ein Neues Jahr hinein gehen. In ein «Gnadenjahr des Herrn». Amen.

Menschensohn und Menschenkinder

Zweiter Sonntag nach Weihnachten (4. Januar 2009) – Schäßburg
Predigt zu **Lukas 2,41 – 52**

41. Jesu Eltern gingen alle Jahre nach Jerusalem zum Passahfest. 42. Und als er zwölf Jahre alt war, gingen sie hinauf nach dem Brauch des Festes. 43. Und als die Tage vorüber waren und sie wieder nach Hause gingen, blieb der Knabe Jesus in Jerusalem, und seine Eltern wussten es nicht. 44. Sie meinten aber, er wäre unter den Gefährten, und kamen eine Tagereise weit und suchten ihn unter den Verwandten und Bekannten. 45. Und da sie ihn nicht fanden, gingen sie wieder nach Jerusalem und suchten ihn. 46. Und es begab sich nach drei Tagen, da fanden sie ihn im Tempel sitzen, mitten unter den Lehrern, wie er ihnen zuhörte und sie fragte. 47. Und alle, die ihm zuhörten, verwunderten sich über seinen Verstand und seine Antworten. 48. Und als sie ihn sahen, entsetzten sie sich. Und seine Mutter sprach zu ihm: „Mein Sohn, warum hast du uns das getan? Siehe, dein Vater und ich haben dich mit Schmerzen gesucht". 49. Und er sprach zu ihnen: „Warum habt ihr mich gesucht? Wisst ihr nicht, dass ich sein muss in dem, was meines Vaters ist?" 50. Und sie verstanden das Wort nicht, das er zu ihnen sagte. 51. Und er ging mit ihnen hinab und kam nach Nazareth und war ihnen untertan. Und seine Mutter behielt alle diese Worte in ihrem Herzen. 52. Und Jesus nahm zu an Weisheit, Alter und Gnade bei Gott und den Menschen.

Liebe Gemeinde!

I. Lukas bringt als einziger der vier Evangelisten ausführliche Kindheitsgeschichten von Jesus; so auch diese Geschichte von dem Heranwachsenden. In der Antike war es durchaus üblich, von großen Männern, Kindheitsgeschichten – sei es auch in legendenhafter Form – zu erzählen und zu dokumentieren, dass diese Menschen Wunderkinder waren: so z. B. über Kyros, den Perserkönig oder Alexander den Großen. Aber auch im Alten Testament finden wir das Phänomen vor: so z. B. bei Moses, Samuel oder Salomo. Das Motiv vom „begabten Helden" verwendet Lukas um zu zeigen, dass Jesus im Alter von 12 Jahren den Lehrern der Thora ebenbürtig ist. Auch wenn das im Text so nicht geschrieben steht, so soll man zwischen den Zeilen lesen, dass – wenn der Zwölfjährige gleichrangig mit den andern ist – dann der erwachsene Jesus zwingend allen andern haushoch überlegen sein muss. Es wird nichts darüber gesagt, dass Jesus die Schriftgelehrten und ihre theologischen Ansichten kritisch infrage gestellt habe. Bloß so viel vermerkt der Evangelist, dass er mitten unter ihnen sitzt und als Gleichrangiger an der theologischen Diskussion teilnimmt. Aber nicht allein diese Tatsache, macht den Hauptaussagegehalt dieser Geschichte aus, sondern dass Jesus – wiewohl sein Platz (von seinem Wissen her) durchaus im Tempel neben den Schriftgelehrten hätte sein können – er schließlich mit seinen Eltern mitgeht und sich unterordnet. Wenn wir von Jesu menschlicher und göttlicher Natur sprechen, dann dürfen wir es auch tun, indem wir uns auf diese biblische Geschichte berufen. Er weiß ganz genau, dass er bei seinem Vater sein muss; mit Vater ist Gott gemeint. Er weiß aber auch, dass er seiner Familie gegenüber (menschliche) Verpflichtungen hat. Ein bekannter Theologe (Eduard Schweizer) überschreibt diese Geschichte in seinem Kommentar mit dem Titel „Jesus, zu Hause bei Gott und dem Menschen". Damit hat er eigentlich den Nerv getroffen.

II. Diese Geschichte hat für unsere heutige Zeit aber einige besonders interessante Aspekte, denen Lukas wahrscheinlich gar nicht ein so großes Gewicht beigemessen hat, als er sie in sein Evangelium aufgenommen hat. In der Bibel, wie in der antiken Literatur insgesamt sind Erzählungen über Kinder selten; abgesehen von den eingangs erwähnten Ausnahmen, wenn es sich um besondere Persönlichkeiten handelte, die dann rückblickend als Helden seit ihrer Geburt dargestellt werden. Nun aber hat die Heilige Familie – so wie sie uns bei Lukas entgegentritt – sehr menschliche und weniger heldenhafte Züge. Dass aber ein heranwachsendes Kind seinen Eltern abhanden kommt (im übertragenen Sinn, aber trauriger Weise immer wieder auch im wahrsten Sinne des Wortes), ist eine Erfahrung, welche gerade für unsere heutige Zeit so typisch ist: wie oft hört man solche Meldungen im Radio oder Fernsehen. Die Menschlichkeit dieser Erzählung befreit. Gegen das traditionelle Bild der heiligen Familie, wird hier der Realität Raum gegeben, indem gerade keine Familienidylle vorgegaukelt wird. Jesus war ein aufgeweckter zwölfjähriger Junge. Nachdem was die moderne Psychologie, aber auch unser aller Erfahrung von Zwölfjährigen kennt, ist, dass es sich um die vorpubertäre, bei manchen schon die pubertäre Phase des Lebens handelt. Meine Großmutter hätte dazu gesagt: die «Flegeljahre». Das ist eine schwere Zeit für Kinder und Eltern. Das Kind wächst und entwächst den Vorstellungen der Eltern. Der Heranwachsende fordert sein Umfeld (vor allem aber seine Eltern) immer wieder heraus. Konflikte sind da vorprogrammiert. Für die Antike war ein solches Verhalten eines Zwölfjährigen unerhört. Heute wäre es ungewöhnlich, wenn ein Zwölfjähriger sich *nicht so* verhalten würde. Aber das Problem liegt nicht immer nur bei den Kindern selber. Eltern finden sich mitunter nur sehr schwer mit dem Gedanken ab, dass sie loslassen müssen. Selbstverständlich kann das nur „Schritt-für-Schritt" gehen. In der Regel haben Mütter größere Probleme mit dem Loslassen, und das finden wir auch in dieser Geschichte bestätigt. Von Maria hören wir, dass sie Jesus zur Rede stellt. Von Josef wissen wir nur so viel, dass er sich an der Suche beteiligt hatte. Ernst muss die Sache auf alle Fälle gewesen sein. Jerusalem hatte zu jener Zeit etwa 50.000 Einwohner. Zu den drei Hochfesten: Passah, Wochen-, oder Laubhüttenfest, kamen etwa 100.000 Pilger in und um die Stadt. Da man zu Fuß reiste – wer sich ein Lasttier leisten konnte, gehörte schon zu den Wohlhabenden – war es üblich, dass mehrere Landsleute aus einem Dorf sich als Gruppe zusammenschlossen, um die Reise zu unternehmen und mit vereinten Kräften gut zu überstehen. Insoweit ist die Vorstellung, dass Jesus mit einer andern Gruppe aus dem Heimatdorf Nazareth unterwegs ist, nicht abwegig. Als er dann aber auch unter denen nicht zu finden, da muss der Schreck doch in die Knochen gefahren sein. Ein Kind in einem solchen Ameisenhaufen 3 Tage nicht zu finden, das kann besorgte Eltern bis zum Rande des Wahnsinns treiben. Man kann gut nachvollziehen, dass Maria Jesus zur Rede stellt, auch wenn die Tatsache – dass sie ihn im Tempel und nicht anderswo finden – das Ganze ein wenig abmildert. Für Jesus ist es selbstverständlich, dass sein Vater im Himmel Vorrang vor allem und allen andern hat. Allerdings spricht Jesus hier eine allgemein gültige Wahrheit aus, welche alle Eltern – die ihre Kinder lieben – in mehr oder weniger bitterer Weise erfahren müssen u. z: Kinder (auch die eigenen) sind KEIN Eigentum. Kinder sind ihren Eltern auf Zeit anvertraut. Kinder sind mit Liebe groß zu ziehen, aber man verfügt nicht über sie. Kindern gehört alles, was einem selbst gehört, sie sind die natürlichen Erben der Eltern; aber Eltern können keine Besitzansprüche über sie erheben. Kinder müssen begleitet und dazu angeleitet werden, dass sie in der Lage sind, ihr Leben selbst zu gestalten. Sicherlich ist es sinnvoll, als Fundament der Erziehung, den christlichen Glauben haben. Wenn Kinder in Gott ihren Vater erkennen, dann sollte es Eltern leichter fallen los zu lassen. Wir sehen ja auch bei dem 12-jährigen Jesus, dass er schließlich auch seinen familiären Pflichten nachkommt. Im Sinne des damaligen hierarchischen Denkens, schrieb Lukas: *„er war ihnen untertan"*. Unser christlicher Glaube gebietet uns geradezu – und die Wurzel dazu liegt im 4. Gebot aus dem Alten Testament – dass wir Vater und Mutter ehren.

III. Anhand von solchen Geschichten, die mitten aus diesem Leben gegriffen sind, die Jesus als Gott und Mensch zugleich darstellen, können wir lernen. Der 12-jährige Jesus wird für uns alle zum Beispiel, wie wir uns verhalten sollen: Gott sollen wir die Ehre geben und ihn als unsern Vater im Himmel anerkennen. Darüber darf die Familie aber nicht zu kurz kommen. Das wir Gottes Kinder sind, stellen wir gerade auch dadurch unter Beweis, dass wir in unserer Familie unsere Pflicht erfüllen; unsern Kindern, aber auch unsern Eltern gegenüber. Amen.

Wer ist weise?

Epiphanias (8. Januar 2003)[5] – Pastoralkonferenz in Schäßburg
Predigt zu **Matthäus 2,1 – 12**

1. Als Jesus geboren war in Bethlehem in Judäa zur Zeit des Königs Herodes, siehe, da kamen Weise aus dem Morgenland nach Jerusalem und sprachen: 2. „Wo ist der neugeborene König der Juden? Wir haben seinen Stern gesehen im Morgenland und sind gekommen, ihn anzubeten". 3. Als das der König Herodes hörte, erschrak er und mit ihm ganz Jerusalem, 4. und er ließ zusammenkommen alle Hohenpriester und Schriftgelehrten des Volkes und erforschte von ihnen, wo der Christus geboren werden sollte. 5. Und sie sagten ihm: „In Bethlehem in Judäa; denn so steht geschrieben durch den Propheten (Micha 5,1): 6. «Und du Bethlehem im jüdischen Lande, bist keineswegs die kleinste unter den Städten in Juda; denn aus dir wird kommen der Fürst, der mein Volk Israel weiden soll.»" 7. Da rief Herodes die Weisen heimlich zu sich und erkundete genau von ihnen, wann der Stern erschienen wäre, 8. und schickte sie nach Bethlehem und sprach: „Zieht hin und forscht fleißig nach dem Kindlein; und wenn ihr's findet, so sagt mir's wieder, dass ich auch komme und es anbete." 9. Als sie nun den König gehört hatten, zogen sie hin. Und siehe, der Stern, den sie im Morgenland gesehen hatten, ging vor ihnen her, bis er über dem Ort stand, wo das Kindlein war. 10. Als sie den Stern sahen, wurden sie hocherfreut 11. und gingen in das Haus und fanden das Kindlein mit Maria, seiner Mutter, und fielen nieder und beteten es an und taten ihre Schätze auf und schenkten ihm Gold, Weihrauch und Myrrhe. 12. Und Gott befahl ihnen im Traum, nicht wieder zu Herodes zurückzukehren, und sie zogen auf einem andern Weg wieder in ihr Land.

Liebe Brüder und Schwestern im Amt!

I. Die Geschichte von den drei Weisen aus dem Morgenlande ist so bekannt, dass man zunächst meint nichts mehr Neues dazu sagen zu können. Wie und was soll man darüber noch predigen? *Doch im ersten Satz habe ich schon etwas falsches, oder zumindest nicht bewiesenes gesagt.* Woher wissen wir eigentlich, dass es drei waren? Im Text wird nämlich

---

[5]   Das Epiphaniasfest fällt immer auf den 6. und nicht auf den 8. Januar. Wenn sich aber die Pfarrer eines Bezirkes zu ihrer monatlichen Pastoralkonferenz treffen – am ersten oder zweiten Mittwoch im Monat – dann wird in dem Gottesdienst über den Bibeltext des vorhergehenden oder kurz bevorstehenden Sonn- oder Feiertags gepredigt. Es ist auch für den Prediger selber eine interessante Herausforderung, denselben Text wenige Tage früher oder später für eine ganz andere Zuhörergruppe – in diesem Fall für Theologen – zu bearbeiten. Diese Predigt habe ich in der Pfarrerversammlung am Mittwoch nach dem Epiphaniasfest vor den Amtsbrüdern und -schwestern des Schäßburger Pfarrkapitels gehalten; dass es dabei etwas lockerer zuging und man auch schmunzeln durfte war, nach zwei Wochen «Gottesdiensteinsatz» in den Gemeinden zu Weihnachten und Neujahr, beabsichtigt.

keine Zahl genannt. Natürlich wissen wir es von den Krippenspielen; das weiß doch jedes Kind. Die Legendenbildung weiß natürlich immer mehr, als die Zeitgenossen. Auch wenn die Geschichte noch so bekannt ist, ist es schwer bis zum historischen Kern vorzudringen; auch oder gerade weil die verschiedenen Varianten über die drei Könige (wie sie eben auch in Krippenspielen vorkommen) bekannter sind als die Fassung aus dem Matthäusevangelium. Diese Geschichte – in dieser Form wie sie Matthäus überliefert – trägt ein paar Züge, welche sie ungeheuer spannend machen. So einiges fällt einem auf, auch nachdem man darüber gepredigt hat, was vor zwei Tagen am Epiphaniasfest geschehen ist. Eigentlich beginnt es banal: ein paar Heiden aus dem Morgenland – wo dieses Land sich auch immer befinden mag, denn genau zu lokalisieren hat es noch niemand vermocht – suchen Gott. Es muss sich mindestens eine Karawane auf den Weg gemacht haben; drei Menschen unter den damaligen Reiseumständen wären nicht weit gekommen. Ein Stern hat sie zu dieser Reise herausgefordert: aus unserer Sicht ein höchst sonderbares Unterfangen. Sie wissen bis zuletzt nicht *wann, wo* und bei *wem* sie ankommen werden, und auch nicht, wie und ob sie wieder heimkehren. Ihre Rechenkunst im Blick auf die Ermittlung der Sternenbahn war auch nicht die genaueste. Nun wird es anekdotenhaft. Die Weisen irren sich gewaltig in ihrer Sterndeuterei und landen genau dort, wo sie nicht hin sollen: nämlich im Palast des Herodes. Dort war Jesus sicherlich am allerwenigsten aufzufinden. Aber das schreckt sie nicht ab; ja sie legen eine große Hartnäckigkeit an den Tag. «Magier» ("magioi" heißen sie im griechischen Urtext), in der Lutherübersetzung als „Weise" bezeichnet, suchen einen Gott-König in einem durchaus weltlich-menschlichen Palast. Das mutet doch sonderbar an.

II. Im Palast des Herodes beginnt die Geschichte noch skuriller zu werden. Da kommen ein paar Pseudowissenschaftler (wenn man ehrlich sein will: ein paar Spinner) daher, die sich mit Astrologie beschäftigen und irgendetwas Ungewöhnliches am Himmel gesehen haben wollen. Diese Herrn bringen den ganzen Hofstaat am Jerusalemer Palast ins Durcheinander. Sicherlich wird Herodes gewusst haben, dass er bei vielen nicht beliebt war; und sicher hat er auch gewusst, dass es etliche gab, die seinen Platz und sein Amt gerne hätten haben wollen. Nicht zu vergessen: sein politisches Mandat hatte er von Roms Gnaden. Da kommen diese Weisen nonchalant daher und fragen nach einem **neuen** König, den sogar die Sterne vorausgesagt haben sollen. Eigentlich ist diese Szene – wenn man sie sich bildlich vorstellt – reif fürs Kabarett. Für Herodes und seine Untergebenen, ist es allerdings bitter ernst. Die Diskussion, welche die Weisen auslösten stelle ich mir mindestens so angeregt vor, wie jene Diskussion bei unseren Politikern, wenn es um das Thema „vorgezogenen Wahlen" geht. Machthaber zeichnen sich dadurch aus, dass sie an der Macht bleiben wollen. Das ist bei Herodes nicht anders und seine Reaktion, bzw. sein Verhalten ist typisch. Er fühlt sich bedroht und darum benimmt er sich in einer heuchlerischen Art freundlich mit den Morgenländern um sie zu bitten, dass sie ihn doch davon in Kenntnis setzten sollen, wenn sie den neuen König gefunden haben sollten. Das natürlich mit mörderischen Hintergedanken.

III. Ein noch spannenderes Moment kommt aber danach: Herodes ruft die namhaften Theologen – die Schriftgelehrten, die es in Jerusalem zuhauf gab – zu einem Krisenstab zusammen. Diese Szene ist ebenfalls bühnenreif; allerdings ist hier die Komödie vorbei und das Drama nimmt seinen Lauf. Die Schriftgelehrten sind den Weisen in Wissen und Haltung diametral entgegengesetzt. Die Weisen können unbefangen Fragen stellen, so wie es Kinder tun. Die Schriftgelehrten können das nicht; die theologischen Autoritäten haben NUR Antworten, keine Fragen. Sie können ohne in der Konkordanz nachschlagen zu müssen, aus den Prophetenbüchern zitieren. Aber – und nun wird die Szene zur Tragödie – sie bemerken nicht, dass sie mit ihrem Zitat die Erfüllung der Prophetie feststellen. Und was frappiert ist: sie lassen sich nicht anstecken von der Neugierde der andern. Sie sind unwissend, obwohl sie einen reichen Schatz an Wissen vorzuweisen haben. Es ist aber jene Art von Wissen, die sich selbst genügt. In ihrer Überheblichkeit glauben sie schon alles Wichtige und Wesentliche in ihren grauen Zellen gespeichert zu haben; sie sind überzeugt davon, nichts mehr Neues dazu lernen zu können oder zu müssen. Das Verhalten der Schriftgelehrten ist noch sonderbarer, als jenes der Weisen, die einem Stern gefolgt sind. Wenn die Schriftgelehrten denn schon so genau sagen können, dass der Messias aus Bethlehem kommen soll, und wenn sie sehen, dass Menschen von weit herkommen um ihn zu suchen: wie können sie dann so gelassen bleiben? Wieso finden sie es nicht der Mühe wert eine Delegation nach Bethlehem – welches von Jerusalem nicht so weit entfernt (ca. 8 km) liegt – zu entsenden um der Sache auf den Grund zu gehen.

IV. Die Erscheinung des Herrn der Welt unter Heiden, Unwürdigen, Minderbemittelten und sogar unter Spinnern: das will unsere Geschichte dokumentieren. Gott kommt so, *wie* man es nicht erwartet und Gott kommt hin, *wo* es niemand vermutet: in einem hilflosen, neugeborenen Kind in einen Stall. Zu unglaubwürdig für die großen Theologen Jerusalems; zu gefährlich für den Machtmenschen Herodes. Die Menschen zu denen er kam, und die zu ihm gingen waren: Randexistenzen, bizarre Gestalten und sonderbare Erscheinungen, wie eben auch diese Sterndeuter. Jene, die so brennend auf den Messias gewartet hatten, die rühren sich nicht, die wollen nichts von dieser Art Messias wissen. Gott stört es ganz und gar nicht, dass Menschen zu ihm kommen, die sich mit Dingen beschäftigen, die nicht unbedingt als orthodox zu betrachten sind. Entscheidend ist, dass sie sich auf Gott und seine Wege einlassen. Die Weisen aus dem Morgenland haben aufgrund ihrer brennenden Fragen und Nachforschungen erkannt, wer da geboren ist. Besonders erfahren ist der, welcher viel erkundet, erforscht und erhofft. Klug und intelligent ist nicht der, der alles schon kennt und schon überall war und schon alles gesehen hat und darum auch alles schon besser weiß. Der Erfahrene ist der radikal Fragende. Deshalb sind die «Magier» weise: nicht, weil sie längst alles wissen, sondern weil sie ihre Grenzen kennen. Sie sind nicht überheblich, sondern demütig. Sie machen sich auf den langen und beschwerlichen Weg, um zu fragen. So suchen sie Gott, und so kommt Gott ihnen nahe. Das Ziel dieses Weges ist die Anbetung. Sie kehren als veränderte Menschen in ihre Heimat zurück. Das wird auch daran deutlich, dass sie einen andern Weg wählen, als den auf welchem sie gekommen waren und Jerusalem umgehen. In den Herzen der politischen Machthaber und religiösen Autoritäten aus Jerusalem findet keine Veränderung statt.

V. Ich wünsche uns am Anfang dieses Jahres, dass uns der Stern der Weisheit Gottes aufgehen möge. Auch wenn wir uns mal irren und nicht dort ankommen sollten, wo wir wollen. Entscheidend ist es – so haben wir gesehen und gehört – sich auf den Weg zu Gott zu machen und für seine Wege offen zu sein. Dann wird er sich finden lassen. Ja mehr noch: ER wird uns entgegenkommen und – wir feiern es zu Epiphanias – sein Licht aufgehen lassen. Amen.

Gottes Wahl

Erster Sonntag nach Epiphanias (8. Januar 2006) – Schäßburg
Predigt zu 1. Korinther 1,26 – 31

26. Seht doch, liebe Brüder, auf eure Berufung. Nicht viele Weise nach dem Fleisch, nicht viele Mächtige, nicht viele Angesehene sind berufen. 27. Sondern was töricht ist vor der Welt, das hat Gott erwählt, damit er die Weisen zuschanden mache; und was schwach ist vor der Welt, das hat Gott erwählt, damit er zu Schanden mache, was stark ist; 28. und das Geringe vor der Welt und das Verachtete hat Gott erwählt, das, was nichts ist, damit er zunichte mache, was etwas ist, 29. damit sich kein Mensch vor Gott rühme. 30. Durch ihn aber seid ihr in Christus Jesus, der uns von Gott gemacht ist zur Weisheit und zur Gerechtigkeit und zur Heiligung und zur Erlösung, 31. damit, wie geschrieben steht (Jeremia 9,22-23): «Wer sich rühmt, der rühme sich des Herrn!»

Liebe Gemeinde!

I. Es sei mir gestattet mit einer kleinen Anekdote einzusteigen: Gegen Ende der 30er Jahre – in einem Nachtzug von Berlin nach Frankfurt – suchte ein deutscher Jude im Schlafwagen seinen Platz. Da er von den Nazis verfolgt wurde, musste er natürlich vorsichtig sein. Die vorgeschriebene Kleidung mit dem Judenstern trug er nicht. Er fand das gesuchte Abteil, betrat es und war überrascht, dass er es mit einem polnischen Juden teilen musste. Dieser trug die typischen Kleidungsstücke Kaftan sowie Kippa und konnte damit sofort als Jude erkannt werden. Mit der Fahrkarte in der Hand hielt der Neugekommene Ausschau nach seinen Platz und wurde von dem andern angewiesen: *„Se kennen suchen so lange Se wollen, das untere Bett gehert mir, Sie werden missen ins obere hinaufklettern, auch wenn ich a Jied bin und Sie nicht!"* Von diesem Empfang überrascht, antworte der deutsche Jude: *„Wenn schon, das macht mir nichts aus! Aber unter uns gesagt: Auch ich bin Jude."* Der Mann im Kaftan wirft einen scharfen Blick auf den Fremden und fragt zweifelnd: *„Waas? Sie wollen a Jid sein?"* Darauf antwortet der Fremde: *„Wer redet denn von wollen?"*

II. Wir liebe Brüder und Schwestern sind getaufte und konfirmierte evangelische Christen. Bei den Siebenbürger Sachsen macht gerade auch die Zugehörigkeit zur evangelischen Kirche ein Stück ureigenster Identität aus. Haben wir uns aber je die Frage gestellt: *„Wie kommen ich dazu, hier in dieser Kirche bzw. in dieser Gemeinde Mitglied zu sein? Haben wir uns das selber ausgesucht? Sind wir aus eigenem Willen was wir sind und wo wir sind?"* Sicherlich spielt heute – fast zwei Jahrtausende nach der Gründung der ersten christlichen Gemeinden – Tradition eine wichtige Rolle. Unsere Eltern haben es für selbstverständlich erachtet, uns seinerzeit in der evangelischen Kirche taufen zu lassen. Wir haben die Konfirmation (vielleicht damals als Vierzehnjährige gar nicht so bewusst aber später dann im Rückblick viel bewusster) als Aufnahmeritus in die Gemeinschaft der Vollmitglieder der Kirche kennen und – warum nicht – auch schätzen gelernt. Nun aber stellt sich folgende Fragen: Ist unser christlicher Glaube und die daraus resultierende christliche Lebenseinstellung, das Ergebnis einer – an gewisse einzuhaltende Riten geknüpfte – Tradition? Oder anders gefragt: Ist es ausreichend eine innere Sehnsucht nach dem Göttlichen oder dem Heiligen zu verspüren, bzw. ein tiefes Bedürfnis nach Sinn und Erfüllung in diesem Leben zu haben? Jedes menschliche Streben – und sei es noch so religiös motiviert – kommt immer wieder beim Menschen selber an. Was vom Menschen ausgeht, kann immer wieder nur zum Menschen zurückkehren. Von dieser Warte aus betrachtet, haben die Atheisten, die Gott als *„Projektion menschlichen Wunschdenkens"* bezeichnen recht.

III. Sicherlich hat die Kirche nur dann eine Existenzberechtigung, wenn sie sich als Hüterin göttlicher Werte versteht und diese Werte dann dem Menschen auch weiter zu vermitteln trachtet. Aber sie kann sich diesen Auftrag nicht selber geben. Das Predigtwort belehrt uns dahingehend, dass Mitgliedschaft in der christlichen Gemeinde gar nicht direkt mit einer eigenen Wahl (oder mit menschlichem Streben) etwas zu tun hat, sondern mit Gottes Wahl. Die menschliche Entscheidung kann höchstens eine Antwort auf Gottes Entscheidung sein. So etwas nennt man «Berufung». Eine Berufung findet immer außerhalb des Menschen statt; manchmal stimmt sie mit dem Willen des Berufenen gar nicht überein. Wenn wir an den Propheten Jeremia und an seine Berufung denken, dann haben wir ein leuchtendes Beispiel für jemanden, der unter keinen Umständen die Aufgabe haben wollte, die Gott ihm zugedacht hatte. Er redet sich heraus, er handelt und *ver*handelt sogar mit Gott, um diesem Auftrage aus dem Wege zu gehen. Aber das hilft alles nichts; letztendlich muss er sich fügen. Bemerkenswerter Weise zitiert der Apostel Paulus in unserm Predigtwort gerade Jeremia: *„ Wer sich rühmt, der rühme sich des Herrn!"*. Allerdings ist das Zitat nicht ganz korrekt übernommen. Im hebräischen Urtext wird nicht über Gott in der dritten Person gesprochen, quasi wie über ein Luxusobjekt mit dem man protzen oder sich loben kann. Gott selber spricht durch die Stimme des Propheten: *„ Wer sich rühmen will, der rühme sich dessen, dass er klug sei und mich kenne ..."* (Jeremia 9,23) Dieser Satz kann als Schlüssel zur Auslegung unseres Bibelwortes verwendet werden.

IV. Paulus macht hier ein paar Aussagen, die zunächst befremdlich wirken. Menschlich gesehen könnten vor allem die ersten Verse dieses Bibelabschnittes durchaus beleidigend wirken. Man kann sich gut ausmalen wie die Reaktionen mancher Gemeindeglieder ausgefallen sein mögen. Wie erlaubt sich dieser Apostel uns pauschal zu verunglimpfen nach dem Motto: „Ihr seid ungebildet, ihr habt politisch nichts zu sagen und seid auch nicht adliger Abstammung!"? Allerdings bleibt Paulus nicht bei dieser Diagnose: dumm, schwach, unbedeutend. Gottes Art und Weise sich den Menschen zu nähern – nämlich durch *„Christus Jesus, der uns von Gott gemacht ist zur Weisheit und zur Gerechtigkeit und zur*

Heiligung und zur Erlösung" – ist eine, die nach menschlichem Ermessen auf Unverständnis stoßen muss. Gottes Heilshandeln im Kreuz bezeichnet der Apostel – menschlich gesehen – als eine «Torheit». Warum erwählt Gott in erster Linie Menschen, die nichts haben uns nichts sind? Der Apostel argumentiert einige Verse bevor unser Predigttext einsetzt so (V. 21): Jene die sozusagen auf den oberen Stufen der Gesellschaft stehen (Reiche, Weise, Einflussreiche), hätten Gott und seine Weisheit durchaus erkennen können. Sie haben dies aber nicht getan; im Gegenteil haben sie sich ihrer eigenen Weisheit gerühmt und nun sind sie die eigentlichen NICHTSE und HABENICHTSE. Die Antwort warum Gott so handelt, ist denkbar einfach: „... *damit sich kein Mensch vor Gott rühme."* Alles was der Mensch selber tut ist, wenn nicht schlecht, dann zumindest unvollkommen. Darum ist das „sich selber hervortun" unangebracht. Der Mensch hat allein dadurch Bestand, indem er dafür offen ist, dass Gott ihm die Hand reicht und ihn aus dem Sumpf der Sünde zieht, oder ihm die Hand auflegt und etwas aus ihm macht. Die wichtigste Erkenntnis des Menschen ist jene, dass er sich in der Abhängigkeit von Gott wieder findet. Der tragende Grund des Verhältnisses zwischen Gott und dem Menschen besteht darin, dass der Mensch sich selbst zurück nimmt: „*Wer sich rühmen will, der rühme sich dessen, dass er klug sei und mich kenne ...*" Das ist ein uneigentliches Rühmen, denn erstens können wir nie von uns behaupten, Gott in seiner Gänze zu kennen und zweitens ist es so, dass alles was wir über Gott wissen nur darum wahrnehmen, weil ER selber es uns offenbart.

V. Wir erinnern uns nochmals die eingangs gehörte Geschichte von den beiden Juden. Sie sagt etwas darüber aus, dass die Juden – gerade auch in der Zeit in welcher die Erzählung spielt – eine Schicksalsgemeinschaft waren, in welcher zu sein, man sich nicht auswählen konnte. Auch wir als Kirche, die Jesus Christus als ihren Herrn bekennt, bilden eine Schicksalsgemeinschaft. „*Wer redet denn von wollen?*" Diese Frage stelle auch ich persönlich mir immer wieder. Der Ausblick kann allerdings kein fatalistischer sein. Um es mal so zu sagen: in Jesus Christus hat uns Gott zu unserm Glück verholfen, hat Gott uns quasi mit der Nase darauf gestoßen. Dessen – und nicht unserer vermeintlichen Großartigkeit – dürfen wir uns in dieser Freudenzeit rühmen. Amen.

Fasten und Entbehrung
Zweiter Sonntag nach Epiphanias und
Gedenktag der Deportation in die UdSSR [6]
(14. Januar 2007) – Schäßburg
Predigt zu **Markus 2,18 – 20**

18. Die Jünger des Johannes und die Pharisäer fasteten viel; und es kamen einige, die sprachen zu ihm: „Warum fasten die Jünger des Johannes und die Jünger der Pharisäer, und deine Jünger fasten nicht?" 19. Und Jesus sprach zu ihnen: „Wie können die Hochzeitsgäste fasten, während der Bräutigam bei ihnen ist? Solange der Bräutigam bei ihnen ist, können sie nicht fasten. 20. Es wird aber die Zeit kommen, dass der Bräutigam von ihnen genommen wird; dann werden sie fasten, an jenem Tage."

Liebe Gemeinde!

I. Wenn wir vom «Fasten» hören, dann bringen wir es meistens mit einem – für uns Evangelische – überalterten Brauch in Verbindung, der vor allem in der katholischen und orthodoxen Kirche seinen Platz hat und da – vor allem in den Klöstern aber auch bei so manchem „weltlichen" Gläubigen – sehr streng gehandhabt wird. Wenn wir uns an den Konfirmandenunterricht zurück erinnern, dann fällt uns vielleicht ein, dass wir von Martin Luther lernten, er habe sich unter anderem auch gegen die Fastenbräuche gewandt. Er tat es deshalb, weil der dahinter stehende Verdienstgedanke (d. h. dass man durch Fasten vor Gott sozusagen «Pluspunkte» sammelt) für ihn untragbar war. Das können wir sicher heute genau so mit unterschreiben; wir sind in Gottes Augen nicht besser angesehen, wenn wir fasten. Allerdings sollten wir uns vor einem allzu schnellen Verwerfen des Fastens hüten, da dieser Aspekt des Verdienstes vor Gott nur einer unter mehreren ist.

II. In unserem postmodernen Zeitalter machen wir aber auch die Beobachtung, dass Fastenbräuche wieder Hochkonjunktur haben, wobei der Hintergrund kein religiöser, sondern ein säkularer ist. Vor allem in westlichen Ländern, aber zunehmend auch bei uns, haben Fitnessstudios großen Zulauf, wo schweißtreibendes Training, den erschlafften, übergewichtigen Körper wieder in Hochform bringen soll. Unzählig viele Kuren für schlank werden und schlank bleiben werden angeboten. Die Motivation zum Fasten in der heutigen Zeit unterscheidet sich grundlegend von der, welche wir im Alten oder Neuen Testament

---

[6] Seit Januar 1955 begeht die Schäßburger Kirchengemeinde aufgrund eines Beschlusses des damaligen Presbyteriums den so genannten «Schwarzen Sonntag». Bis heute wird an diesem Sonntag der Deportation in die UdSSR gedacht, welche zwischen dem 13. und 15. Januar 1945 stattgefunden hat. In der Regel fällt dieser Gedenktag auf den 1. oder 2. Sonntag nach Epiphanias.

vorfinden. Man kann in den modernen Fastenkuren keinen – vom Glauben getragenen – Hintergrund erkennen. Und doch ist nicht von der Hand zu weisen und sogar medizinisch erwiesen, dass es dem menschlichen Körper gut tut, wenn ihm Zeiten der Entlastung und des Entschlackens gegönnt werden. Jetzt, nach den Feiertagen ist dieses Thema hoch aktuell. In den Nachrichten zur Weihnachts- und Neujahrzeit wurde immer wieder thematisiert, wie Menschen ins Krankenhaus eingeliefert wurden, weil sie sich hinsichtlich ihres Speiseplans übernommen hatten. Es besteht kein Zweifel: wenn es immer alles zu essen gibt, ernährt man sich nicht nur ungesund, sondern man verlernt auch den Genuss des Einfachen und Alltäglichen, ja man kann das was man zu sich nimmt gar nicht mehr wertschätzen.

III. Wir können und dürfen aber nicht darüber hinweg sehen, dass viele Menschen auf dieser Welt (und auch etliche in unserem Land) nicht wissen, was ein Festessen ist. Das ist nicht mehr FASTEN sondern ENTBEHRUNG. Wenn wir der vor mehr als 60 Jahren stattgefundenen Deportation in die damalige Sowjetunion gedenken, dann tun wir das heute auch unter diesem Aspekt: wer selbst dort gewesen ist, der weiß, was Entbehrung bedeutet. Wer solches nicht mitgemacht hat, kann es sich zwar erklären lassen; als Nicht-Beteiligter kann man es aber nie ganz verstehen bzw. nachempfinden. Von Betroffenen habe ich gelernt: es zählt zu den wichtigsten Entdeckungen, wie wunderbar ein Stück trockenes Brot schmecken kann und wie unermesslich wertvoll dieses Stück Brot in dem Moment des Hungers und der Entbehrung ist. Das Fasten-Müssen in Russland – überhaupt das ganze Dort-sein-Müssen – hatte sicher keinen religiösen Hintergrund; deshalb konnte und kann man jener Zeit wenig Sinnvolles abgewinnen, es sei denn als abschreckendes Beispiel und eine Lehre für die Nachfahren. Ich erinnere mich sehr gut, wie respektvoll meine eigene Großmutter, die selbst deportiert war, mit dem Brot umging. Es war für sie weitaus mehr, als nur ein Nahrungsmittel. Unter diesem Aspekt gewinnt das Fasten – auch und vor allem dort, wo es genügend zu essen gibt – wieder seine Bedeutung. Es erinnert daran, dass all das, was tagtäglich auf den Tisch kommt, keine Selbstverständlichkeit ist. Alles was wir sind und haben, ist der Güte Gottes zu verdanken.

IV. Unser Bibelwort unterscheidet ganz sauber: a) Jesu Jünger MÜSSEN NICHT fasten. Sie müssen ihr Heil nicht auf einem asketischen Wege zu erreichen trachten. Sie müssen es deshalb nicht, weil in ihm – in Jesus – das Heil schon da ist. Die Evangelien schildern an vielen Stellen, dass Jesus mit den Menschen (oft auch mit solchen, die selten zum Feiern kamen) Feste feierte. Von daher hatte er sich bei seinen Gegnern auch den Ruf eingehandelt, ein *"Fresser und Weinsäufer"* (Matthäus 11,19) zu sein, denn im Umfeld Jesu stand das Fasten an hoher Stelle; die Juden aber auch die Jünger des Johannes fasteten viel. Für uns gilt: Jesus ist da, als der auferstandene Herr. Weil wir ihn in unserer Mitte wissen – in jedem Gottesdienst, in jedem Abendmahl – darum sind wir von allen eigenen Anstrengungen entlastet. b) Und trotzdem gilt: Christen KÖNNEN oder DÜRFEN fasten. Manchmal ist es sinnvoll und hilfreich. Dass Jesus da ist, dass die Freude dominiert, ist keinesfalls mit einer immer währenden Völlerei zu verwechseln. Durch Fasten (und Beten) wird ein Zustand der unmittelbareren Gottesnähe erreicht, so berichten jene, die Erfahrungen damit gemacht haben. Wenn ich faste, bin ich durch nichts mehr in meiner Beziehung zu Gott abgelenkt. Mehr noch: durch das sich steigernde Hungergefühl wird die Bindung an Gott intensiver; das so stark ersehnte Stück Brot macht mir viel tiefer bewusst, wie sehr ich doch von Gott und seiner gnädigen Zuwendung abhängig bin. Nicht zuletzt ist es aber auch so, dass eine neue Dimension von Freiheit erfahren wird. Durch unsere Alltagsgeschäfte sind wir an viele Dinge dieser Welt gebunden. Und diesbezüglich sind die Armen den Reichen gegenüber im Vorteil. Denn je mehr man besitzt, umso mehr ist man an diesen Besitz innerlich gebunden; man trachtet zu bewahren, womöglich zu mehren. Dadurch wächst der Stressfaktor. Im Fasten wird gerade dieser Stressfaktor überwunden. Die beglückende Erfahrung ist, wie wenige materielle Dinge der Mensch in diesem Leben eigentlich braucht. Dort wo die Gefahr besteht, dass Dinge uns so sehr beschäftigen, dass sie über uns zu herrschen drohen, kann es als äußerst hilfreich erfahren werden, wenn auf diese Dinge – zumindest für eine gewisse Zeit – verzichtet werden kann. Schließlich wird im Verzichten auch die Bahn dafür geebnet, neu den Bedürftigen im eigenen Umfeld wahr zu nehmen.

V. Wir fassen zusammen: Fasten ist keine Pflicht und auch keine Garantie des Wohlwollens Gottes. Ein im Glauben getragenes Fasten, ist aber eine gute Erfahrung für jeden Menschen, da wir *„nicht vom Brot allein leben, sondern von jedem Wort, das aus dem Munde Gottes hervorgeht"* (Matthäus 4,4). Es tut dem Körper gut, wobei die Körperpflege aber nicht Selbstzweck sein darf. Verzicht ist kein Weg zum Heil; Verzicht kann aber zum Weg werden, sich des schon bestehenden Heils in Christus gewisser zu werden, bzw. sich des Heils in Christus intensiver zu freuen. Materielle Abhängigkeiten werden zumindest für eine gewisse Zeit beendet und die dadurch gewonnene Freiheit ebnet den Weg zu DEM, der uns auch heute ein zu seinem Tisch[7] einlädt. Amen.

---

[7] Am «Schwarzen Sonntag» wird das Heilige Abendmahl gefeiert.

Den wahren Gott kennenlernen

Dritter Sonntag nach Epiphanias (22. Januar 2006) – Schäßburg
Predigt zu **2. Könige 5,1 – 19a**

1. Naaman, der Feldhauptmann des Königs von Aram, war ein trefflicher Mann vor seinem Herrn und wertgehalten; denn durch ihn gab der HERR den Aramäern Sieg. Und er war ein gewaltiger Mann, jedoch aussätzig. 2. Aber die Kriegsleute der Aramäer waren ausgezogen und hatten ein junges Mädchen weggeführt aus dem Lande Israel; die war im Dienst der Frau Naamans. 3. Die sprach zu ihrer Herrin: „Ach, dass mein Herr wäre bei dem Propheten in Samaria! Der könnte ihn von seinem Aussatz befreien." 4. Da ging Naaman hinein zu seinem Herrn und sagte es ihm an und sprach: „So und so hat das Mädchen aus dem Lande Israel geredet." 5. Der König von Aram sprach: „So zieh hin, ich will dem König von Israel einen Brief schreiben." Und er zog hin und nahm mit sich zehn Zentner Silber und sechstausend Goldgulden und zehn Feierkleider 6. und brachte den Brief dem König von Israel; der lautete: „Wenn dieser Brief zu dir kommt, siehe, so wisse, ich habe meinen Knecht Naaman zu dir gesandt, damit du ihn von seinem Aussatz befreist." 7. Und als der König von Israel den Brief las, zerriss er seine Kleider und sprach: „Bin ich denn Gott, dass ich töten und lebendig machen könnte, dass er zu mir schickt, ich solle den Mann von seinem Aussatz befreien? Merkt und seht, wie er Streit mit mir sucht!" 8. Als Elisa, der Mann Gottes, hörte, dass der König von Israel seine Kleider zerrissen hatte, sandte er zu ihm und ließ ihm sagen: „Warum hast du deine Kleider zerrissen? Lass ihn zu mir kommen, damit er innewerde, dass ein Prophet in Israel ist." 9. So kam Naaman mit Rossen und Wagen und hielt vor der Tür am Hause Elisas. 10. Da sandte Elisa einen Boten zu ihm und ließ ihm sagen: „Geh hin und wasche dich siebenmal im Jordan, so wird dir dein Fleisch wieder heil und du wirst rein werden." 11. Da wurde Naaman zornig und zog weg und sprach: „Ich meinte, er selbst sollte zu mir herauskommen und hertreten und den Namen des HERRN, seines Gottes, anrufen und seine Hand hin zum Heiligtum erheben und mich so von dem Aussatz befreien. 12. Sind nicht die Flüsse von Damaskus, Abana und Parpar, besser als alle Wasser in Israel, so dass ich mich in ihnen waschen und rein werden könnte?" Und er wandte sich und zog weg im Zorn. 13. Da machten sich seine Diener an ihn heran, redeten mit ihm und sprachen: „Lieber Vater, wenn dir der Prophet etwas Großes geboten hätte, hättest du es nicht getan? Wieviel mehr, wenn er zu dir sagt: «Wasche dich, so wirst du rein!»" 14. Da stieg er ab und tauchte unter im Jordan siebenmal, wie der Mann Gottes geboten hatte. Und sein Fleisch wurde wieder heil wie das Fleisch eines jungen Knaben, und er wurde rein. 15. Und er kehrte zurück zu dem Mann Gottes mit allen seinen Leuten. Und als er hinkam, trat er vor ihn und sprach: „Siehe, nun weiß ich, dass kein Gott ist in allen Landen, außer in Israel; so nimm nun eine Segensgabe von deinem Knecht." 16. Elisa aber sprach: „So wahr der HERR lebt, vor dem ich stehe: ich nehme es nicht." Und er nötigte ihn, dass er es nehme; aber er wollte nicht. 17. Da sprach Naaman: „Wenn nicht, so könnte

doch deinem Knecht gegeben werden von dieser Erde eine Last, soviel zwei Maultiere tragen! Denn dein Knecht will nicht mehr andern Göttern opfern und Brandopfer darbringen, sondern allein dem HERRN. 18. Nur darin wolle der HERR deinem Knecht gnädig sein: wenn mein König in den Tempel Rimmons geht, um dort anzubeten, und er sich auf meinen Arm lehnt und ich auch anbete im Tempel Rimmons, dann möge der HERR deinem Knecht vergeben." 19. a Er sprach zu ihm: „Zieh hin mit Frieden!"

Liebe Gemeinde!

I. Die Erzählung von Naamans Heilung gehört – so hat es der bekannte Professor für Altes Testament Jörg Jeremias formuliert – zu den «kostbarsten Prophetentexten» der vorklassischen Zeit. Wie in zahlreichen anderen Propheten-Geschichten, ist auch hier von einem in göttlicher Vollmacht handelnden Propheten die Rede. Da steckt aber noch viel mehr drin, als eine einfache Heilungsgeschichte. Thematisch gibt es dazu keine Parallele in andern Propheten-Erzählungen. Es geht hier darum wie ein Nicht-Israelit vermittels des Propheten Elisa eine existentielle Erfahrung mit dem Gott Israels macht und wie dadurch dieser Gott für ihn zum wahren Gott, zu **seinem** Gott wird. Es ist in der Tat spannend in dem Erzählungsstrang mit zu verfolgen, wie Naaman diese Wandlung durchmacht; es ist eine Wandlung die sich keineswegs nur auf seinen Gesundheitszustand beschränkt, sondern ihn ganzheitlich ergreift. Wir hören am Anfang der Geschichte (und schon da werden wir mit einer überragenden Erzählkunst konfrontiert), wie berühmt, wie großartig und wie unentbehrlich dieser Naaman ist. Er ist Heerführer der Aramäer, offenbar ein ausgezeichneter Stratege. Ohne seine fachliche Kompetenz, wäre der aramäische König «aufgeschmissen». Er ist ein mächtiger Mann und das lässt ihn natürlich als einen – der auf der Sonnenseite des Lebens steht – erscheinen. Aber nach der anfangs positiven Beschreibung lässt der Erzähler die Katze aus dem Sack. Naaman hat ein riesengroßes Problem. Er leidet an einer unheilbaren Hautkrankheit. Und damit beginnt die eigentliche Geschichte, die mitunter humorvoll erzählt eine Geschichte von Missverständnissen ist, bis die Hauptfigur zum eigentlichen Verständnis kommt. Er versteht nicht nur irgendwelche belanglose Zusammenhänge; er kommt zur **Gotteserkenntnis.**

II. Ein in die Sklaverei weggeführtes Mädchen aus Israel wird ihm zur Rettung. Sie kennt den, der auch von solchen Krankheiten befreien kann. Hier wird *einerseits* deutlich, wie Gott durch unscheinbare Menschen handelt; dass Gott sich nicht zwingend die Großen und Angesehenen zu seinen Werkzeugen erwählt. *Andererseits* aber sehen wir, wie unterschiedlich man über Krankheit und Heilung, aber auch über Herren und Untertanen (und deren Verhältnis zueinander) denken kann. Bei den Aramäern ist der König absoluter Herr über seine Untertanen; Herr auch über ihre Qualitäten und Fähigkeiten. Insoweit ist es konsequent, dass der aramäische König seinem israelitischen Amtskollegen ein Beglaubigungsschreiben zukommen lässt, in welchem dieser – und nicht der Prophet selber – um Heilung des Feldhauptmanns ersucht wird. Aber nicht nur der aramäische König ist falsch beraten; auch die Reaktion des Königs von Israel ist unüberlegt und überzogen. Weiß er denn nicht, dass was ein einfaches in die Sklaverei verschlepptes Mädchen weiß? Dass nämlich in seinem Land ein Mann Gottes lebt, der dem Anliegen des aramäischen Königs nachkommen könnte? Elisa selber muss ihn zu dieser Einsicht bringen. Krankheit – vor allem solche die zum Tode führt – sendet in israelischer Sicht Gott alleine; ER alleine kann auch nur davon befreien. Beide Könige sind in dieser Geschichte kurzsichtige und namenlose Gestalten. Sie sind Nebenfiguren, für den weiteren Verlauf der Geschichte unwesentlich.

III. Umso mehr aber haben die Diener eine wichtige Funktion und auch das ist eine Lektion für den Feldhauptmann. Denn Naaman ist gewohnt gewesen, dass er Befehle erteilt und ihm mit Ehrerbietung begegnet wird. Dass der Prophet es nicht der Mühe wert findet, ihn wenigstens an zu sehen und ihn in den schlammigen Jordanfluss baden schickt, dass muss ihn doch stark brüskiert haben. Seine Diener sind es, die ihm das Leben retten und ihn dazu ermutigen, den Rat des Propheten doch zu befolgen. Erst im Rückblick erkennt er, dass der Prophet gar nicht selber hier gehandelt hat. Der Grund warum Elisa ihm nicht persönlich entgegen gekommen war, war nicht die eigene Person in den Vordergrund zu stellen, sondern um Gott diesen Platz zu gewähren. Dasselbe gilt auch im Blick auf die Qualität des Wassers; auch sie ist für den Heilungsprozess unerheblich. Auf Gott allein und auf sein Gnadenhandeln kommt es letztlich darauf an. Und Naaman erfährt dieses Gnadenhandeln Gottes an sich, voll und ganz. Zunächst ist es natürlich die äußere Heilung. Die rein gewordene Haut symbolisiert geradezu das saubere Äußere des Menschen, das was die Außenstehenden eben wahrnehmen. Doch diese Heilung sozusagen am „äußeren Menschen" bewirkt auch etwas in seinem Inneren. Durch diese Verquickung von augenscheinlich zufälligen Umständen kommt Naaman zu der Erkenntnis des Gottes Israels. Das ist auch das Thema dieses Dritten Sonntages nach Epiphanias und der Epiphaniaszeit überhaupt: die Heiden kommen zum Glauben an den einen Gott.

IV. Sympathisch ist das Ende der Geschichte. So hart und unbarmherzig Elisa in dem Vollzug der Therapie an dem Patienten Naaman war, so weich und barmherzig handelt er nun an dem Glaubensbruder Naaman. Nicht nur dass er ihm Erde als Unterpfand der Gegenwart Gottes mit nach Hause nehmen lässt. Dass Naaman mit seiner Konvertierung Probleme haben könnte, ist beiden sehr wohl bewusst. Er wird wenn er wieder daheim ist bei der Anbetung des – für ihn nun zum Götzen gewordenen – Rimmon seine Gewissenskonflikte durchstehen müssen. Beide wissen sehr wohl darum, dass Naaman – wenn er seine gesellschaftliche und politische Stellung behalten will – gute Mine zum bösen Spiel wird machen müssen und seinen König zum Rimmontempel wird begleiten müssen. Elisa hätte ihm ganz eindeutig verlangen können, dass er aufgrund der vollzogenen Heilung und der neu erworbenen Gotteserkenntnis sein altes Leben aufgibt. Schon aus politisch-strategischem Kalkül hätte es Elisa tun können, waren doch die Aramäer die Feinde Israels und damit wäre so ein wichtiger Offizier aus dem Verkehr gezogen worden. Doch auf diese Ebene begibt sich diese Geschichte nicht. Wir haben hier eine der überzeugendsten Beschreibungen der Barmherzigkeit Gottes. Er hat Verständnis für Naamans Situation wenn er wieder zu Hause sein wird. Er hat Verständnis für uns alle. Mögen auch wir diesen barmherzigen Gott täglich neu kennen und erkennen. Amen.

Glauben und Vertrauen

Vierter Sonntag nach Epiphanias (30. Januar 2011) – Schäßburg
Predigt zu Matthäus 14,22 – 33

22. Jesus trieb Jesus seine Jünger, in das Boot zu steigen und vor ihm hinüberzufahren, bis er das Volk gehen ließe. 23. Und als er das Volk hatte gehen lassen, stieg er allein auf einen Berg, um zu beten. Und am Abend war er dort allein. 24. Und das Boot war schon weit vom Land entfernt und kam in Not durch die Wellen; denn der Wind stand ihm entgegen. 25. Aber in der vierten Nachtwache kam Jesus zu ihnen und ging auf dem See. 26. Und als ihn die Jünger sahen auf dem See gehen, erschraken sie und riefen: „Es ist ein Gespenst! und schrien vor Furcht." 27. Aber sogleich redete Jesus mit ihnen und sprach: „Seid getrost, ich bin's; fürchtet euch nicht!" 28. Petrus aber antwortete ihm und sprach: „Herr, bist du es, so befiehl mir, zu dir zu kommen auf dem Wasser." 29. Und er sprach: „Komm her! Und Petrus stieg aus dem Boot und ging auf dem Wasser und kam auf Jesus zu." 30. Als er aber den starken Wind sah, erschrak er und begann zu sinken und schrie: „Herr, hilf mir!" 31. Jesus aber streckte sogleich die Hand aus und ergriff ihn und sprach zu ihm: „Du Kleingläubiger, warum hast du gezweifelt?" 32. Und sie traten in das Boot, und der Wind legte sich. 33. Die aber im Boot waren, fielen vor ihm nieder und sprachen: „Du bist wahrhaftig Gottes Sohn!"

Liebe Gemeinde!

I. Es sei mir erlaubt diese Predigt mit einer Anekdote einzuleiten. Drei befreundete Geistliche – ein **katholischer** Priester, ein **jüdischer** Rabbiner und ein **evangelischer** Pfarrer – gehen gemeinsam fischen. Sie werfen die Angeln ins Wasser und zuerst hat der Evangelische etwas am Hacken: er überlegt nicht lange, steht auf, läuft über das Wasser und holt die Angel erfolgreich wieder ein. Als es beim jüdischen Geistlichen an der Angelschnur zieht, tut er dasselbe: er läuft übers Wasser und holt seine Angel wieder ein. Doch dann zieht es an der Angel des Katholiken; dieser versucht dasselbe zu tun, wie die andern beiden und geht mit einem großen Klatscher unter. Der evangelische Pfarrer und der jüdische Rabbi sehen sich an: *„Einen starken Glauben mag er ja gehabt haben, aber er wusste nicht, wo die Steine im Wasser liegen."* sagt der Rabbiner mit einem Augenzwinkern. Darauf fragt der Evangelische ganz ernst und verwundert: *„Was für Steine meinst du eigentlich?"*

II. Es gibt kaum eine Geschichte im neuen Testament, die so sehr provoziert wie diese. Die EINEN provoziert sie, sich darüber lustig zu machen, weil ja bekanntermaßen kein Mensch übers Wasser laufen kann. Das provoziert wiederum die ANDEREN darauf zu bestehen, dass es sich hierbei um einen Augenzeugenbericht handelt und dass – wenn Gott dieses will – sehr wohl Naturgesetze außer Kraft gesetzt werden können. Sowohl die einen, als auch die andern haben gute Gründe für ihre Sicht der Dinge. Doch wollen wir nicht polarisierend das Ganze angehen, sondern in aller Ruhe den Inhalt mit seinen Hintergründen uns zu Gemüte führen.

Jesus und seine Jünger hatten einen wirklich anstrengenden Tag hinter sich. Als erstes hatte Jesus erfahren, dass Johannes der Täufer, sein Freund, Wegbereiter und Verwandter, hingerichtet worden war. Er konnte aber gar keine Zeit zum Trauern finden, weil es an diesem Tag noch eine Menge Arbeit gab. Eine Masse von Fünftausend Menschen wollte ihn hören, und die hatten am Ende auch noch Hunger. Um sie nicht hungrig gehen zu lassen, hatte er Brot und Fisch vermehrt und sie alle mit Wenigem satt gemacht. Seine Jünger hatten dabei aufs Verteilen und Einsammeln geachtet. Auch für die Jünger war es ein langer Tag gewesen. Sowohl Jesus als auch seine Jünger waren an dem Punkt angekommen, wo sie eine Pause gut gebrauchen konnten. Jesus gab seinen engsten Vertrauten den Auftrag, mit dem Schiff ans andere Ufer zu segeln. Jesus möchte noch etwas Zeit für sich allein haben, nachdem die Menschenmenge nach Hause gegangen ist.

Dann folgt der Szenenwechsel (die Geschichte aus unserer Perikope): Das Schiff ist auf dem See Genezareth die ganze Nacht unterwegs. Das war so nicht geplant; bei gutem Wind wären es in relativ kurzer Zeit ans andere Ufer gelangt. Aber der Wind war stark und wehte dem Schiff entgegen. Die Segel mussten eingeholt und der Anker geworfen werden. Dann wurde reihum Nachtwache gehalten. Nach einem anstrengenden Tag war dies zwar nicht das Erhoffte, andererseits aber auch nichts Dramatisches für erfahrene Seeleute. Bis in der vierten Nachtwache Jesus selber auf dem Wasser zu ihnen kam. Die Jünger hatten schon viel mit ihm erlebt, aber so etwas noch nicht. Mit wem sie es wirklich zu tun hatten, war ihnen bis dahin immer noch unklar gewesen. Darum bekamen sie furchtbare Angst, als sie ihn sahen. Ein Mensch kann nicht über das Wasser laufen. Das muss eine seltsame Erscheinung sein, ein Gespenst, eine Fata Morgana. Diesen erfahrenen Leuten wird es unheimlich zumute. Doch dann erkennen sie IHN: sie erkennen nicht nur, dass die Person auf dem Wasser Jesus ist, sondern sie erkennen auch, wer Jesus in Wahrheit ist. Die Jünger sind einfache Menschen, größtenteils Fischer; aber sie sind auch fromme Juden. Auf dem Wasser gehen, das ist für den jüdischen Glauben allein Gott vorbehalten: *„Er allein ... geht auf den Wogen des Meers."* (Hiob 9, 8) Als sie sicher sind, dass diese Person Jesus ist, kommen sie zu der Überzeugung, dass hier etwas Übernatürliches im Gange ist. Und darum bekennen sie: Du bist Gottes Sohn.

Dass in Jesus, Gott selber da ist, das war für die Menschen damals und ist bis auf den heutigen Tag die eigentliche Provokation. Und darum gab es damals und gibt es bis auf den heutigen Tag diejenigen, die es ganz genau wissen wollen. Es sind jene, die sagen: „Wenn das wirklich möglich ist, dann will auch ich es versuchen; dann will ich das auch erleben." In unserer Geschichte ist es Petrus, der sicher gehen will. Jesus erhörte diese Bitte und Petrus ging auf dem Wasser so lange er nicht auf das Wasser selber achtete, sondern auf Jesus. Als sich sein Blick auf Wind und Wetter richtete, begann er zu sinken. Das Bild des sinkenden Petrus lässt diese Wundergeschichte zu einer Vertrauens- und Glaubensgeschichte werden. Wann vertrauen wir, wann zweifeln wir? Dieser Frage müssen wir uns immer wieder stellen?

III. Was genau in jener Nacht auf dem «galiläischen Meer» (eigentlich: dem See Genezareth) geschah, hätte – selbst wenn die technischen Mittel zur Verfügung gewesen wären, z. B. eine Videokamera – nicht aufgezeichnet werden können. Fakt ist: die Jünger waren anhand dessen, was sie mit Jesus erlebt hatten, zu der Überzeugung gekommen, dass in Jesus Gott selber handelt. Das ist die Glaubenssaussage dieser Geschichte und diese Glaubensaussage will auch unsere Herzen berühren. In gefahrvollen und stürmischen Lebenslagen zweifelt man immer wieder. Man zweifelt an den eigenen Kräften und man fragt sich, ob es einen Gott gibt, und wenn ja ob er helfen kann bzw. will. Selbst wenn man Hilfe erfährt, bleibt oft ein Stück Skepsis zurück. Doch das Problem liegt aber eher in unserer Wahrnehmung und weniger in der Fähigkeit und Bereitschaft Gottes einzugreifen. Der wahre Glaube ist ja die Zuversicht, dass Gott es gut meint und letztendlich zu einem guten Ende bringen wird, auch wenn alle äußeren Anzeichen dagegen sprechen. Der zunächst so mutig über das Wasser auf Jesus zugehende und dann doch sinkende Petrus, steht hier als Symbol für uns alle, für ein wohlbekanntes menschliches Verhalten. Die Pointe dieses Geschehens hat übrigens schon Johann Wolfgang Goethe treffend skizziert. *„Es ist darin die hohe Lehre ausgesprochen, dass der Mensch durch Glauben und frischen Mut im schwierigsten Unternehmen siegen werde. Dagegen bei anwandelndem geringsten Zweifel sogleich verloren sei."* Unsere Geschichte will heute einerseits dazu einladen in Jesus Christus DEN zu erkennen, den Gott gesandt hat; darum ist es eine Epiphaniasgeschichte. Andererseits aber möchte diese Geschichte uns – anhand des Bildes vom sinkenden Petrus – den Glauben stärken helfen. Die Form in welcher dies bei jedem/jeder Einzelnen geschieht, ist unterschiedlich. Wichtig ist und bleibt, sich als Christenmensch diese feste Zuversicht nicht nehmen zu lassen: Gott hilft uns im wahrsten Sinne des Wortes „Oberwasser" zu behalten. Amen.

Der allmächtige Gott

Fünfter Sonntag nach Epiphanias (6. Februar 2011) – Schäßburg und Rode
Predigt zu **Jesaja 40,12 – 25**

12. Wer misst die Wasser mit der hohlen Hand, und wer bestimmt des Himmels Weite mit der Spanne und fasst den Staub der Erde mit dem Maß und wiegt die Berge mit einem Gewicht und die Hügel mit einer Waage? 13. Wer bestimmt den Geist des HERRN, und welcher Ratgeber unterweist ihn? 14. Wen fragt er um Rat, der ihm Einsicht gebe und lehre ihn den Weg des Rechts und lehre ihn Erkenntnis und weise ihm den Weg des Verstandes? 15. Siehe, die Völker sind geachtet wie ein Tropfen am Eimer und wie ein Sandkorn auf der Waage. Siehe, die Inseln sind wie ein Stäublein. 16. Der Libanon wäre zu wenig zum Feuer und seine Tiere zu wenig zum Brandopfer. 17. Alle Völker sind vor ihm wie nichts und gelten ihm als nichtig und eitel. 18. Mit wem wollt ihr denn Gott vergleichen? Oder was für ein Abbild wollt ihr von ihm machen? 19. Der Meister gießt ein Bild, und der Goldschmied vergoldet's und macht silberne Ketten daran. 20. Wer aber zu arm ist für eine solche Gabe, der wählt ein Holz, das nicht fault, und sucht einen klugen Meister dazu, ein Bild zu fertigen, das nicht wackelt. 21. Wisst ihr denn nicht? Hört ihr denn nicht? Ist's euch nicht von Anfang an verkündigt? Habt ihr's nicht gelernt von Anbeginn der Erde? 22. Er thront über dem Kreis der Erde, und die darauf wohnen, sind wie Heuschrecken; er spannt den Himmel aus wie einen Schleier und breitet ihn aus wie ein Zelt, in dem man wohnt; 23. er gibt die Fürsten preis, dass sie nichts sind, und die Richter auf Erden macht er zunichte: 24. Kaum sind sie gepflanzt, kaum sind sie gesät, kaum hat ihr Stamm eine Wurzel in der Erde, da lässt er einen Wind unter sie wehen, dass sie verdorren, und ein Wirbelsturm führt sie weg wie Spreu. 25. Mit wem wollt ihr mich also vergleichen, dem ich gleich sei? spricht der Heilige.

Liebe Gemeinde!

I. 1) Die alttestamentliche Forschung ist sich weitgehend darin einig, dass im Jesaja-Buch **mehrere** Propheten zu Worte kommen. In der Literatur im Zeitalter der Antike war es nicht ungewöhnlich, sich hinter eine anerkannte Autorität zu stellen und in deren Namen zu schreiben. Der ursprüngliche Prophet Jesaja lebte in der zweiten Hälfte des 8. vorchristlichen Jahrhunderts; er wirkte in Jerusalem zwischen den Jahren 740 und 701 v. Chr. Auf ihn geht der erste Teil des Prophetenbuches zurück: es sind die Kapitel 1 – 39. Ab dem 40. bis zum 55. Kapitel desselben Prophetenbuches (dem obiger Text entnommen ist) spricht ein anonymer Prophet, der sich unter die Autorität Jesajas stellt; dieser lebte im 6. Jahrhundert v. Chr. zur Zeit der babylonischen Gefangenschaft des Volkes Israel (587 – 538 v. Chr.). Wo genau er wirkte – entweder bei den Zurückgebliebenen in Juda (wir wissen nämlich, dass nicht das ganze Volk deportiert worden war) oder in Babylon unter den Deportierten

– ist heute nicht mehr klar auszumachen. Die letzten 10 Kapitel (56 – 65) des Jesajabuches gehen aller Wahrscheinlichkeit nach auf die Worte eines Propheten aus der Zeit nach der Deportation, bzw. nach Edikt des Perserkönig Kyros (538 v. Chr.) zurück. Jenes Edikt hob die Deportation auf und gab den Menschen die Möglichkeit nach Israel zurückzukehren. Diese Rückkehr und der Wiederaufbau des (zweiten) Tempels fällt in die Zeitspanne des ausgehenden 6. Jahrhunderts v. Chr. (520 bis 510 v. Chr.) und in dieser Zeit wirkt der dritte Jesaja („Tritojesaja").

2) Der so genannte „Zweite Jesaja" oder «Deuterojesaja» (Kap. 40 bis 55) – dessen Worte uns als Predigtwort vorliegen – versucht die Deportierten zu trösten und ihnen Mut zuzusprechen. Er ist davon überzeugt, dass durch göttliche Intervention die Unterjochung der Juden seitens der Babylonier durch den Perserkönig Kyros beendet werden würde. Diesen heidnischen König bezeichnet Gott durch den Mund des Propheten gar als Seinen „Knecht". Allerdings schillert – in christlicher Lesart – durch die 4 so genannten Gottesknechtslieder (nachzulesen in den Kapiteln 42, 45, 49 und 53 des Jesajabuches) die Gestalt eines ganz andern Gottesknechtes, der für sein Volk leidet, nämlich die Gestalt Jesu Christi. Augenscheinlich sieht es zwar so aus, dass dieser in seiner Mission scheitert (Jesaja 49,4) aber Gott wird durch ihn einen neuen Bund mit seinem Volk Israel schließen (Jesaja 42, 5).

3) Der dritte Prophet «Tritojesaja», dessen Sprüche uns im letzten Teil des Jesajabuch überliefert worden sind, spricht von den Heiden, die zum Glanz Gottes ziehen werden (Jesaja 60,1). In diesem Glanz Gottes sieht die christliche Kirche das „Licht der Welt" (Joh. 8, 13), welches uns zu Weihnachten in dem Mensch gewordenen Gottessohn begegnet. Dieses Licht leuchtet uns in die Epiphaniaszeit hinein. Doch die Epiphaniaszeit geht schnell vorbei, auch wenn wir in diesem Jahr den recht selten vorkommenden 5. Sonntag nach Epiphanias feiern. Ihr folgt die Vorfastenzeit und schließlich die Passionszeit. Der von Gott verklärte Jesus bekommt die geballte Ladung dessen zu spüren, was diese Welt (und den Menschen in dieser Welt) ausmacht: Bosheit, Hinterlistigkeit, Grausamkeit. Es wird deutlich, dass Krankheit, Leiden und Tod zu dieser Welt und zum Leben in dieser Welt dazu gehören.

II. 4) Und damit kommen wir zu unserm eigentlichen Bibelwort und zu dem Gott, welchen der Prophet als einmalig und einzigartig preist. Für die Juden zur Zeit des «Deuterojesaja» im beginnenden 6. Jahrhundert v. Chr., war eine Welt zusammengebrochen. Gott hatte es zugelassen, dass nach Eroberung und Besatzung des Nordreichs Israels durch die Assyrer im 8. Jahrhundert (722 v. Chr.), nun 135 Jahre später (587 v. Chr.) auch noch das kleine verbliebene Südreich mit der Hauptstadt Jerusalem von den Babylonier geführt vom Feldherrn Nebukadnezar eingenommen, der Tempel zerstört und die Führungsschicht in das Zweistromland (es ist die Gegend des heutigen Irak), deportiert worden war. Waren die Götter der Assyrer und der Babylonier vielleicht doch mächtiger als der Gott Abrahams, Isaaks und Jakobs? Oder – wenn ER mächtiger war – hatte der Gott der Juden überhaupt noch Interesse an seinem Volk? Nachdem nun auch das zentrale Heiligtum zerstört war, lohnte es sich überhaupt noch, an ihn zu glauben und wenn ja, wie sollte ein Kultus ohne Tempel praktiziert werden?

5) Der Prophet verwendet seine ganze Überredungskunst, um dem Volk Israel klar zu machen, dass Gott in allem, über allem und hinter allem zu suchen und zu finden ist. Doch das war nicht so leicht begreifbar zu machen. Das Volk Israel war siebzig Jahre lang (also über mehrere Generationen hinweg) deportiert in Babylon und begann nach und nach seinen Glauben an die Wohlgesonnenheit Gottes zu verlieren. Der Abschnitt aus dem 40. Kap. des Jesajabuches, dem unser Bibelwort entnommen ist, stellt ein – vom Propheten initiiertes – Streitgespräch dar: auf der einen Seite das Volk, auf der anderen Seite ER, der Prophet als Sprachrohr Gottes. In einer kunstvoll gestalteten Disputation verfolgt der Prophet die Absicht, sein Gegenüber (das Volk) zu überzeugen. Die rhetorischen Fragen erlauben immer nur ein und dieselbe Antwort: **Gott hat die Fäden in der Hand!** Seine Unfassbarkeit und seine Unvergleichbarkeit wird vorgeführt im Gegenüber zu den von Menschen verehrten Götzen und der astralen Mächten. In Babylon war der Sternglaube (die Astrologie: bis heute als Horoskopie praktiziert) beheimatet. Aber vor allem «Marduk», der oberste Gott der Babylonier – stellte eine echte Anfechtung dar und war für die Glaubenskrise des Volkes Israel mit verantwortlich. In Babylon galt Marduk als *„Allerstärkster der Götter"*, als *„Schöpfer des Himmels und der Erde"* und als *„Lenker der Gestirne"*. Der Prophet warnt seine Hörer, diesem «Marduk»-Zauber nicht zu erliegen, weil die Stärke des Gottes Israels ungebrochen war und ist. Rückblickend weiß man natürlich um die Überlegenheit des Gottes Israel. Interessanter Weise hängt sie mit dem babylonischen Exil zusammen. Es wird gemeinhin angenommen, dass in der Deportation, die jüdische Religion zu einer Buchreligion und dadurch eine mobile Religion geworden ist. Ein Bauwerk (wie den Tempel) kann man zerstören und hat damit auch der Religionsausübung ein Ende bereitet. Ein Buch aber, kann man (auch in die Deportation) mitnehmen und damit ist der Gottesdienst nicht mehr an ein Heiligtum bzw. an einen festen Ort gebunden. Haben es unsere Großeltern dies nicht auch erlebt? Wie wertvoll ein Glaubensbuch ist, kennen wir aus Schilderungen ehemaliger Russlanddeportierten. Die Kirche und den Gottesdienst aus der Heimat konnte man nicht mitnehmen, aber das mitgenommene Gesangbuch half zum geistlichen Überleben.

6) Wir machen einen großen Sprung aus dem babylonischen Exil in unsere Zeit. Die Gegebenheiten sind andere und trotzdem ist dieses geblieben: wir leben in der Spannung zwischen der *Gewissheit des Propheten*, dass Gott die Fäden in der Hand hat und des *Zweifels, der uns auf dieser Welt begleitet*, wenn wir Krankheit, Leid und Tod erleben. Der Prophet will Hilfestellung dazu geben, dass die Fragen und Zweifel die zu diesem Leben dazugehören, uns nicht umtreiben sollen. Israel kann uns als Beispiel dienen: aus der tiefsten Krise (nämlich aus der Deportation) heraus ist es mit einem gestärkten Glauben, bzw. mit einer religiösen Überzeugung hervorgegangen, die sich in der Geschichte als überlebensfähig erwiesen hat. Dieser Gott Israels, den wir als Vater Jesu Christi erkannt haben, hilft uns – durch Lebenskrisen und Zweifel hindurch – aus dieser Welt in seine neue Welt zu gelangen. Amen.

Lichtblicke im Dunkel

Letzter Sonntag nach Epiphanias (15. und 16. Februar 2003)[8] –
Bukowina (Jakobeny, Eisenau, Dornawatra, Suczawa)
Predigt zu Matthäus 17,1 – 9

1. Nach sechs Tagen nahm Jesus mit sich Petrus und Jakobus und Johannes, dessen Bruder, und führte sie allein auf einen hohen Berg. 2. Und er wurde verklärt vor ihnen, und sein Angesicht leuchtete wie die Sonne, und seine Kleider wurden weiß wie das Licht. 3. Und siehe, da erschienen ihnen Mose und Elia; die redeten mit ihm. 4. Petrus aber fing an und sprach zu Jesus: „Herr, hier ist gut sein! Willst du, so will ich hier drei Hütten bauen, dir eine, Mose eine und Elia eine." 5. Als er noch so redete, siehe, da überschattete sie eine lichte Wolke. Und siehe, eine Stimme aus der Wolke sprach: „Dies ist mein lieber Sohn, an dem ich Wohlgefallen habe; den sollt ihr hören!" 6. Als das die Jünger hörten, fielen sie auf ihr Angesicht und erschraken sehr. 7. Jesus aber trat zu ihnen, rührte sie an und sprach: „Steht auf und fürchtet euch nicht!" 8. Als sie aber ihre Augen aufhoben, sahen sie niemand als Jesus allein. 9. Und als sie vom Berge hinabgingen, gebot ihnen Jesus und sprach: „Ihr sollt von dieser Erscheinung niemandem sagen, bis der Menschensohn von den Toten auferstanden ist."

Liebe Gemeinde!

I. Diese Erfahrung ist sicherlich bekannt: Wenn das Kind zu Bett gebracht wird, dann kommt es schon mal vor, dass es sagt: „Lass die Tür einen Spalt auf, damit ich das Licht sehen kann". Das Kind erwartet weder, dass Vater oder Mutter bei ihm bleibt, noch das dass große Licht im Zimmer brennt oder die Tür sperrangelweit geöffnet bleibt. Der kleine Lichtstrahl, welcher durch den schmalen Türspalt eindringt, genügt dem Kind um sich in Sicherheit zu fühlen und ruhig einschlafen zu können, weil – über diesen kleinen Lichtstrahl – die Verbindung zu den Eltern erhalten bleibt. Auch wir Erwachsene brauchen Lichtblicke bzw. Lichterfahrungen für unser Leben. Auch wir suchen nach dem Türspalt, durch den ein schmaler Lichtschein in unser Leben fällt. Die Dunkelheit kennen wir ja nur zu gut: die Angst vor dem ungewissen Morgen, die Einsamkeit mitten unter Menschen, das Gefühl unverstanden und alleingelassen zu sein. Wir suchen nach dem Licht, welches unsere Dunkelheit erhellt. Wir suchen nach der Gewissheit, dass es mehr gibt (und geben muss) als nur diesen grauen Alltag; mehr als unsere Angst, unsere Enttäuschung, unsere innere

---

[8] In der Bukowina werden mehrere Predigtstätten versorgt, so dass man ein ganzes Wochenende dazu benötigt. Am Samstag war Gottesdienst in: Jakobeny/Iacobeni (9 Uhr); Eisenau/Prisaca Dornei (13 Uhr) und Dornawatra/Vatra Dornei (16 Uhr). Am darauf folgenden Sonntag wurden die Gemeindeglieder aus Radautz/Rădăuți abgeholt und in den Gottesdienst nach Suczawa/Suceava (10 Uhr) mitgenommen.

Leere. Und in der Tat gibt es diese Lichtblicke in unserem Leben: z. B. ein gut gemeintes Wort eines Arbeitskollegen, das verlorenes Vertrauen weckt; oder aber eine Begegnung mit einem vertrauten Menschen, welche neuen Auftrieb gibt. Worte, Begegnungen, Menschen können Lichtblicke sein, die wir für unser Leben brauchen. Durch sie erfahren wir, dass es weiter geht. Auf das Christenleben bezogen können wir sagen: die Dunkelheit wird nicht ewig Bestand haben; am Ende leuchtet dann doch das Licht. Als Christen haben wir mit und bei Gott eine Zukunft.

II. Den Bibeltext über die «Verklärung» einzuordnen, fällt nach einem ersten Lesen nicht unbedingt leicht. Was will diese Geschichte – die aufs erste gesehen fast märchenhafte Züge an sich trägt – uns eigentlich erzählen, bzw. nahe bringen. Dem geübten Bibelleser fallen zunächst Parallelen zu anderen Bibelstellen auf, denen nachzugehen es sicher hilfreich ist. a) Zunächst: **der Berg**. Wichtige Ereignisse der Bibel finden auf einem Berg statt; der Berg ist (vor allem im Alten Testament) Stätte der Gottesbegegnung. Nicht nur Moses geht (mehrer Male sogar) auf den Berg und empfängt dort Weisung; unter anderem auch die 10 Gebote. Die wichtigste Predigt Jesu lokalisiert der Evangelist Matthäus auf einen Berg: die Bergpredigt (Matth. 5 – 7). Die Kreuzigung und auch die Himmelfahrt ereignen sich auf einem Berg. Wichtige Ereignisse können nicht im profanen Alltag stattfinden; man muss dazu eine gewisse Anstrengung (den Aufstieg) auf sich nehmen und man muss sich von den Dingen dieser Welt distanzieren. Dazu ist die Abgeschiedenheit des Berges genau das Richtige. b) Des Weiteren kann man dieses Ereignis **parallel** zur **Gethsemane-Szene** sehen. In beiden Fällen nimmt Jesus nur seine 3 engsten Vertrauten mit. Und diese begreifen in beiden Fällen nicht ganz, worum es wirklich geht. Erst im Nachhinein kommen sie drauf, bzw. es wird ihnen die Bedeutung des Ereignisses erklärt. c) Was die Gestalten von **Mose** und **Elia** für eine Rolle hier spielen ist auf folgendem Hintergrund verständlich: das Volk Israel glaubte daran, dass Mose und Elia dann wieder auftreten würden, wenn Gott beginnen würde, sein Reich aufzurichten und die Welt vollenden würde. Unsere Geschichte will so viel sagen: mit Jesus bricht das Reich Gottes wirklich an. Auch Leiden und der Tod sollen die Jünger an Jesu Gottessohnschaft nicht irrewerden lassen.

Sodann ist die **kirchenjahresmäßige** Einordnung wichtig: es ist nicht zufällig, dass die Verklärung heute thematisiert wird. Mit dem letzten Sonntag nach Epiphanias wird zugleich der letzte Sonntag des Weihnachtsfestkreises gefeiert. Heute erinnern wir uns nochmals an das Licht, welches von dem Stern ausging, der dann über dem Stall von Bethlehem stehen blieb und auf die Krippe zeigte. In ähnlicher Manier lautet die heutige Aussage unseres Bibelwort: Jesu Antlitz leuchtet und die Stimme sagt: „Dies ist mein lieber Sohn, an dem ich Wohlgefallen habe; den sollt ihr hören!" Vor dem Eintritt in die Vorfasten- und Fastenzeit, welche uns die Bitterkeiten dieses Lebens – Leid und Tod – veranschaulichen, soll uns heute noch einmal dies deutlich werden: am Ende des Weges steht (trotz aller Dunkelheit) das Licht. Auch wenn das unterwegs nicht immer zu erkennen ist. Nur auf dem Berge (gemeint ist: in besonderen Situationen) sieht man dieses Licht. Die konkrete

Erfahrung kennen vor allem Bergsteiger: wenn man auf einem Berggipfel steht, überblickt man den Wanderweg. Wenn man dann hinunter steigt, sieht alles viel undeutlicher aus und man erkennt immer nur (größere oder kleinere) Teile dieses Weges. Wenn man nicht oben gewesen wäre und nicht das Ganze gesehen hätte, dann wäre Angst und Traurigkeit gerechtfertigt, weil man nicht wüsste wo es entlang geht und des Zieles ungewiss wäre. So aber hat man durch diesen Lichtblick erfahren, dass es einen Weg und ein Ziel gibt. Durch alle Dunkelheit hindurch vermutet – nein: weiß – man: am Ende ist das Licht.

III. Die Jünger, die Jesus mit sich auf den Berg nimmt, hatten diese Lichterfahrung nötig. Gerade hatte Jesus ihnen offenbart, Er werde nach Jerusalem gehen und dort leiden und sterben müssen. Hinunter zu gehen bedeutete: Unruhe, Zweifel und Angst entgegen zu sehen. Verständlich, dass Petrus oben am Berg sagt: *„Herr, hier ist gut sein!"* Es treffen wir die typische Haltung des Menschen an, der die schönen, angenehmen Stunden dieses Lebens festhalten will, weil er weiß dass dunkle Stunden kommen können und kommen werden. Jeder von uns hätte sich so wie Petrus verhalten. Die Lichterfahrung – deren die Jünger am Berg teilhaftig werden – ist aber gerade nicht zum Festhalten gedacht, sondern zum Stärken und zum Weitergehen. Die Jünger werden mit Jesus gehen müssen, sie werden sein Leiden und Sterben erleben müssen. Doch was sie oben auf dem Berg gesehen haben, soll sie vor Anfechtungen bewahren, bis der Menschensohn von den Toten auferstanden ist. Ganz werden sie nicht vor den Anfechtungen und Ängsten bewahrt, wie die Leidensgeschichte zu erzählen weiß. Die Anfechtung der Jünger können wir sicherlich verstehen, weil es eine genuin menschliche Erfahrung ist. Und ebenso ist uns vertraut, dass niemand sich die Angst selber nehmen kann. Lichtblicke kommen von außen auf uns zu; wir können sie uns nicht selber kreieren. Wir können uns nur danach sehnen, dass die Tür zum Licht (= Freude, Geborgenheit u. ä.) für uns einen Spalt weit offen bleibt, aber wir können sie nicht selbst öffnen. Lichtblicke, die wir uns selbst bereiten, sind nur billige Vertröstungen. Lichtblicke, die uns wirklich befreien, müssen uns von Gott geschenkt werden. Sie wecken neue Hoffnung und dadurch wird unser Vertrauen gestärkt. Wir dürfen und sollen nicht traurig darüber werden (wie Petrus), wenn eine solche Erfahrung mit der Zeit vergeht. Lichterfahrungen müssen im Herzen bewahrt werden. Sie sind nicht da, um sich in ihnen einzurichten; ihr Zweck ist nicht der, Hütten damit zu bauen. Sie sind Hinweise auf die Zeit, in der wir in dem Licht wohnen werden – auch wenn es in dieser Zeitlichkeit (noch) nicht so weit sein wird. Sie helfen aber diese Zeit zu überbrücken. Wir sind gerufen der Aufforderung, welche an die Jünger ergeht, selber nachzukommen: *„Dies ist mein lieber Sohn ... den sollt ihr hören!"* Auch wenn er den Weg des Leidens gegangen ist und leiblich nicht mehr da war: seine Worte und seine Liebe blieben den Seinen erhalten und sind uns bis heute erhalten geblieben. Sie sollen auch Maßstab unseres Handelns sein. Wir sind gerufen – auch wenn heute die „unbeschwerte" Weihnachtszeit zu Ende geht – weiter bei und mit Jesus zu bleiben. Auch der Leides- und Kreuzesweg will und muss gegangen werden. Doch auf diesem Weg werden uns Lichtblicke geschenkt und am Ende führt dieser Weg ins Licht. Amen.

Bemühung um Frieden – Weg zur Einheit

Ökumenikus istentisztelet[9] a Segesvári református templomban – 2008 ianuár 25-én
Prédikáció alapigéje **I. Thessalonika 5,13b**: „Egymással békességben éljetek."

Nagytiszteletü lelkész testvéreim, kedves keresztény gyülekezet,

Az iskolai év kezdetén arról faggattam a IX-es tanulókat, hogy milyen témák érdekelnék a vallásórákon. Nem volt túl sok javaslat. Egy kislány azonban azt indítványozta, hogy talán jó lenne erről beszélni: Béke, békesség. Meglepődtem, hisz e fiatalok generációja már pár évvel a '89-es események után született; szerencsére sosem éltek át fegyveres konfliktusokat. És mégis – talán a sajtó (épp a televízió) hatására, mely naponta ontja képernyőinken a háborúról, erőszakról szóló híreket, ezt a fiatal lányt ez a kérdés foglalkoztatta. Másfelől, ha szóba állunk azokkal, akik megérték a háborút (s itt a legidősebbekre, a III.-ik generációra gondolok), ha meghallgatjuk – azokról az időkről szóló – történeteiket, akkor szinte belénk fagy a szó. Azok, akik átélték a háború borzalmait, akár férfiakként a harctéren, akár otthonmaradt családfenntartó asszonyoként, teljesen másként értékelik azt, hogy ma békés időket élünk.

Mit jelent azonban ez a szó, béke, békesség ? A héber „salom" kifejezés nemcsak a háború vagy a fegyveres konfliktusok hiányát, nemlétét jelöli. „Salom" egy olyan állapot, melyet csak Isten hozhat létre és amelyért szüntelenül fohászkodni kell. A „salom" rokon értelmű jelentései: „szerencse"; „biztonságban lenni"; "kedvesnek lenni valakivel"; sértetlenség"; „testi, lelki, erkölcsi épség" stb.

Az Ószövetség-i olvasmány Ézsaiás (Ézsaiás 11) próféta próféciáját hozta előtérbe, mely megvalósíthatalan ezen a földön. A báránnyal együtt legelésző farkas, a kecskegidával együtt pihenő párduc, mind eszkatológikus képek; az örökkévalóságra utalnak. Ott már nem lesznek ellentétek, mindenki megérti egymást és minden jól lesz. De addig, mi emberek ezen a földön élünk olyan körülmények között, melyet ez a világ kínál számunkra. A bűnbeesés következményeként Istentől távol élünk és ez az állapot épp abban tükröződik, hogy az a „salom", béke, békesség világszinten nem létezik. Felsorolhatnánk Afrika, Ázsia, vagy a világ más sarkain levő országokat, területeket, vagy épp a Szentföldet (és nemcsak), amely talán soha nem volt olyan messze Ézsiás látomásától, mint most.

És itt, Európában is, határainktól nem is messze történtek fegyveres konfliktusok, s van, ahol még mai napig is parázslanak az indulatok. Nyilvánvaló, hogy Mindenható Istenünknek

---

[9] Die **Gebetswoche für die Einheit der Christen**, findet normalerweise zwischen dem 18. und 25. Januar statt. Da in Schäßburg sechs historische Kirchen sich an der Gestaltung der „Ökumenischen Gebetswoche" beteiligen (und zwar die Orthodoxe, Griechisch-Katholische, Römisch-Katholische, Reformierte, Unitarische und Evangelische Kirche), wird sie in der letzten oder vorletzten Januarwoche von Montag bis Samstag abgehalten. Da diese Periode entweder in die Epiphaniaszeit oder in die Vorfastenzeit fällt, kommt die Predigt an dieser Stelle.

az akarata, hogy az emberek békében és jó egyetértésben éljenek. Ám úgy tűnik, hogy maga az ember a gyenge láncszem ebben az összefüggésben (egyenletben). Úgy tűnik: az ember szinte képtelen úgy élni, hogy ne tegye kellemetlenné – testi és szellemi vonatkozásban – felebarátjának életét. Emberileg nézve, a „salom" tisztán elméleti felfogás, világnézet !

Felsőbb, vezető körökre gondolva, ami a kormányokat, államfőket illeti, azt tapasztaljuk, hogy nem a békesség, hanem a személyes becsvágyak, gazdasági érdekek, stratégiai számítások nyomulnak előtérbe (rengeteg jelenkori példa van erre; csak Pakisztán, Irak vagy Kenyát említsem).

„Egymással békességben éljetek" (I. Thessz. 5,13b) – tanácsolja Pál apostol a thesszalonikabeli keresztyéneknek… És itt nem olyan fegyveres összetűzésekről van szó, amelyeket el kellett volna simítani. Pál apostol előtt nem egy olyan globalizálódó világ áll (aminek tanúi vagyunk mi ma), hanem (ebben az esetben) az a kis thesszalonikabeli keresztyén gyülekezet, melyben – mint bizonyára minden közösségben - nagyobb vagy kisebb gondot jelentett a naponkénti együttélés… Ebben az összefüggésben nagyon fontos valamit jól megjegyezni: a békességnek önmagában nincs értelme. Azért ajánlja az Ige a thesszalonikabelieknek és minden keresztyénnek, mert „békességben élni" azt jelenti: „Jézus Krisztus lelkülete szerint élni", hisz Ő maga a „Békesség Fejedelme" (Ézsiás 9,6). Csak Jézus Krisztusban való hitünk által válnak igazi erkölcsi törvénnyé számunkra ennek az ökumenikus imahétnek felolvasott vezérigéi: „Mindenkor örüljetek"; „Szüntelen imádkozzatok"; „Mindenben hálákat adjatok"…stb (I. Thessz. 5,13b – 18).

Ebből nem azt következtethetjük ki, hogy azok, akik keresztyéneknek vélik magukat, jobb emberek lennének, mert hamar beleeshetünk a farizeus (írástudó) hibájába, aki önmagát a vámszedő fölé helyezvén, épp így vétkezett (a példázatról már történt említés a hét folyamán) – Lukács 18,9 – 14.

Ha azt szeretnők, hogy életünk útja balesetmentes, sértetlen maradjon, adott a lehetőség úgy figyelni az Ige felszólításaira, mint a közlekedési jelzőtáblákra. Eme példát kiszélesítve, természetes, hogy sokakkal találkozhatunk életünk útján haladva, akik nem tartják be a közlekedési szabályokat, s akár figyelmetlenségből vagy gondatlanságból okozott baleset résztvevőivé, sőt áldozataivá is válhatunk. Nincs jogunk azonban ítélkezni, hisz ez mások hatáskörébe tartozik. Minket azonban megszólít és arra bíztat az Ige, hogy „egymással békességben éljetek", hisz ez a magatartás végül csakis a mi javunkat szolgálja.

Csakis betartván ezen elvárásokat, Pál apostol felhívásának szellemében élve törekedhetünk arra az egységre, melyet a mi Urunk Jézus Krisztusunktól hallhatunk Főpapi imájában: „Atyám, akiket nékem adtál, akarom, hogy ahol én vagyok, azok is én velem legyenek; hogy megláthassák az én dicsőségemet, amelyet nékem adtál: mert szerettél engem e világ alapjának felvettetése előtt." (János ev. 17, 24)

Ézsiás próféciájából ismert „teljes békesség" valóban csak a Mindenható Istennél létezik és mi reménykedünk abban, hogy egykoron „színről színre" látjuk majd (I. Korinthus 13,12). Itt, Segesváron, azonban már most tanúi lehetünk annak a nemzetiségek közti, felekezetközi békességnek, mely sokkal több annál, minthogy nincs erőszakoskodás vagy háború. Ezért csak hálával tartozunk Istenünknek, ugyanakkor kérjük Őt: adjon nekünk bölcsességet, hogy ezen az úton továbbra is megmaradhassunk. Ezért hát – bármely felekezethez tartozó - Keresztyén Testvéreim: *„Szüntelen imádkozzatok"* (I.Thesszalonika 5, 17). Ámen.

Ökumenischer Gottesdienst in der Reformierten Kirche zu Schäßburg,
am Freitag, den 25. Januar 2008
Predigt zu **1. Thessalonicher 5,13b**: „Haltet Frieden untereinander."

Liebe Brüder und Schwesten,

Wir können Gott nicht genug dafür danken, dass wir in einem Teil der Welt leben, wo Friede herrscht. Das ist keine Selbstverständlichkeit. Wenn wir einen Blick in diese Welt werfen, und das ist vor allem über die Medien heute möglich, dann nehmen wir Krieg und Blutvergießen wahr. Was aber bedeutet „Frieden"? Der hebräische Begriff «Shalom» ist ein sehr weitläufiger und meint weitaus mehr als nur „Abwesenheit von Krieg". «Shalom» ist ein Attribut Gottes und umfasst eigentlich den ganzen Lebensbereich des Menschen. «Shalom» bedeutet: „Sicherheit", „Versöhnung", „Wohlergehen", „Körperliche und moralische Integrität". «Shalom» ist ein Geschenk Gottes, wofür der Mensch aber etwas tun muss. Die Ökumenische Gebetswoche – so wie wir sie hier in Schäßburg begehen – will eine solche Bemühung um den Frieden zwischen Menschen unterschiedlicher Konfessionen und Etnien sein.

Die Vision des Jesaja (Jes. 11,6 – 8)[10], in welcher sogar die Natur zu einer Harmonie findet, wie wir sie uns gar nicht vorstellen können (dass Raubtiere mit andern Tieren, die normalerweise ihre Opfer sind zusammen leben und alle sich nur noch vegetarisch ernähren) ist ein «eschatologisches» Bild. Wir können es nur auf die ewige Herrlichkeit beziehen, da – zumindest nach unsern Erfahrungen – so etwas auf der Erde nicht möglich ist. Dass es in Gottes ewiger Herrlichkeit keine Konflikte mehr geben kann und wird, dass dürfen wir glauben. Bis dahin aber leben wir in dieser gefallenen Welt und dazu gehören nun einmal leider Konflikte aller Arten, von kleinen Missverständnissen beginnend bis hin zu blutigen Auseinandersetzungen, in welchen Menschen um Leib und Leben bangen müssen. Auch zu dieser Stunde gibt es an vielen Orten in der Welt genau das Gegenteil von dem Frieden im Sinne des hebräischen Begriffs «Shalom» nämlich: Hass und Missgunst; Einschüchterung und Unterdrückung; Kugelhagel und Explosionen. Gott ist dafür nicht verantwortlich; sein Wille ist es, das Menschen friedlich miteinander oder nebeneinander leben, aber keinesfalls

---

[10] Dieser Text war eine der Schriftlesungen. In den dreisprachigen ökumenischen Gottesdiensten in Schäßburg werden – auch wegen der Dreisprachigkeit – jeweils drei Lesungen (deutsch, rumänisch und ungarisch) gehalten, bzw. Altes Testament, Epistel und Evangelium. Das Evangelium wird in der Sprache der gastgebenden Kirche vorgelesen.

gegeneinander. Der Mensch manövriert sich immer wieder selber in Situationen hinein, in welchen er nur noch so handeln kann, dass er seinem Mitmenschen weh tut. Leider ist das im Kleinen wie im Großen so: beginnend von Familienstreitigkeiten bis hin zu divergierenden globalen Interessen, die keinen Frieden ermöglichen.

„Haltet Frieden untereinander." – ermahnt der Apostel Paulus die Thessalonicher. Sicher ist hier nicht von kriegerischen Auseinandersetzungen die Rede, sondern von den größeren und kleineren Problemen im alltäglichen Zusammenleben einer kleinen Gemeinschaft. Die Ermahnung, im Frieden miteinander umzugehen, hat keinen Sinn „per se", sondern – wie auch die andern Ermahnungen des 1. Thessalonicherbriefes, über welche in dieser Gebetswoche gepredigt wurde[11] – will die Gemeindeglieder dazu anregen, im Sinne Jesu Christi zu leben. Aus dieser Ermahnung, darf aber nicht der Umkehrschluss gezogen werden, dass wer so lebt, sich über seinen Nächsten erheben kann, weil dann dieselbe Gefahr besteht, welcher der Pharisäer aus dem Gleichnis erlegen war, in welchem Jesus ihn mit dem Zöllner vergleicht (Lukas 18,9 – 14). Vielmehr sind diese Ermahnungen als Wegmarkierungen gedacht, die uns helfen sollen, so zu leben, dass alle einen Nutzen davon haben. Wenn ich mit meinem Nächsten in Frieden lebe, dann bin ich selber auch Nutznießer dieses Friedens.

„Betet ohne Unterlass, dass alle eins seien – Haltet Frieden untereinander." Indem wir diese Ermahnungen beherzigen, kommen wir der Einheit, von welcher Jesus im hohepriesterlichen Gebet (Johannes 17) spricht, schon viel näher. Sicherlich erreichen wir den vollkommenen Frieden erst bei Gott. Aber jetzt schon dürfen wir ein Stück von dem «Shalom» Gottes erleben, der mehr ist als nur Abwesenheit von Krieg und Gewalttätigkeit; zumindest hier in Schäßburg in der Ökumenischen Gebetswoche. Dafür sollen wir Gott danken und ihn zugleich auch bitten, er möge uns die Weisheit schenken, dass wir auf diesem Wege bleiben. Darum *„Betet ohne Unterlass!"* Amen.

---

[11] Das Thema der gesamten Gebetswoche im Jahr 2008 war 1. Thessalonicher 5,13 – 18.

Rechtes Rühmen

Sonntag Septuagesimae (12. Februar 2006) – Schäßburg
Predigt zu **Jeremia 9,22 - 23**

22. So spricht der HERR: „Ein Weiser rühme sich nicht seiner Weisheit, ein Starker rühme sich nicht seiner Stärke, ein Reicher rühme sich nicht seines Reichtums. 23. Sondern wer sich rühmen will, der rühme sich dessen, dass er klug sei und mich kenne, dass ich der HERR bin, der Barmherzigkeit, Recht und Gerechtigkeit übt auf Erden; denn solches gefällt mir", spricht der HERR.

Liebe Gemeinde!

I. Der Prophet Jeremia ist um das Jahr 650 v. Chr. geboren. Sein Leben und seine Wirksamkeit sind aufs engste mit dem tragischen Schicksal des Volkes Israel verbunden. Er erlebt den Untergang des Südreiches (ja, er muss diesen Untergang viel mehr selber vorankündigen) und er muss vor allem die Eroberung Jerusalems und die Zerstörung des Tempels mit ansehen. Seine Berufung zum Propheten Gottes erreicht ihn im Jahre 627 v. Chr. überraschend. Seine feinfühlige und sensible Art, weisen ihn keineswegs als Kämpfer aus. Nur ungern ist er Überbringer unliebsamer Botschaften an Volk, Priesterschaft und Königshaus. Der historische Hintergrund des 9. Kapitels – dem obiger Bibeltext entnommen ist – ist aller Wahrscheinlichkeit der Regierungszeit des Königs Jojakim zuzuordnen. Der König ist eigentlich nur noch ein ägyptischer Vasall und kann kaum noch große politische Entscheidungen fällen. Mit dem Sieg Nebukadnezars über den Pharao Necho im Jahr 605 v. Chr. jedoch, steht mit den Babyloniern eine neue Weltmacht sozusagen vor der Haustür. Der von Jeremia angekündigte „Feind aus dem Norden" hat nun konkrete Gestalt angenommen. Die Zeitgenossen Jeremias scheinen jedoch den Ernst der Lage nicht begriffen zu haben. Die Priesterschaft hängt mit geradezu abergläubischen Vorstellungen am Tempel und seinem Opferkult. Andererseits aber ist es so, dass viele aus dem Volk fremde Götter anbeten. Jeremia ist Kämpfer auf allen Fronten. Ihm entgegen stehen andere Propheten, die Heil verkündigen (Hananja). Jeremias Zeichen-Handlungen (z. B. die Zerschmetterung des Krugs, als Symbol für die Trümmer in welche Jerusalem wegen seinem Götzendienstes geschlagen wird; oder das Tragen eines Jochs um symbolisch dem Volk die Unterwerfung unter Nebukadnezar nahe zu legen) ziehen unweigerlich den Hass – nicht nur einer Elite, sondern auch – des Volkes auf sich. Mit Entsetzten muss er feststellen, dass sogar eigene Anverwandte einen Mordplan gegen ihn ersinnen (Jer. 11,18 ff). Dass ihm auch den König Jojakim spinnefeind gegenüber steht, weil er dessen diktatorisches Gehabe und seinen Lebensstil überhaupt kritisiert, uns nicht weiter verwundern muss.

II. Auf Schritt und Tritt muss er Widerstand gegen seine Botschaft und Feindschaft gegen seine Person wittern. Das Volk dem er angehört, will nichts von ihm wissen; seine Predigt interessiert keinen. Vor diesem Hintergrund wird ersichtlich, was für große Frustgefühle er haben muss, wie sehr er leiden muss. Gerade in dem 9. Kapitel beschreibt er diesen schmerzhaften Zustand. Die ganze Tragik des Prophetenberufes und das persönliche Martyrium gehen aus dem Inhalt dieser Verse hervor. Jeremia macht seinem Unmut über seine Zeitgenossen Luft: einer hintergeht den andern, überall ist Lug und Trug, das Volk läuft fremden Göttern (den „Baalen") nach. Sogar die Natur kommt aus dem Gleichgewicht (Vers 9: das Land verödet, Vögel und Vieh fliehen). Jerusalem soll zum Steinhaufen werden (V. 10). Gott will sogar seinem Volk «Giftwasser» (V. 14) zu trinken geben. Nach diesen – z. T. doch ganz – harten Worten, folgen dann die Verse 22 und 23, unser Predigtwort.

III. Ins Auge fällt die dreimalige Negativ-Aufforderung „nicht rühme (lobe) sich" in Vers 22. Diese dreimalige Wiederholung unterstreicht das Verbot sich zu rühmen in besonderer Weise. Es liegt auf der Hand, dass «das sich loben» eine allzumenschliche Versuchung ist, der wir, wenn wir ehrlich sind, auch selber oft erliegen. Weise, stark und reich zu sein, entspricht – wie jeder weiß – menschlichem Begehren und Wunschdenken; in der heutigen materialistischen Zeit vielleicht noch viel mehr denn je. Wer möchte – menschlich gesehen – diese drei „Tugenden" nicht auf sich vereinen können? Diese drei sind Ziel jeglichen menschlichen Erfolgsstrebens. Der Prophet Jeremia bzw. Gott durch die Stimme des Propheten, macht aber dieses Streben zunichte. Er sieht in diesem Streben die Gefahr der Selbstvergötzung, welcher der Mensch sich aussetzt. Wie akut die Gefahr sein bzw. werden kann, liegt auf der Hand: der Mensch täuscht sich selber etwas vor, er ist verblendet und das aus eigenem Verschulden; weil er eben eigenen Begierden erliegt. Jegliches protzen mit eigenen Leistungen oder mit besondern Eigenschaften ist daher verboten, weil es zu nichts Gutem führen kann.

Nach dem dreimaligen Verbot „sich zu rühmen", folgt im nächsten Vers (23) eine eingeschränkte Erlaubnis, dieses doch zu tun. Gott nimmt es sehr ernst damit, dass dieses «sich loben wollen» – sich hervorzutun, auf sich aufmerksam zu machen, auf welche Art und mit welchen Eigenschaften auch immer – eine genuin menschliche Neigung zu sein scheint. Jedoch wird dieses menschliche Streben in eine Richtung kanalisiert, mit der Gott nicht nur – gerade noch – einverstanden sein könnte, sondern, die Gott angenehm ist: Der Grund dieses Lobens ist die Gabe der Erkenntnis Gottes. Der Mensch welcher einsichtig ist, der kennt bzw. _er_kennt Gott; und mit dieser Eigenschaft darf er sich loben. Wir merken aber schnell, dass dies nur ein unechtes Selbstlob sein kann. Denn wer Gott wirklich kennt und sein Leben – welches von Ihm seinen Lauf genommen hat und zu ihm zurückkehrt – nach Ihm ausrichtet, der kann gar nicht mehr sich selber in den Mittelpunkt setzten. Gott zu kennen, heißt den Gott wahrnehmen, welcher mit Israel einen Bund geschlossen hat. Es sind dies die drei Prädikate der Bundestreue Gottes oder Kennzeichen göttlichen Wesens und Wirkens: Gnade, Recht (oder Ordnungen) und Gerechtigkeit. Diese drei finden wir immer wieder im Alten Testament; es sind sozusagen Zeichen einer Heils-Garantie Gottes. Die Triade erinnert an den vorhergehenden Vers, wo von den drei menschlichen Tugenden gesprochen wird. Sie stehen sich diametral entgegen: Gnade, Ordnung und Gerechtigkeit einerseits; Weisheit, Stärke und Reichtum andererseits. Die letzten drei sind menschliche Eigenschaften und haben relativen Wert; die ersten drei aber, sind göttlichen Ursprungs und haben absoluten Wert. Sie kommen dem Individuum zugute und zwar in ganz dinghafter Weise: Gott schafft diese drei Dinge (Gnade, Recht und Gerechtigkeit). Der Fromme hat gar keinen Grund sich zu rühmen, weil all das Gute, was ihn umgibt und was er besitzt, Gott geschaffen hat und der Mensch darum immer nur Empfänger oder Beschenkter sein kann. Gott selber schafft das Heil und wohl tut der Mensch daran, dies zu erkennen. Die Grund-erkenntnis ist letztendlich diese *„dass ich der Herr bin"* und diese Grunderkenntnis kann den Menschen immer nur ins Gotteslob und nicht ins Eigenlob führen. Und das wiederum macht einsichtig, oder wie es in der Lutherübersetzung vorzufinden ist: „klug".

IV. Mit dem Sonntag «Septuagesimae» (Siebzig Tage vor Ostern) beginnt eine Über-gangszeit zwischen Weihnachts- und Epiphaniaszeit einerseits und der Passionszeit ande-rerseits. Am vergangenen Sonntag (Letzter So. n. Epiphanias) ist der Weihnachtsfestkreis zu Ende gegangen. Der – in der heutigen Zeit vor allem auch künstlich erzeugte – Lich-terglanz hat, durch die länger werdenden Tage nicht mehr den Stellenwert, wie vor einem Monat etwa. Je mehr Licht (bzw. Tageslicht) da ist, umso mehr merkt man aber auch, wie vieles in dieser Welt im Argen liegt. Die drei Sonntage der Vorfastenzeit wollen uns darauf vorbereiten, dass es – menschlich geurteilt – schlimmer kommen kann und kommen wird; zugleich aber werden wir auf ewige Werte aufmerksam gemacht. Die nahende Passionszeit wirft ihre Schatten voraus.

Die Spannung zwischen Freude und Lichterglanz (Erkenntnis Gottes ist ja Erleuch-tung) *einerseits* und der Fasten- und Bußzeit *andererseits* finden wir auch bei diesem Text. Der Prophet Jeremia hat die Tiefen menschlichen Leidens gekannt. Und doch kann er sol-che großen Worte der Hoffnung aussprechen. Er hat – da er sich von allen Menschen verlas-sen fühlte – wahrscheinlich nur darin seinen Trost finden können, dass er einsichtig (klug) war und Gott kannte. Auch **wir** sind zu dieser Erkenntnis gerufen: Gott ist es, dem wir alle Guttaten zu danken haben; Gott ist es, der auch heute Gnade, Ordnung und Gerechtigkeit schafft. Auch wenn wir, dem nicht ausgesetzt sind, dem Jeremia ausgesetzt war, so werden wir doch täglich mit Dingen konfrontiert, die nichts anders sind, als ein Zeichen unserer gefallenen Welt. Menschliche Weisheit, Stärke und Macht erweisen sich immer wieder als vertrauensunwürdig. Umso schlimmer ist es, wenn wir unser Vertrauen voll und ganz da-rauf setzen. Dass wir mit den Begleiterscheinungen einer gefallenen Welt leben müssen, einerseits; dass wir aber durch die Einsicht, dass Gott der HERR ist, darüber stehen können andererseits, dass dürfen wir heute frohen Mutes zur Kenntnis nehmen. Amen.

Verlust und Gewinn

Sonntag Sexagesimae (23. Februar 2003) – Schäßburg und Malmkrog
Predigt zu **Lukas 8,4 – 15**

4. Als nun eine große Menge beieinander war und sie aus den Städten zu ihm eilten, redete er in einem Gleichnis: 5. „Es ging ein Sämann aus, zu säen seinen Samen. Und indem er säte, fiel einiges auf den Weg und wurde zertreten, und die Vögel unter dem Himmel fraßen's auf. 6. Und einiges fiel auf den Fels; und als es aufging, verdorrte es, weil es keine Feuchtigkeit hatte. 7. Und einiges fiel mitten unter die Dornen; und die Dornen gingen mit auf und erstickten's. 8. Und einiges fiel auf gutes Land; und es ging auf und trug hundertfach Frucht." Als er das sagte, rief er: „Wer Ohren hat zu hören, der höre!" 9. Es fragten ihn aber seine Jünger, was dies Gleichnis bedeute. 10. Er aber sprach: „Euch ist's gegeben, die Geheimnisse des Reiches Gottes zu verstehen, den andern aber in Gleichnissen, damit sie es nicht sehen, auch wenn sie es sehen, und nicht verstehen, auch wenn sie es hören. 11. Das Gleichnis aber bedeutet dies: Der Same ist das Wort Gottes. 12. Die aber auf dem Weg, das sind die, die es hören; danach kommt der Teufel und nimmt das Wort aus ihrem Herzen, damit sie nicht glauben und selig werden. 13. Die aber auf dem Fels sind die: wenn sie es hören, nehmen sie das Wort mit Freuden an. Doch sie haben keine Wurzel; eine Zeitlang glauben sie, und zu der Zeit der Anfechtung fallen sie ab. 14. Was aber unter die Dornen fiel, sind die, die es hören und gehen hin und ersticken unter den Sorgen, dem Reichtum und den Freuden des Lebens und bringen keine Frucht. 15. Das aber auf dem guten Land sind die, die das Wort hören und behalten in einem feinen, guten Herzen und bringen Frucht in Geduld."

Liebe Gemeinde!

I. Sicher kennt jeder diese Erfahrung: in einer geselligen Runde wird ein **Witz** erzählt, aber keiner lacht, weil niemand den Witz verstanden hat. Und dann sitzt der, der ihn erzählt hat in der Falle. Wenn er schweigt, kommen die Zuhörer um den Genuss der Pointe. Wenn er den Witz erklärt, dann verstehen die andern zwar was gemeint ist; die Pointe geht jedoch verloren. Streng genommen gibt es nur zwei Möglichkeiten: entweder der Witz zündet, oder es ist gar kein Witz. In ähnlicher Manier verhält es sich mit einem **Gleichnis**: normalerweise ist es so erzählt bzw. ist das Bild aus dem Erfahrungshorizont der Zuhörer so gewählt, dass diese sich Rechenschaft geben können, was das Bild aussagen soll. Aber gerade bei biblischen Geschichten, die über räumliche und zeitliche Entfernungen hinweg erzählt worden sind, ist es problematisch. Zunächst sind diese Gleichnisse etliche Jahrzehnte (zwischen 20 und 40 Jahren) mündlich tradiert worden, bis sie in den Evangelien ihre Niederschrift fanden. Wenn ein Christ aus Rom oder Korinth ein solches Gleichnis las, bedurfte er mitunter dieser oder jener Erklärung, weil ihm der Erfahrungshintergrund eines in Palästina lebenden Menschen zur Zeit Jesu fremd war (etwa der religiöse Hintergrund der jüdischen Gesellschaft). Umso mehr haben wir heute – rund 2 Jahrtausende später – diese Verständnisschwierigkeit: der Erfahrungshintergrund des Kulturkreises im Palästina der Zeit Jesu ist uns total fremd. **Trotzdem** hat sich **Gottes Wort** über Raum und Zeit bis zu uns heute seinen Weg gebahnt, so dass wir es auch heute verkündigen dürfen, ja müssen. Mal besser mal weniger gut erklärt; mal bitter ernst, mal auch mit einer Prise Humor gewürzt; die Saat hat über Jahrhunderte hinweg vielfältig Frucht getragen.

Selten (eigentlich fast nie) hat man ein solches Gleichnis als Predigtwort vor sich, welches gleich anschließend auch die Auslegung dazu liefert. Möglicherweise ist diese Erklärung erst in der Zeit der Niederschrift hinzugekommen und zwar für jene, die mit den Umständen der Zeit Jesu nicht vertraut waren. Was wir aber feststellen ist dies: das Evangelium hat eigentlich alles erläutert. Was soll man da noch anderes oder besseres dazu sagen? ... Wenn da nicht noch einige Details wären, die – beim näheren Hinsehen – sich als ergründenswert erweisen.

II. Zunächst fällt ein Sachverhalt auf, welche die Menschen in der Umgebung Jesu ungemein menschlich erscheinen lässt: auch seine engsten Vertrauten – die Jünger – verstehen das Gleichnis nicht. Was will man dann noch von der Menge? Hat Jesus das Beispiel so schlecht ausgewählt, bzw. so unanschaulich erzählt, oder sitzen sich die Zuhörer einfach nur auf ihrer Leitung? Wir wissen es nicht. Damit es aber allen andern, die dies Gleichnis hören nicht dasselbe passiert, wird das Gleichnis erklärt.

Sodann stellt sich die Frage, ob jener Sämann weise oder unweise gehandelt hat, bzw. ob es Gang und Gäbe war, so verschwenderisch mit dem Saatgut umzugehen. War das wirklich nötig, so viel von der Saat verloren gehen zu lassen? Stellen wir uns einmal die Szene bildlich vor: Ein Sämann geht und sät seinen Samen. Der Acker ist ungepflügt, wie alle Äcker damals in Palästina, damit sie nicht zu früh austrockneten durch Hitze und Wind. Es war damals so, dass zuerst ausgesät und danach gepflügt wurde. Erst beim pflügen kam die Saat in das Erdreich, weil dann der Boden umgebrochen wurde. Der Sämann geht also mit seinem vollen Umhängetuch und mit weitem Schwung streut er den Samen. (1) Etliche Samenkörner fallen zwischen die Disteln. Der Bauer achtet nicht weiter darauf, denn sie werden nachher ohnehin unterpflügt. (2) Andere Samen fallen auf Stellen, wo der Humus nur dünn über dem Felsen liegt im palästinischen Bergland. Der Bauer merkt es nicht. (3) Die Dorfbewohner haben in den Dürremonaten einen Pfad über das Feld getrampelt; ein paar Samen fallen durch den Schwung darauf. Der Bauer beachtet auch das nicht, denn den Trampelpfad wird er ebenfalls umpflügen. (4) Viele Samen aber fallen auf guten, d. h. auf den „normalen" Ackerboden. Von dieser Warte betrachtet, handelt der Sämann, wie es die Situation vor Ort und zu jener Zeit erfordert.

Nun wächst die Saat. (1) Die Körner am Weg haben sich die Vögel geholt. (2) Die Disteln sind zwar untergepflügt worden, aber sie wuchern weiter und ersticken die Saat. (3) Die Samen im dünnen Humus gehen durch die Wärme schnell auf, aber dann verdorren sie in der Sonne. (4) Etliches aber wächst und reift. Vom Verlust wird dreimal gesprochen; von dem Gewinn ein einziges Mal. Trotzdem überwiegt bei weitem der Gewinn! **Einiges** fällt auf gutes Land und trägt **hundertfach** Frucht. Und selbst wenn man zurückhaltend rechnet wie die Evangelisten Matthäus und Markus, die dieses Gleichnis erzählen: selbst dann ist der Gewinn noch *sechzig-* oder wenigstens *dreißigfach*. Man kann diese Gewinn- und Verlustrechnung selbst durchrechnen, am besten auf einem Papier. Gesetzt den Fall, dass je ein Viertel verloren ginge, was sicher zu hoch geschätzt ist! Selbst wenn drei Viertel des Saatgutes als Verlust abzuschreiben wären, wäre der Gewinn überwältigend: eine Verfünfundzwanzigfachung (x 25) des eingesetzten Vermögens. In einer Geldrechnung würde das folgendermaßen aussehen: Man investiert eine Million und verliert davon 750.000 (¾). Am Ende hat man aber doch – wenn es gut geht – 25 Millionen in der Hand; im schlechtesten Fall, 7½ Millionen. Soviel haben weder CARITAS[12] oder FNI geboten und die Dracula-Aktien[13] werden es schon gar nicht bringen. Das sind Renditen jenseits aller Börsenträume!

III. So ist es mit dem Evangelium, mit dem Worte Gottes: Viel geht verloren aus ganz unterschiedlichen Gründen. Doch der Ertrag ist im Vergleich zum Verlust um ein Vielfaches größer: hundertfach bei optimistischer Schätzung und bei pessimistischer Schätzung immer noch wenigstens dreißigfach! Das klingt phantastisch; kann oder soll man das als bare Münze nehmen? Dem Worte Gottes darf **Eigendynamik** zugemutet werden. Bei den Menschen ist vieles unmöglich aber bei Gott ist alles möglich. Die Wirkung des Gotteswortes liegt nicht an der Qualität der Predigt, oder am Prediger selbst. Sicherlich freut man sich, wenn man erbauende Worte hört, Worte die einem weiterhelfen und es ist Pflicht des Predigers sie zu sagen. Oft aber kommen sie von dort, von wo wir sie nicht erwarten, oft kommen sie von dem Menschen, von dem wir sie nicht erwarten. Es liegt an uns diese Worte zu hören, sie in einem feinen, guten Herzen zu bewahren, und Frucht zu bringen in Geduld. Und auch dann wenn (im Bilde gesprochen) unser Boden durch Dürre erhärtet oder durch Disteln verunreinigt wurde, so bekommen wir doch immer wieder die Chance, den Samen aufzunehmen, bzw. das Wort Gottes zu hören. Gott hat Geduld mit uns, bis wir zu gutem Ackerboden werden.

Die Pointe des Gleichnisses ist, dass der **Gewinn um ein Vielfaches größer ist als der Verlust**. Gottes Güte und Gnade sind um ein Vielfaches größer als die Leiden dieser

---

[12] Nicht zu verwechseln mit der katholischen Hilfsorganisation «Caritas». In der Zeit nach 1989 lösten die Pyramidalspiele „CARITAS" oder „FNI" (Fondul Național de Investiții) eine Massenhysterie in ganz Rumänien aus. Viele Menschen investierten ihr gesamtes Hab und Gut, um nachher vor dem Ruin zu stehen. Viel später dann, gab es Gerichtsurteile für einige der Verantwortlichen. Doch die Geschädigten blieben auf ihrem Schaden sitzen.

[13] In Schäßburg sollte am Anfang des neuen Jahrtausends ein großer Freizeitpark entstehen, welcher der Thematik «Dracula» gewidmet war. Die rumänischen Regierung und vor allem der damalige Tourismusminister (D. Agathon) persönlich standen dahinter. Es wurden trotz Risikowarnungen von NGO's und zurückhaltenden Kommentaren der Rumänischen Nationalbank sogar Aktien auf den Markt gebracht. So ähnlich wie bei „FNI" oder „CARITAS" (siehe vorhergehende Fußnote) haben etliche Menschen durch Aktienkauf ihr Geld in den Sand gesetzt.

Welt und die Boshaftigkeit der Menschen. Verstandesmäßig ist diese Pointe nicht zu begreifen und darum ist es nicht zufällig, dass auch die Jünger sie nicht auf Anhieb verstanden haben. Die Pointe des Gleichnisses versteht nur, wer die Erklärung von Gott bekommt. ER will diese Erklärung keinem unter uns vorenthalten. Amen.

Das gute Teil

Sonntag Estomihi (14. Februar 1999) – Schäßburg und Keisd
Predigt zu **Lukas 10,38 – 42**

38. Jesus kam in ein Dorf. Da war eine Frau mit Namen Marta, die nahm ihn auf. 39. Und sie hatte eine Schwester, die hieß Maria; die setzte sich dem Herrn zu Füßen und hörte seiner Rede zu. 40. Marta aber machte sich viel zu schaffen, ihm zu dienen. Und sie trat hinzu und sprach:„Herr, fragst du nicht danach, dass mich meine Schwester lässt allein dienen? Sage ihr doch, dass sie mir helfen soll!" 41. Der Herr aber antwortete und sprach zu ihr:„Marta, Marta, du hast viel Sorge und Mühe. 42. Eins aber ist not. Maria hat das gute Teil erwählt; das soll nicht von ihr genommen werden."

Liebe Gemeinde!

I. Frauengestalten aus der nächsten Umgebung Jesu ist ein Lieblingsthema des Evangelisten Lukas. Auf den ersten Blick gewinnt man den Eindruck, dass der Evangelist hier ein Kontrastbild malen möchte: das Bild zeigt die beiden Schwestern Maria und Marta mit einer ganz klaren Rollenverteilung: diejenige, die still zuhört und diejenige, die umtriebig arbeitet. Doch wenn man diese Geschichte eingehender analysiert, dann merkt man ziemlich schnell, dass der Evangelist hier nicht einfach nur ein «schwarz-weißes» Bild malen möchte. Ganz widerspruchsfrei lässt sich der Inhalt dieser Geschichte nicht auflösen, aber dahinter steckt Absicht: der Leser, bzw. der Hörer soll zum weiteren Nachdenken angeregt werden. Sehen wir uns einmal die beiden Gestalten an.

II. **Martha** ist der zupackende Menschentyp. Solche Leute waren und sind bis auf den heutigen Tag von unschätzbarem Wert. Von Martha (und nicht von Maria, mit der sie ja im selben Haus wohnte) heißt es, dass sie Jesus in ihr Haus aufnahm. Martha hat also das Sagen in diesem Haus. Aus den vorhergehenden Versen ist zu entnehmen, dass Jesus nicht allein unterwegs war, sondern seine Jünger mit ihm waren. Dreizehn Männer, die sich wahrscheinlich vorher nicht angemeldet hatten, aufzunehmen und zu verköstigen, da hätte auch eine Hausfrau unserer Tage ihre Probleme: auch wenn man heute – je nach Hungergefühl – schnell ein paar Chips und Saft einkaufen oder den Pizza-Service bestellen kann! Sicher waren die Menschen zu jener Zeit anspruchsloser als Gäste heutzutage. Die werden damals auf dem Boden gesessen haben und Brot oder Obst aus der Hand gegessen haben. Aber allein schon diese Vorräte heranzuschaffen und frisches Wasser zum Händewaschen und zum Trinken schnell mal vom Dorfbrunnen herbei zu holen, setzt Arbeit und Organisationstalent voraus. Das alles liegt in der Hand von Martha! Und trotzdem heißt die Überschrift dieses Bibelabschnittes nicht «Martha und Maria», sondern «Maria und Martha».

Wer ist also diese Schwester **Maria**, welche in dieser Geschichte selber gar nicht zu Wort kommt? Es wird weniger *mit ihr*, sondern *über sie* gesprochen. Ich stelle sie mir wie eine Träumerin vor; jemand der, so wie man heutzutage ironisch sagen würde, „mit beiden Beinen fest in den Wolken steht". Als die Gäste – vornehmlich der prominente Gast Jesus – kommen, setzt sie sich einfach hin und tut NICHTS mehr: sie kümmert sich um nichts, sie arbeitet nicht, aber sie sagt auch nichts. Sie sitzt Jesu zu Füßen, lässt ihn reden und hört ihm zu. Das ist alles. Martha trägt die Last der materiellen Verantwortung. Martha arbeitet und Maria hört zu.

Hat man da nicht vollstes Verständnis, wenn Jesus – als Autorität nicht nur von Maria, sondern auch von Martha anerkannt – angesprochen wird: „Herr, fragst du nicht danach, dass mich meine Schwester lässt allein dienen? Sage ihr doch, dass sie mir helfen soll!" Die Antwort Jesu ist für Martha sicherlich zunächst enttäuschend. „Marta, Marta, du hast viel Sorge und Mühe. Eins aber ist not. Maria hat das gute Teil erwählt; das soll nicht von ihr genommen werden." Ihr – die sich um das leibliche Wohl aller gekümmert hatte – wird bescheinigt, dass sie das schlechtere Teil erwählt hat.

Das «gute Teil», welches Maria „erwählt" hat ist nicht die Faulheit oder die Bequemlichkeit oder das Leben auf Kosten anderer, obwohl es zunächst danach aussieht. Es ist Konzentration auf Jesus bzw. auf das was er zu sagen hat und es ist vor allem die Gabe, sich darin von nichts anderem ablenken zu lassen. Das was Jesus sagt, hört man nirgendwo sonst. Das was Jesus hat bzw. anbietet, findet man sonst NICHT.

Interessant wäre es nun natürlich zu erfahren, wie das Ganze ausging. Ob Martha das verstanden hat? Oder ob sie nur eine Abfuhr heraushörte und sich traurig oder sogar beleidigt abwandte, da sie ja immerhin den physischen Teil der Arbeit selber trug? Die Geschichte hört mit der Einschätzung Jesu – dass Maria das «bessere Teil» erwählt habe – auf.

III. Die Frage ist, was wir für uns heute daraus lernen können und lernen sollen. Eines der Schlagwörter unseres Zeitalters ist der Begriff *„Multitasking"*. Dieser Begriff kommt aus der digitalen Welt und bezeichnet dass, was man von einem guten Computerprogramm erwarten können soll: dass es mehrere Aufgaben gleichzeitig ausführt. Doch diese Eigenschaft wird zunehmend auch bei uns Menschen gefordert bzw. ist eine gute Voraussetzung, wenn man etwa im Beruf vorankommen will. Eine Sekretärin die gleichzeitig telefonieren, eine E-Mail abschicken und auch noch einen Kunden bedienen kann, hat die besten Chancen auf Beförderung. Nicht zufällig sind die Hauptpersonen unsere Geschichte Frauen: die landläufige Meinung ist ja, dass Frauen eher in der Lage wären, mehrere Dinge auf einmal im Griff zu halten: z. B. den Drahtseilakt zwischen Beruf, Haushalt und Kindererziehung zu schaffen. Doch das dies nicht immer stimmen muss (bzw. oft nur reines Klischeedenken ist), entlarvt der Evangelist Lukas (der, wie wir ja wissen, selber Arzt war) vor fast 2.000 Jahren. Wir leben in einer Zeit in welcher die Beschäftigung mit viel zu vielen Dingen zwar „in" ist. Anderseits aber kommt der Mensch der Postmoderne immer mehr zu dem Schluss, dass er neu lernen muss, seine Energien konzentriert einzusetzen, um nicht aus zu brennen (Stichwort: «Burn-out»). Zwischenzeitlich weiß man, dass „Multitasking" sehr energieaufwendig und aufreibend ist und letztendlich krank machen kann. Es ist nicht zufällig, dass die hauptsächlichste Todesursache in Europa auf „Herz-Kreislauf-Erkrankungen" zurück zu führen ist, und dass diese wiederum in engem Zusammenhang mit den Stressfaktoren unserer heutigen Zeit stehen.

„*Wer nicht hören kann, kann auch nicht aufhören.*" – dieser Satz stammt von einer Sozialwissenschaftlerin (Marianne Gronemeyer). Diese Formulierung sagt nichts anders, als das was Jesus so formulierte: „*Maria hat das gute Teil erwählt. Das soll nicht von ihr genommen werden.*" Es ist mitunter erschreckend, wenn man sieht, was für schlechte Zuhörer Menschen der heutigen Zeit geworden sind (und damit meine ich nicht Euch, meine Predigthörer). Z. B. in der Schule – wo ich unterrichte – merke ich: es ist nicht nur für den Lehrer schwer die Aufmerksamkeit der Schüler zu erwecken, sondern die Schüler hören auch einer den andern nicht mehr an.

Wir müssen neu lernen aufeinander und natürlich alle auf Gott zu hören. Vor allem aber müssen wir lernen zu unterscheiden, was wert ist überhaupt angehört zu werden und was nicht. Dabei soll uns Maria heute als Beispiel dienen. Ohne die Arbeit einer Martha zu verachten, sollen wir – so wie Maria – unsern Blick und unser Ohr auf Jesus richten. Amen.

Pflegen des Mitmenschen und der Gottesbeziehung

Sonntag Invokavit (17. Februar 2002) – «Paul-Gerhardt-Gemeinde», Bremen[14]
Predigt zu **Jakobus 1,12 – 18**

12. Selig ist der Mann, der die Anfechtung erduldet; denn nachdem er bewährt ist, wird er die Krone des Lebens empfangen, die Gott verheißen hat denen, die ihn lieb haben. 13. Niemand sage, wenn er versucht wird, dass er von Gott versucht werde. Denn Gott kann nicht versucht werden zum Bösen, und er selbst versucht niemand. 14. Sondern ein jeder, der versucht wird, wird von seinen eigenen Begierden gereizt und gelockt. 15. Danach, wenn die Begierde empfangen hat, gebiert sie die Sünde; die Sünde aber, wenn sie vollendet ist, gebiert den Tod. 16. Irrt euch nicht, meine lieben Brüder. 17. Alle gute Gabe und alle vollkommene Gabe kommt von oben herab, von dem Vater des Lichts, bei dem keine Veränderung ist noch Wechsel des Lichts und der Finsternis. 18. Er hat uns geboren nach seinem Willen durch das Wort der Wahrheit, damit wir Erstlinge seiner Geschöpfe seien.

Liebe Gemeinde!

I. PFLEGEN ist das Thema des heutigen Gottesdienstes. Darunter verstehen wir in der Regel die besondere Zuwendung, die wir einem Menschen oder einem Gegenstand gegenüber an den Tag legen. Gepflegt werden kann ein Auto, ein Garten oder aber eine Beziehung; im zwischenmenschlich-diakonischen Bereich ist es der – in irgendeiner Form hilfsbedürftig gewordene – Mensch. Die schwierigste Art des Pflegens ist wohl die von Menschen und Beziehungen, und zwar darum weil im Akt des Pflegens sich Subjekte (nicht Objekte) gegenüber stehen, die einen eigenen Willen und eine eigene Meinung haben. Der Begriff «pflegen» selber kommt in unserem Bibelwort zwar nicht vor. Im Grunde genommen geht es hier aber um die Pflege einer Beziehung, nämlich jener zu Gott. Dem geübten Bibelleser sind bestimmt andere Begriffe aus dem verlesenen Bibelwort beim ersten Hören hängen geblieben: *Anfechtung (1), Versuchung (2), Begierde (3), Sünde (4), Krone des Le-*

---

14 Seit 1994 wird in der Evangelischen Kirche in Deutschland am Sonntag Invokavit die Spendenaktion «Hoffnung für Osteuropa» eröffnet. Anlässlich dieser Aktion war ich im Jahr 2002 eingeladen, in der Bremer «Paul-Gerhardt-Gemeinde» zu predigen. Der Gottesdienst zum Thema „Pflegen" wurde von Radio Bremen direkt übertragen. Einer seit 1972 bestehenden Partnerschaft zwischen Schäßburg und Bremen (mehrere Kirchengemeinden und viele Privatpersonen koordinert vom Diakonischen Werk) ist es zu verdanken, dass nach der Wende 1989 in Schäßburg eine Diakoniestation ins Leben gerufen wurde: Pflegenest, Ambulanter Pflege- und Besuchsdienst, Essen auf Rädern, Kleiderkammer, Waschküche, Medikamentenausgabestelle, von denen die drei erst genannten auch heute noch funktionieren und gute Dienste leisten.

bens (5). Und diese Begriffe hängen wohl auch untereinander zusammen: Es gibt Anfechtungen (1) im Leben eines jeden Menschen, die ausgehalten werden muss. Anfechtung kann – in amplifizierter Form, dann wenn ihr zu viel Raum geben wird – zur Versuchung (2) werden. Versuchung wird durch die Begierde (3) angestachelt, und wenn ihr nachgeben wird, dann fällt man in Sünde (4). Wer aber dem allem widersteht, erhält die Krone des Lebens (5) geschenkt. So etwa kann Jakobus dies gemeint haben. Mit andern Worten: wer seine Beziehung zu Gott pflegt, ist auf dem rechten Weg und wird bis zum Schluss gut heraus kommen.

II. Was bei näherem Hinsehen und genauerem Auseinandersetzen jedoch auffällt ist dies: das alles ist uns Menschen der Postmoderne doch ein recht fremdes Gedankengut. All diese Begriffe, die doch Schlüsselwörter des Textes sind, sprechen wahrscheinlich wenige Menschen unserer Tage an. Fragen wir einen vorübergehenden Passanten auf der Straße, was denn **Anfechtung** ist? Oder lassen wir einmal einen Jugendlichen an der Bushaltestelle antworten, was er denn unter **Begierde** versteht? Das hängt damit zusammen, dass diese Begriffe entweder nicht mehr in unserer Alltagssprache vorkommen, oder aber noch schlimmer: sie haben einen veränderten Aussagegehalt bekommen, der von spöttischer Verformung bis hin zu einer 180-gradigen Umkehrung des Begriffes geht. Die Werbebranche z. B. arbeitet mit Verharmlosung und Umkehrung von Begriffen wie Verführung oder Sünde. Da ist das «Nicht-widerstehen-können» in der Versuchung plötzlich nichts mehr Negatives sondern etwas durchaus Positives, weil derjenige der nicht widerstehen kann, der potentielle Kunde für ein Produkt ist. Und wer lässt sich heutzutage gerne sagen, dass er auf dem falschen Weg ist, dass er sich zurück nehmen sollte? Die selbst gestaltete Zeit, die eigene Entscheidung, ein selbst gewähltes Konsumverhalten sind ganz wichtig für den Menschen von heute.

III. Ganz anders die Lehre der Bibel und speziell der Ideengehalt unseres Bibelwortes: *Wir Menschen sind große Sünder – unabhängig davon was wir tun – und haben eigentlich den Tod verdient.* Anfechtung ist Ringen um die Gerechtigkeit Gottes. Der Jakobusbrief ist vielleicht etwas schroff in seinen Formulierungen. Martin Luther nannte ihn eine „strohene Epistel". Der Grund dafür ist der Widerspruch zum paulinischen Schrifttum (vor allem dem Römerbrief), woraus der Reformator seine Lehre von der Rechtfertigung allein aus Gnade ableitete. *Doch kann man dem Jakobusbrief den Gegenwartsbezug durchaus nicht abstreiten.* Der Mensch wird in die Verantwortung gerufen. Im Sinne dieses Briefes ist es dem Menschen durchaus möglich, etwas Konkretes im Blick auf sein Seelenheil zu tun. Daran ist in der Tat etwas: Gerade unsere Zeit der hohen Technisierung lässt uns zur Überzeugung kommen, dass auf etlichen Gebieten *etwas* (bzw. *mehr*) getan werden könnte: denken wir nur an den Umweltschutz. Menschen stehen immer wieder vor Entscheidungen: Welches ist der richtige Weg, woran können wir uns orientieren? Wo Entscheidungen getroffen werden müssen, besteht immer auch die Gefahr einer Fehlentscheidung. Bedürfnisse und Interessen sind so vielfältig und überall lauern Versuchungen, sie zu missbrauchen.

Ich erwähnte das Beispiel Werbung. Grenzen zwischen Notwendigem und Überflüssigem verschwimmen. Menschliche Grundbedürfnisse, etwa nach Liebe und Anerkennung kommen unter die Räder; oft wird davon so gesprochen, als wären sie käuflich und jederzeit verfügbar. Sie lenken von der Unvollkommenheit des Lebens ab, versprechen erfolgreiche Wege zum Ziel und schaffen in Wirklichkeit doch viel Unzufriedenheit und Frust.

IV. *„Irrt euch nicht, liebe Brüder"* – schreibt Jakobus, *„Alle gute Gabe und alle vollkommene Gabe kommt von oben herab"*. Damit ist ganz klar ausgesagt, von wem wir das Wesentliche und Entscheidende für dieses Leben zu erwarten haben. *„Er hat uns geboren nach seinem Willen durch das Wort der Wahrheit, damit wir Erstlinge seiner Geschöpfe seien."* Gott hat JA zu uns allen gesagt, uns ganz persönlich beim Namen gerufen, uns als seine Töchter und Söhne angenommen. Damit ist nun ein Beziehungsgeschehen angedeutet. Wir sind unsererseits gerufen, den Willen dieses Gottes zu erfüllen, der uns hinein genommen hat in die Gemeinschaft der Gemeinde Jesu Christi. Es wäre nicht angebracht anzunehmen, dass daraus ein sorgenfreies, erfolgreiches und erfülltes Leben folgen müsste. Anfechtung wird es immer wieder geben. Sie kommt nicht von Gott, ist aber da. *„Niemand sage, wenn er versucht wird, dass er von Gott versucht werde .... Sondern ein jeder, der versucht wird, wird von seinen eigenen Begierden gereizt und gelockt."* Doch gerade der Weg aus der Anfechtung heraus ist Sinn und Zweck des Weges, den Gott mit uns gemeinsam gehen will. Und wer diesen Weg an Gottes Seite geht, hat die Zusage: *„Selig ist der Mensch, der die Anfechtung erduldet; denn nachdem er bewährt ist, wird er die Krone des Lebens empfangen, die Gott verheißen hat denen, die ihn lieb haben"*. Sich die Zusage der eigenen Taufe, der Zugehörigkeit zu der Gemeinde Jesu Christi ins Bewusstsein zu rufen ist wichtig und wesentlich. Vor allem aber, kann es einen Perspektivenwechsel bedeuten, nämlich: das Leben, mit den Augen Gottes sehen.

V. Zurück zu dem eingangs genannten Begriff. PFLEGEN. An diesem Begriff möchte ich diese Sicht des Lebens aus der Perspektive Gottes zu verdeutlichen suchen. Im engeren Sinne verwendet, bezieht es sich auf die Hilfeleistung, die wir den Schwächeren gegenüber schuldig sind. Doch diese Schuldigkeit zu empfinden, kann nur aufgrund eines christlichen und moralischen Hintergrundes sich ereignen. In welcher Form es auch immer geschehen möge: in institutionalisierter Form oder als nachbarschaftliche Hilfeleistung, so wie es einst in meiner Heimat Siebenbürgen der Fall war (und z. T. bis heute noch ist). PFLEGEN erhält seinen Sinn erst aus der Perspektive des Glaubens an Gott. Ganzheitlich Menschen pflegen kann, wer seine Gottesbeziehung pflegt. Gott hat den Anfang in seiner Beziehung zu uns gemacht. Wir sind gerufen darauf zu reagieren. Dann werden wir hinein genommen in das Wachstum, als *„Erstlinge der Geschöpfe"*. Die Vollkommenheit ist noch nicht da. Es gibt einen Anfang, ein Wachstum, aber noch keine Vollendung. Die Wirklichkeit unseres Lebens ist, das nichts perfekt, sondern voller Widersprüche ist. Doch daraus erwächst gerade das Aufgabenfeld eines Christen: Niemand soll allein bleiben mit seinen

Sorgen und Freuden und alle Probleme allein lösen müssen. Aus diesem Bedürfnis entsteht die Gemeinschaft, die (über)lebenswichtig ist. Wir brauchen diese Gemeinschaft, um die persönlichen Fähigkeiten aber auch unsere Grenzen realistischer einschätzen zu können. Jede(r) Einzelne der/die bereit ist diesen Weg mit zu gehen, wird gebraucht. Der Grund warum man solches tun sollte ist allein bei Gott zu suchen. In der Taufe, in seinem bedingungslosen JA zu jeder/jedem einzelnen von uns, ist er uns spürbar nahe gekommen. Das zu wissen hilft über alle Anfechtung und Versuchungen dieses Lebens hinweg. Das ist der Boden, auf dem wir Halt suchen dürfen inmitten aller Unzulänglichkeiten unseres Lebens. So kann Begierde und Sünde überwunden werden. Unser Leben kann Sinn und Erfüllung finden inmitten dieser unvollkommenen Welt. Amen.

Der unfruchtbare Weinberg und die gestörte Gottesbeziehung

Sonntag Reminiszere (19. März 2000) – Schäßburg
Predigt zu **Jesaja 5,1 – 6**

1. Wohlan, ich will meinem lieben Freunde singen, ein Lied von meinem Freund und seinem Weinberg. Mein Freund hatte einen Weinberg auf einer fetten Höhe. 2. Und er grub ihn um und entsteinte ihn und pflanzte darin edle Reben. Er baute auch einen Turm darin und grub eine Kelter und wartete darauf, dass er gute Trauben brächte; aber er brachte schlechte. 3. Nun richtet, ihr Bürger zu Jerusalem und ihr Männer Judas, zwischen mir und meinem Weinberg! 4. Was sollte man noch mehr tun an meinem Weinberg, das ich nicht getan habe an ihm? Warum hat er denn schlechte Trauben gebracht, während ich darauf wartete, dass er gute brächte? 5. Wohlan, ich will euch zeigen, was ich mit meinem Weinberg tun will! Sein Zaun soll weggenommen werden, dass er verwüstet werde, und seine Mauer soll eingerissen werden, dass er zertreten werde. 6. Ich will ihn wüst liegen lassen, dass er nicht beschnitten noch gehackt werde, sondern Disteln und Dornen darauf wachsen, und will den Wolken gebieten, dass sie nicht darauf regnen. 7. Des HERRN Zebaoth Weinberg aber ist das Haus Israel und die Männer Judas seine Pflanzung, an der sein Herz hing. Er wartete auf Rechtsspruch, siehe, da war Rechtsbruch, auf Gerechtigkeit, siehe, da war Geschrei über Schlechtigkeit.

Liebe Gemeinde!

I. Das *«Lied von dem unfruchtbaren Weinberg»* gehört zu den Meisterwerken alttestamentlicher Dichtkunst. Eigentlich handelt es sich um ein Drama, in welches zum Schluss der Hörer selber hinein genommen wird. Bei aller Bewunderung für die Ästhetik, darf hier nicht übersehen werden, dass es – während man liest – immer ernster wird. Ein Winzer – welcher nicht nur körperliche Mühe und materielle Anstrengungen unternommen, sondern auch seine erlesensten Gefühle investiert hat – stellt fest, dass alles was er für seinen Weinberg tat, umsonst war. Und darum soll der Weinberg keine Chance mehr haben. Vom Schluss her aufgerollt, wird uns klar, dass es hier um nichts anders, als um das Verhältnis zwischen Gott und seinem Volk gehen kann, welches der Prophet – um es einleuchtend zu beschreiben – in diese Parabel vom Weinberg und Winzer einpackt. Nicht desto trotz ist es interessant, die drei Ebenen bzw. Schichten, aus denen sich der Text zusammensetzt nacheinander zu betrachten. Schritt für Schritt führt der Prophet aus einer heiteren in eine drückende, ja bedrückende Stimmung hinein; aus einer scheinbar belanglosen Geschichte zum bittern Ernst hin.

II. 1. Am Anfang kündigt Jesaja ein Lied an, welches er seinem Freund singen möchte. Man kann sich das sehr bildhaft vorstellen und durchaus davon ausgehen, dass Jesaja in der Zeit des Erntefestes (womöglich zur Weinlese) dieses Lied auf der Straße, in den Gassen Jerusalems vorgetragen hat. Als guter Freund eines Weinbergbesitzers gibt sich der Prophet aus und über das Schicksal dieses Freundes möchte er singen. Da in der hebräischen Symbolik, der Weinberg für das weibliche und der Winzer für das männliche Prinzip stehen (eindrücklich nachzulesen im Hohelied Salomos 8,12), weckt Jesaja natürlich das Interesse der Umherstehenden. Die Hörer – wir sehen sie buchstäblich vor uns in der Abendsonne, bei einem Krug Most sitzen – freuen sich. Nach der schweren Tagesarbeit und -hitze kommt nun eine kulturelle Darbietung, dem Titel nach zu urteilen möglicherweise sogar mit erotischen Elementen. Das ist doch mal eine willkommene Abwechselung. Wir hören die feucht-fröhliche Menge rufen: *„Na komm Jesaja, lass mal deine Geschichte hören".* Und Jesaja beginnt mit seiner Geschichte „Wohlan ich will singen" und erzählt von seinem Freund, dem Winzer, der das menschenmögliche für seinen Weinberg tat. Im übertragenen Sinn kann diese Winzerarbeit auch als Brautwerbung gedeutet werden. Nach all der Mühe (Boden umgraben, entsteinen, pflanzen, Turm bauen, Kelter graben) wartet der Winzer nun selbstverständlich auf die Früchte seiner Arbeit. Er wartet aber umsonst. Und wiederum im übertragenen Sinne: seine Brautwerbung hat – auch wenn er sich noch so große Mühe gegeben hat – nichts gebracht. Nun geht es aber richtig los. Wenn am Anfang der Prophet noch – gleich einem Brautwerber – stellvertretend für seinen Freund (den Winzer) gesprochen hat, kommt nach der Feststellung, dass alles nichts genützt hat nun der Betroffene selber zu Wort.

2. Ab diesem Zeitpunkt ist es in der Tat nicht mehr lustig. Denn nun wandelt sich die Szene zur Gerichtsverhandlung und damit sind wir auf der zweiten Ebene angekommen. Die Bürger Jerusalems und die Männer Judas werden als Gerichtsinstanz angerufen. Als abgewiesener und somit enttäuschter Liebhaber wendet sich der Weinbergbesitzer nicht resigniert ab, sondern seine unerfüllt gebliebene Liebe schlägt nun in Hass um. Die Ignoranz der andern Seite wird massiv angeklagt. Zunächst rechtfertigt sich der Winzer selbst: er ist unschuldig. Aber der Weinberg, der ist schuldig geworden. Und bevor die angerufene Instanz (nämlich die Bürger Jerusalems und die Männer Judas) überhaupt etwas sagen können, kündigt der enttäuschte, zugleich aber auch zornige Winzer das Urteil, bzw. die Strafe als Konsequenz an. Nichts mehr soll im Weinberg mehr so bleiben wie es war; er soll preisgegeben und zerstört werden. Wenn es hier nur um eine enttäuschte Liebe gehen würde, dann würde – zumindest für einen Außenstehenden – die Reaktion des Winzers natürlich etwas überzogen erscheinen. Zum Heiraten braucht es bekanntlich zwei; Liebe kann man nicht erzwingen, auch nicht mit noch so großen Anstrengungen. Eigentlich kann man gar nicht erklären, warum man liebt oder warum man eben nicht liebt. Und so merken die Hörer – denen schon beim Szenenwechsel zum Tribunal das Lachen im Halse stecken geblieben war – dass es hier nicht mehr darum geht, was sie anfangs angenommen bzw. herausgehört haben: weder um die eigentliche Geschichte vom Weinberg und dem Winzer, noch um das

was man in metaphorischer Weise aus dieser Geschichte heraus hätte lesen und hinein hätte interpretieren können, nämlich eine Beziehungskrise zwischen zwei Menschen.

3. Und damit sind wir auf der dritten und letzten Ebene angekommen. Nun wird allen klarer Wein eingeschenkt. Nun redet wieder der Prophet selber und er erklärt alles ganz genau, damit kein Spielraum mehr für Interpretationen bleibt. Der Winzer ist Gott; der Weinberg sein Volk, für das er alles getan hat und worauf keine Reaktion gekommen ist. Und jetzt wird ersichtlich, dass jene, die aufgerufen waren zu urteilen, über sich selbst urteilen müssen. Sie – das «Haus Israel» und die «Männer Judas» – sind „seine Pflanzung an der sein Herz hing". Ein schwerer Vorwurf liegt in der Luft. In doppeltem Reim prägt der Prophet den Hörern ein, dass Israel und Juda die Erwartung seines Gottes enttäuscht hat. *„Er (Gott) wartete auf Rechtsspruch, siehe, da war Rechtsbruch, auf Gerechtigkeit, siehe, da war Geschrei über Schlechtigkeit. "* (Übersetzung von Martin Luther). Eine schöne Umschreibung für diesen Text ist uns aus den Marburger Hochschulandachten des Professors Heinrich-Otto von Hagen überliefert: *„Er wartet auch heute noch, und zwar auf Frucht von versöhnlicher Betätigung, und siehe, da ist nur Sucht nach persönlicher Bestätigung. Er erhofft Leben in Gebet und Heiligkeit, und wir: Lebensqualität und Kurzweiligkeit. "*

III. Damit wären wir bei uns angekommen. Ob auch wir uns einer solchen Gerichtsverhandlung wie die Bürger Jerusalems und die Männer Judas unterziehen müssen? Gilt das was Jesaja sagt auch uns? Wie oft versagen wir auch in den ganz kleinen Dingen des Lebens, geschweige denn in den großen. Jeder Mensch weiß natürlich am Besten, was ihn selber bedrückt und was Mühe macht. Umso mehr aber sind solche Inhalte äußerst wichtig für unsere geistliche Zucht. Wir können nicht so leben, als ob alles bei uns in Ordnung wäre, und wir der Vergebung und des Neuanfangs mit Gott nicht bedürftig wären. Gerade jetzt in der Fastenzeit, kann und soll uns wieder neu bewusst werden, wie viel der Allmächtige für uns getan hat und was wir ihm eigentlich schuldig sind und immer wieder auch schuldig bleiben. Darum sollen wir uns aufs Neue vergegenwärtigen, dass wir von Seiner Gnade leben, wiewohl wir Ihn oft nicht verstehen. Auch wir sind seine Pflanzung an der sein Herz hängt. Amen.

Das Leben in Gottes Hand legen

Wort zum Sonntag Okuli (27. März 2011)

abgedruckt in der «Allgemeinen Deutschen Zeitung für Rumänien» am 25.03.2011

Markus 12,41 – 44

41. Jesus setzte sich dem Gotteskasten gegenüber und sah zu, wie das Volk Geld einlegte in den Gotteskasten. Und viele Reiche legten viel ein. 42. Und es kam eine arme Witwe und legte zwei Scherflein ein; das macht zusammen einen Pfennig. 43. Und er rief seine Jünger zu sich und sprach zu ihnen: „Wahrlich, ich sage euch: Diese arme Witwe hat mehr in den Gotteskasten gelegt als alle, die etwas eingelegt haben. 44. Denn sie haben alle etwas von ihrem Überfluss eingelegt; diese aber hat von ihrer Armut ihre ganze Habe eingelegt, alles, was sie zum Leben hatte.“

Konkret kann man sich diese Begebenheit etwa so vorstellen: in einem Raum im inneren Tempelbereich gab es insgesamt dreizehn Opferstöcke. Diese hatten eine posaunenähnliche Form: sie waren oben eng und unten weit gefertigt, um Diebstähle zu verhindern. Die ersten zwölf hatten eine feste Zweckbestimmung. Der dreizehn aber war aber für freiwillige, ganz persönliche Gaben bestimmt; in unserer evangelischen Kirche würde man dazu heute etwa *„zur freien Verfügung des Presbyteriums“* sagen. Priester standen dort und fragten den jeweiligen Geber, wofür seine Gabe bestimmt sei und prüften, ob die Höhe des Betrages auch stimme. Besonders hohe Spendenbeträge wurden dann mit dem Namen des Spenders laut ausgerufen. Was Jesus tut, steht dem was die Dienst habenden Priester tun, diametral entgegen. Als diese Witwe kommt – die sonst keinem andern aufgefallen wäre – ruft Jesus seine Jünger zusammen und erklärt ihnen Sinn und Zweck ihrer Tat: sie hat so ziemlich alles was man auf dieser Welt verlieren kann auch verloren. Alleinstehend und bettelarm ist sie. Alles was sie noch hat, gibt sie. Warum tut sie das? Warum sind gerade auch arme und einfache Menschen bis auf den heutigen Tag bereit, Geldbeträge für die Kirche zu spenden und sich zu verausgaben?

Wie ein roter Faden zieht sich die Praxis – anlässlich von Gottesdiensten oder Wallfahrten – Spenden zu entrichten, durch die Religionen. Eine Geschichte aus Indien erzählt von einem armen Mädchen, welches bei einem buddhistischen Wallfahrtsfest seinen ganzen Besitz hingibt. Es handelt sich um zwei kleine Kupfermünzen, welche dies Mädchen gefunden hatte und von denen es sich, ohne mit der Wimper zu zucken, trennt und diese spendet. Zur Belohnung darf das Mädchen sich wünschen, in ihren Wiedergeburten (so wie das dem buddhistischen Glauben entspricht) ständig frei von Armut und glücklich für alle Zeit zu sein. Die Moral der Geschichte wird so formuliert: *„Nicht durch die Fülle des Reichtums erlangt man reichen Lohn. Nur wenn ein edles Herz vorhanden ist, dann erlangt man reiche Vergeltung.“*

Die Parallele zur Geschichte vom «Scherflein der Witwe» ist offensichtlich und trotzdem gibt es feine Unterschiede. Klar ist, dass Heiligtümer oder Wallfahrtsorte aller Religionen, in dieser Welt ja bekanntlich von dem regelmäßigen Pilgerstrom und natürlich auch von großen Gönnern leben. Dass Kirche(n) auf Spenden angewiesen sind, ist klar. In den beiden Geschichten ist nun aber die gespendete Geldsumme ein vernachlässigbarer Betrag; mit der Spende der Witwe, ist der Tempel in Jerusalem nicht reicher geworden und ebenso der buddhistische Wallfahrtsort mit der Spende des Mädchens. In beiden Geschichte geht es weder um eine Anleitung zu einem vom Glauben getragenen "Fundraising", noch um eine Kritik der Reichen, die ja ganz offensichtlich ihren Teil abgeben.

In der Geschichte von dem armen Mädchen aus Indien steht die Gesinnung (das „edle Herz") im Mittelpunkt, welche „reiche Vergeltung" zur Folge hat. Doch während das Mädchen für seine Tat persönlich und materiell belohnt wird – sie darf in jeder Reinkarnation frei von Armut leben – weist die Geschichte von der Witwe über die Frau selber hinaus und sie weist auf Gott hin. Es wird der Witwe kein materieller Reichtum – weder jetzt, noch in einer kommenden Welt – in Aussicht gestellt. Sie wird aber – jetzt schon – reicher als alle andern dargestellt. Diesen Reichtum, nämlich die Nähe zu und die Geborgenheit bei Gott, kann ihr niemand nehmen; schon in diesem Leben nicht. Die Witwe legt ihr Leben in Gottes Hand. Sie hat keine Angst vor Armut, Hunger und Entbehrung, denn diese sind ihr vertraut. Sie tut das, was andere – vor allem Reiche, die sich auf ihren Reichtum verlassen – viel schwerer tun können: sie vertraut sich mit allem was sie ist und hat, Gott an. Am Verhalten dieser Frau versucht Jesus deutlich zu machen: sie (und alle die so handeln bzw. eine solche Gesinnung aufzuweisen haben) sind reich; nicht im materiellen Sinne, aber im geistlichen Sinne. Durch ihr Loslassen stellt sie deutlich unter Beweis, welches das Fundament in ihrem Leben ist, welches die Prioritäten in ihrem Leben sind. Wenn Jesus sagt, dass sie „*mehr in den Gotteskasten gelegt als alle, die etwas eingelegt haben*", dann meint er dies: sie hat nicht einen Geldbetrag, sondern <u>sich selbst</u> **Gott** hingegeben und sie hat sich den <u>Menschen</u> zum **Beispiel** hingegeben.

Ein zentrales Thema der Fastenzeit, ist die Hingabe an Gott. Hingabe an Gott einerseits und Verzicht auf materielle Dinge andererseits (sei es nun Einschränkung der Nahrungszufuhr oder Verzicht auf andere Arten von Konsum) gehen Hand in Hand. Es ist ein zu jeder Zeit aktuelles Thema gewesen, wie wir gesehen haben: auch zu Jesu Zeiten, auch in andern Kulturen. Aber heute mehr denn je – durch den alle Lebensbereiche durchdringenden Materialismus und Individualismus – müssen wir uns immer wieder neu daran erinnern lassen. Die Witwe ist, dadurch dass sie auch auf die allerletzte Möglichkeit materieller Absicherung verzichtet, zu einem Beispiel der totalen Hingabe an Gott geworden. Das vollkommenste Beispiel der Hingabe finden wir in Jesus Christus selber, der sich für diese Welt, für uns Menschen dahin gegeben hat. Dies gilt es, sich immer neu vor Augen zu halten.

Teilhabe an Gott

Sonntag Lätare (3. April 2011) – Schäßburg und Tekendorf
Predigt zu **Johannes 6,55 – 65**

55. Jesus sprach: „Mein Fleisch ist die wahre Speise, und mein Blut ist der wahre Trank. 56. Wer mein Fleisch isst und mein Blut trinkt, der bleibt in mir und ich in ihm. 57. Wie mich der lebendige Vater gesandt hat und ich lebe um des Vaters willen, so wird auch, wer mich isst, leben um meinetwillen. 58. Dies ist das Brot, das vom Himmel gekommen ist. Es ist nicht wie bei den Vätern, die gegessen haben und gestorben sind. Wer dies Brot isst, der wird leben in Ewigkeit." 59. Das sagte er in der Synagoge, als er in Kapernaum lehrte. 60. Viele nun seiner Jünger, die das hörten, sprachen: „Das ist eine harte Rede; wer kann sie hören?" 61. Da Jesus aber bei sich selbst merkte, dass seine Jünger darüber murrten, sprach er zu ihnen: „Ärgert euch das? 62. Wie, wenn ihr nun sehen werdet den Menschensohn auffahren dahin, wo er zuvor war? 63. Der Geist ist's, der lebendig macht; das Fleisch ist nichts nütze. Die Worte, die ich zu euch geredet habe, die sind Geist und sind Leben. 64. Aber es gibt einige unter euch, die glauben nicht." Denn Jesus wusste von Anfang an, wer die waren, die nicht glaubten, und wer ihn verraten würde. 65. Und er sprach: „Darum habe ich euch gesagt: Niemand kann zu mir kommen, es sei ihm denn vom Vater gegeben."

Liebe Gemeinde!

I. Bei jedem Abendmahl[15] hören wir die Einsetzungsworte: *„Nehmt und esst; dies ist mein Leib für euch gegeben; nehmt und trinkt, dies ist mein Blut für euch vergossen."* Doch daran, wie diese Aussage Jesu nun wirklich zu verstehen ist, daran haben sich im Laufe der Kirchengeschichte die Geister geschieden. In einer Predigt können natürlich nicht fast 2.000 Jahre Dogmengeschichte hinsichtlich des Heiligen Abendmahls sozusagen im Zeitraffer durchgenommen werden. Wenn wir uns aber dem vorhin verlesenen Predigtwort – welches in der Tat nicht ganz leicht verständlich ist und welches im Blick auf das Heilige Abendmahl hin gelesen und interpretiert worden ist – nähren wollen, dann müssen wir uns bewusst machen, dass das Heilige Abendmahl mit jeweils unterschiedlichen Akzentsetzungen verstanden werden kann und auch verstanden worden ist.

II. Die Katholische Kirche des Mittelalters bzw. ihr wahrscheinlich bekanntester Theologe, Thomas von Aquino, entwickelte die so genannte «*Transsubstantiationslehre*». Davon ausgehend, dass ein Ding aus Form und Materie besteht, entwickelte er – auf Aristoteles zurückgreifend – die Unterscheidung von **Akzidenz** und **Substanz**. Auf den Men-

---

15 Im Gottesdienst wurde das Heilige Abendmahl gefeiert.

schen bezogen, kann man sich das in etwa so vorstellen: der <u>Körper</u> ist die **Akzidenz** (das Wandelbare) und die <u>Seele</u> die **Substanz** (das Wesentliche). Daraus schlossen die mittelalterlichen Theologen folgendes: beim Abendmahl findet eine wirkliche Wandlung statt. Diese betrifft jedoch die *nicht wahrnehmbare* **Substanz** und nicht die *sinnlich wahrnehmbaren* **Akzidenzien**. Denn der Leib und das Blut Christi erscheinen auch nach der Wandlung (Konsekration) dem Geschmackssinn weiter wie Brot Wein. Mittelalterliche Theologen haben diesen Substanzbegriff herangezogen, um das hier stattfindende Glaubensgeheimnis zumindest im Ansatz zu verstehen. Bis heute vollzieht gemäß katholischer Glaubenslehre der Priester bei der Abendmahlsfeier das Opfer Christi, allerdings in unblutiger Form. Auch in der Orthodoxen Kirche wird das Abendmahl, bzw. die Wandlung der Elemente Brot und Wein als Mysterium (rumänisch: „Tainǎ Sfântǎ") beschrieben.

III. In der Reformation hat eine Akzentverschiebung stattgefunden, wobei bekannt ist, dass am Abendmahlsverständnis die Evangelischen (die Anhänger Martin Luthers) und die Reformierten (die Anhänger Johannes Calvins und Ulrich Zwinglis) damals im Streit auseinander gingen. Heute ist dieser Streit – durch die vor gar nicht langer Zeit, nämlich im Jahr 1973 abgeschlossene «Leuenberger Konkordie» beigelegt; darum können und feiern wir am Reformationssonntag in Schäßburg zusammen mit der Reformierten Gemeinde Abendmahl. Streitpunkt war im Reformationszeitalter die – von den damaligen Theologen so genannte – **Realpräsenz** Jesu Christi im Abendmahl. Im so genannten «Marburger Religionsgespräch», welches 1529 stattfand, trafen der Züricher Reformator Ulrich Zwingli und der Wittenberger Martin Luther aufeinander. Zwingli konnte im Abendmahl nicht mehr als ein Gedächtnismahl sehen (d. h. ein Mal anlässlich dessen die Gläubigen sich an Jesu Christus – seine Taten, seine Lehre, sein Tod und seine Auferstehung – erinnern und er Jesus damit „im Geiste" anwesend ist). Johannes Calvin aus Genf sah dies in ähnlicher Weise. Luther blieb der katholischen Lehre am nächsten indem er von dem Gedanken der Realpräsenz nicht abwich, wohl aber den Gedanken der Transsubstantiation verwarf. Seine Formulierung gilt bis auf den heutigen Tag als Versuch einer Kompromisslösung. Er meinte, dass Christus *„in, mit und unter Brot und Wein"* im Heiligen Abendmahl präsent ist.

IV. Wenn ich den Konfirmanden erkläre, was das Abendmahl uns heute bedeuten soll, dann tue ich es – den „lutherischen Dreisatz" «in, mit und unter» einbeziehend – unter drei Aspekten. Das Abendmahl ist ein (1) *Gedächtnismahl*, und zwar darum, weil Jesus sich aus Liebe zu den Menschen am Kreuz opferte und wir uns dies nicht oft genug ins Gedächtnis rufen sollten. Das Abendmahl ist ein (2) *Mahl der Vergebung*, weil wir uns im Blick darauf (Stichwort: Beichte) mit Gott und unsern Mitmenschen versöhnen. Und das Abendmahl ist ein (3) *Mahl der Gemeinschaft*, weil wir als versammelte Gemeinde daran teilnehmen und damit dokumentieren, dass wir eine Gemeinschaft sind.

V. Doch nun müssen wir schließlich uns doch die Worte Jesu näher zu Gemüte führen, welche allein der Evangelist Johannes in dieser radikalen Weise überliefert. Jesus scheint sich sehr wohl dessen bewusst zu sein, dass das was er sagt, zum Ärgernis werden kann, da er selber seine Jünger fragt: „Ärgert euch das?" Der griechische Urtext lässt noch brutalere Assoziationen zu: was in der deutschen Sprache mit *essen* übersetzt wird („wer mein Fleisch nicht isst"), heißt im griechischen Urtext *zerbeißen* bzw. kann in dem Sinne von abnagen (z. B. Knochen) übersetzt werden. Das klingt barbarisch, ja das riecht förmlich nach Kannibalismus. Im Kontext der damaligen jüdischen Welt mit ihren besonderen Essensvorschriften und Reinheitsgeboten, kann die Reaktion auf diese Aufforderung Jesu nur negativ gewesen sein. Menschenfleisch und Blutgenuss konnte unter keinen Umständen toleriert werden und wir heute sehen das wahrscheinlich nicht anders.

VI. Was also will Jesus mit dieser Provokation? Sie kann nur allegorisch und im Kontext in welchen sie der Evangelist einbettet, verstanden werden. Johannes ist der Evangelist, welcher die göttliche Natur Jesu Christi in besonderer Weise in seinem Evangelium zum Leuchten bringt. Jesus wird im Johannesevangelium als mit derselben Vollmacht wie Gott der Vater selber ausgestattet präsentiert: „Ich und der Vater sind eins." (Joh. 10,30). Unserem Bibelwort geht die Erzählung von der Speisung der Fünftausend voraus und in unserem Text erwähnt ER die Speisung des Volkes Israel durch das Manna in der Wüste. Diese Speisung der Fünftausend will zeigen, dass Jesus der Geber des irdischen Brotes ist; der Geber der Gaben von welchen wir jeden Tag leben. Es geht also zunächst um die durchaus materiell erlebbare und erfahrbare Sättigung. Doch diese Sättigung kommt nur dem Körper zugute, bzw. befriedigt Bedürfnisse dieser Welt. Jesus hat aber – da er von Gott kommt und mit Gott dem Vater „eins" ist – mehr als nur das zu bieten: nicht nur das vergängliche „Fleisch", sondern „Geist" und „Leben". Er gibt sich selber hin und darum ist er das „Brot des Lebens". Wenn er es so radikal formuliert, wie wir gehört haben „Wer mein Fleisch isst und mein Blut trinkt, der hat das ewige Leben", dann ist wohl dies gemeint: alles oder gar nichts. Entweder man lässt sich auf ihn und seine Lehre voll und ganz ein, und dann wird man der höchsten Gabe Gottes teilhaftig, nämlich des ewigen Lebens. Oder aber man tut es nicht; dann hat das Ganze gar keinen Sinn und die Folge ist der Tod.

VII. Der Sonntag «Lätare» („freuet euch") nimmt eine besondere Stellung im liturgischen Kalender ein; er wird auch das „Kleine Ostern" genannt. In der katholischen Kirche ist die liturgische Farbe nicht wie sonst violett, sondern rosa. Heute will uns die Freude an dem Geheimnis der Teilhabe an Gott und an seinem Plan der Erlösung neu vermittelt werden. *„Schmecket und sehet, wie freundlich der Herr ist"* (Psalm 34,9) sagen wir in der Abendmahlsliturgie, dann wenn die Gemeinde zum Tisch des Herrn eingeladen wird. Seine Worte und seine Taten, aber auch all das, was er uns an Gütern zuteil werden lässt und darum ER „selber", ist unsere „Wegzehrung". Amen.

Gott – unbegreiflich fremd und liebevoll zugewandt

Sonntag Judika (10. April 2011) – Bistritz und Moritzdorf [16]

Predigt zu **1. Mose 22,1 – 19**

1. Nach diesen Geschichten versuchte Gott Abraham und sprach zu ihm: „Abraham!" Und er antwortete: „Hier bin ich." 2. Und er sprach: „Nimm Isaak, deinen einzigen Sohn, den du lieb hast, und geh hin in das Land Morija und opfere ihn dort zum Brandopfer auf einem Berge, den ich dir sagen werde." 3. Da stand Abraham früh am Morgen auf und gürtete seinen Esel und nahm mit sich zwei Knechte und seinen Sohn Isaak und spaltete Holz zum Brandopfer, machte sich auf und ging hin an den Ort, von dem ihm Gott gesagt hatte. 4. Am dritten Tage hob Abraham seine Augen auf und sah die Stätte von ferne 5. und sprach zu seinen Knechten: „Bleibt ihr hier mit dem Esel. Ich und der Knabe wollen dorthin gehen, und wenn wir angebetet haben, wollen wir wieder zu euch kommen." 6. Und Abraham nahm das Holz zum Brandopfer und legte es auf seinen Sohn Isaak. Er aber nahm das Feuer und das Messer in seine Hand; und gingen die beiden miteinander. 7. Da sprach Isaak zu seinem Vater Abraham: „Mein Vater!" Abraham antwortete: „Hier bin ich, mein Sohn." Und er sprach: „Siehe, hier ist Feuer und Holz; wo ist aber das Schaf zum Brandopfer?" 8. Abraham antwortete: „Mein Sohn, Gott wird sich ersehen ein Schaf zum Brandopfer." Und gingen die beiden miteinander. 9. Und als sie an die Stätte kamen, die ihm Gott gesagt hatte, baute Abraham dort einen Altar und legte das Holz darauf und band seinen Sohn Isaak, legte ihn auf den Altar oben auf das Holz 10. und reckte seine Hand aus und fasste das Messer, dass er seinen Sohn schlachtete. 11. Da rief ihn der Engel des HERRN vom Himmel und sprach: „Abraham! Abraham!" Er antwortete: „Hier bin ich." 12. Er sprach: „Lege deine Hand nicht an den Knaben und tu ihm nichts; denn nun weiß ich, dass du Gott fürchtest und hast deines einzigen Sohnes nicht verschont um meinetwillen." 13. Da hob Abraham seine Augen auf und sah einen Widder hinter sich in der Hecke mit seinen Hörnern hängen und ging hin und nahm den Widder und opferte ihn zum Brandopfer an seines Sohnes Statt.

Liebe Gemeinde!

I. Eine spätjüdische Überlieferung (ein so genannter «Midrasch») erzählt folgende Begebenheit: Als Sara, Abrahams Frau und Isaaks Mutter, von ihrem Sohn den Verlauf der Ereignisse – nämlich davon, dass sein Vater ihn beinahe umgebracht habe, um dem Wil-

---

[16] In Moritzdorf gibt es schon seit geraumer Zeit keine deutsche Schule mehr vor Ort. Die älteren Gemeindeglieder sprechen noch das Sächsische. Gepredigt wird – damit alle verstehen – rumänisch.

len Gottes zu entsprechen – erfahren hatte, habe sie sechsmal laut aufgeschrieen und sei nachher tot umgefallen. Offensichtlich hatte ihr die Rettungstat Gottes in letzter Sekunde überhaupt nicht imponiert. Diese Geschichte hat Züge eines Horrormärchens. Sie fordert zum Protest heraus oder aber: sie macht ganz einfach sprachlos. Der Philosoph Friedrich Nietzsche behauptete seinerzeit, dass ein Gott, der so etwas fordert mit einem orientalischen Despoten gleichzusetzen sei; einer der blinden Gehorsam verlange und den Menschen – je nach seiner Laune – quälen oder lieben würde. Auch wenn unsere christliche Lehre mit jener des Nihilisten Nietzsche nicht im Einklang steht, so hinterlässt diese Geschichte eine bedrückenden Frage: Was ist das für ein Gott, der einen Kindermord befiehlt? Was an der Erzählung besonders verwundert, ist das Schweigen Abrahams. Warum widerspricht er nicht? Warum wendet er sich von einem solchem Gott nicht einfach ab? *Jona* hat versucht vor Gott davonzulaufen und *Hiob* hat Gott angeklagt, um nur zwei Beispiele zu nennen. Abraham, dem Gott das Schlimmste was es auf dieser Welt überhaupt geben kann, zumutet *nämlich seinen eigenen Sohn umzubringen* gehorcht ohne Widerrede und fügt sich in diesen grausamen Willen. **Wir** haben Abraham gegenüber natürlich einen Wissensvorsprung: der Erzähler dieser Geschichte bringt uns ganz am Anfang zur Kenntnis, dass dies eigentlich „nur" eine Prüfung ist. Doch wiewohl das „Happy End" sozusagen vorprogrammiert ist, kann es einen nicht richtig freudig stimmen. Denn von dem Moment des Befehls Gottes beginnend, bis zu dem Zeitpunkt, da der Engel dem Tun Abrahams Einhalt gebietet – diese Frist von drei Tagen – müssen Abraham wie eine Ewigkeit vorgekommen sein und einem Gang durch die Hölle geglichen haben. Wie wird sich dies auf das Verhältnis zwischen Gott und Abraham ausgewirkt haben? Vor allem aber: wie wird es sich auf das Vater-Sohn-Verhältnis ausgewirkt haben? Wie verarbeitet – psychologisch gesehen – ein junger Mensch die Tatsache, dass ihn der eigene Vater umbringen wollte?

II. Wenn wir den historischen Hintergrund berücksichtigen, dann können wir einige Dinge klären oder erklären. Man muss sich etwa 2 ½ Jahrtausende in die Welt des Vorderen Orient zurückzuversetzen: dass einer Gottheit Opfer dargebracht werden mussten, war damals selbstverständlich; unter Umständen eben auch Menschen. Es gab nicht wenige heidnische Kulte in welchen Kinder geopfert wurden. A) Diese Erzählung könnte begründen, wie Israel – im Gegensatz zu andern Völkern oder Religionen – eben NICHT Menschenopfer, sondern Tieropfer darbringt. Diese Geschichte könnte eine Dokumentation der Ablösung des Menschenopfers durch das Tieropfer sein. B) Selbstverständlich galt auch, dass Gott jederzeit das Recht habe, das Leben, das er schenkt, wieder zurückzunehmen. So sehr dies natürlich auch heute gilt, so gehen wir doch weitaus schwerer damit um; einer der Gründe ist sicher auch der, dass in den letzten Jahrzehnten die Kindersterblichkeitsrate enorm gesunken ist. In der heutigen Zeit sucht der Mensch für alles eine verstandesmäßig nachvollziehbare Erklärung; für einen sinnlosen Tod gibt es diese Erklärung aber NICHT, auch wenn wir noch so sehr danach suchen. Doch was für uns unbegreiflich ist, das ist für Abraham selbstverständlich gewesen: er hinterfragt die Sinnlosigkeit des Todes nicht, weil

Gott diesen Tod befiehlt bzw. fordert. C) Möglich ist auch, dass der Sinn der Erzählung in der Aussage steht, dass Gott *schließlich* rettet. Auch wenn man oft den Eindruck hat, dass Gott unbeteiligt zuschaut oder den Menschen gar absichtlich ins Elend hinein führt, so würde dann an dieser Erzählung deutlich werden, dass der Gott Israels – selbst dort wo nur seine dunkeln Seiten sichtbar sind – ER letztlich doch das Gute will und letztendlich retten wird. Wie er das tut, bleibt natürlich IHM überlassen; dass Gott manchmal sonderbare, oder für uns unverständliche Wege geht, wissen wir.

III. Darum: so grausam diese Geschichte auch ist, so faszinierend ist sie zugleich. Ganz tiefgründige Wahrheiten sind hier vorzufinden; auch für uns aufgeklärte, moderne und rationale Menschen. Einerseits wird anhand dieser Erzählung deutlich, dass im extremsten Fall auch die engsten menschlichen Beziehungen, den Menschen nicht von der Hingabe an Gott abbringen sollen. Abraham steht auch im NT als Beispiel für seinen Glaubensgehorsam: *„Abraham glaubte und das wurde ihm zur Gerechtigkeit gerechnet."* (Römer 4,3). Wenn man andererseits in dieser Geschichte eine Parabel sehen will, stellt sich heraus – und damit weist diese Geschichte ganz klar auf das Neue Testament und auf Jesus Christus hin – dass Gott selbst für das Opfer sorgt, welches an die Stelle des Menschen tritt. Nicht zufällig denken wir jetzt in der Fastenzeit über diesen Text nach. Wenn wir diese Geschichte im Hinblick der Passion Jesu Christi lesen, dann finden wir natürlich auch *frappierende Parallelen*: Das Opfer wird auf einem Berge dargebracht (so bei Abraham; so auch bei Jesus). Der Berg ist der Ort der Gottesbegegnung. Abraham hat seinem Sohn das Holz aufgelegt, damit dieser es trage. Jesus wurde der Kreuzesbalken auf die Schultern gelegt. Der Sohn hat sich nicht widersetzt (weder Isaak, noch Jesus). Der wesentliche Unterschied ist dann aber dieser: Abraham hat Isaak nicht opfern müssen; es gab eine Stellvertretung für Isaak. Gottes einzig geborener Sohn Jesus Christus IST geopfert worden: und zwar damit wir befreit werden von einer Welt, die Opfer verlangt. Er hat sich geopfert, damit wir keine Opfer mehr darbringen müssen. Wir dürfen leben als solche, denen Gott seine neue Schöpfung in Christus zugesagt hat. Auch wenn dies Neue noch nicht in vollkommener Weise da ist, so ist es uns Christen aber verheißen und wir dürfen es im Glauben erwarten. Leiden gehören zu dieser Welt und zu diesem Leben dazu, und sie sind quantitativ nicht gleichmäßig auf Individuen oder Völker aufgeteilt. Wenn wir unsere heutige Situation mit der unserer Eltern bzw. Großeltern vergleichen – die Krieg und Deportation oder Flucht mitgemacht haben – dann können wir nur dankbar sein, dass unserer Generation so etwas erspart blieb und hoffentlich auch nie widerfahren wird. Aber auch wenn wir die großen Probleme nicht haben, so trägt doch jeder von uns sein eigenes Kreuz. Ein sächsisches Sprichwort sagt: „Jeder weiß seines". Doch die Erfahrung, welche wir (sicherlich nicht jeden Tag, aber in besonderen Momenten) machen dürfen ist die, dass man der Nähe Gottes, gerade auch in extremen Situationen gewiss sein darf. Ein anonym gebliebener Jude im Warschauer Ghetto hat – trotz seines grauenhaften Leides – folgendes an eine Mauer geschrieben: *„Ich glaube an die Sonne, auch wenn ich sie nicht sehe! / Ich glaube an die Liebe, auch wenn ich sie* *nicht spüre! / Ich glaube an Gerechtigkeit, auch wenn ich nur Ungerechtigkeit sehe! / Ich vertraue auf Gott, auch wenn ich ihn nicht begreife!"* Der Gott, den wir so oft nicht verstehen können, ist der Gott, welcher uns – in seinem Sohn Jesus Christus – die Sünden vergibt und uns am Ende mit Ehren annimmt. Amen.

A cincia Duminică din Postul Paştelui (10 aprilie 2011) – Moruţ, jud. Bistriţa-Năsăud
Predică despre **Facerea 22,1 – 13**

1. După acestea, Dumnezeu a încercat pe Avraam şi i-a zis: „Avraame, Avraame!" Iar el a răspuns: „Iată-mă!" 2. Şi Dumnezeu i-a zis: „Ia pe fiul tău, pe Isaac, pe singurul tău fiu, pe care-l iubeşti, şi du-te în pământul Moria şi adu-l acolo ardere de tot pe un munte, pe care ţi-l voi arăta Eu!" 3. Sculându-se deci Avraam dis-de-dimineaţă, a pus şaua pe măgarul său şi a luat cu sine două slugi şi pe Isaac, fiul său; şi tăind lemne pentru jertfă, s-a ridicat şi a plecat la locul despre care-i grăise Dumnezeu. 4. Iar a treia zi, ridicându-şi Avraam ochii, a văzut în depărtare locul acela. 5. Atunci a zis Avraam slugilor sale: „Rămâneţi aici cu măgarul, iar eu şi copilul ne ducem până acolo şi, închinându-ne, ne vom întoarce la voi." 6. Luând deci Avraam lemnele cele pentru jertfă, le-a pus pe umerii lui Isaac, fiul său; iar el a luat în mâini focul şi cuţitul şi s-au dus amândoi împreună. 7. Atunci a grăit Isaac lui Avraam, tatăl său, şi a zis: „Tată!" Iar acesta a răspuns: „Ce este, fiul meu?" Zis-a Isaac: „Iată, foc şi lemne avem; dar unde este oaia pentru jertfă?" 8. Avraam însă a răspuns: „Fiul meu, va îngriji Dumnezeu de oaia jertfei Sale!" Şi s-au dus mai departe amândoi împreună. 9. Iar dacă au ajuns la locul, de care-i grăise Dumnezeu, a ridicat Avraam acolo jertfelnic, a aşezat lemnele pe el şi, legând pe Isaac, fiul său, l-a pus pe jertfelnic, deasupra lemnelor. 10. Apoi şi-a întins Avraam mâna şi a luat cuţitul, ca să junghie pe fiul său. 11. Atunci îngerul Domnului a strigat către el din cer şi a zis: „Avraame, Avraame!" Răspuns-a acesta: „Iată-mă!" 12. Iar îngerul a zis: „Să nu-ţi ridici mâna asupra copilului, nici să-i faci vreun rău, căci acum cunosc că te temi de Dumnezeu şi pentru mine n-ai cruţat nici pe singurul fiu al tău". 13. Şi ridicându-şi Avraam ochii, a privit, şi iată la spate un berbec încurcat cu coarnele într-un tufiş. Şi ducându-se, Avraam a luat berbecul şi l-a adus jertfă în locul lui Isaac, fiul său.

Dragi fraţi şi surori întru Hristos

I. Această istorisire biblică este la prima vedere una deprimantă: Ce fel de Dumnezeu este acela, care dispune o pruncucidere? Deosebit de surprinzătoare este tăcerea lui Avraam, tatăl căruia i se cere, să-şi sacrifice copilul. De ce nu obiectează Avraam, când Dumnezeu îi cere cel mai cumplit lucru din lume? Avraam ascultă fără a se opune. Sigur, noi cititorii avem un avantaj faţă de Avraam: naratorul ne spune de la început că acest act, este de fapt "doar" un

TEST. Dar – deşi testul are un "final fericit" – nu putem constata un ton de bucurie. Din momentul primirii poruncii dumnezeieşti, până când îngerul îl opreşte pe Avraam – această perioadă de trei zile – trebuie să fi fost un adevărat calvar. Oare această poruncă divină nu a avut nici un impact negativ asupra relaţiei dintre Dumnezeu şi Avraam? Dar mai presus de toate, ce impact va fi avut asupra relaţiei tată-fiu? Cum poate prelucra – din punct de vedere psihologic – un om tânăr faptul, că propriul său tată a vrut să-l omoare?

II. Trebuie luat în considerare contextul istoric, pentru a clarifica sau explica unele lucruri. Cu aproximativ 2.500 de ani în urmă în Orientul Mijlociu era cât se poate de firesc, ca unei zeităţi să i se aducă jertfe. În religiile păgâne nu rareori aceste jertfe erau fiinţe umane, uneori chiar şi copiii. Această povestire ar putea da explicaţia, de ce în cultul evreilor – spre deosebire de alte popoare sau religii – sacrificiul uman nu mai este necesar. Această poveste ar putea fi chiar documentarea faptului cum s-a înlocuit sacrificiul uman prin jertfa de animale.

Sigur trebuie şi avut în vedere că Dumnezeu are întotdeauna dreptul, ca – viaţa pe care El o dă – să o şi ia. Acest lucru ne cade mult mai greu să-l acceptăm acum în zilele noastre. Unul dintre motive este cu siguranţă scăderea în ultimele decenii a ratei mortalităţii infantile. Omul zilelor noastre caută pentru toate o explicaţie raţională. Pentru omul zilelor noastre o moarte, respectiv o jertfă – cum este descrisă în acest text biblic – nu are sens şi nu poate fi acceptată. De aceea pentru noi este de neînţeles, că Avraam nu reflectează asupra inutilităţii morţii respectiv al jertfei. Pentru Avraam este firesc, ca atunci când Dumnezeu porunceşte să se conformeze.

Şi la urma urmei trebuie avut în vedere credinţa, că Dumnezeu – orice s-ar întâmpla – El îi va salva pe ai lui. Deşi de multe ori există impresia, că Dumnezeu se uită indiferent la necazul omului, sau – chiar în mod deliberat – îl lasă în mizerie, această povestire scoate în evidenţă, că Dumnezeul lui Israel vrea binele şi în cele din urmă îl salvează pe om. Căile lui Dumnezeu de multe ori nu le înţelegem, dar finalitatea pozitivă este aceeaşi.

III. Prin urmare: aceasta poveste – pe cât este de crudă – pe atât este de asemenea, fascinantă. Adevăruri pofunde sunt prezentate aici; chiar şi pentru noi oameni luminaţi, oameni moderni sau oameni raţionali. Pe de-o parte, reiese clar din acestă naraţie că – în cazul cel mai extrem – chiar şi cele mai apropiate relaţii umane nu trebuie să abată omul de la devotamentul faţă de Dumnezeu. Din acest punct de vedere Avraam este (nu numai în Vechiul, dar şi în Noul Testament) un exemplu de ascultare şi credinţă. Sf. Ap. Pavel spune: "Avraam a crezut lui Dumnezeu şi i-a socotit lui ca dreptate." (Romani 4,3). Pe de altă parte – şi aici povestirea, iarăşi ne îndreaptă privirea spre Noul Testament şi înspre Mântuitorul nostru Iisus Hristos – Dumnezeu însuşi se sacrifică în locul omului. Nu în mod accidental acum în Postul Paştelui medităm asupra acestui text biblic. Citindu-l şi având în vedere Patimile lui Iisus Hristos, atunci vom descoperii paralele izbitoare: jertfa este oferită pe vârful unui deal; aşa o face Avraam, la fel se întâmplă cu Iisus. În Biblie muntele este locul de întâlnire cu Dumnezeu. Avraam i-a pus în cârcă fiul său lemnele de foc. Pe umerii lui Iisus a fost pusă crucea de lemn. Fiul nu s-a opus; nici Isaac, şi nici Iisus. Diferenţa principală între cele două istorisiri este însă aceasta: Avraam nu trebuia să-l sacrifice pe Isaac; pentru Isaac exista înlocuitor în acel berbec, care urma a fi sacrificat. Singurul Fiu a lui Dumnezeu Iisus Hristos a fost însă jertfit, şi prin urmare noi suntem eliberaţi de-o lume care cere sacrificiu. El însuşi fiind sacrificat, noi nu mai trebuie să aducem jertfe. Putem trăii, pentru că Dumnezeu ne-a promis creaţia sa nouă în Hristos. Chiar dacă acestă creaţie nouă n-o putem încă percepe în plenitudinea ei, o putem accepta în credinţă.

Sigur că durerea, boala, moartea, sunt în continuare părţi componente ale acestei lumi şi al acestei vieţi pe pământ. Şi ele sunt distribuite în mod inegal cantitativ. Dacă comparăm situaţia noastră de astăzi cu cea a părinţilor sau bunicilor noştrii – care au luat parte la război sau trebuiau să se refugieze – atunci putem fi recunoscători că în generaţia noastră nu s-a întâmplat aşa ceva, şi sperăm că nu se va întâmpla niciodataă. Dar chiar dacă nu avem probleme comparabile cu cele ale înaintaşilor noştri, fiecare dintre noi trebuie să-şi ducă crucea lui. Totuşi Dumnezeu ne este aproape toată viaţa noastră, dar mai ales în situaţii extreme. Într-un ghetou înfiinţat de nazişti un evreu rămas anonim – în ciuda suferinţei sale cumplite – ne-a lăsat mărturie scrisă următoarele: "Cred în soare, chiar dacă nu-l văd! / Cred în dragoste, chiar dacă nu o simt! / Cred în justiţie, chiar dacă văd doar nedreptate! / Am încredere în Dumnezeu, chiar dacă eu nu-L înţeleg." Dumnezeu, pe care atât de des nu-l înţelegem este Dumnezeul, care ne iartă păcatele noastre – în Fiul său Iisus Hristos – şi într-un sfârşit ne primeşte în Împărăţia sa. Amin.

Der Einzug eines Starken

Palmsonntag (23. März 1997)[17] – Schäßburg

Antrittspredigt zu **Johannes 12,12 – 19**

12. Als die große Menge, die aufs Fest gekommen war, hörte, dass Jesus nach Jerusalem käme, 13. nahmen sie Palmzweige und gingen hinaus ihm entgegen und riefen: „Hosianna! Gelobt sei, der da kommt in dem Namen des Herrn, der König von Israel!" 14. Jesus aber fand einen jungen Esel und ritt darauf, wie geschrieben steht (Sacharja 9,9): 15. «Fürchte dich nicht, du Tochter Zion! Siehe, dein König kommt und reitet auf einem Eselsfüllen.» 16. Das verstanden seine Jünger zuerst nicht; doch als Jesus verherrlicht war, da dachten sie daran, dass dies von ihm geschrieben stand und man so mit ihm getan hatte. 17. Das Volk aber, das bei ihm war, als er Lazarus aus dem Grabe rief und von den Toten auferweckte, rühmte die Tat. 18. Darum ging ihm auch die Menge entgegen, weil sie hörte, er habe dieses Zeichen getan. 19. Die Pharisäer aber sprachen untereinander: „Ihr seht, dass ihr nichts ausrichtet; siehe, alle Welt läuft ihm nach."

Liebe Gemeinde!

I) In den letzten Jahren, war man eher erschrocken, wenn man einen **Menschenauf-lauf** sah, weil damit etwas Negatives in Verbindung gebracht wurde. Wir haben es an den Bildschirmen verfolgt, manche haben es auch persönlich erlebt. Dieses Negative besteht darin dass – wenn unzufriedene Menschenmassen ihrem Ärger Luft machen – die Situation schnell eskalieren kann und Dinge im Handumdrehen außer Kontrolle geraten. Materieller Schaden kann entstehen, aber mehr noch: es können Menschen – oft unschuldige und unbeteiligte – zu Schaden oder gar zu Tode kommen. Es ist nicht lange her, dass Leute, weil sie ihre Unzufriedenheit bekunden wollten, ums Leben kamen. Zuerst fallen einem die Ereignisse aus dem Dezember 1989 ein, aber auch andere: z. B. jene im März 1990 in Neumarkt/Tg. Mureş[18] oder der wiederholte als „Wiederherstellung der öffentlichen Ordnung" getarnte Aufmarsch der Bergarbeiter[19]. Aber nicht nur in unserm Land sondern überall auf der Welt gibt es sol-

---

[17] Dieses Datum ist für meinen geistlichen Werdegang in doppelter Weise wichtig. Im Jahr 1986 hatte ich in der Evangelischen Kirche meines Heimatdorfes Leschkirch am Palmsamstag, den 22. März die Konfirmandenprüfung und wurde am Palmsonntag, den 23. März konfirmiert. Elf Jahre später wurde ich am Palmsamstag, den 22. März 1997 durch Bischof D. Dr. Christoph Klein in der Klosterkirche zu Schäßburg ordiniert und ins Amt eingeführt. Am Palmsonntag, den 23. März hielt ich meine Antrittspredigt.

[18] Über diese Ereignisse haben die Historiker ihr letztes Wort noch nicht gesprochen. So viel kann festgehalten werden: es war ein interethnischer Konflikt zwischen Ungarn und Rumänen, welcher 5 Tote (2 Rumänen und 3 Ungarn) sowie 278 Verletzte forderte.

[19] Es handelt sich um die so genannten „Mineriade" (Januar und Februar 1990; September 1991; Januar und Februar 1999) mit Toten und Verletzten. Auch hier wird die Geschichte noch viel auf-zuarbeiten haben.

che Situationen: ganz aktuell kann man in den Nachrichten verfolgen, wie um ihr Vermögen geprellte Menschen in Albanien[20], ihrer Wut freien Lauf lassen. Sicherlich ist die Motivation eines solchen Auflaufes – der Wunsch eine Änderung herbeizuführen – verständlich. Es gibt Situationen – und 1989 haben wir es erlebt – dass ohne den Protest und den Druck der Massen von der Straße, sich nichts ändern kann. Bei allem Schaden und aller Trauer kann man heute nur dankbar für die damals erworbene Freiheit sein.

Vielleicht seltener, aber nicht weniger gefühlsbetont geschieht es, dass Menschen vor Freude auf die Straße ziehen. Spontan fallen einem hier natürlich die Bilder aus Berlin – nach dem Fall der Mauer – ein. Ich erinnere mich aber auch an die Atmosphäre aus Bukarest im vergangenen November[21], als die Menschen vor Freude über das Wahlergebnis, spontan auf die Straßen gingen, um gemeinsam ihre Freude zu bekunden. Aber auch ein gewonnenes Fußballspiel kann Massen in Bewegung bringen, die dann ihre Freude lautstark bekunden. Die Wahrscheinlichkeit, dass in solchen Situationen Schaden entsteht ist natürlich geringer und eher auf Fahrlässigkeit oder Alkoholgenuss zurück zu führen; aber ausgeschlossen ist es nicht.

II) Die Menschen aus Jerusalem gingen ebenfalls vor **Freude** auf die Straße, wobei diese Freude der Juden, der römischen Besatzungsmacht suspekt war, ja suspekt sein musste. Es sollte EINER kommen, der Kranken heilen konnte, der Wunder tun konnte: einige wussten sogar zu erzählen, dass er Lazarus von den Toten auferweckt habe. Das musste doch ein ganz besonderer Mensch sein und daher ging ihm eine große Menge entgegen. Dass ER wie ein König empfangen und begrüßt wurde ist verständlich vor dem Hintergrund, dass das Volk Israel unter Fremdherrschaft der verhassten Römer stand. Die «Messiaserwartung» der Juden dehnte sich auf den gesamten Lebensbereich aus und hatte selbstverständlich auch eine politische Konnotation. Das Volk erwartete einen charismatischen von Gott gesandten Führer. Ein Starker sollte endlich Ordnung auf allen Ebenen des religiösen, gesellschaftlichen und eben auch des politischen Lebens schaffen. Viele Menschen sahen in Jesus einen, der dazu fähig wäre. Doch an dieser Stelle macht Jesus all denen, die solche Erwartungen hegten, einen Strich durch die Rechnung.

Wenn Jesus auf einem Esel in Jerusalem einreitet, dann tut er das nicht, weil er zufällig kein Pferd gefunden hätte. Viele Menschen haben es nicht verstanden und verstehen es bis heute nicht. Der Auftrag mit welchem ER von Gott in diese Welt gekommen war, war eine ganz andere Herrschaft – nämlich die Herrschaft Gottes – zu dokumentieren. Und die

---

[20] Im März 1997 erschütterte Albanien eine tiefe Krise: die ganze Gesellschaft, vor allem Wirtschaft und Politik waren betroffen. Es fand der so genannte „Lotterieaufstand" statt, weil durch Betrügereien viele Albaner ihr ganzes Vermögen verloren.

[21] Im November 1996 siegte bei den politischen Wahlen die «Demokratische Konvention» mit Emil Constantinescu an der Spitze, der damals Staatspräsident wurde. Viele meinen, dass die eigentliche politische Wende in Rumänien, nicht im Jahr 1989 durch den Sturz Ceuşescus gekommen sei, sondern erst im Jahr 1996, als die (Alt)kommunisten an der Spitze mit Ion Iliescu – diesmal in demokratischer Weise – die Wahlen und damit auch die Macht verloren.

ist mit einer menschlichen Herrschaft nicht zu vergleichen. Es ist gerade dieser Ritt auf dem Esel zum Symbol des anderen, vor allem eben auch des gewaltlosen Herrschers geworden. Durch sein Tun hat Jesus gezeigt, dass es auch anders geht: nicht wie die Mächtigen, welche die Untertanen niederhalten, sondern demütig und sanftmütig. Die Menge läuft Jesus nach, weil sie ganz andere Vorstellungen davon hat, was ER tun müsste und wer er sein sollte. Doch die Stimmung kippt ziemlich schnell. Wenige Tage, nachdem ihm gehuldigt wurde, rufen die Menschen: „Kreuzige ihn!" Nicht zufällig wird Jesus von Pilatus als ein politischer Aufwiegler gewertet; auch wenn ER überhaupt keine politischen Ambitionen je gehegt hat. So lange er lebte und wirkte, haben die meisten Menschen Jesus nicht verstanden. Die Menschen – damals wie heute – verharrten in ihrem sündigen Dasein. Darum musste er ans Kreuz: **stellvertretend** für den Menschen nimmt Jesus das Leid auf sich, stellvertretend geht er in den Tod. Darin bewies er seine grenzelose Liebe zu den Menschen und wurde dem göttlichen Auftrag gerecht.

Der russische Schriftsteller Anton Tschechow versucht sich diesem Begriff der «Stellvertretung» in einer Kurzgeschichte – „Der Bettler" – zu nähern: Die Hauptperson ist ein heruntergekommener Alkoholiker, der einen Rechtsanwalt an dessen Haustür anbettelt und anlügt. Der Rechtsanwalt ist verärgert, aber er bietet dem Bettler an, mit Holz hacken, Geld zu verdienen. Dabei ist er heimlich davon überzeugt, dass dieser Faulenzer – durch den Alkohol geschwächt – keine körperliche Arbeit leisten kann. Die Haushälterin des Rechtsanwaltes guckt ihn böse an und wirft ihm die Axt hin. Es kommt wie erwartet: er kann die Axt kaum in der Hand halten. Doch eine Stunde später erscheint die Haushälterin und meldet dem Rechtsanwalt, das Holz sei gehackt. So verdient sich der Bettler längere Zeit den Unterhalt durch diese Arbeit, bis er an einem Tag weg bleibt. Ein paar Jahre später trifft ihn sein ehemaliger Arbeitgeber an der Theaterkasse. Dieser ist gut angezogen, nicht betrunken und bedankt sich bei jenem: für die Möglichkeit zu arbeiten, aber vor allem weil die Haushälterin ihm das Leben gerettet habe. Erst jetzt erfährt der Rechtsanwalt: seine Haushälterin hatte jedes Mal den Bettler furchtbar beschimpft, dann aber aus Mitleid geweint und das Holz selber gehackt. Mit der Zeit hatte diese Tat der Frau den Bettler derart beeindruckt, dass er aufgehört hatte zu trinken und ein normales Leben zu führen hatte. Erst im Nachhinein wird dem Rechtsanwalt klar, was dieser ehemalige Alkoholiker nicht ihm, sondern seiner Haushälterin zu verdanken hatte.

III) Zusammenfassend halten wir für uns fest: 1) Nicht mehr leiblich, sondern unser Leben von Innen verändernd, möchte Jesus auch heute bei den Menschen Einzug halten. Dafür müssen wir bereit stehen. Jedes Mal wenn wir uns zum Gottesdienst versammeln, dann bekunden wir dies neu. 2) Das Volk Israel, bzw. die meisten seiner Zeitgenossen haben Jesus missverstanden. Sie sahen in ihm eine politische Führergestalt und erhofften von ihm gesellschaftliche Veränderungen. Entsprechend groß war die Enttäuschung, dass ER sich nicht so verhielt, wie viele das erwarteten. Für die andern war er der Herausforderer der Macht Roms und musste darum umso schneller unschädlich gemacht werden. Auch heute geschieht es immer wieder, dass Jesus missverstanden wird. Dieses Missverständnis sollte uns nicht unterlaufen: Jesus gibt uns zwar Weisungen für dieses Leben, aber sein Ziel mit und für uns ist Gottes Ewigkeit. Wir müssen auf seine Botschaft gut hören, um dann zu handeln bzw. diese Botschaft in unsere Welt und in unser Leben zu übersetzen 3) Der Menschenauflauf will nicht wörtlich gedeutet werden, sondern als Nachfolge verstanden werden. Nachfolge heißt **glauben**, aber Nachfolge heißt auch etwas für den Mitmenschen **tun**. Nachfolge wird oft als eine Belastung empfunden und ist es auch, wenn man es aus eigener Kraft versucht. Nachfolge kann nur geschehen, wenn die Kraft von Gott selber kommt. Aus dieser Nachfolge des Gekreuzigten und Auferstandenen ergeben sich die Leitlinien für unser Leben: nicht Macht über andere zu haben soll das Ziel sein, sondern zur Freude der andern an der Stelle zu wirken, die Gott einem zugewiesen hat. Das möchte ich auch am Anfang meines Dienstes als Pfarrer hier in Schäßburg mir zu Herzen nehmen und mit einer bekannten Liedstrophe von Julie Hausmann schließen: „*Wenn ich auch gleich nichts fühle / von deiner Macht, / du führst mich doch zum Ziele / auch durch die Nacht: / so nimm denn meine Hände / und führe mich / bis an mein selig Ende / und ewiglich!*" Amen.

Der Sinn des Kreuzes

Karfreitag (18. April 2003) – Schäßburg

Predigt zu **Johannes 19,16 – 30**

16. Pilatus überantwortete Jesus, dass er gekreuzigt würde. Sie nahmen ihn aber 17. und er trug sein Kreuz und ging hinaus zur Stätte, die da heißt Schädelstätte, auf Hebräisch Golgatha. 18. Dort kreuzigten sie ihn und mit ihm zwei andere zu beiden Seiten, Jesus aber in der Mitte. 19. Pilatus aber schrieb eine Aufschrift und setzte sie auf das Kreuz; und es war geschrieben: Jesus von Nazareth, der König der Juden. 20. Diese Aufschrift lasen viele Juden, denn die Stätte, wo Jesus gekreuzigt wurde, war nahe bei der Stadt. Und es war geschrieben in hebräischer, lateinischer und griechischer Sprache. 21. Da sprachen die Hohenpriester der Juden zu Pilatus: „Schreib nicht: Der König der Juden, sondern dass er gesagt hat: Ich bin der König der Juden.'" 22. Pilatus antwortete: „Was ich geschrieben habe, das habe ich geschrieben." 23. Als aber die Soldaten Jesus gekreuzigt hatten, nahmen sie seine Kleider und machten vier Teile, für jeden Soldaten einen Teil, dazu auch das Gewand. Das war aber ungenäht, von oben an gewebt in einem Stück. 24. Da sprachen sie untereinander: „Lasst uns das nicht zerteilen, sondern darum losen, wem es gehören soll." So sollte die Schrift erfüllt werden, die sagt (Psalm 22,19): «Sie haben meine Kleider unter sich geteilt und haben über mein Gewand das Los geworfen.» Das taten die Soldaten. 25. Es standen aber bei dem Kreuz Jesu seine Mutter und seiner Mutter Schwester, Maria, die Frau des Klopas, und Maria von Magdala. 26. Als nun Jesus seine Mutter sah und bei ihr den Jünger, den er lieb hatte, spricht er zu seiner Mutter: „Frau, siehe, das ist dein Sohn!" 27. Danach spricht er zu dem Jünger: „Siehe, das ist deine Mutter!" Und von der Stunde an nahm sie der Jünger zu sich. 28. Danach, als Jesus wusste, dass schon alles vollbracht war, spricht er, damit die Schrift erfüllt würde: „Mich dürstet." 29. Da stand ein Gefäß voll Essig. Sie aber füllten einen Schwamm mit Essig und steckten ihn auf ein Ysoprohr und hielten es ihm an den Mund. 30. Als nun Jesus den Essig genommen hatte, sprach er: „Es ist vollbracht!", und neigte das Haupt und verschied.

Liebe Gemeinde!

I. Es gehört zur psychologischen Struktur des Menschen, unangenehme Dinge verdrängen zu wollen. So kommt es, dass man den Karfreitag nicht eigentlich gern hat. Wer setzt sich denn schon gerne mit Themen wie Leid und Tod auseinander? Es sei denn, dass man in der Auseinandersetzung mit diesen Dingen einen tieferen Sinn erkennen kann. Und in der Tat: die Verkündigung des Karfreitags hat diesen Anspruch, das nahe zu bringen, was jeden Menschen im tiefsten seiner Seele angehen sollte. Das Ereignis von Golgatha – obwohl es fast 2 Jahrtausende zurück liegt – will dem Menschen gerade dadurch Wegweisung sein, weil es universal menschliche Empfindungen schildert und sie zugleich mit Gottes Wegen in Relation setzt.

II. Wir alle haben schon von Kind auf (spätestens aber seit dem Konfirmandenunterricht), den Pfarrer und andere – im Glauben stehende Menschen – immer wieder sagen hören: *Jesus ist für unsere Sünden gestorben.* Es ist dies ein (oder DER?) Kernsatz christlicher Lehre. Sicherlich haben wir uns des Öfteren auch gefragt und/oder fragen uns vielleicht auch jetzt: *Wie ist dieser Satz zu verstehen?* Wenn das der Sinn gewesen sein soll, dass Gott ein großes Opfer gebraucht hat, um den Menschen vergeben zu können, und dass Jesus dieses Opfer war, dann kann da etwas nicht stimmen. So grausam und blutrünstig kann Gott doch nicht sein. Und schließlich ist der Vater eins mit dem Sohn. Wenn der Sohn leidet, leidet auch der Vater. Wer nach dem Verständnis des leidenden Gottessohnes fragt, muss tiefer schürfen. Leiden und Tod scheint der Mensch in dieser Welt verschuldet, bzw. verursacht zu haben. Immer wieder – so auch in diesen Tagen (z.B. durch die Kriegs-Bilder aus dem Irak) – erleben wir es, dass der Mensch zum Urheber des Leides und des Todes wird. Einen Teufelskreis hat der Mensch dadurch verursacht, eine Spirale von Gewalt und Gegengewalt, die er aus eigener Kraft nie anhalten kann. Gott allein – durch seinen Sohn Jesus Christus – konnte und kann diesen Teufelskreis durchbrechen.

III. Indem Jesus ans Kreuz geht, solidarisiert er sich mit den Leidenden. Seit Golgatha dürfen wir sagen, dass Gott auch in tiefster Finsternis bei uns ist. Der bekannte Theologe Jürgen Moltmann hat es auf den Punkt gebracht: *„Gott tritt aus seiner Jenseitigkeit heraus und kommt dem Menschen in den Tiefen seines Daseins nahe. Das bedeutet eine «Revolution im Gottesbegriff»".* Am Karfreitag thront Gott nicht majestätisch im Himmel, sondern er ist tief herunter gestiegen zu den Elenden und Verlassenen, eben ans Kreuz. Nicht weil er – Gott – das gebraucht hätte oder brauchen würde, sondern weil wir es brauchen; um uns ganz nahe zu sein und damit wir Menschen begreifen, dass wir geliebt und nicht gehasst sind. Der bekannte Widerstandskämpfer im NS-Regime Dietrich Bonhoeffer sagt: *„Gott lässt sich aus der Welt herausdrängen ans Kreuz ... gerade und nur so ist er bei uns hilft uns. Hier liegt der Unterschied zu allen andern Religionen ... Die Bibel weist den Menschen an die Ohnmacht und das Leiden Gottes; nur der leidende Gott kann helfen."*

IV. Am Karfreitag sind von seiten Gottes bei den Menschen Werte umgekehrt worden; das ist uns oft gar nicht recht bewusst; spätestens am Ostermorgen aber, wird dieses Bewusstsein wachgerüttelt werden. Der Mensch wird – angesichts des Kreuzes – seiner tiefen Sündverfallenheit gewiss. Er kann nur an seine Brust schlagen und diesen – für ihn ausweglosen – Zustand anerkennen. Doch dabei soll er gerade nicht stehen bleiben. Denn das Kreuz weist über Leid und Tod hinaus. Das klingt an sich widersprüchlich. Ein altes Kirchenlied drückt dies Paradoxon so aus: *„Ehre sei dir, Christe, / der du littest Not / an dem Stamm des Kreuzes / für uns bittern Tod, / herrschest mit dem Vater / in der Ewigkeit: / Hilf uns armen Sündern / zu der Seligkeit."*

V. Das Johannesevangelium – dem das heutige Predigtwort entnommen ist – versucht denn auch diesem Paradox zwischen Leid und Tod Jesu EINERSEITS und seiner

Gottessohnschaft ANDERERSEITS gerecht zu werden. Der Evangelist Johannes schildert die Kreuzigung in einer ganz andern Art, als die 3 anderen Evangelisten dies tun. Bei Johannes ist das Kreuz nicht Ort der Erniedrigung, sondern es ist der Ort der Erhöhung Jesu. Anders als bei Matthäus, Markus und Lukas hat der Passionsbericht bei Johannes gerade auch in der Schilderung und Interpretation der Kreuzigung etwas Triumphales und gibt Zeugnis von der Hoheit Jesu: Kein Schrei der Gottverlassenheit, kein qualvoller letzter Todesseufzer, sondern er selbst sagt, was da geschieht: **Es ist vollbracht!** Da kommt etwas zu seinem gewollten Ende. Nicht dass das Leiden ein Ende hat, so wie man bei jemandem – der einen schmerzhaften Todeskampf hinter sich hat – sagt: Er ist hindurch. Sondern das Werk Gottes, das dieses Leiden und diesen Tod einschließt, aber zugleich auch überwindet, ist Wirklichkeit geworden. Sogar am Kreuz ist Jesus der absolute Herr der Situation; seine königliche Würde behält er bis zuletzt. Pilatus, der Stadthalter wird unwillkürlich zum Propheten, wenn er auf das Kreuz die Aufschrift setzt. *„Jesus von Nazareth, der König der Juden."* Die Soldaten sind sowieso nur „Nebenfiguren" in dem Erzählstrang. Sie werden – dadurch, dass sie Jesu Kleider aufteilen und das Los drum werfen – unwillkürlich zu Erfüllern der Schrift. Selbst am Kreuz erledigt Jesus noch die letzten Unklarheiten unter den ihm nahe stehenden Menschen. Es läuft alles planmäßig ab. In der Darstellung des Johannes ist Jesus schon im Sterben Sieger und nicht erst in der Auferstehung.

VI. Damit will der Evangelist uns klarmachen, dass Gott von Anfang an seinen Plan hatte und den auch konsequent durchgezogen hat. Nach menschlichem Ermessen ist Sterben die letzte Niederlage des Lebens; nur bei Gott ist das anders. In der Tiefe des Todes kommt das Leben zum Vorschein. Sicherlich sind das Dinge, die aus der Perspektive der Diesseitigkeit kaum zu begreifen sind. Das ist auch der Grund, weshalb Karfreitag mit seiner Verkündigung für manchen problematisch ist. Wir sind gerufen, das Geschehen von Golgatha im Glauben – an DEN, der dort am Kreuz hing – in unser Leben aufzunehmen. Denn so wie wir für unser Dasein keine rationale Erklärung haben, so ist das auch bei Leid und Tod. So wird es aber auch danach sein, wenn das Leiden ein Ende hat und der Tod überwunden ist. Amen.

Neues Leben

Ostersonntag (16. April 2006) – Schäßburg und Rauthal

Predigt zu **1. Samuel 2,1 – 2.6 – 8**

1. Hanna betete und sprach: «Mein Herz ist fröhlich in dem HERRN, / mein Haupt ist erhöht in dem HERRN. / Mein Mund hat sich weit aufgetan wider meine Feinde, / denn ich freue mich deines Heils. 2. Es ist niemand heilig wie der HERR, außer dir ist keiner, / und ist kein Fels, wie unser Gott ist. [...] 6. Der HERR tötet und macht lebendig, / führt hinab zu den Toten und wieder herauf. 7. Der HERR macht arm und macht reich; / er erniedrigt und erhöht. 8. Er hebt auf den Dürftigen aus dem Staub / und erhöht den Armen aus der Asche, / dass er ihn setze unter die Fürsten / und den Thron der Ehre erben lasse.»

Liebe Gemeinde!

I. Das erste Buch Samuel berichtet ganz am Anfang von einer Frau mit Namen Hanna, welche eine besondere Erfahrung mit Gott macht; eine Erfahrung, die sie den Psalm beten lässt, der unser Predigtwort zum heutigen **Tag der Auferstehung** ist. Die Geschichte erzählt von Hanna und Peninna; beide waren Ehefrauen desselben Mannes, Elkana. Peninna hatte mehrere Kinder, Hanna gar keine. Keine Kinder haben zu können, bedeutete für eine Frau in der damaligen Zeit (und in manchen Kulturkreisen bis heute), dem Segen Gottes entzogen zu sein und das wiederum wurde mit einer besonderen Schuld der Betreffenden in Zusammenhang gebracht. Für Hanna bedeutete das konkret, dass sie der Verachtung ausgesetzt war. Vor allem Peninna – ihre Konkurrenz sozusagen – kostete ihren Vorteil, Kinder zu haben, aus und ließ keine Möglichkeit ungenützt, Hanna zu erniedrigen. Ins *Heiligtum von Silo* kam die Großfamilie jedes Jahr um anzubeten und zu opfern. Beim anschließenden Festmahl bekam natürlich Peninna den größten Teil des Opferfleisches für sich und ihre Kinder; Hanna erhielt ein einziges Stück für sich selber und auch diese Gelegenheit nutzte Peninna jedes Mal, um Hanna zu kränken. Hanna wird es um eine Zeit zu viel. Sie schüttet vor Gott ihr Herz aus; sie weint und betet. Sie geht so weit, einen Eid abzulegen und Gott einen Tausch anzubieten: wenn sie denn einen Sohn zur Welt bringen könnte, dann würde sie ihn für den Tempeldienst in Silo bereitstellen. Das Wunder geschieht und Hannas Gebet wird erhört: sie bringt **Samuel** zur Welt. Es ist jener Samuel, der eine große Rolle in der Geschichte Israels spielte, und zwar bei der Wende von der Zeit der Richter zur Zeit der Könige und der damit zusammenhängenden Staatenbildung. Samuel war es, der die beiden ersten Könige Israels (Saul und David) salbte.

II. Diese Erfahrung: dass aus Unfruchtbarem – Fruchtbares werden kann; dass aus tiefem Elend heraus – plötzlich das Lob für die erfahrene Rettung erklingen kann; JA dass aus dem Tod – Leben entstehen kann; diese Erfahrung wird uns hier eindrücklich geschildert. Hanna – die Mutter Samuels – hat in ihrem Leben diese Erfahrung gemacht, welche eigentlich jedem Menschen widerfahren kann. Sie erlebte zunächst die Tiefen menschlicher Existenz. Sie war verachtet und ausgestoßen. Sie war dadurch an den Rand ihrer Kräfte gekommen. Und dann erfährt sie genau das Gegenteil dessen, was bis dahin zu ihrem Alltag gehörte. Hannas Leben erhält eine neue Dimension, dadurch, dass Gott an ihr ein Wunder tat. Tod verwandelte sich in Leben, Trauer in Freude, Klage in Lobgesang. Der Dankpsalm welchen sie singt (unser Predigtwort), spiegelt gerade jene Erfahrung wider. Die Juden haben diesen Psalm bei ihrem Neujahrsfest gesungen und damit ihre Erfahrung zum Ausdruck gebracht, die sie als Volk im Laufe der Geschichte mit Gott gemacht haben, beginnend von dem Auszug aus Ägypten über die Wüstenwanderung, den Einzug ins gelobte Land usw. Sie haben damit jeweils neu dokumentiert, dass der Allmächtige Gott sie nicht verlassen hat und ihnen beisteht. Was haben aber wir heute, am Osterfest des Jahres 2006 mit diesem mehrere 1000 Jahre alten Dankpsalm zu tun?

III. Vers 6 fällt in besonderer Weise ins Auge, und dieser Vers lässt dieses Bibelwort in unserer christlichen Wahrnehmung zum Osterlied werden: „*Der HERR tötet und macht lebendig, / führt hinab zu den Toten und wieder herauf.*" Durch den Tod hindurch kann Gott neues Leben schenken – das ist die besondere Erfahrung des Osterfestes. Am dritten Tage, nachdem Jesus gekreuzigt und begraben worden war, geschah das Unsagbare, dass was wir nach menschlicher Logik eigentlich nicht zu erklären imstande sind. Es ist kein Zufall, dass die Berichte aus den Evangelien, sich über den eigentlichen Vorgang der Auferstehung ausschweigen. Die Passionsberichte enden – wie wir wissen – damit, dass Jesus am Tage seiner Kreuzigung ins Grab gelegt wurde und dass am dazwischenliegenden Tag, der ein Sabbat war, nach der jüdischen Ordnung geruht werden musste. Am dritten Tage, nachdem die Frauen dem Toten die letzte Ehre erweisen möchten indem sie sich anschicken ihn einzubalsamieren, finden sie nur noch das leere Grab vor, wie wir es aus der Evangelienlesung (Markus 16,1 – 8.) gehört haben. Die erste Reaktion der Frauen auf die Nachricht « *Er ist auferstanden, er ist <u>nicht</u> hier.*» ist eine ganz menschliche und normale: sie haben Angst und verlassen die Grabesstätte fluchtartig. Das Gefühl der Freude und des Glücks stellt sich später ein, nachdem sie auch wirklich von dieser unglaublichen Botschaft überzeugt wurden. Und dann erfahren sie dasselbe, was Hanna in unserem Bibelwort so umschreibt: „*Mein Herz ist fröhlich in dem HERRN, / mein Haupt ist erhöht in dem HERRN.*"

IV. Erfahrungen, wie sie Hanna mit dem gnädigen und barmherzigen Gott gemacht hat, bekommen eine feste Grundlage in der Geschichte. Es sind zunächst persönliche, subjektive Erlebnisse, aber – dadurch dass auch andere Menschen diese Erfahrungen machen – erhalten sie allgemeine Gültigkeit. Durch solche Erfahrungen, die weiter gegeben und weiter erzählt werden, will Gott zu den Menschen kommen. Am **Kreuz** hat der <u>unsichtbare</u> Gott der Welt ein <u>sichtbares Zeichen</u> gegeben: die Sünde wurde ein für alle Mal entmachtet.

Durch die **Auferstehung** geschah das Einzigartige und Außergewöhnliche: Gottes neue Welt brach in unsere Todeswelt herein. Leben kommt dorthin, wo vorher Tod war. *„Er tötet und macht lebendig, er erniedrigt und er erhöht."* – diese Erfahrung, welche Menschen zur Zeit des AT gemacht hatten, fand die Erfüllung in der Offenbarung des Auferstandenen. Und von dieser Erfüllung leben wir bis auf den heutigen Tag. Der über Raum und Zeit hinweg erhabene Gott ist derselbe geblieben: die Erfahrungen, welche zu alttestamentlicher Zeit mit ihm gemacht worden sind, haben später die Jünger Jesu gemacht. Auch wir heute sind dazu gerufen uns darauf einzulassen. Dass Gott gnädig und barmherzig ist, findet seinen Höhepunkt in der Preisgabe seines Sohnes, der uns von Angst, Trauer und Resignation befreit. Gottes neue Welt ist in unsere Welt eingebrochen und will unser Leben von Grund auf verändern und erneuern. *„Gott schenkt Leben aus dem Tod".* Wie man das verstehen soll? Philipp Melanchton – der Verfasser des Augsburger Bekenntnisses und ein guter Freund Martin Luthers – schreibt: *„Die Geheimnisse Gottes sollten wir lieber anbeten, als sie zu erforschen."* Auch Hanna fragt nicht danach, wie es möglich geworden war, dass sie ein Kind zur Welt bringen konnte. Lob und Dank ist die angemessene Reaktion auf das göttliche Wunder. So ist es auch mit dem Geheimnis der Auferstehung. Das Ostergeheimnis kann nur im Glauben angenommen werden. Und die Antwort darauf kann nur Lob und Dank sein. Nicht darum weil _Gott_ diese Bestätigung unsererseits brauchen würde. Wir _Menschen_ haben es nötig Gott in seiner Gottheit zu erkennen und das wiederum geschieht gerade durch den Glauben an die Auferstehung Jesu Christi. Daher ergeht heute die Anforderung an uns alle, das große Geheimnis der Auferstehung anbetend, dankend und lobend im Glauben an den allmächtigen Gott anzunehmen.

Der Herr ist auferstanden!
Hristos a înviat!
Krisztus feltámadott!

Erfüllung der Schrift und
Grund zur Hoffnung

Ostermontag (13. April 2009) – Schäßburg
Predigt zu **Lukas 24,36 – 45**

36. Als die Jünger aber von ihm redeten, trat er selbst, Jesus, mitten unter sie und sprach zu ihnen: „Friede sei mit euch!" 37. Sie erschraken aber und fürchteten sich und meinten, sie sähen einen Geist. 38. Und er sprach zu ihnen: „Was seid ihr so erschrocken, und warum kommen solche Gedanken in euer Herz? 39. Seht meine Hände und meine Füße, ich bin's selber. Fasst mich an und seht; denn ein Geist hat nicht Fleisch und Knochen, wie ihr seht, dass ich sie habe." 40. Und als er das gesagt hatte, zeigte er ihnen die Hände und Füße. 41. Als sie aber noch nicht glaubten vor Freude und sich verwunderten, sprach er zu ihnen: „Habt ihr hier etwas zu essen?" 42. Und sie legten ihm ein Stück gebratenen Fisch vor. 43. Und er nahm's und aß vor ihnen. 44. Er sprach aber zu ihnen: „Das sind meine Worte, die ich zu euch gesagt habe, als ich noch bei euch war: «Es muss alles erfüllt werden, was von mir geschrieben steht im Gesetz des Mose, in den Propheten und in den Psalmen.»" 45. Da öffnete er ihnen das Verständnis, sodass sie die Schrift verstanden.

Liebe Gemeinde!

I) Unser Predigtwort, ist die Fortsetzung des vorhin verlesenen Evangeliums für den Ostermontag (Lukas 24,13 – 35), die so genannte «Emmausgeschichte». Wir werden heute dazu eingeladen, uns in die Situation jener Menschen, des engen „Bekanntenkreises" Jesu hinein zu versetzten. Man kann sich ausmalen, dass an dem – nicht näher beschriebenen – Ort, wo sie sich zu versammeln pflegten, das Chaos ausgebrochen sein musste. Sie hatten in den letzten Stunden Nachrichten erhalten, welche sie nicht mehr einordnen konnten. Uns wäre es aller Wahrscheinlichkeit nach nicht besser ergangen. Zwei Tage zuvor hatten sie Jesu Sterben miterlebt; die Jünger wohl aus sicherem Abstand, aber nicht mit weniger Trauer und Hoffnungslosigkeit als die Frauen, welche ihn bis zuletzt begleitet hatten und auch zuerst am Grab waren. Es galt doch als sicher: Wen die römischen Henker zur Beerdigung freigaben, der musste sicher tot gewesen sein. War die Sachlage nicht eindeutig: Jesus lag im Grab und mit ihm alle ihre Hoffnungen, die sich an IHN geknüpft hatten und all ihre guten Erinnerungen, die sich mit IHM verbunden hatten?

Aber dann begannen die Ereignisse sich zu überschlagen, bzw. es kamen verschiedene Personen mit aufgeregten, sich z. T. widersprechenden Berichten. Nach der Überlieferung des Lukas bekommen die Frauen den Auferstandenen nicht zu Gesicht, sondern hören am Grab nur die Auferstehungsbotschaft des Engels. Petrus findet – ebenfalls nach der Überlieferung des Lukas – auch nur das leere Grab mit den Grabtüchern vor. Allerdings wird einige Verse später nicht von Petrus selber den beiden «Emmausjüngern» berichtet, dass Petrus den Auferstandenen begegnet hätte. Ist da einem dann doch die Phantasie durchgegangen? Man kann es sich gut ausmalen: Die Jünger sind beieinander und diskutieren: aufgeregt und heftig. Alles, was an Argumenten und Gegenargumenten aufzubieten ist, kommt auf den Tisch. Petrus erzählt vom leeren Grab, die beiden «Emmaus-Wanderer» reden von ihrem brennenden Herzen, die Frauen wissen von dem Engel und seiner Botschaft. Aber tief in allen sitzt dann doch die Ratlosigkeit. Die ganze Weltordnung spricht dagegen: Tot ist tot, weil von dort noch keiner zurückgekommen ist. Alles andere ist Spinnerei, Phantasie, Wunschvorstellung.

II) Aber dann geschieht, was alle Argumente überholt: Jesus tritt mitten unter die Jünger. *Der Auferstandene steht vor ihnen, spricht zu ihnen, isst mit ihnen.* Die Debatte um Auferstehung und ob es so etwas überhaupt gibt, hört in dem Augenblick auf, wo die Jünger erfahren: Er ist mitten unter uns! Damit sind nicht alle Fragen beantwortet und schon gar nicht die, wie man sich den Vorgang der Auferstehung vorstellen sollte. Aber durch die Erscheinung des Auferstandenen widerfährt ihnen eine Erfahrung die alle andern Fragen als sinn- und zwecklos erscheinen lässt. Diese Gegenwart des Auferstandenen wird der ganzen Christenheit verheißen; auch uns.

Jesus unternimmt mit den Jüngern das, was in die Zukunft weist (nicht in die Vergangenheit): *ER verhilft ihnen zum Verständnis der Heilige Schrift.* Die Frage – wie die Bibel zu lesen und zu interpretieren sei – beschäftigt uns natürlich auch. Da sind so viele unterschiedliche (manchmal auch sich widersprechende) Geschichten. Wie sollen wir das alles auf eine Reihe bringen? Gerade auch der Auferstehungsbericht kommt in den vier Evangelien und beim Apostel Paulus mit unterschiedlichen Schwerpunktsetzungen, z. T. mit Widersprüchen. Was ist denn eigentlich die Mitte der Heiligen Schrift? Genau an dieser Stelle gibt der Auferstandene den Jüngern Antwort: Die Mitte der Schrift ist die Liebe Gottes zu seinen Menschen. Diese Liebe hat den Tod durchdrungen. Diese Liebe ist Jesus selber und er ruft uns in diese Liebe hinein. Denn Liebe, Erbarmen und Treue siegen über allen Tod hinweg. Das ist nicht Theorie, das ist nicht vage Hoffnung: das ist erfüllt in seiner Auferstehung. In der Begegnung mit dem Auferstandenen gewinnen die Jünger auf einmal einen ganz neuen Durchblick. In das am Anfang beschriebene Chaos kommt schön langsam Ordnung hinein. Genau das geschieht bis heute: wo die Gegenwart Jesu erfahren wird, da geht auf einmal ein Licht auf. Auch uns hilft diese Gegenwart Jesu einen neuen Durchblick zu gewinnen: für unsere Zeit, für unser Leben.

III) Ab Ostern wissen wir dies: es gibt einen, der mit uns geht: der gekreuzigte und auferstandene HERR Jesus Christus. Ab Ostern gibt es einen Sinn für dies irdische Leben, über die Grenze des Todes hinweg, gerade weil die Macht des Todes von Jesus relativiert worden ist. Ab Ostern sind wir gerufen, getrost und zuversichtlich in die Zukunft zu sehen und die Botschaft der Auferstehung in unsern Alltag, in unsere Familien, in unsere Arbeit mitzunehmen. ER – der uns unsichtbar begleitet – ist kein Freund nur für schöne Tage. Er hat das Kreuz ausgehalten. ER ist immer für uns da, als lebendige und wirksame Hoffnung mitten in einer Welt von Neid und Hass, Krieg und Blutvergießen. Diese – oft traurige und trostlose – Wirklichkeit ist von der Kraft seiner Auferstehung durchdrungen. Was damals geschehen ist, hat im Plan Gottes gelegen; und – Gott sei's gedankt – auch wir fallen nicht heraus aus diesem heilsamen Plan Gottes.

Wir müssen nichts Besonderes leisten um an diesem Plan Gottes teil zu haben. Uns ist aufgetragen – um beim Bilde des Predigtwortes zu bleiben – mit IHM zu «essen» (= Abendmahl) und ihm «zuzuhören» (= Predigt). Auf die uns verkündete Hoffnung sollen wir uns einlassen, ihr Raum geben in unserm Herzen. Mit den Jüngern damals dürfen wir uns natürlich auch darin verbunden fühlen, dass sie zunächst überhaupt nichts von den sich überstürzenden Ereignissen verstanden und sich nur allmählich an das was sie hörten und sahen gewöhnen konnten. Seit bald 2 Jahrtausenden erinnert sich die Christenheit an diese unglaublichen Ereignisse in Jerusalem und hat sie wohl immer noch nicht vollkommen begriffen. Man kann das Geheimnis der Auferstehung Jesu Christi auch niemals begreifen, wenn man es verstandesmäßig tun will. Was man aber tun kann und soll, ist die Botschaft von der Auferstehung in einem gläubigen und reinen Herzen bewahren. Dann schenkt sie Trost und Zuversicht, dass wir in Ewigkeit bei Gott geborgen sein werden. Amen.

Alles glauben?

Sonntag Quasimodogeniti[22] (19. April 2009) – Konfirmation in Schäßburg
Predigt zu **Johannes 20,19 – 29**

19. Am Abend aber dieses ersten Tages der Woche, als die Jünger versammelt und die Türen verschlossen waren aus Furcht vor den Juden, kam Jesus und trat mitten unter sie und spricht zu ihnen: „Friede sei mit euch!" 20. Und als er das gesagt hatte, zeigte er ihnen die Hände und seine Seite. Da wurden die Jünger froh, dass sie den Herrn sahen. 21. Da sprach Jesus abermals zu ihnen: „Friede sei mit euch! Wie mich der Vater gesandt hat, so sende ich euch." 22. Und als er das gesagt hatte, blies er sie an und spricht zu ihnen: „Nehmt hin den Heiligen Geist! 23. Welchen ihr die Sünden erlasst, denen sind sie erlassen; und welchen ihr sie behaltet, denen sind sie behalten." 24. Thomas aber, der Zwilling genannt wird, einer der Zwölf, war nicht bei ihnen, als Jesus kam. 25. Da sagten die anderen Jünger zu ihm: „Wir haben den Herrn gesehen." Er aber sprach zu ihnen: „Wenn ich nicht in seinen Händen die Nägelmahle sehe und meine Finger in die Nägelmahle lege und meine Hand in seine Seite lege, kann ich's nicht glauben." 26. Und nach acht Tagen waren seine Jünger abermals drinnen versammelt und Thomas war bei ihnen. Kommt Jesus, als die Türen verschlossen waren, und tritt mitten unter sie und spricht: „Friede sei mit euch!" 27. Danach spricht er zu Thomas: „Reiche deinen Finger her und sieh meine Hände, und reiche deine Hand her und lege sie in meine Seite, und sei nicht ungläubig, sondern gläubig!" 28. Thomas antwortete und sprach zu ihm: „Mein Herr und mein Gott!" 29. Spricht Jesus zu ihm: „Weil du mich gesehen hast, Thomas, darum glaubst du. Selig sind, die nicht sehen und doch glauben!"

Liebe Konfirmanden! Liebe Gemeinde!

I. Jeder Mensch ist misstrauisch und das ist nicht abwegig. Wer zu gutgläubig ist, kann sehr leicht und sehr schnell enttäuscht oder sogar verletzt werden. Eine gesunde Portion Misstrauen ist heute mehr denn je erforderlich. Man kann nicht einmal alles was man sieht, für wahr halten. Mit Hilfe modernster Computertechnik etwa, kann heutzutage jedes Bild nach Belieben manipuliert werden und das, was es darstellt, geändert werden; und die Medien machen davon Gebrauch. Man kann heutzutage nicht alles glauben, was Menschen versprechen. Das gilt nicht nur für Politiker, für Leute in hohen Positionen und großer

---

[22] In Schäßburg findet die Konfirmation traditioneller Weise und vom liturgischen Kalender her sinnvoll angesetzt am Ersten Sonntag nach dem Osterfest – dem «Weißen Sonntag» – statt. Da bei diesem Gottesdienst etliche Gottesdienstbesucher der deutschen Sprache nicht mächtig sind (rumänische Konfirmandeneltern oder Paten), gibt es jeweils einen rumänischen Predigtteil. Dabei lege ich wert darauf, dass den Nichtevangelischen erklärt wird, was die Konfirmation überhaupt ist.

Verantwortung; es gilt auch im Kleinen. Es ist nicht zu verwundern, dass viele Menschen Skeptiker (geworden) sind. Auch in vergangenen Zeiten war es so. Kann ich mich wirklich auf diesen Menschen verlassen oder auf jene Sache einlassen? Werde ich hier nicht über den Tisch gezogen? Diese Fragen haben durchaus ihre Berechtigung.

II. Nun geht es aber heute nicht um unsern banalen Alltag; es geht auch nicht um das politische Geschehen, welches wir über die abendliche Nachrichtensendung ins Haus bekommen. Wir sprechen heute über nichts geringeres, als das zentrale Thema der Heilsgeschichte: **die Auferstehung Jesu Christi von den Toten, am dritten Tag nach seiner Kreuzigung.** Wie können wir aber anderswie an dieses Thema herangehen, als es zunächst über den Filter unserer menschlichen Wahrnehmungsmöglichkeit zur Kenntnis zu nehmen? Wir lesen die Berichte über die Tage nach der Auferstehung und einer davon ist unser heutiges Bibelwort. Die Jünger wurden von der Auferstehung überrascht; wie hätte es denn auch anders sein sollen? Allen voran, steht Thomas, der sonst im Evangelium keine besondere Erwähnung findet. Seine Haltung ist durchaus verständlich. Dem Thomas ging es so, wie vielen andern Menschen und vielleicht auch uns heute und er geht ehrlich damit um; vielleicht haben andere genau so gedacht, aber sich nicht getraut es auszusprechen. Thomas nimmt das, was die andern ihm erzählen nicht einfach für bare Münze. Er will stichhaltige Beweise haben; er will im wahrsten Sinne des Wortes **be-greifen**. Vom gesunden Menschenverstand aus betrachtet: eine verständliche Einstellung. Dass ein Toter wieder lebendig wird, widerspricht jeder menschlichen Erfahrung. Ob Thomas schon andere Enttäuschungen erlebt hat, weil er zu gut- oder zu leichtgläubig war, wissen wir nicht. Dass er aber nach mehr Sicherheit verlangt, kann man ihm nicht verdenken.

III. **Doch gerade in dieser Situation kommt Jesus ihm entgegen.** Für seine zweifelnde Haltung – die vielleicht sogar für ihn selbst nicht gerade angenehm war – wird er nicht aus dem Jüngerkreis ausgeschlossen. Als Suchender bekommt er die ganze Aufmerksamkeit, als der Auferstandene Jesus wieder zu den Jüngern kommt. Sofort spricht Jesus Thomas an und erfüllt ihm seinen Wunsch zu **be-**greifen, was **un-**begreiflich ist. Er hilft ihm zu glauben. Jesus reagiert nicht gereizt oder enttäuscht, sondern er nimmt Thomas in seinen Zweifeln ernst. Er geht auf seine Probleme ein und zeigt, bzw. stellt klar, was nicht eindeutig ist. Durch seine (begreifbaren) Wunden erweist Jesus sich als der in Wahrheit Auferstandene. In den Wunden Jesu erfährt Thomas die Heilung seiner eigenen Verletzungen, insoweit es diese gegeben hat. Thomas wird darin bestärkt, dass er sein Vertrauen auf Gott setzen kann, was er denn auch tut indem er bekennt: *„Mein Herr und mein Gott!"* Auch wenn jene Menschen, die blind vertrauen, selig gepriesen werden, so erwächst dem Thomas kein Nachteil daraus, dass er so blind nicht vertrauen kann. Einerseits wird hier die große Geduld Jesu beschrieben; die Geduld welche um die Zweifel der Menschen auf ihrem Weg zu Gott weiß. Andererseits wird hier auch die Freude thematisiert: die Freude darüber, dass Thomas – nach allen Hindernissen – doch zum Glauben gefunden hat.

IV. Liebe Konfirmanden! Dadurch, dass ihr heute selber das Glaubensbekenntnis sprechen werdet und zum Abendmahl kommen werdet, geltet ihr in Glaubensfragen als erwachsen. Erwachsen wird man nicht von jetzt auf gleich. Zu eurer Entwicklung – das werdet ihr sicher sehen – gehören positive wie negative Erfahrungen. Ihr werdet zu eurem eigenen Schutz eine gewisse Skepsis entwickeln müssen, um den Anforderungen dieses Lebens gerecht zu werden. Ihr werdet nicht jedem Menschen alles glauben dürfen. Bei dem christlichen Glauben ist das anders. Der christliche Glaube soll euch helfen, dieses Leben zu meistern, aber auch über den Horizont dieses Lebens hinweg auf Gottes Ewigkeit zu blicken. Mit Thomas, der Hauptperson unsers Evangeliums seid ihr in guter Gesellschaft. Er ist ein Skeptiker, welcher sich nicht alles aufschwatzen lässt. Er lässt sich aber mit Argumenten überzeugen: in der direkten Begegnung mit dem Auferstandenen. Der auferstandene Jesus Christus hat die Jünger damals durch sein Erscheinen zum Glauben verholfen. Wir stehen bis heute in derselben Glaubenstradition. Wenn ihr in diesem Glauben bleibt, dann werdet ihr Sinn und Erfüllung finden. Ihr dürft dessen gewiss sein, dass – auch dann wenn ihr zweifelt, oder gar verzweifelt – Gott euch mit euren größeren oder kleineren Problemen ernst nimmt, euch helfen kann und helfen will. Gott der Herr ist mit Euch; setzt Euer Vertrauen auf ihn und ihr werdet nicht enttäuscht werden, sondern Freude und Geborgenheit bei ihm finden.

Duminica după Sf. Paşti (19 aprilie 2009) – Sighişoara
CONFIRMAREA în lumina textului Ioan 20,19 – 29

19. Fiind seară, în ziua aceea, întâia a săptămânii (duminica), şi uşile fiind încuiate, unde erau adunaţi ucenicii de frica iudeilor, a venit Iisus şi a stat în mijloc şi le-a zis: Pace vouă! 20. Şi zicând acestea, le-a arătat mâinile şi coasta Sa. Deci s-au bucurat ucenicii, văzând pe Domnul. 21. Şi Iisus le-a zis iarăşi: Pace vouă! Precum M-a trimis pe Mine Tatăl, vă trimit şi Eu pe voi. 22. Şi zicând acestea, a suflat asupra lor şi le-a zis: Luaţi Duh Sfânt; 23. Cărora veţi ierta păcatele, le vor fi iertate şi cărora le veţi ţine, vor fi ţinute. 24. Iar Toma, unul din cei doisprezece, cel numit Geamănul, nu era cu ei când a venit Iisus. 25. Deci au zis lui ceilalţi ucenici: Am văzut pe Domnul! Dar el le-a zis: Dacă nu voi vedea, în mâinile Lui, semnul cuielor, şi dacă nu voi pune degetul meu în semnul cuielor, şi dacă nu voi pune mâna mea în coasta Lui, nu voi crede. 26. Şi după opt zile, ucenicii Lui erau iarăşi înăuntru, şi Toma, împreună cu ei. Şi a venit Iisus, uşile fiind încuiate, şi a stat în mijloc şi a zis: Pace vouă! 27. Apoi a zis lui Toma: Adu degetul tău încoace şi vezi mâinile Mele şi adu mâna ta şi o pune în coasta Mea şi nu fi necredincios ci credincios. 28. A răspuns Toma şi I-a zis: Domnul meu şi Dumnezeul meu! 29. Iisus I-a zis: Pentru că M-ai văzut ai crezut. Fericiţi cei ce n-au văzut şi au crezut!

Iubiți creștini!

«Confirmarea» sau «Confirmațiunea» este o rânduială a Bisericilor Protestante (așadar și a Bisericii Evanghelice C. A.), care are în vedere reluarea catehumenatului ca adolescent, celui care a fost botezat ca și copil mic, la vârsta nepriceperii. Ajuns la vârsta priceperii, creștinul trebuie să dobândească cunoștiințe despre credința creștină și rânduielile bisericești. Acest lucru s-a întâmplat din toamna anului trecut până acum și în cazul acestor tineri, care stau azi în fața Sf. Altar. După un adevărat examen – susținut ieri în fața comunității – azi ei «confirmă», adică se angajează, ca de-acum încolo să-și trăiască viața în credința creștină în propria responsabilitate, nemaiavând nevoie de medierea părinților și nașilor între ei și Dumnezeu. Nu confirmă altceva, decât cea ce au promis părinții și nașii la Sf. Botez: să rămână fideli credinței. Prin propria decizie, ei se hotărăsc, să-l urmeze pe Iisus Hristos ca stăpân al vieții lor.

Până acum părinții și nașii au încercat să le facă viața cât se poate de plăcută. Cu cât devin mai maturi, își dau seama, că trebuie să-și ia destinul în mâinile proprii. Ajungând la vârsta priceperii, evident omul își dă seama, că viața acesta – pe lângă clipele frumoase – ne rezervă și lucrurui mai puțin agreabile. Credința creștină vrea să ne ajute în toate situațiile, care se ivesc. Promisiunea care de la Dumnezeu am primit-o prin Sf. Botez este aceea, că EL vrea să fie alături de noi în toate clipele vieții. De accea – chiar dacă azi părinții și nașii și-au terminat misiunea, respectiv cel care confirmă, trebuie să stea (din punct de vedere al credinței) pe propriile picoare – nu există motive de îngrijorare.

Am meditat asupra situației ucenicului Toma, care n-a crezut doar după povestiri în înviere. Abia când a primit o dovadă palpabilă de la Însuși cel Înviat, a crezut din convingere. Iisus însă nu l-a gonit din cercul ucenicilor pentru scepticismul lui; din contra, l-a ajutat să-și dobândească credința. Situația noastră se poate compara cu cea a ucenicului Toma. Și noi trebuie să fim înzestrați cu o doză de scepticism, ca să nu fim dezamăgiți, având în vedere neadevărurile multe cu care suntem confruntați zilnic. Dumnezeu însă este Adevărul Suprem, și pe El îl putem crede necondiționat. Chiar dacă în viața de zi cu zi avem dubii sau nelămuriri, bunul Dumnezeu, vrea să fie și ne va fi alături de noi prin Fiul său iubit, domnul nostru Iisus Hristos. Va fi alături și de voi, dragi confirmanzi. Amin.

Einen Hirten haben und Hirte sein

Sonntag Misericordias Domini (18. April 2010) – Sächsisch-Regen[23]
Predigt zu **1. Petrus 2,21b – 25**

21b. Christus hat für euch gelitten und euch ein Vorbild hinterlassen, dass ihr sollt nachfolgen seinen Fußtapfen; 22. er, der keine Sünde getan hat und in dessen Mund sich kein Betrug fand; 23. der nicht widerschmähte, als er geschmäht wurde, nicht drohte, als er litt, er stellte es aber dem anheim, der gerecht richtet; 24. der unsre Sünde selbst hinaufgetragen hat an seinem Leibe auf das Holz, damit wir, der Sünde abgestorben, der Gerechtigkeit leben. Durch seine Wunden seid ihr heil geworden. 25. Denn ihr wart wie die irrenden Schafe; aber ihr seid nun bekehrt zu dem Hirten und Bischof eurer Seelen.

Liebe Gemeinde!

I) In der Tiefenpsychologie geht man davon aus, dass in der menschlichen Seele Grundkräfte aktiv sind, welche als **Archetypen** bezeichnet werden. Sie gehen aus dem Zusammenspiel von «Bewusstsein» und «Unterbewusstsein» hervor. Carl Gustav Jung, der berühmte Schweizer Psychoanalytiker definiert Archetypen als „universell vorhandene Urbilder in der Seele aller Menschen, unabhängig von Geschichte, Kultur oder Zeit in welcher sie leben". Dazu zählen: Vorstellungen, Gegenstände und Lebewesen des Umfeldes. Indem der Mensch bewusst aber eben auch unbewusst sich damit beschäftigt, wird – so behauptet die Tiefenpsychologie – seine Persönlichkeit ausbalanciert. Archetypische Bilder schaffen Sinn und Ordnung in der menschlichen Seele.

Ein solches archetypisches Bild ist das, des **Hirten**. Dieses Bild des Hirten wirkt auch auf den Menschen der heutigen Zeit anziehend, obwohl dem (Stadt)menschen unserer Zeit Hirten nur selten begegnen und die meisten gar keinen Hirten mehr persönlich kennen. Das Hirtenleben war und ist kein leichtes und wird in der Regel von einfachen Menschen ausgeübt. Für den außen stehenden Betrachter, steckt aber eine ganze Menge Romantik darin. Als Kind am Dorf, wo täglich die Kühe zur Weide getrieben wurden habe ich mir oft gewünscht, einen Tag mit dem Kuhhirten des Dorfes auf die Weide mitgehen zu dürfen. Doch nicht darüber soll heute gesprochen werden. Wohl aber darüber, dass dieses archetypische Bild des Hirten so wichtig ist, dass unser kirchlicher Kalender ihm den zweiten Sonntag nach dem Auferstehungsfest dafür reserviert hat. Da die Beziehung zwischen Gott und den Menschen eben auch mit einer «Hirt-Herde-Beziehung» verglichen werden kann, gibt es etliche Bibeltexte, welche dieses Bild verwenden. Drei davon haben wir heute ge-

---

[23] Im Anschluss an diesen Gottesdienst leitete ich die Gemeindevertretungssitzung, in welcher die vakante Pfarrstelle der Gemeinde Sächsisch-Regen und der umliegenden Diasporagemeinden durch die Wahl von Pfarrer Johann Zey besetzt wurde.

hört; außer dem Predigttext noch die alttestamentliche Lesung Hesekiel 34,1 – 16.31 und das Sonntagsevangelium Johannes 10,11 – 16.27 – 30. Zuwenden wollen wir uns nun aber unserm Predigtwort aus dem 1. Petrusbrief.

II. Es gibt sehr wohl Vergleichsmomente zwischen einem Hirten und Jesus. Das Amt des Hirten ist kein einfaches weil es mit einer großen Verantwortung verbunden ist. Er muss Kampfbereitschaft signalisieren, z. B. wenn wilde Tiere die Herde angreifen. Er muss Einsatzbereitschaft zeigen, wenn es darum geht verlorenen Tieren nachzulaufen. Seines besonderen Schutzes bedürftig sind die jungen und schwachen Tiere. Nicht zuletzt gehört ein richtiges Zeitmanagement zu den Voraussetzungen für diesen Beruf: Weiden und Tränken der Herde muss richtig aufeinander abgestimmt sein; Wander- und Ruhezeiten wollen richtig kalkuliert sein. In unserem Bibelwort wird Jesus Christus als **Hirte und Bischof** der Seelen bezeichnet. Der griechische Begriff «episkopos» (Bischof) bedeutet „jener der die Aufsicht ausübt". Der bekannte Theologe Eduard Schweizer schreibt: *„Nicht Jesus ist im metaphorischen Sinn der Hirte, sondern alles, was wir «Hirte» nennen, ist dieses im metaphorischen Sinn."* Jesus hat sich für seine Herde aufgeopfert im wahrsten und bittersten Sinne des Wortes. Dieses Apostelwort steht in direktem Zusammenhang mit dem so genannten «Gottesknechtlied» aus dem Jesajabuch (Jes. 53). Einerseits ist Jesus der Hirte, der alles gibt und der den Teufelskreis von Gewalt und Gegengewalt durchbricht, weil er alles was ihm widerfährt geduldig trägt und _er_trägt. Andererseits wird er durch dies Verhalten zum Vorbild: die Hörer und Leser werden an ihr neues Dasein erinnert. Vorher waren sie wie „irrende Schafe"; nun aber sind sie „durch seine Wunden heil geworden"; sie haben Ausrichtung für ihr Leben gefunden. Diese Art von „Hirte sein", beinhaltet ein Paradoxon, welches über das klassische Hirtenbild hinweg weist: der **Hirte Jesus Christus** ist zugleich auch das **Lamm,** welches geopfert wird. Das Lamm ist seit alten Zeiten ein symbolträchtiges Tier. Gerade zu Ostern transportiert das Lamm eine Symbolik, welche – aus der jüdischen Opfertradition herkommend – in unsere christliche Tradition, vor allem in die orthodoxe, hinein genommen worden ist. Das Lamm steht sinnbildhaft für das unschuldige Opfer. Jesus hat – obwohl er unschuldig war – die Schuld der Menschheit, unsere Schuld, auf sich genommen. Nicht zu vergleichen ist Jesus mit weltlichen Machthabern, die sich mitunter auch gerne mit dem Titel «Hirte» schmücken, welche aber diesen Titel unter keinen Umständen verdienen, weil sie die Charakteristika eines wahren Hirten nicht aufzuweisen haben. Weltliche Herrscher meinen über die Herde nach Belieben verfügen zu können; das tut ein wahrer Hirte nicht.

Aus dem vorhin Gesagten ergibt sich dieser zweite Aspekt: weil Jesus das Urbild des Hirten ist und dadurch zum Vorbild wurde, sind wir dazu gerufen, im Rahmen unserer Möglichkeiten **selber Hirte zu sein**, und zwar für unsere Mitmenschen. Sicherlich denkt man – wenn man so etwas hört – dass zu allererst jene Menschen damit gemeint sind, bzw. das wahrnehmen sollen, die eine Leitungsfunktion innehaben. Dies trifft natürlich auch zu: Je höher die Verantwortung ist die man hat, umso mehr ist man Hirte im Sinne dessen, was

Jesus Christus vorgelebt hat. Das gilt nicht nur für Leitungsämter in der Kirche, sondern auch für Ämter in Politik und Gesellschaft. Viele Amtsträger sind sich dessen aber nicht bewusst, dass „Hirte sein" in erster Linie Verantwortung bedeutet. Schon der Prophet Hesekiel beklagt diesen Zustand (Lesung aus dem Alten Testament). Mit Bedauern stellen wir fest, dass es heute nicht anders ist: Leitungsämter werden heute nach Kriterien vergeben, die alles Mögliche im Blick haben, nur nicht das Kriterium „guten Hirten". Es ist nicht nur die Klasse der Politiker, die man mit „falschen Hirten" vergleichen kann; aber gerade diese Gesellschaftsklasse wird gerne als Negativbeispiel verwendet. Doch bevor wir Urteile aussprechen, sollen wir uns daran erinnern, dass jedem unter uns – in seinem großen oder kleinen Umfeld – ein Hirtenamt übertragen ist. Wir tragen in unsern Familien Verantwortung für unsere Kinder oder alt gewordenen Eltern. In unserer Gemeinschaft und Gesellschaft werden wir immer wieder unserem Mitmenschen zum Hirten. Konkret denken wir an Verantwortliche im Presbyterium, im Demokratischen Forum, oder aber auch in der freien Wirtschaft. In so vollkommener Weise wie Jesus für uns Hirte ist, können wir es zwar nicht sein; aber er – Jesus Christus – ist und bleibt unser Vorbild. Im praktischen Alltag können und sollen wir unsern Mitmenschen zur Hand gehen. Es müssen nicht immer die großen Dinge sein: ein freundliches Wort, eine nette Geste, und wenn es darauf ankommt vielleicht auch eine helfende Hand.

Der dritte Aspekt, unter welchem wir dieses Bibelwort gerade heute und hier in Sächsisch-Regen bedenken, ist die Tatsache, dass gerade für den **Pfarrer** dieses Vergleichskriterium mit dem Hirten immer wieder angewendet wird. Es gibt viele Kirchen, die ihre Pfarrer «Pastoren», also Hirten nennen. Das Thema welches den heutigen Sonntag bestimmt – der «gute Hirte» – ist sicherlich der richtige Einstieg für die wichtige Aufgabe, welche die Gemeindevertretung heute vor sich hat: einen Pfarrer für die Stadtgemeinde Sächsisch-Regen und die zugeordneten Dörfer zu wählen; einen Hirten der den Fußtapfen Jesu Christi folgt und der Gemeind*e* bzw. den Gemeind*en* auf diesem Weg voran geht. Es besteht gute Hoffnung, dass die Pfarrvakanz, welche nun schon länger als ein halbes Jahr andauert, durch diese Wahl ein Ende finden wird, dass also in absehbarer Zeit die Gemeinde wieder einen Hirten haben wird. Dass der allmächtige Gott dieser Gemeinde und den Gemeinden des Reener Ländchens einen treuen Seelenhirten geben möge, dafür sollen wir heute in besonderer Weise beten. Amen.

Lebensfreude

Sonntag Jubilate (3. Mai 2009) – Schäßburg
Predigt zu **Johannes 15,1 – 8**

1. Jesus sprach zu seinen Jüngern: „Ich bin der wahre Weinstock und mein Vater der Weingärtner. 2. Eine jede Rebe an mir, die keine Frucht bringt, wird er wegnehmen; und eine jede, die Frucht bringt, wird er reinigen, dass sie mehr Frucht bringe. 3. Ihr seid schon rein um des Wortes willen, das ich zu euch geredet habe. 4. Bleibt in mir und ich in euch. Wie die Rebe keine Frucht bringen kann aus sich selbst, wenn sie nicht am Weinstock bleibt, so auch ihr nicht, wenn ihr nicht in mir bleibt. 5. Ich bin der Weinstock, ihr seid die Reben. Wer in mir bleibt und ich in ihm, der bringt viel Frucht; denn ohne mich könnt ihr nichts tun. 6. Wer nicht in mir bleibt, der wird weggeworfen wie eine Rebe und verdorrt, und man sammelt sie und wirft sie ins Feuer und sie müssen brennen. 7. Wenn ihr in mir bleibt und meine Worte in euch bleiben, werdet ihr bitten, was ihr wollt, und es wird euch widerfahren. 8. Darin wird mein Vater verherrlicht, dass ihr viel Frucht bringt und werdet meine Jünger."

Liebe Gemeinde!

I. Vor einigen Tagen habe ich ein Gespräch mit einem Mann geführt, welcher das Bedürfnis hatte, mir aus seinem Leben zu erzählen. Was er da vorbrachte schien mir anfangs belanglos zu sein. Doch dann sagte er etwas, was mich auch nach besagtem Gespräch bis heute beschäftigt. Er meinte, er habe in seinem Leben immer nur ein einfaches Gebet gesprochen, nämlich diese Bitte: „Gott sei mit uns! (oder: Gott sei mit mir)". Seit einiger Zeit jedoch, sei er zu dem Schluss gekommen, dass er dies nicht mehr als Bitte aussprechen könne oder solle, sondern als Indikativsatz formulieren müsse: „Gott IST mit uns!" Und er fragte mich, ob der Schluss zu welchem er gekommen sei, denn auch korrekt wäre; ich als «Experte» müsste das ja am ehesten wissen. Ich gebe zu: die Frage beschämte mich ein wenig, denn sie fasste in so einfacher Form so viel zusammen. Was ich selber oft nicht schaffe in komplizierter Weise zu formulieren, äußerte dieser einfache Mensch mit ein paar einfachen Worten. Ich weiß nicht wie groß der theologische Denkaufwand für diesen Mann war, aber eines ist mir klar: das Wort Jesu von der „Rebe die im Weinstock bleiben soll" hat er so verinnerlicht, dass ich mir und uns allen diese Art der Verinnerlichung wünsche. Es kann für uns nichts Besseres geben, als diese Glaubensgewissheit: „Gott ist mit mir!"

II. Das Predigtwort mit der Bildrede von dem **wahren Weinstock** ist eine der bekanntesten Bibeltexte und gehört zu den so genannten «Ich–bin–Worten» des Johannesevangeliums. Jesus beschreibt hier in anschaulicher Weise mit Hilfe von Bildern – die an den menschlichen Alltag angelehnt sind und hier in der Kokelregion als altem Weinbaugebiet um so mehr verstanden werden – sich selbst und seine Beziehung zu den Menschen. Dies Wort vom wahren Weinstock thematisiert die außerordentlich erfreuliche Situation des Christen nach Ostern. Es geht um die intensive Beziehung, welche der Christ zu dem auferstandenen Christus nun (erst recht) haben kann bzw. haben soll. Nachdem der Gottessohn durch Leiden, Sterben und Auferstehen alles Erforderliche dafür getan hat, dass der sündige Mensch in den Genuss einer ewigen Gottesbeziehung kommen kann, liegt es nun an dem Christen selber, dieses Angebot anzunehmen, bzw. in Christus zu bleiben. Unser Bild veranschaulicht das durch die am Weinstock hängende Rebe. In werbender Weise spricht Jesus mit seinen Jüngern; was er sagt, ist aber auch für uns heute gültig. Er erläutert dem Christen den Vorteil, der ihm daraus erwächst, wenn er *„an IHM bleibt"*. Am Weinstock – und nur an dem Weinstock – sind der Rebe die optimalen Bedingungen geboten, Frucht zu bringen.

Jede Rebe die Frucht bringt, wird dazu animiert noch mehr Frucht zu bringen; sie wird von dem Winzer gepflegt bzw. gereinigt. Das hört sich zunächst sehr positiv an. Aber wer sich ein bisschen mit Weinbau auskennt, der weiß, dass – wenn man strikt bei dem Vergleich bleibt – es so einfach wie es sich anhört, NICHT ist. Reinigung bedeutet ganz hart Beschneidung und Schmerz. Im Frühjahr, wenn der Saft steigt, dann – so sagt es der Volksmund – „weint der Weinstock". Weiterhin kann es Situationen geben, in denen die Frucht nicht aus eigenem Verschulden ausbleibt. Im Winter können Teile des Weinstocks oder ganze Weinstöcke abfrieren. Oder aber können Schädlinge die Rebe zerstören. Die Reblaus etwa, kann ganze Weinberge überfallen und vernichten. Eine der ersten großen Auswanderungswellen aus dem Kokelgebiet nach Amerika gab es am Ende des 19. Jahrhunderts vor dem Hintergrund, dass die Reblaus ganze Existenzen vernichtet hatte. Die Rebe hat gar keine Chance sich aus eigener Kraft gegen solche Schädlinge zu wehren, bzw. das Ausbleiben der Früchte kann in einem solchen Fall der Rebe gar nicht angelastet werden. Und dann besteht – gemäß unseres Bibelwortes, auch wenn das in der Natur so nicht möglich ist und in seinem metaphorischen Sinn verstanden werden muss – immer noch die Möglichkeit, dass die Rebe sich von dem Weinstock trennt und eigene Wege geht. In diesem Fall ist keineswegs Frucht zu erwarten.

An diesem Punkt wird der werbende Jesus in seinen Aussagen plötzlich hart. Bedrohlich klingt es, wenn er sagt, dass jene Reben die keine Frucht bringen, ins Feuer geworfen werden. Eine Spannung ergibt sich im Blick darauf, wer nun dafür verantwortlich ist, wenn keine Frucht wächst; eine Spannung, die sich zwischen zwei Fragen bewegt. Einerseits: Ist das alles vorher bestimmt, so dass nur fatalistisch dem Schicksal entgegen gesehen werden muss? Andererseits: Können wir aus eigener Kraft nicht doch etwas tun? Beide Fragen sind in ihrer Komplementarität zulässig. Wir haben alles von Gott zu erwarten und sind dennoch gerufen uns aktiv zu beteiligen indem wir den Ruf Jesu hören und diesen Ruf in unseren Herzen aufnehmen und darauf reagieren. Eine Rebe kann nur in der Verbindung zum Weinstock Frucht bringen, weil ihr von dort der Lebenssaft kommt; die Frucht wächst aber an ihr, ihr Mittun ist also auch gefragt. Die Hauptrolle spielt allerdings der Weinstock, nicht die Rebe. Und im übertragenen Sinn: Gott tut das Wesentliche, das Entscheidende und nicht der Mensch. Wenn wir mit Jesus verbunden sind, wenn wir am Weinstock bleiben, dann bieten sich uns die Möglichkeiten, die Gott selber schafft. Es liegt nicht an uns, an unserem Können, sondern an dem, was Gott tun kann. Das macht froh und glücklich: daher auch der Name des heutigen Sonntags „Jubilate". Jubilieret, freuet euch. Nicht zufällig symbolisiert der Wein die Lebensfreude.

III. Als Rebe am Weinstock bleiben heißt – aus Dankbarkeit zu Gott und aus Freude darüber, dass er uns gnädig zugewandt ist und bleibt – den Geboten gemäß zu leben; und diese Geboten beinhalten Regeln für den Umgang mit unserm Mitmenschen, mit der Natur, mit den uns anvertrauten Gütern. Unser Predigtwort steht in einem breiteren Kontext, nämlich in jenem der Abschiedsreden Jesu (Johannes 13 – 17). Wir erinnern uns vielleicht noch an das Leitmotiv des Gründonnerstages, welches diesem Anfang der Abschiedsreden entnommen ist und welches in der Aussage Jesu enthalten ist: *„Ein neues Gebot gebe ich euch, dass ihr euch untereinander liebt, wie ich euch geliebt habe, damit auch ihr einander lieb habt. Daran wird jedermann erkennen, dass ihr meine Jünger seid, wenn ihr Liebe untereinander habt."* (Joh. 13,34 – 35) Auch wenn wir so wie Jesus – bis zur Hingabe am Kreuz – nicht lieben können, bzw. es uns in unserm aktuellen Kontext so auch gar nicht verlangt wird; der Maßstab, an welchem wir uns orientieren sollen, ist die Liebe Gottes, wie sie durch Jesus Christus in dieser Welt Gestalt angenommen hat. Die Zusage Jesu, welche dann Wirklichkeit werden soll, wenn man als Rebe am Weinstock bleibt, ist eine großartige: *„Wenn ihr in mir bleibt und meine Worte in euch bleiben, werdet ihr bitten, was ihr wollt, und es wird euch widerfahren."* Darum lasst uns das tun, wozu uns die österliche Freudenzeit und besonders der Name des heutigen Sonntages auffordert: *„Jubilate!"* Amen.

Grund zum Singen

Sonntag Kantate (18. Mai 2003) – Erster Bezirksgemeindetag in Schäßburg
Predigt zu **Matthäus 11, 25 - 30**

25. Zu der Zeit fing Jesus an und sprach: „Ich preise dich, Vater, Herr des Himmels und der Erde, weil du dies den Weisen und Klugen verborgen hast und hast es den Unmündigen offenbart. 26. Ja, Vater; denn so hat es dir wohl gefallen. 27. Alles ist mir übergeben von meinem Vater; und niemand kennt den Sohn als nur der Vater; und niemand kennt den Vater als nur der Sohn und wem es der Sohn offenbaren will. 28. Kommt her zu mir, alle, die ihr mühselig und beladen seid; ich will euch erquicken. 29. Nehmt auf euch mein Joch und lernt von mir; denn ich bin sanftmütig und von Herzen demütig; so werdet ihr Ruhe finden für eure Seelen. 30. Denn mein Joch ist sanft, und meine Last ist leicht."

Liebe Festgemeinde!

I. Leichtigkeit und Lebensfreude gehen von diesem Bibelwort aus. Und das ist für uns sicherlich die rechte Einstimmung für einen Sonntag, welcher den Namen «Kantate» („Singet") trägt. Dieser Vierte Sonntag der österlichen Freudenzeit wird heute zu einem besonderen Anlass: wir feiern zum ersten Mal in Schäßburg einen „Diaspora-Sonntag"[24]. Die Schäßburger Stadtgemeinde ist daran gewöhnt, in der Sommerzeit viele Gäste, vor allem aus dem Ausland, in ihrer Kirche zu haben. Heute ist das aber anders: die Stadtgemeinde und das Bezirkskonsistorium haben Euch – aus der näheren oder weiteren Umgebung – eingeladen, diesen Sonntag gemeinsam zu feiern. Es freut mich sehr, dass Ihr nicht nur aus den umliegenden Gemeinden sondern sogar aus dem Nösner und Reener Land die Strapazen eines weiten Weges nicht gescheut und diese Einladung angenommen habt. Mit diesem Gottesdienst werden wir einer besonderen Anforderung der heutigen Zeit gerecht: Wir dokumentieren jenes **Zusammengehörigkeitsgefühl**, welches uns Siebenbürger Sachsen evangelischen Glaubens charakterisiert, und welches nach der politischen Wende von 1989 durch die bekannten äußeren Umstände großen Schaden genommen hat. Heute definieren wir diese Zusammengehörigkeit in einer neuen Form, auf der Basis einer althergebrachten Tradition. Einer der Grundsätze sächsischer Nachbarschaftsbeziehungen ist und war: Zusammenhalt in Freud und Leid, „von der Wiege bis zur Bahre". Denn eine bekannte

---

[24] «Diaspora-Sonntag» lautete zuerst der „Arbeitstitel" des «Bezirksgemeindetages», weil es mir als damaliger amtierender Dechant in erster Linie darum ging, Gemeindeglieder aus der Diaspora zusammen zu bringen und die größte Gemeinde des Bezirkes – Schäßburg – für die Diasporaproblematik zu sensibilisieren. Drei Jahre hintereinander wurde er jeweils am dritten Sonntag im Mai in der „Bezirkshauptstadt" Schäßburg gefeiert. Seit dem Jahr 2006 wird der «Bezirksgemeindetag» zu Pfingsten in Pruden feierlich begangen.

Volksweisheit sagt: Geteiltes Leid ist halbes Leid; geteilte Freude ist doppelte Freude. Dies gilt in verstärkter Weise für klein gewordene Gemeinschaften, also auch für uns. Heute zählt unser Schäßburger Kirchenbezirk in dem riesengroßen Einzugsgebiet von Keisd bis Suceava etwas über 2.500 Seelen; so viele etwa hatte die Stadtgemeinde Schäßburg ALLEIN vor dem Exodus im Jahr 1990. Die meisten Gemeindeglieder (ca. 60 %) leben heute in Kleinstgemeinden. Diese Statistik ist sicherlich ernüchternd. Durch die technischen Mittel und die Bewegungsfreiheit sind wir aber heute viel mobiler geworden; das zeigt die Tatsache, dass Ihr Euch auch von weitem her aufgemacht habt. Was früher eine Tagesreise ausmachte, bewältigt man heute in wenigen Stunden. Es hat Menschen in der Generation unserer Großeltern gegeben, die aus ihrem Dorf nie herausgekommen sind. Das hat sich radikal gewandelt. Mobilität und Flexibilität sind typisch für unsere Zeit. Und Kirche muss die Entwicklungen der Zeit – wenn sie ihrer Lehre nicht entgegenstehen – mitmachen. Darum ist es recht und billig, wenn man nun auf diese neue Art und Weise christliche Gemeinschaft (ein)übt. Wenn wir jetzt so wenige sind, ist es wichtig auch die Probleme jener Glaubensbrüder und Schwestern zu kennen, die in andern Ortschaften leben. Für jene die in Kleinstgemeinden leben, ist es wichtig zu lernen, dass es da noch andere in dieser Situation gibt; dass es zugleich aber noch eine größere Gemeinde in erreichbarer Nähe gibt, wo man sich anlehnen kann. Und für die relativ „großen" Kirchengemeinden ist es wesentlich zu erkennen: da sind kleine Gemeinden, für welche man – im Sinne christlicher Nächstenliebe – Verantwortung übernehmen sollte. Auf dieser Basis kann ein neues Gefühl der Zusammengehörigkeit entstehen und gefördert werden. Die Nachbarschaft ist nicht mehr in derselben Häuserzeile zu suchen, sondern erstreckt sich über ein viel größeres Gebiet. Es gibt sie aber auch weiterhin, wenn auch über die Hattertgrenze hinaus. Und das ist Grund genug dafür, dass wir – bei all' den großen oder kleinen Problemen die einen jeden unter uns belasten – heute der Freude freien Lauf lassen können und dürfen und Grund zum Singen haben.

II. Unser Bibelwort schwingt auf dieser Wellenlänge. Wir hören, dass Jesus die Unmündigen selig preist, weil sie der Offenbarung teilhaftig wurden, welche den Weisen und Klugen nicht zugänglich ist.

Viele unserer kleinen Kirchengemeinden sind – nach menschlichen oder juristischen Grundsätzen – unmündig. Sie sind unfähig sich selbst zu verwalten. Sie sind darauf angewiesen, dass man ihnen unter die Arme greift. Doch gerade auf ihnen liegt, gemäß der Aussage Jesu eine große Verheißung. Und dazu will ich ein Beispiel erzählen, das viele kennen, weil es sich in letzter Zeit immer öfter wiederholt. Es gibt Gemeinden, in denen sich bei einer Beerdigung nicht mehr 8 Männer finden, die den Sarg tragen. Diese Aufgabe übernehmen nun andere: Rumänen oder auch Zigeuner. Für manchen unserer Vorväter wäre es eine Horrorvorstellung gewesen, von Zigeunern, zu Grabe getragen zu werden. Heute ist dies vielerorts Normalität. Aus einer Notsituation heraus, sind wir heute ein gutes Stück weiter in der Erkenntnis, wer denn unter Umständen unser Nächster sein kann.

Viele unserer Gemeindeglieder gehören zu jenen, die man mit Recht als mühselig und beladen bezeichnen könnte. Sie sind alt oder krank oder arbeitslos und daher auf mancherlei Hilfe angewiesen. Gerade sie ruft Jesus zu sich: „*Kommt her zu mir, alle, die ihr mühselig und beladen seid; ich will euch erquicken.*" Eigentlich ist es paradox, aber so ist es aus menschlicher Sicht oft bei Gott, bzw. bei seinem Umgang mit uns Menschen: Freude, Ruhe, positive Energie wird gerade denen verheißen, die in ihrem Leben nicht nur Leichtes und Erfreuliches erfahren.

Aber auch jenen unter uns, denen es materiell gut geht, die Arbeit haben, gelten die Worte Jesu. Denn gerade die vielen Stresssituationen lassen die Bedürftigkeit nach wahrer Ruhe entstehen. Die Sehnsucht nach Ruhe und innerer Gelassenheit ist und war eine große Sehnsucht zu allen Zeiten, besonders aber heute, wo der Lebensrhythmus von Hektik und Termindruck auf der einen Seite und (vor allem unter Jugendlichen) von unendlicher Langeweile auf der anderen Seite geprägt ist. In einer solchen Zeit zu innerer Ruhe zu finden ist schwer. Jesus Christus spricht in diesem Bibelwort all jene Menschen an, die sich nach mehr sehen, als diese Welt ihnen bieten kann. „*Deshalb ist dises ein trostliches, schönes Euangelion, das ein yeder Christ solt außwendig wissen ...*"; diese Einschätzung zu unserem heutigen Predigtwort stammt von keinem Geringeren als von unserem Reformator Martin Luther. Und der nicht weniger bekannte Dietrich Bonhoeffer sagt dazu: „*Seit Jesus dieses Wort gesagt hat, soll es keinen Menschen auf der Erde geben, der so verlassen wäre, dass er von sich sagen könnte: Nach mir hat niemand gefragt. Mich hat niemand gewollt. Mir hat niemand je seine Hilfe angeboten.*"

III. Jesu Worte beinhalten zwei Dinge: ein Angebot und eine Aufforderung. Die Anforderung ist: sein Joch auf sich zu nehmen und das ist möglich weil dieses Joch leicht ist. Das Angebot ist: Ruhe für die Seelen. Das Angebot ist an die Einhaltung der Aufforderung gebunden. Wer sich wirklich auf Jesus Christus und auf seine Lehre einlässt, der wird seiner Verheißung teilhaftig werden, nämlich zu einer wirklichen und dauerhaften Ruhe und Entspannung zu kommen. Das geschieht in unserem Alltag, über all unsere Schwierigkeiten und Unzulänglichkeiten hinweg; es geschieht auch dort, wo man es – aus menschlicher Sicht – gar nicht mehr für möglich halten kann. Die Einladung Jesu, sein Joch auf sich zu nehmen, um der Ruhe teilhaftig zu werden ergeht heute an uns alle.

Der heutige Sonntag Kantate will die Tatsache dass Gott unser Leben von innen heraus verändert hat, in gebührender Weise hervorheben. Das ist für uns alle, ein Grund richtig froh zu sein. Und wer froh ist, der singt. Aus voller Kehle und mit ganzem Herzen, kann man dann singen, wenn man jener Ruhe und Gelassenheit, von denen Jesus spricht, teilhaftig geworden ist. Amen.

Beten kann so einfach sein

Sonntag Rogate (29. Mai 2011) – Schäßburg
Predigt zu **Lukas 11,5 – 13**

5. Jesus sprach zu seinen Jüngern: „Wenn jemand unter euch einen Freund hat und ginge zu ihm um Mitternacht und spräche zu ihm: ‚Lieber Freund, leih mir drei Brote; 6. denn mein Freund ist zu mir gekommen auf der Reise, und ich habe nichts, was ich ihm vorsetzen kann,' 7. und der drinnen würde antworten und sprechen: ‚Mach mir keine Unruhe! Die Tür ist schon zugeschlossen, und meine Kinder und ich liegen schon zu Bett; ich kann nicht aufstehen und dir etwas geben.' 8. Ich sage euch: Und wenn er schon nicht aufsteht und ihm etwas gibt, weil er sein Freund ist, dann wird er doch wegen seines unverschämten Drängens aufstehen und ihm geben, soviel er bedarf. 9. Und ich sage euch auch: Bittet, so wird euch gegeben; suchet, so werdet ihr finden; klopfet an, so wird euch aufgetan. 10. Denn wer da bittet, der empfängt; und wer da sucht, der findet; und wer da anklopft, dem wird aufgetan. 11. Wo ist unter euch ein Vater, der seinem Sohn, wenn der ihn um einen Fisch bittet, eine Schlange für den Fisch biete? 12. oder der ihm, wenn er um ein Ei bittet, einen Skorpion dafür biete? 13. Wenn nun ihr, die ihr böse seid, euren Kindern gute Gaben geben könnt, wie viel mehr wird der Vater im Himmel den heiligen Geist geben denen, die ihn bitten!"

Liebe Gemeinde!

I. Der Fünfte Sonntag der österlichen Freudenzeit trägt in unserm Kalender den Namen «Rogate» (Betet!). Wenn wir uns mit dem Gebet beschäftigen, stellen wir fest, dass es nicht nur um ein genuines Anliegen der Christen als Gemeinschaft geht, sondern auch eine individuelle Angelegenheit ist. Gerade das Gebet – im Gegensatz zu andern Glaubensäußerungen wie Wortverkündigung oder Teilnahme an den Sakramenten – hat neben dem öffentlichen auch einen privaten, ja intimen Charakter bzw. wäre ohne diesen Aspekt gar nicht vorstellbar. Der Theologe Klaus Douglass hat (in seinem Buch: «Glauben hat Gründe») das Gebet, bzw. die Spiritualität als „Erotik des Glaubens" bezeichnet und hat genau auf diesen privaten Charakter des Gebetes hingewiesen: im Gebet soll – besser: im Gebet darf – ich mit Gott alleine sein. Ich kann mit ihm sprechen und ihm dabei, wie es so schön heißt, mein ganzes Herz ausschütten; auch das was ich sonst niemandem sagen würde bzw. mich nie getrauen würde vor andern auszusprechen. Ich darf IHM meine Freuden kundtun, aber auch meine ungeklärten Fragen vor die Füße legen. Douglass sagt: *„Im Gebet äußert sich, wie ich mich als Mensch mit Gott zusammen denke. Es geht im Gebet um die Verknüpfung von Himmel und Erde, um die Frage: Wie bekommt Gott Raum in meinem Leben? Und: Wie beziehe ich mein Leben auf Gott?"*

II. Unserm Predigttext voraus geht einer der zentralen Abschnitte des Neuen Testamentes. Aufgrund einer dahingehenden Aufforderung der Jünger, lehrt Jesus sie das Vaterunser (am Anfang des 11. Kap. des Lukasevangeliums nachzulesen). Die Fassung des Vaterunsergebetes bei Lukas ist knapper als bei Matthäus (Kap. 6) und will – wenn wir es im Zusammenhang mit dem darauf folgenden Abschnitt d. i. unser heutiges Predigtwort lesen – signalisieren, wie einfach beten sein kann. Predigen oder taufen kann nicht jeder. Beten aber kann jeder Christenmensch. Es liegt an jedem/*jeder* Einzelnen dieses auch zu tun. Unser Predigtwort setzt sich aus drei Teilen zusammen, wobei der erste und der letzte Teil jeweils ein Gleichnis beinhalten: das Gleichnis vom „bittenden Freund" und das Gleichnis vom „Sorge tragenden Vater". Von diesen beiden Gleichnissen gerahmt (A und B) finden wir im mittleren Teil (C) ein so genanntes «Logion»: ein Weisheitsspruch Jesu, den wahrscheinlich jeder kennt: *„Bittet, so wird euch gegeben; suchet, so werdet ihr finden; klopfet an, so wird euch aufgetan."*

A. Die Handlung des ersten Gleichnisses (VV. 5 – 8) kann man sich ganz plastisch vorstellen. Sie spielt vor etwa 2.000 Jahren in Palästina. Ein Haus einer armen Familie bestand aus einem einzigen Raum mit einer einzigen Schlafstätte für die ganze Familie; auch heute noch gibt es Menschen, die unter solchen Bedingungen wohnen. Die Tür wurde mit einem Balken abgeriegelt, der beim Öffnen erheblichen Lärm verursachte. Insoweit ist es klar, dass hier nicht nur ein einzelner Mensch, sondern eine ganze Familie gestört worden wäre. Kinder – die, wie man weiß, mit schwerer Mühe und Not zu Bett gebracht werden – wären geweckt worden, und das Haus wäre wieder Kopf gestanden. Die Erwachsenen, welche nach schwerer Arbeit endlich zur Ruhe kommen, wären aus dem ersten Schlaf gerissen worden. Dass eine solche Störung im höchsten Grade unangenehm ist, liegt auf der Hand. Doch für den bittenden Freund ist es genau so unangenehm. Er ist ja selber von dem verspäteten Besucher überrascht worden und in seiner Nachtruhe gestört worden. Die klimatischen Bedingungen im Nahen Osten erforderten es in der Abendkühle zu wandern und dann kommt man natürlich zu später Nachtstunde an. Doch der Gastgeber steckt auch noch in einem andern Dilemma: er hat kein Brot mehr im Hause, vermutet aber bei der kinderreichen Nachbarfamilie noch etwas Brot. Die Situation ist eindeutig: jeder Mensch hätte – auch wenn er aus dem ersten Schlaf gerissen verständlicherweise schlaftrunken und daher vielleicht etwas mürrisch ist – in gleicher Weise gehandelt und sich für die Gastfreundschaft entschieden. Die Pointe des Gleichnisses liegt in der *Beharrlichkeit der Bitte*. Für das Gebet gibt es weder besondere Zeitpunkte, noch eine ungelegene Zeit; wann immer Gott ins Gespräch gezogen wird, ist es die **richtige** Zeit. Dabei ist es unerheblich ob das hier im Gottesdienst schön liturgisch ausgestaltete «Vaterunser» gesprochen und der Lobpreis von der Gemeinde gesungen wird, oder zur nächtlichen Stunde ein Stoßgebet an den Allmächtigen geschickt wird. So wie das die handelnden Personen in diesem Gleichnis tun, so dürfen, ja: so sollen wir Menschen im Gebet zu Gott **beharrlich** sein und bleiben.

B. Im andern Gleichnis (VV. 11 – 13) geht es um die *elementaren Bedürfnisse des Lebens*, welche ein Vater seinen Kindern zukommen lässt. Der Hintergrund des Gleichnisses ist ebenfalls eine traditionelle Familie in Palästina zu Jesu Zeiten, wo die Rollen ganz klar aufgeteilt sind. Die Mutter backt das Brot, brät den Fisch und kocht das Ei. Am Tisch dann teilt der Vater diese auf und sagt die vorgesehenen Segenssprüche. Selbstredend erhalten die Kinder das Beste. Eher sparen die Eltern sich etwas vom Munde ab, als dass sie die Kinder hungern lassen. Umso absurder erscheint, was hier in Erwägung gezogen wird: dass einem hungrigen Kind mit solchem Zynismus begegnet worden wäre – indem ein Stein anstatt Brot angeboten wird, oder aber dass ein hungriges Kind sogar mit einer Schlange oder einem Skorpion bedroht wird – ist schlicht und ergreifend undenkbar. Auch wenn die menschliche Bosheit bekannt ist und man einem Menschen vieles zutrauen kann; so weit würde niemand gehen. Die Schlussfolgerung ist eindeutig: wenn schon der Mensch Gutes tun kann, um wie viel mehr ist Gott dazu in der Lage. Die Szene der vertraulich–familiären Tischgemeinschaft wird zum Gleichnis der innigen Beziehung des betenden Menschen zu Gott. Wenn schon ein irdischer Vater (und eine Mutter) für ihre Kinder sorgen, um wie viel mehr ist das für den himmlischen Vater gültig?

C. Am Schluss nehmen wir den zentralen Teil unseres Predigtwortes in Augenschein, welcher die theologische Mitte dieses Textes ist, bzw. die Schlussfolgerung dessen, was Jesus seinen Jüngern im Blick auf das Gebet mitgeben möchte: *„Ich sage euch: Bittet, so wird euch gegeben; suchet, so werdet ihr finden; klopfet an, so wird euch aufgetan.* (und noch mal verstärkt) *Denn wer da bittet, der empfängt; und wer da sucht, der findet; und wer da anklopft, dem wird aufgetan."* Den drei Imperativen wird jeweils eine positive Zusage angehängt. Aus der Situation der Bedürftigkeit heraus wird – wenn die Aufforderung eingehalten wird – die Erfüllung zugesagt. Allerdings kann man im Gegensatz zu den beiden Gleichnissen, deren Logik außer Frage steht, hier dann vielleicht doch kritisch rückfragen: Bleiben nicht doch viele unserer Bitten unerfüllt? Ist unsere Suche immer von Erfolg gekrönt? Öffnen sich alle Türen, an welche wir anklopfen? Gerne wird in diesem Zusammenhang Dietrich Bonhoeffer zitiert, welcher sagte, dass *„Gott nicht alle unsere Wünsche, aber alle seine Verheißungen erfüllt."* Der eingangs zitierte Klaus Douglass geht ebenfalls dieser Fragestellung nach. Er sagt: *„Gott tut nichts, was wir selber tun sollen. Manche Gebete erhört Gott auf ganz andere Weise, als wir uns das vorgestellt haben, und so merken wir gar nicht, dass Gott unser Gebet längst beantwortet hat. Schließlich: Gott weiß besser, was für mich gut ist. Man betet nicht, um Wünsche erfüllt zu kriegen, sondern um mit Gott zu reden."*

III. Indem man mit Gott redet – wie Jesus uns aufgefordert hat es zu tun – wird die Beziehung, welche Gott schon längst zu uns hergestellt hat (so wie ein Vater bereit ist seinen Kindern Gutes zu tun) auch von unserer Seite her aktiviert. So einfach kann es sein: mit Gott kann man und soll man reden. Wie mit einem guten Freund, wie ein Kind mit seinem Vater. Auch wir sind dazu gerufen, es so zu tun. Amen.

Wo wohnt Gott?

Christi Himmelfahrt (2. Juni 2011) – Schäßburg
Predigt zu 1. Könige 8,22 – 24.26 – 28

22. Salomo trat vor den Altar des HERRN angesichts der ganzen Gemeinde Israel und breitete seine Hände aus gen Himmel 23. und sprach: „HERR, Gott Israels, es ist kein Gott weder droben im Himmel noch unten auf Erden dir gleich, der du hältst den Bund und die Barmherzigkeit deinen Knechten, die vor dir wandeln von ganzem Herzen; 24. der du gehalten hast deinem Knecht, meinem Vater David, was du ihm zugesagt hast. Mit deinem Mund hast du es geredet, und mit deiner Hand hast du es erfüllt, wie es offenbar ist an diesem Tage. [...] 26. Nun, Gott Israels, lass dein Wort wahr werden, das du deinem Knecht, meinem Vater David, zugesagt hast. 27. Aber sollte Gott wirklich auf Erden wohnen? Siehe, der Himmel und aller Himmel Himmel können dich nicht fassen - wie sollte es dann dies Haus tun, das ich gebaut habe? 28. Wende dich aber zum Gebet deines Knechts und zu seinem Flehen, HERR, mein Gott, damit du hörest das Flehen und Gebet deines Knechts heute vor dir."

Liebe Gemeinde!

I. Es gehört zum Wesen jeder Religion, sich besondere Orte auszuwählen, diese durch besondere Bauten auszustatten und an den betreffenden Stellen dann den Gottesdienst (Opfer und Anbetung) vorzunehmen. Heiligtümer gehören zu den ältesten Elementen menschlicher Kultur. Nicht zufällig leitet sich der Begriff «Kultur» von «Kultus» (= Gottesdienst) ab. Jedoch kann man im Zuge der Menschheits- und Religionsentwicklung auch eine zunehmende Kritik an solchen Orten des Opfers und der Anbetung feststellen. Und diese Kritik ist gerechtfertigt. Wenn Gott wirklich Gott ist – d. h. allmächtig und allgegenwärtig – dann kann er wohl nicht auf einen Ort fixiert werden (und will das wahrscheinlich auch nicht). Doch nicht Gott hat es nötig an einem besonderen Ort zu wohnen, sondern der Mensch braucht diese Orte um sich der Gegenwart Gottes zu vergewissern.

II. Wir haben einen Abschnitt aus dem Segnungsgebet zur Einweihung des «salomonischen» Tempels gehört. Schon der König David wollte dem Gott Israels einen Tempel bauen, konnte dies Vorhaben aber nicht mehr ausführen, weil er sich mehr mit Kriegsführung beschäftigt hatte. Seinem Sohn – dem weisen König Salomo – kam diese Aufgabe zu, und er führt sie auch aus. Als es dann so weit war, waren viele Menschen nach Jerusalem gekommen, um die Einweihung des Tempels mitzuerleben; es war ein Jahrhundertereignis. Die Erinnerung daran prägte sich tief in das Gedächtnis der Menschen ein. Vor allem das Gebet, welches der König gesprochen hatte blieb in der Erinnerung der Menschen und wurde mündlich überliefert, bis es später dann aufgeschrieben wurde. Die theologische Wissenschaft geht davon aus, dass diese Niederschrift des Weihegebetes erst in der babylonischen Gefangenschaft geschehen ist. Es war die Zeit nach der Zerstörung des Tempels. Einerseits erinnerte man sich mit Schmerzen an den großen Sakralbau, welcher für den Glauben aber auch für die politische und soziale Existenz Israels so wichtig gewesen war. Andererseits wurde gerade in der Fremde, bedingt durch die Deportation, die Religion „mobil". Aus einem Gebäude mit geweihtem Altar als Grundlage des Kultus wurde das niedergeschriebene Wort – die Heilige Schrift – zum Fundament. Ein Buch kann man auf jeden Ort der Welt mitnehmen, ein Gebäude nicht. Doch genau dieselbe kritische Frage müssen wir auch hier stellen: Kann Gott zwischen zwei Buchdeckeln lokalisiert werden? Selbst wenn wir die biblischen Bücher als vom Heiligen Geist inspiriert betrachten, so bleibt die Frage: ist Gott nur der, den wir aus einem Buch heraus lesen? Das wäre eine Reduktion Gottes auf das was wir lesen und interpretieren. Die Frage Salomos ist von ungeheurer Aktualität: *„Sollte Gott wirklich auf Erden wohnen? Siehe, der Himmel und aller Himmel Himmel können dich nicht fassen – wie soll es dann dies Haus, das ich erbaut habe?"*

III. Es gibt eine interessante Anekdote, welche dem ersten russischen, bzw. sowjetischen Weltraumfahrer Juri Gagarin nachgesagt wird. Bei seiner Rückkehr aus dem All – dies wurde im Kalten Krieg als großer Sieg des überlegenen Sozialismus über den abgedienten Kapitalismus gefeiert – wurde der Weltraumfahrer mit allen Ehren empfangen und es gab einen großes Staatsbankett mit allem was dazugehört: Sekt, erlesene Speisen, Musik. Nachdem der offizielle Teil vorbei war und die Leute sich zwanglos unterhielten, kam ein KGB-Mann im Auftrag des «Obersten Sowjets» zu Gagarin, nahm ihn zur Seite und fragte leise und ganz ernst: „Na, haben Sie IHN gesehen?" „IHN? – wen denn?" „Na IHN – Gott!" Darauf soll Gagarin ebenfalls eine ernste Mine aufgezogen und geantwortet haben: „Ach so. Ja, ich habe ihn gesehen." Darauf soll der Mann vom KGB gesagt haben: „Das haben wir uns auch gedacht, dass Sie ihn sehen werden. Das dürfen Sie aber auf keinen Fall an die Öffentlichkeit bringen. Das ist gegen die Parteipolitik und es bringt die einfachen Leute nur durcheinander." Nach kurzer Zeit wurde der Weltraumfahrer von einem orthodoxen Geistlichen zur Seite genommen. Dieser stellte sich als Vertreter des orthodoxen Patriarchen vor, in dessen Auftrag er dieselbe Frage vorbrachte: „Haben Sie auf Ihrer Weltraumfahrt Gott angetroffen?" Darauf soll Gagarin ein enttäuschtes Gesicht gemacht und geantwortet haben: „Nein, leider nicht." Und darauf wurde der orthodoxe Geistliche ebenfalls ernst und sagte: „Das haben wir uns auch gedacht. Aber bitte: Sagen Sie es nicht weiter, denn das einfache Volk wird dadurch nur mehr angefochten werden und die Kirche hat es in dieser Zeit sowieso schon schwer genug."

IV. Heute am Tag der Himmelfahrt Christi sei es auch uns erlaubt zu fragen: Wo wohnt Gott? Als Christen glauben wir, dass Gott sich in Jesus Christus vor ca. 2.000 Jahren den Menschen offenbart hat. Aber das ist lange her und zwischenzeitlich ist er – Jesus Christus – leiblich nicht mehr unter uns. Wo ist er damals hin, als er vor den Augen der Jünger verschwand? Die Berichte der Evangelisten sagen: *„in den Himmel"*. Doch was man zur Zeit der Niederschrift der Evangelien über den Himmel zu wissen meinte, ist heute schon längst überholt. Doch Gott – von dem wir bekennen dass er dreifaltig ist, weil er sich in drei Hypostasen offenbart hat – ist derselbe geblieben: allmächtig und gnädig, erhaben und geheimnisvoll. Interessanter Weise ist es einfacher NEGATIVE Aussagen zu tätigen, bzw. zu sagen was oder wie Gott NICHT ist. *„Nichts ist so klein – Gott ist noch kleiner; nichts ist so groß – Gott ist noch größer"* sagte Martin Luther. Gott ist mehr, als was die Religionen von ihm zu wissen vermeinen. Gott ist größer als unser Denken, Gott ist erhabener als was Menschen aufgebaut haben. Ja, Gott steht über, hinter und jenseits des Universums aber natürlich auch im Universum drin, weil er es selber geschaffen hat. Die Frage danach wo Gott wohnt, bringt uns nicht weiter. Spätestens seitdem das geozentrische Weltbild wissenschaftlich widerlegt wurde, ist es so. Als Protestanten lassen wir uns gerne zu der Aussage hinreißen: GOTT wohnt in seinem WORT. Mit großer Kraft und Überzeugung entdeckten die Reformatoren, dass die Kirche ein Geschöpf des immer wieder gelesenen, verkündigten und geglaubten Gotteswortes ist. Der große Philosoph Immanuel Kant (1724 – 1804), soll einmal gesagt haben: *„Ich habe in meinem Leben viele kluge und gute Bücher gelesen. Aber ich habe in ihnen allen nichts gefunden, was mein Herz so still und froh gemacht hätte, wie die vier Worte aus dem 23. Psalm: ,Du bist bei mir.'"* «Worte des Lebens» hat uns die Heilige Schrift überliefert. Jesus sagt z. Beispiel: *„Ich bin die Auferstehung und das Leben. Wer an mich glaubt, der wird leben, auch wenn er stirbt; und wer da lebt und glaubt an mich, der wird nimmermehr sterben"* (Johannes 11,25f.) Im Leben und im Tod dürfen wir der Gegenwart Gottes gewiss sein. Diese Glaubensgewissheit ist relevanter für uns, als das Wissen (wenn wir es uns denn überhaupt erwerben könnten) wo Gott wohnt. Apropos Wissen: wenn es darum geht, sollten wir jemanden befragen, der damit wirklich gesegnet war. Der große Wissenschaftler Albert Einstein (1879 – 1955) hat einmal klargestellt: *„Im unbegreiflichen Weltall offenbart sich eine uns Menschen grenzenlos überlegene Vernunft. Die gängige Vorstellung, ich sei Atheist, beruht auf einem großen Irrtum. Wer sie aus meinen wissenschaftlichen Theorien herausliest, hat diese kaum begriffen."*

V. Wenn wir heute Christi Himmelfahrt feiern, dann sollten wir zwei Dinge mitnehmen, welche auch aus dem Weihegebet Salomos abgeleitet werden können. <u>Zum einen dies,</u> dass Gott in seiner Güte und Barmherzigkeit uns Menschen nahe steht, ohne dass man ihn genau lokalisieren kann und muss. Immer wieder hat ER sich unter uns bemerkbar gemacht. Wir Christen glauben, dass er dies in seinem Sohn getan hat um uns zu verstehen zu geben, dass wir nicht verlassen sind und dass das Ziel unsers Leben ER selber ist. <u>Zum andern</u> sollen wir – weil er sich uns zugewandt hat – uns IHM im Gebet zuwenden, wie es Salomo tut. Sicherlich bleibt die Frage Salomos aufrecht erhalten: *„Sollte Gott wirklich auf Erden wohnen?"* Darauf kann – solange wir auf dieser Erde leben – nur so viel geantwortet werden: es ist uns nicht möglich und es steht uns auch nicht zu, darauf eine wissenschaftliche haltbare Antwort zu geben. Doch auf diese Frage keine Antwort zu haben, lässt uns gerade auf Gottes Erhabenheit und Größe schließen und nicht dem Fatalismus verfallen. Darum betet Salomo zu Recht: „*Wende dich aber zum Gebet deines Knechtes und zu seinem Flehen. Herr, mein Gott, damit du hörst das Flehen und Gebet deines Knechtes heute vor dir.*" Dies kann und soll auch zu unserm Gebet werden. Amen.

Der rechte Vater und das angemessene Verhältnis zu ihm

Sonntag Exaudi (23. Mai 2004) – Schäßburg
Predigt zu Epheser 3,14 – 21

14. Ich beuge meine Knie vor dem Vater, 15. der der rechte Vater ist über alles, was da Kinder heißt im Himmel und auf Erden, 16. dass er euch Kraft gebe nach dem Reichtum seiner Herrlichkeit, stark zu werden durch seinen Geist an dem inwendigen Menschen, 17. dass Christus durch den Glauben in euren Herzen wohne und ihr in der Liebe eingewurzelt und gegründet seid. 18. So könnt ihr mit allen Heiligen begreifen, welches die Breite und die Länge und die Höhe und die Tiefe ist, 19. auch die Liebe Christi erkennen, die alle Erkenntnis übertrifft, damit ihr erfüllt werdet mit der ganzen Gottesfülle. 20. Dem aber, der überschwenglich tun kann über alles hinaus, was wir bitten oder verstehen, nach der Kraft, die in uns wirkt, 21. dem sei Ehre in der Gemeinde und in Christus Jesus zu aller Zeit, von Ewigkeit zu Ewigkeit! Amen.

Liebe Gemeinde!

I. In der Zeit nach dem zweiten Weltkrieg kam der Begriff „*vaterlose Gesellschaft*" auf. Der Hintergrund für die Verwendung dieses Begriffes war, dass die Väter im Krieg (manche auch in Kriegsgefangenschaft) gewesen waren und nach etlichen Jahren nun wieder nach Hause kamen. Halbwüchsige Kinder mussten über Nacht damit fertig werden, einen Menschen, den sie nur vom Erzählen kannten, als Vater kennen und akzeptieren zu lernen. Andere wiederum lernten ihre Väter nie kennen, weil diese nicht mehr nach Hause kamen. Die aus dem Krieg heimgekehrten Väter fanden – nach so langer Zeit außerhalb der Familie – nicht immer den rechten Umgangston mit den Kindern. So haben viele Menschen dieser Generation nie ein richtiges Verhältnis zum eigenen Vater entwickeln können und sind entweder ohne oder mit einem verzerrten Vaterbild erwachsen geworden.

Später – und das hält bis in die heutige Zeit an – kamen vielen Kindern auch die Mütter abhanden. Dadurch dass heutzutage in der Regel beide Eltern berufstätig sind, wachsen Kinder oft mit fremden Personen auf: in Kinderhorten, mit einer Kinderfrau oder im besten Fall mit Großeltern. Und weil es kaum noch die Großfamilie gibt, sind viele Kinder der heutigen Zeit auf Ersatz wie Fernsehen oder Internet gewiesen. Dass man in dieser Situation oft den Umgangston miteinander verfehlt, muss nicht weiter verwundern. Vielleicht klingt es etwas provozierend, aber die Frage will zum Nachdenken herausfordern: haben wir noch ein Bild davon, was ein rechter Vater oder eine rechte Mutter sein sollte? Sind wir unsern Kindern rechte Eltern, die bereit sind auch Opfer auf sich zu nehmen?

II. Gott kann und will mit einem Vater (oder auch mit einer Mutter) verglichen werden. So kommen wir zu unserem Bibelwort: da geht es auch darum, was ein Vater für seine Kinder tut; allerdings begeben wir uns – wenn wir uns von diesen Gedanken mitnehmen lassen – auf eine ganz andere Ebene; da ist nicht von einem menschlichen, sondern von einem göttlichen Vater die Rede. Dabei ist folgender Hintergrund wichtig: Unser Brief stammt aus einer Zeit, wo noch darum gestritten wurde, wer nun wirklich Gottes Kinder seien, bzw. ob die Heidenchristen gleichwertig mit den Judenchristen im Blick auf das Erbe der Gotteskindschaft anzusehen seien. Es ist dies eine besondere Phase im Werden der Urkirche und der Apostel nimmt Stellung dazu. Was der Apostel hier sagt, ist GRUNDSÄTZLICHES und WESENTLICHES für jedes Christenleben.

Wir stellen fest, dass es sich um ein Gebet handelt; allerdings kein herkömmliches. Der Briefschreiber teilt mit, dass er betet (er redet also über das Gebet) und er sagt zugleich wie es gemacht werden soll (d. h. er betet effektiv). Die Epheser erfahren, was in ihrem Namen vorgebracht wird. Sowohl Form als auch Inhalt geben dem Ganzen einen feierlichen, ja einen überschwänglichen Charakter: Gott wird um Erkenntnis gebet*en* und ER wird angebet*et*. Die Gemeindeglieder werden in das Gespräch des Apostels mit Gott einbezogen. Damit werden zwei Dinge erreicht: 1) der Apostel leistet Fürbitte für die Gemeinde und 2) er führt die Gemeinde an Gott heran. Gotteserkenntnis ist nicht einfach ein Wissen um Gott; sie ist auch nicht das Ergebnis einer intellektuellen Anstrengung. Der Weg zur Gotteserkenntnis ist und bleibt ein Mysterium. Die Offenbarung dieses Geheimnisses ist ein Geschenk. Und noch etwas: Gotteserkenntnis wird nicht einem Individuum geschenkt sondern der Gemeinde. Im ökumenischen Sinn des Wortes ist damit die Kirche weltweit gemeint. Die Epheser sollen begreifen mit „allen Heiligen" zusammen. Was der Apostel im Gebet erbittet, aber zugleich auch als sein Wunschdenken für die Gemeinde artikuliert, bzw. den Menschen nahe legt und sie damit indirekt dazu auffordert selbst danach zu streben, ja es selbst zu erbitten ist dies: 1) Gott möge ihnen Kraft geben, stark zu werden am „inwendigen Menschen"; 2) Christus möge in ihren Herzen wohnen; und 3) Der Heilige Geist möge mit und bei ihnen sein, damit dieser Wunsch überhaupt möglich werde. Wenn das geschieht, dann werden sie der Fülle Gottes teilhaftig werden, nämlich: *„So könnt ihr mit allen Heiligen begreifen, welches die Breite und die Länge und die Höhe und die Tiefe ist, auch die Liebe Christi erkennen, die alle Erkenntnis übertrifft, damit ihr erfüllt werdet mit der ganzen Gottesfülle."*

III. Auch wir heute – so wie die Epheser damals – sind gerufen das zu verinnerlichen, was der Apostel uns nahe bringt. Menschen unserer heutigen Zeit sind oft orientierungslos, weil vieles der Beliebigkeit preisgegeben ist und Autoritäten als suspekt gelten; wenn wir uns die weltlichen Autoritäten anschauen, dann ist eine gesunde Portion Skepsis sicherlich auch angebracht. Es ist wohltuend dass wir einen Vater haben, der über jegliche weltliche Autorität erhaben ist, den man um seinen Geist bitten kann und der uns um seines Sohnes willen dazu verhilft schon in dieser unvollkommenen Welt, die Vollkommenheit bei Gott im Glauben zu erahnen. Gerade in dieser Zeit, die von Hektik und Stress gekennzeichnet ist, wünscht man sich umso mehr *„stark zu werden an dem inwendigen Menschen"*. Das geschieht durch den Glauben der im Herzen wohnt und die Liebe, in welcher der Mensch gegründet sein soll. Dies ist wohl das Geheimnis des Lebens, welches in dieser Welt existiert, aber nicht von dieser Welt ist. Das Leben so zu sehen, das gilt es anzustreben. Es ist jenes Leben, welches das rechte Ziel vor Augen hat und auch die Verheißung einst dieses Ziel zu erreichen. Allerdings kommt es auf die rechte Haltung an. Und die Beschreibung dieser rechten Haltung ist der eigentliche Rahmen unseres Bibelwortes, der Anfang und das Ende: *„(14) Ich beuge meine Knie vor dem Vater, (15) der der <u>rechte Vater</u> ist über alles, was da Kinder heißt im Himmel und auf Erden. (21) dem sei Ehre in der Gemeinde und in Christus Jesus zu aller Zeit, von Ewigkeit zu Ewigkeit!"*

Die Wichtigkeit des Gotteslobes (die Doxologie) ist nicht zu unterschätzen. Es ist dies die Vorwegnahme des himmlischen Lobgesanges hier auf Erden und sie verbindet uns gleichzeitig mit Gottes Ewigkeit. Das Lob Gottes steckt uns den Rahmen ab, innerhalb dessen wir uns hier auf dieser Welt bewegen können und sollen. In der Gemeinschaft der Heiligen Gott heute loben, nimmt bereits das vorweg, was dereinst in aller Herrlichkeit offenbar sein wird. Amen.

Wann und wo wir es nicht erwarten

Pfingstsonntag (27. Mai 2007) – Bezirksgemeindetag in Pruden
Predigt zu **4. Mose 11,11 – 12.14 – 17.24 – 25**

11. Mose sprach zu dem HERRN: „Warum bekümmerst du deinen Knecht? Und warum finde ich keine Gnade vor deinen Augen, dass du die Last dieses ganzen Volks auf mich legst? 12. Hab ich denn all das Volk empfangen oder geboren, dass du zu mir sagen könntest: Trag es in deinen Armen, wie eine Amme ein Kind trägt, in das Land, das du ihren Vätern zugeschworen hast? [...] 14. Ich vermag all das Volk nicht allein zu tragen, denn es ist mir zu schwer. 15. Willst du aber doch so mit mir tun, so töte mich lieber, wenn anders ich Gnade vor deinen Augen gefunden habe, damit ich nicht mein Unglück sehen muss." 16. Und der HERR sprach zu Mose: „Sammle mir siebzig Männer unter den Ältesten Israels, von denen du weißt, dass sie Älteste im Volk und seine Amtleute sind, und bringe sie vor die Stiftshütte und stelle sie dort vor dich, 17. so will ich herniederkommen und dort mit dir reden und von deinem Geist, der auf dir ist, nehmen und auf sie legen, damit sie mit dir die Last des Volks tragen und du nicht allein tragen musst." [...] 24. Und Mose ging heraus und sagte dem Volk die Worte des HERRN und versammelte siebzig Männer aus den Ältesten des Volks und stellte sie rings um die Stiftshütte. 25. Da kam der HERR hernieder in der Wolke und redete mit ihm und nahm von dem Geist, der auf ihm war, und legte ihn auf die siebzig Ältesten. Und als der Geist auf ihnen ruhte, gerieten sie in Verzückung wie Propheten und hörten nicht auf.

Liebe Gemeinde!

I. Diese Geschichte aus dem Vierten Buch Mose schildert uns eine der (vielen) kritischen Phasen der Wüstenwanderung des Volkes Israel. Die große Freude über die Befreiung aus Ägypten war erstmals vorbei. Der Wüstenalltag mit seinen Mühen und Nöten hat das wandernde Gottesvolk fest im Griff. Das versprochene Ziel – ein Land in welchem Milch und Honig fließt – lag noch in weiter Ferne. Die ersten Verse des 11. Kapitels, erzählen ganz plastisch über ein elementares menschliches Bedürfnis: das Volk Israel ist mit dem Tagesmenü unzufrieden. Es gab «Manna»: zum Frühstück, als Mittagessen und auch als Abendbrot. Wundert es, dass die Leute von Leckerein zu träumen begannen? Von Fleisch und Fisch, von Melonen und Lauch; sogar Zwiebeln und Knoblauch wünscht man sich gerne auf dem Speiseplan (4 Mose 11,4 – 5). Die Leute haben kein Problem damit einen *einzigen* Gott anzubeten. Aber ein *einziges* Essen über Wochen, ja Monate hinweg vorgesetzt zu bekommen? Um eine Zeit ist das Maß voll und das Volk protestiert! Der Protest richtet sich offen gegen **Moses**, aber hintergründig natürlich gegen den Urheber dieser Flucht aus Ägypten und der Wüstenwanderung, nämlich gegen **Gott**. Es ist nicht zum ersten Mal, dass solche Szenen sich abspielen. Mose kann nicht mehr und er will auch nicht mehr. Die Last welche mit der Führung dieses Volkes verbunden ist, ist ihm zu schwer geworden. An dieser Stelle setzt unser *Predigtwort* ein.

Mose macht Gott Vorwürfe. Er fühlt sich von Gott ungerecht behandelt, weil ihm eine Aufgabe zugedacht wurde, die im Grunde genommen kein Mensch meistern kann. Er erinnert Gott daran, dass er eigentlich gar keine Pflichten diesem Volk gegenüber hat. Wenn Gott versprochen hat, das Volk Israel in jenes Land zu bringen, welches ER ihren Vätern versprochen hatte, dann ist auch Gott an dieses Versprechen gebunden und nicht Mose. Doch dieses Aufbegehren des Mose trübt natürlich seine Beziehung zu Gott. Da er nicht aus der Gnade Gottes «heraus fallen» möchte, kommt er auf extreme Lösung: er wünscht sich, dass Gott selber ihn tötet, um damit seine Verantwortung los zu sein. Mose sieht keinen andern Ausweg mehr und mit dieser Todesmüdigkeit ist er ein Vorbild für spätere Propheten (z. B. Elia oder Jona).

II. Diese Geschichte berichtet von Gottes wunderbarem Eingreifen. ER tut es nicht so, wie Mose sich das vorgestellt hat: ER fordert ihn weder auf sich zusammen zu reißen, noch entbindet er ihn seiner Verantwortung. Gott fordert Mose auf, sich ein paar fähige Helfer zu suchen. Mose bleibt weiter in der Verantwortung, aber diese Verantwortung trägt er nicht mehr allein. Daran WIE Gott agiert, erkennen wir, warum diese Geschichte aus dem Alten Testament eine **Pfingstgeschichte** ist. Dort wo der Mensch nicht weiter *sieht*, ja nicht weiter *kann*, möglicherweise auch nicht mehr weiter *will*, dort schaltet sich Gott auf wunderbare Weise – eben durch seinen Geist – ein und im Handumdrehen wird alles ganz anders. Er tut es auf eine Art, die sich menschlichem Handhabe, menschlichem Wissen und menschlichem Zugriff entzieht. Es werden neue Perspektiven eröffnet, von welchen man vorher nicht einmal zu träumen wagte. Es handelt sich um die wunderbare Erfahrung, dass Gott (durch seinen Geist) die Kontrolle ausübt und trotzdem den Menschen in das Geschehen mit einbezieht.

Spannend ist die Art und Weise, wie Gott mit seinem «General-Manager» Mose verfährt; sie entspricht moderner Management-Theorien. ER heilt die Krise des Moses durch den Heiligen Geist. Aber er tut es nicht indem ER ihm noch mehr davon gibt und ihn damit noch besser, schnell und effizienter werden lässt, sondern indem er seinen Geist auch an andere verteilt. Wiewohl die Geistbegabung Gott vorbehalten ist und bleibt, wird für die Aufgabe der Leitung Mose eine ganz wichtige Verantwortung übertragen: er darf sich seine Mitarbeiter selber auswählen. Diese Mitarbeiter helfen ihm dann, der Verantwortung – die er alleine gar nicht tragen kann, wie wir gesehen haben – gerecht zu werden. Mit andern Worten: Gott hilft Mose, sich selber zu helfen. Die Montessori-Pädagogik, welche heute allgemeine Anwendung findet sagt genau dasselbe: *„Der Lehrer ... ist nicht der Bildner und Belehrer ... sondern der Gehilfe."* Jeder, der selber Leitungsaufgaben wahrzunehmen hat (und nicht nur), kann sich in dieser Geschichte wiederfinden. Seine Geistbegabung hat Mose nicht davor geschützt in eine Krise zu geraten. In dieser Krise steckt jedoch die Chance zum Neuanfang. Auch in unserm Leben, kann eine Krise die Chance für einen Neuanfang beinhalten. Doch geht das nicht automatisch. Der Geist ist nicht verfügbar, selbst wenn man damit begabt ist. Mose kann ihn nicht selbst weiter geben, sondern nur Gott.

Auch wenn Jahrhunderte zwischen dieser *alttestamentlichen Geschichte* und dem *Pfingstereignis* – wie es die Apostelgeschichte (Kap. 2) berichtet – liegen und dann nochmals Jahrhunderte zwischen dem Pfingstereignis und uns *heute*, so kann man eine Linie erkennen. Es geht um menschliches Versagen und Gottes wunderbare Art einzugreifen. Moses wäre – hätte Gott nicht eingegriffen – mit der Situation nicht mehr zu Recht gekommen. Die Jünger wären – nach Christi Himmelfahrt – nicht zu Recht gekommen und darum fand die Ausgießung des Heiligen Geistes statt. Auch uns wird ein Spiegel vorgehalten: auch wir – selbst dann (oder gerade dann) wenn wir meinen alles im Griff zu haben – vermögen nichts ohne Gottes Beistand, ohne seinen Geist.

In besonderer Weise ist auch dieser Ort **Pruden** ein Beispiel dafür, wie einerseits menschliche Kraft versiegt und wie andererseits Gott auf wunderbare Art eingreift und durch seinen Geist neues Leben werden lässt. In einer ehemaligen evangelischen Gemeinde, heute mit keinem einzigen Vollmitglied feiern wir zu Pfingsten den Bezirksgemeindetag mit einer voll besetzten Kirche. Gott hat beherzte und geistbegabte Christen[25] (welche Gemeindeglieder im Sonderstatus sind) den Weg her finden lassen und dadurch ist an dieser Ort (wieder) eine „geisterfüllte" Stätte geworden. Sicherlich: die Geistausgießung oder -begabung ist *per definitionem* nicht an einen Zeitpunkt oder an einen Ort gebunden. Der Geist ist nicht nach menschlichem Gutdünken verfügbar. Er weht wann und wo er will. Aber wir haben die feste Zusage, dass Gott ihn uns schenken möchte: so wie bei Mose, bei den Jüngern – und warum nicht auch uns? – wann und wo wir es am allerwenigsten erwarten. Amen.

---

[25] Obwohl Pruden eine „Null-Seelen-Gemeinde" ist, findet hier ein reges geistliches Leben statt. Ein christlicher Verein – «Lutherhaus Pruden» aus Sachsen – betreibt das evangelische Pfarrhaus in Pruden als Rüstzeitheim. Kirche und Orgel sind so hergerichtet worden, dass wieder Gottesdienst gefeiert werden kann.

Gesegnetes Beisammensein

Sonntag Trinitatis (3. Juni 2007) – Heimattreffen in Jaad
Predigt zu 4. Mose 6,22 – 27

22. Der HERR redete mit Mose und sprach: 23. „Sage Aaron und seinen Söhnen und sprich: So sollt ihr sagen zu den Israeliten, wenn ihr sie segnet: 24. «Der HERR segne dich und behüte dich; 25. der HERR lasse sein Angesicht leuchten über dir und sei dir gnädig; 26. der HERR hebe sein Angesicht über dich und gebe dir Frieden.» 27. Denn ihr sollt meinen Namen auf die Israeliten legen, dass ich sie segne.'"

Liebe Gemeinde!

I. Der in jedem Hauptgottesdienst, am Ende gesprochene, AARONITISCHE Segen (weil er von Gott, Aaron und seinen Söhnen, eben dem Priestergeschlecht, zu spenden aufgetragen wurde) ist uns von seiner sprachlichen Formulierung sehr vertraut. Und doch ist die Fülle dessen, was er aussagt so überwältigend und so reichhaltig, dass man beim einfachen Hören gar nicht alles – was er aussagt – mitbedenken kann. Heute werden wir dazu eingeladen, (1) zunächst die Erfahrungswelt des jüdischen Volkes im Blick auf den Segen zu bedenken. (2) Sodann aber, müssen wir dem nachgehen, was der Segen überhaupt, dann aber dieser Segen im Speziellen für uns Christen bedeutet. (3) Zugleich aber muss klargestellt werden, dass gerade der Segen (allgemein und der aaronitische Segen in spezieller Weise) einer der wichtigsten Interferenzpunkte zwischen jüdischem und christlichem Glauben darstellt. Denn wo wird es deutlicher denn hier, dass das, wovon man wirklich lebt, weder erworben, noch errungen ist, sondern allein der Gnade Gottes zuzuschreiben ist? *„An Gottes Segen ist alles gelegen"* sagt ein alter sächsischer Wandspruch.

II. 1. Wir setzten – wie es dem chronologischen Tatbestand angemessen ist – bei der **jüdischen Betrachtung** ein. Rein sprachlich ist der aaronitische Segen ein Kunstwerk, wo jedes einzelne Wort mit Bedacht an seinen Platz gesetzt worden ist. Drei Doppelwünsche werden ausgesprochen, wobei eine Steigerung vorgenommen wird, die sich in der deutschen Übersetzung wohl aus dem Inhalt nicht aber aus der Form ergibt. Im hebräischen Urtext enthält der erste Satz 3 Worte, der zweite 5 und der dritte 7. Die 7 symbolisiert ist in der jüdischen Zahlensymbolik die Vollkommenheit. Die 3 Doppelwünsche gestalten sich derart, dass in jedem Wunsch zunächst etwas von Gott erbeten wird und dann beschrieben wird, was dieses – von Gott erbetene – bei dem Gesegneten bewirken soll. Die vorhin genannte Steigerung ergeht von der allgemeinen Bitte um Segnung (der Herr segne dich) über die (Er)Leuchtung (er lasse sein Angesicht leuchten) zur direkten Zuwendung (er sei dir gnädig). Das was dieser Segen beim Gesegneten bewirken soll, ist der Schutz (er behüte dich), die Sympathie (er erhebe sein Angesicht über dich) und das ganzheitliche Wohlergehen (er gebe dir Frieden). Der hebräische Begriff «*Shalom*» beinhaltet weitaus mehr, als der deutsche Begriff Frieden auszusagen vermag. «*Shalom*» bedeutet nicht nur Abwesenheit von Krieg, sondern: gutes und einvernehmliches Miteinander; Gesundheit bei Mensch und Tier; kinderreiche Familie; materielle Abgesichertheit usw. Dass dieser Segenswunsch seinen großen Stellenwert im Leben des jüdischen Volkes hatte (und heute noch hat), liegt auf der Hand. Man lebte als Halbnomade in einer ständigen Gefährdung: von fremden Völkern war man umgeben, wilde Tiere waren eine Bedrohung für die Herde. Zum Heiligtum nach Jerusalem konnte man unter den Bedingungen des Nomadentums nicht so oft pilgern. Darum war dieser Segensspruch (der allein den Priestern zu spenden vorbehalten war) der krönende Abschluss der Wallfahrt; zugleich aber auch der Anfang eines hoffnungsvollen Aufbruchs. Das Segensmotiv kommt im Alten Testament immer wieder vor. Stellvertretend für viele andere Beispiele sei hier nur eines erwähnt: die immer wieder kehrende Segenszusage an den Stammvater Abraham. Zeit seines Lebens eigentlich erneuert Gott diese Zusage, so sehr Abraham immer wieder in (z. T. große) Bedrängnis gerät. Auf Gottes Verheißung hin verlässt er sein Elternhaus und geht in ein Land, das er nicht kennt und zu Leuten, die seiner Eigenart und Lebensweise fremd sind. Er ist bis ins hohe Alter kinderlos, wo doch Kinderreichtum als eines der deutlichsten Zeichen des Segens Gottes galt. Der einzige Grunderwerb im Lande der Verheißung ist eine Grabstelle: das Grab seiner Frau Sarah. Und doch ist Abraham in der jüdischen Welt zum Inbegriff des Gesegneten geworden, weil er den Zusagen Gottes traute, sich auf Gottes Wort verließ, oft gegen den Augenschein.

2. In der **christlichen Kirche** setzte sich zunächst der trinitarische (im Namen des Vaters, des Sohnes und des Heiligen Geistes) Segen durch. Bis auf den heutigen Tag ist auch diese Form des Segens im Gebrauch. Allerdings hat der aaronitische Segen im Zuge der Reformation eine neue Aufwertung erfahren. In seiner deutschen Messe, an der sich der spätere evangelische Gottesdienst ausrichtete, setzte Martin Luther als Schlusssegen den aaronitischen Segen. Dabei ist bemerkenswert, dass Luther diese Dreiteilung des Segens, im Blick auf die Dreifaltigkeit hin ausgelegt hat. Die erste Aussage bezog er auf Gott den Schöpfer: „*Der Herr segne dich und behüte dich, das ist, er gebe dir gnädiglich Leib und Leben und was dazu gehört.*" Die zweite Aussage nahm auf den Sohn Bezug: „*Also wird dem Sohn zugeeignet das Werk der Erlösung, welches dieser Segen auch berührt und erklärt, da er spricht: ,Der Herr erleuchte sein Angesicht über dir und sei dir gnädig, das ist, er helfe dir von Sünden und sei dir gnädig und gebe dir seinen Geist.*" Und damit ist auch die dritte Person der Dreieinigkeit genannt; die letzte Aussage wird auf den Geist bezogen: „*Und dem Heiligen Geist wird zugeeignet das Werk der täglichen Heiligung, Trost und Stärkung wider den Teufel und endlich die Auferweckung vom Tod, welches dieser Segen auch berührt und verklärt, da er spricht: ,Der Herr erhebe sein Angesicht und gebe dir Frieden, das ist, er wolle dich stärken, trösten und endlich den Sieg geben ...*" Martin Luther stellt durch diese Lehre eine Verbindung zwischen Alten und Neuen Testament her. Denn wenn im AT der Segen exklusiv den Juden galt, so gilt er in Christus allen Völkern dieser Erde und darf so

umfassend verstanden werden. Auch wenn es wesentliche Unterschiede zwischen Christen und Juden im Blick auf die theologischen Überzeugungen gibt. Der aaronitische Segen ist eine der wichtigsten Gemeinsamkeiten. Er hat die Kraft Gegensätze zu vereinigen und damit sind wir eigentlich beim letzten und wichtigsten Punkt angekommen.

3. Ganz einfach formuliert und doch eine wesentliche Einsicht, welcher wir täglich neu innewerden müssen: der Segen kommt von **Gott** dem Menschen zugute. Wir leben in einer Zeit deren hoher Standard an technischen Möglichkeiten und wirtschaftlichem Wohlergehen dazu verleiten kann, Absicherung aus eigener Kraft als eine Realität zu betrachten. Um auch hier nur ein Beispiel stellvertretend für viele zu nennen, möchte ich die medizinische Entwicklung anführen. Es ist überwältigend, wenn man sieht mit was für Möglichkeiten heutzutage Leben verlängert werden kann. Was dabei oft abgeht, ist das Bewusstsein, dass jegliches Leben in Gottes Hand steht, bzw. von seinem Segen abhängig ist. Ganz abgesehen davon entscheidet nicht die Anzahl der gelebten Jahre darüber, ob ein Leben erfüllt war oder nicht. Wir leben in einer Gesellschaft, die von uns Menschen verlangt zu funktionieren, aktiv zu sein; nur der ist wertvoll, welcher durch seine Aktivität sich nützlich machen kann. Der Segen allgemein und der aaronitische Segen im Speziellen stellt uns an einen „Ort höchster Passivität" (Fulbert Steffensky). Das Entscheidende in unserm Leben, unser Leben überhaupt, kommt von Gott. Aber auch das was wir über dies Leben hinaus vom Glauben her nur erahnen können, ist seine segensreiche Gnade, die er uns zukommen lassen will.

III. Das bedeutet für uns heute in **Jaad** – unabhängig davon, ob wir unsern Lebensmittelpunkt hier haben, oder in einigen Tagen wieder in Deutschland bzw. Österreich sein werden: Wir dürfen auf seinen – auf GOTTES – Segen vertrauen. Wir wollen es dem allmächtigen Gott anheim stellen, wie er mit unserer Gemeinschaft weiter verfahren möchte. Unsere sächsische Gemeinschaft evangelischen Glaubens allgemein und die nordsiebenbürgische im speziellen, hat Zeiten erlebt in welchen – so ähnlich wie bei Abraham und vielen andern Gestalten des Alten und Neuen Testamentes sowie etlicher Christen im Laufe der Kirchengeschichte – der Eindruck entstehen konnte, dass Gott uns seinen Segen entzogen habe, dass er sein Angesicht abgewendet habe. Wenn wir uns heute – über geografische, sprachliche und konfessionelle Grenzen hinweg – als Christen treffen und zusammen Gottesdienst feiern, dann darf uns neu bewusst werden, dass wir GESEGNETE sind. Der Allmächtige helfe uns zu dieser Einsicht, sollte sie uns abhanden gekommen sein. Ich wünsche allen Jaadern von nah und fern und allen Gästen ein frohes und **gesegnetes** Beisammensein. Amen.

Die (Ohn)macht des Reichtums

Erster Sonntag nach Trinitatis (14. Juni 2009) – Schäßburg
Predigt zu **Lukas 16,19 – 31**

Jesus sprach: 19. „Es war aber ein reicher Mann, der kleidete sich in Purpur und kostbares Leinen und lebte alle Tage herrlich und in Freuden. 20. Es war aber ein Armer mit Namen Lazarus, der lag vor seiner Tür voll von Geschwüren 21. und begehrte, sich zu sättigen mit dem, was von des Reichen Tisch fiel; dazu kamen auch die Hunde und leckten seine Geschwüre. 22. Es begab sich aber, dass der Arme starb, und er wurde von den Engeln getragen in Abrahams Schoß. Der Reiche aber starb auch und wurde begraben. 23. Als er nun in der Hölle war, hob er seine Augen auf in seiner Qual und sah Abraham von ferne und Lazarus in seinem Schoß. 24. Und er rief: ‚Vater Abraham, erbarme dich meiner und sende Lazarus, damit er die Spitze seines Fingers ins Wasser tauche und mir die Zunge kühle; denn ich leide Pein in diesen Flammen.‘ 25. Abraham aber sprach: ‚Gedenke, Sohn, dass du dein Gutes empfangen hast in deinem Leben, Lazarus dagegen hat Böses empfangen; nun wird er hier getröstet, und du wirst gepeinigt. 26. Und überdies besteht zwischen uns und euch eine große Kluft, dass niemand, der von hier zu euch hinüber will, dorthin kommen kann und auch niemand von dort zu uns herüber.‘ 27. Da sprach er: ‚So bitte ich dich, Vater, dass du ihn sendest in meines Vaters Haus; 28. denn ich habe noch fünf Brüder, die soll er warnen, damit sie nicht auch kommen an diesen Ort der Qual.‘ 29. Abraham sprach: ‚Sie haben Mose und die Propheten; die sollen sie hören.‘ 30. Er aber sprach: ‚Nein, Vater Abraham, sondern wenn einer von den Toten zu ihnen ginge, so würden sie Buße tun.‘ 31. Er sprach zu ihm: ‚Hören sie Mose und die Propheten nicht, so werden sie sich auch nicht überzeugen lassen, wenn jemand von den Toten auferstünde.‘"

Liebe Gemeinde!

I. Bei der Beschäftigung mit diesem Gleichnis stieß ich auf eine jüdische Anekdote: «Ein Mann fragt den Rabbi: „Warum ist es so, dass ein Armer eher freundlich und zuvorkommend ist und hilft – wenn er denn kann – als ein Reicher? Der sieht einen nicht einmal an? Was macht das Geld nur mit dem Menschen?" Da denkt der Rabbi eine Weile nach und dann sagt er zu dem, welcher ihn gefragt hat: „Tritt ans Fenster! Was siehst du?" „Nun, ich sehe eine Frau mit einem Kind an der Hand. Ich sehe einen Wagen, der zum Markt fährt. Ich sehe eine ganze Menge von Dingen und Menschen, welche unterwegs sind." „Gut", sagt der Rabbi, „nun geh hinüber zur Wand und schau in den Spiegel. Was siehst du?" „Mich sehe ich, sonst gar nichts!" Darauf antwortet der Rabbi: „Siehst du, sowohl das Fenster, als auch der Spiegel sind aus demselben Glas gemacht. Aber kaum legst du ein bisschen Silber hinter die Oberfläche – so wie das beim Spiegel der Fall ist – siehst Du nur noch dich selbst".»

II. Auch wenn wir über diese simple Erklärung des Rabbi berechtigt schmunzeln dürfen, so täuscht das nicht über den ernsthaften Inhalt hinweg, den uns diese Beispielerzählung vorlegt. Jesus greift hier ein Motiv auf, welches schon in der Antike nicht unbekannt war. Es gibt ein ägyptisches Märchen, welches von einem Königssohn berichtet, der in der Stadt Memphis zwei gegensätzliche Bestattungen beobachtet: die prächtige Beerdigung eines Reichen und die kümmerliche eines Armen. Als er anfängt das Glück des Reichen zu preisen und das Schicksal des Armen zu beklagen, da erhält er die Gelegenheit den beiden auf den Weg ins Totenreich zu folgen. Dort sieht er den Armen dicht bei Osiris (dem Herrn des Jenseits) stehen, während der Reiche auf grausame Weise gequält wird. Faszinierend ist die Ähnlichkeit dieses Textes mit der Geschichte, welche Jesus erzählt und frappierend ist die Aktualität der Aussage dieser Geschichten durch die Zeiten hindurch. Offenbar scheint es seit Menschengedenken so zu sein, dass es eine Kluft zwischen Arm und Reich gibt und dass diese Kluft in den meisten Fällen unüberwindbar ist. Darum scheint – so muss man annehmen, wenn man unsern Bibeltext oberflächlich liest – nur dieses die Lösung zu sein: es gibt eine ausgleichende Gerechtigkeit; wenn nicht auf dieser Welt, dann zumindest im Jenseits und dort endgültig, weil Gott dafür sorgen wird. Der Name «Lazarus» bedeutet denn auch nichts anders als: „*Gott hilft*".

Liegt es in der Absicht Jesu, die Menschen in zwei Kategorien einzuteilen und diese Kategorisierung als für alle Ewigkeit gültig und unumstößlich fest zu schreiben? Bei eingehender Betrachtung stellt sich die Frage: kann man denn wirklich eine solche „Schwarz-Weiß-Malerei" betreiben? Gibt es etwa keinen wohlhabenden Menschen auf dieser Welt, der von seinem Hab und Gut auch an andere, an Bedürftige weiter gibt? Und gibt es nicht – weiß Gott – wie viele, die es sich selber zuzuschreiben haben, etwa durch Alkoholkonsum oder leitfertigen Umgang mit ererbten materiellen Werten, dass sie ganz unten gelandet sind und denen selbst beim besten Willen nur schwer oder gar nicht geholfen werden kann, weil sie sich nicht helfen lassen? So einfach ist es nicht zu unterscheiden, indem man ARM automatisch mit GUT und REICH automatisch mit SCHLECHT gleichsetzt.

Vielleicht ist es sinnvoll im Blick zu haben, dass die Zuhörer Jesu, bzw. seine Jünger Menschen waren, von denen die meisten nicht der Oberschicht entstammten; viele von ihnen waren Menschen, welche aus der Hand in den Mund lebten. Diesen Menschen wird versichert, dass ihr – von einem starken Glauben geprägtes – Leben auf dieser Welt nicht vergeblich gewesen sein soll. So schlecht es ihnen auf dieser Welt auch ergehen oder ergangen sein mag; irgendwann werden sie eine Kompensation dafür bekommen, die in keinem Vergleich zu dem steht, was sie auf dieser Welt an Erniedrigung erlebt haben. Viel komplizierter ist es aber mit denen die viel haben, weil die so Gott unmittelbar wie die Armen nicht sein können. Materielle Besitztümer können in allen möglichen Situationen ein Hemmschuh sein.

Reichtum gefährdet: das ist nicht nur theologisch richtig (nachzulesen etwa im Gleichnis vom „Reichen Jüngling" – Lukas 18,18 ff), sondern auch medizinisch offenbar erwiesen. Zur Zeit lese ich ein wirklich gutes Buch (*„ Glück kommt selten allein "*), dessen

Autor Arzt und Kabarettist ist: Dr. Eckhardt von Hirschhausen. Er stellt eine interessante Behauptungen auf: der Mensch denkt über den Wert seiner Besitztümer grundsätzlich falsch. Wer etwas besitzt, der überschätzt den Wert dieses Besitzes mindestens um den Faktor zwei. Bei einem Versuch eines Psychologen, diesen Effekt im Gehirn zu lokalisieren wurden Probanden eine Summe Geld gegeben, wofür sie einkaufen durften. Anschließend sollten sie mit den eingekauften Gegenständen untereinander handeln. Es erwies sich, dass die Probanden die Gegenstände teurer verkaufen wollten, als sie sie selber eingekauft hatten. Bei den Versuchskandidaten, die sich besonders schwer von ihrem Besitz trennten, wurde eine starke Durchblutung in der Hirnregion gemessen, wo der Mensch normalerweise Schmerzen verarbeitet und emotional bewertet. Besitz muss nicht, kann aber unter Umständen sehr an diese Welt binden. Vor allem aber kann Besitz einen von seinem eigenen Mitmenschen entfernen. Wer also nichts hat, oder wer nicht so viel hat, der steht nicht in einer so großer Gefahr, wie jener der viel hat.

Dazu als Abrundung noch eine kleine jüdische Geschichte: ein berühmter Rabbi – den ein Tourist besucht und erstaunt ist über seine einfache Wohnung – wird gefragt: „Rabbi wo sind ihre Möbel?" „Wo sind denn ihre?" „Ich bin nur auf der Durchreise." „Ich auch."

III. Wir fassen zusammen: Lazarus („Gott hilft") – obwohl hier mit Namen genannt – tritt nicht eigentlich in Aktion. Ihm hilft Gott – er muss selber nichts tun; auch wenn das, solange er noch hier auf Erden weilt nicht so aussieht. Spätestens im Jenseits gibt es eine ausgleichende Gerechtigkeit. Der Reiche (der zwar nicht mit Namen genannt wird) ist die Hauptfigur der Geschichte. Wenn auch zu spät, so erkennt er die Situation und versucht noch etwas geradezubiegen; wenn nicht für ihn, dann zumindest für seine Brüder. Das macht den Reichen irgendwie sympathisch und ich glaube Jesus verfolgt – indem er diese Geschichte erzählt – einen besonderen Zweck. Gerade weil materielles Gut einen selber besitzt kann und nicht umgekehrt man es besitzt, ist offensichtlich ein Gefahrenpotential da. Jesus möchte schon jetzt (hier auf dieser Welt) warnen und ER möchte allen Zuhörern (die sich von dieser Geschichte betroffen fühlen) dazu verhelfen, den rechten Weg rechtzeitig zu erkennen. Amen.

Die Einladung nicht ausschlagen

Zweiter Sonntag nach Trinitatis (13. Juni 1999) Schäßburg
Predigt zu **Matthäus 22,1 – 14**

1. Jesus fing an und redete abermals in Gleichnissen zu ihnen und sprach: 2. „Das Himmelreich gleicht einem König, der seinem Sohn die Hochzeit ausrichtete. 3. Und er sandte seine Knechte aus, die Gäste zur Hochzeit zu laden; doch sie wollten nicht kommen. 4. Abermals sandte er andere Knechte aus und sprach: Sagt den Gästen: ‚Siehe, meine Mahlzeit habe ich bereitet, meine Ochsen und mein Mastvieh ist geschlachtet, und alles ist bereit; kommt zur Hochzeit!' 5. Aber sie verachteten das und gingen weg, einer auf seinen Acker, der andere an sein Geschäft. 6. Einige aber ergriffen seine Knechte, verhöhnten und töteten sie. 7. Da wurde der König zornig und schickte seine Heere aus und brachte diese Mörder um und zündete ihre Stadt an. 8. Dann sprach er zu seinen Knechten: ‚Die Hochzeit ist zwar bereit, aber die Gäste waren's nicht wert. 9. Darum geht hinaus auf die Straßen und ladet zur Hochzeit ein, wen ihr findet.' 10. Und die Knechte gingen auf die Straßen hinaus und brachten zusammen, wen sie fanden, Böse und Gute; und die Tische wurden alle voll. 11. Da ging der König hinein, sich die Gäste anzusehen, und sah da einen Menschen, der hatte kein hochzeitliches Gewand an, 12. und sprach zu ihm: ‚Freund, wie bist du hier hereingekommen und hast doch kein hochzeitliches Gewand an?' Er aber verstummte. 13. Da sprach der König zu seinen Dienern: ‚Bindet ihm die Hände und Füße und werft ihn in die Finsternis hinaus!' Da wird Heulen und Zähneklappern sein. 14. Denn viele sind berufen, aber wenige sind auserwählt."

Liebe Gemeinde!

I. Ein Lehrer der Alten Kirche, **Origenes**, hat einmal darauf hingewiesen, dass die Gleichnisse Jesu – so auch unser Bibelwort – uns Gott „in einer dem menschlichen Fassungsvermögen angepassten Weise" zeigen, „doch nicht so wie er [wirklich] ist". Wie soll auch ein Geschöpf den Schöpfer in seiner Gänze mit allen Tiefen und Hintergründen begreifen oder erkennen? Oder anders formuliert: Wie soll oder kann ein Teil des Ganzen das Ganze sehen? Wir können Gott nie ganz erkennen; wohl aber verschiedene Aspekte seines Wirkens in dieser Welt unter uns Menschen. Sicherlich: es liegt allein an uns und an unserer subjektiven Wahrnehmung, wenn wir Gott nur fragmentarisch erkennen. Wir glauben aber daran, dass Gott sich in seinem Sohn Jesus Christus offenbart hat und daher von sich aus, sich zu erkennen gegeben hat. Als Mensch auf dieser Erde, hat Jesus mit menschlichen Mitteln Gott zu beschreiben, bzw. sein Handeln zu erklären versucht. Was wir heute vor uns haben ist keine leichte Kost. Unser Gleichnis holt die dunkle Seite der Gottheit in den Vordergrund. Fünf mal bei Matthäus und nur bei ihm steht ein Satz, der keineswegs nach Evangelium, d. h. Frohe Botschaft klingt: „*Da wird Heulen und Zähneklappern sein*". Unser Reformator Martin Luther hat dieses Bibelwort ein „schrecklich Evangelium" genannt, über das er nicht gerne predigen würde. In der Tat: die Sache mit Gott ist eine bitterernste. Doch wie ist das – was wir hier lesen – mit seiner Güte und Gnade vereinbar? Wieso geht hier von einer harmlosen Angelegenheit (einer Einladung zu einer Feier) eine solche Härte aus (dass es bis zu Mord und Totschlag kommt). Wie ist die Liebe Gottes – welche so groß war, dass sie sogar ans Kreuz ging – damit vereinbar, dass mit Menschen in dieser Art Weise verfahren wird? Damit sind wir mitten in der Problematik, welche uns dieses Gleichnis aufgibt.

II. Ganz am Anfang werden wir darauf hingewiesen, dass wir ein Gleichnis über das **Himmelreich** zu hören bekommen. Das in drei Teilen aufgebaute Gleichnis ist ganz von den Anweisungen des Königs bestimmt. Was er sagt geschieht, ohne wenn und aber. Sein Wille und seine Befehle beherrschen alles. 1. Im ersten Teil wird die Vorbereitung der Hochzeitsfeier beschrieben. Dazu gehört selbstverständlich auch die Einladung der Gäste. Es ist schon merkwürdig, dass keiner der Geladenen kommen will bzw. kann, ja mehr noch: dass es zu Handgreiflichkeiten und sogar zu Mord kommt. Die Reaktion des Königs kommt ohne Zaudern: die Verächter werden umgebracht und ihre Stadt niedergebrannt. Hätten diese Erstgeladenen der Einladung Folge geleistet, wäre die Geschichte damit auch schon am Ende gewesen. Doch gerade jener Umstand, dass die Erstgeladenen nicht kommen und den König mit seiner Feier verachten, führt zur Pointe des Gleichnisses. 2. Es folgt der zweite Teil: aufs Neue wird eingeladen. Dieses mal weniger wählerisch: alle dürfen dieses Mal kommen, Gute und Böse. Und in der Tat, ist diese zweite Einladung ein Erfolg: die Leute kommen und die Feier nimmt ihren Lauf. Damit hätte die Geschichte zu ihrem glücklichen Ende kommen können. Die Mühe des Königs war nicht umsonst. 3. Der letzte Teil ist an Härte nicht mehr zu überbieten. Ein Mann einfach von der Straße zur Feier hinein geholt, wird – gebunden an Händen und Füssen – wieder in die Finsternis geworfen, weil er keine, der Feier angemessene Kleidung trägt. Auch hier handelt der König absolut souverän; der arme Kerl kann nur noch vor ihm verstummen und das harte Schicksal in Kauf nehmen.

III. Wir haben ein Gleichnis vor uns; Gleichnisse wollen nicht wortwörtlich verstanden werden. Welches ist also die Intention dieser Erzählung? 1) Die Botschaft am Anfang ist eine positive. **Gott meint es ernst mit seiner Einladung.** Seine Einladung ist so wichtig, dass alles andere stehen und liegen gelassen werden soll, wenn sie ergeht. Es geht NICHT um etwas Belangloses oder Nebensächliches, sondern um das FEST GOTTES. Dass hier eine Hochzeit als Vergleich herhalten muss, hat seinen Grund darin, dass im Orient Einladungen zu Hochzeiten grundsätzlich nicht abgesagt werden. Es ist das höchste und freudigste Ereignis, welches es nur geben kann und darum gehört er zum guten Ton, daran teil zu nehmen. 2) Gott meint es auch mit dem Zeitpunkt seiner Einladung ernst. „Alles ist bereit", heißt „jetzt geht es los". Bei jedem Abendmahl sagen wir denselben Satz und meinen es auch so: in dem Moment kommen die Menschen zum Altar; nicht eine Stunde oder einen Tag später. Die Einladung gilt in dem Moment. 3) Weil die Einladung so ernst ausgesprochen wurde, ist genau dieselbe Ernsthaftigkeit auf die Empfänger dieser Einladung anzuwenden. Weil sie die Einladung ausschlagen, wird es auch für sie ernst und die Strafe folgt sofort. 4) Und selbst wenn man der Einladung folgt, heißt das nicht, dass sich alles schon in trocknen Tüchern befindet. Es reicht nicht einfach anwesend zu sein. Für das Fest Gottes braucht es auch die richtige Einstellung, im metaphorischen Sinne „die dem Anlass entsprechende Kleidung". 5) Dieses Gleichnis hat auch eine **historische** Dimension. Die Juden hatten Christus abgelehnt. In der Sicht des Evangelisten haben sie damit der Einladung Gottes eine Abfuhr erteilt. Matthäus schreibt sein Evangelium kurz nach der Eroberung Jerusalems im Jahr 70 n. Chr. Diese Eroberung wurde auch als Strafe Gottes gedeutet. Die Szene mit dem hochzeitlichen Gewand will aber vor jeder falscher Sicherheit oder gar Überheblichkeit – welche Christen an den Tag legen könnten – warnen. Der Evangelist hält ja fest, dass die Gemeinde aus „Guten" und „Bösen" besteht; das ist sicher nicht ein ethisches Unterscheidungskriterium. Angesichts des Gottesgerichtes ist nichts falscher als Selbstgerechtigkeit. Letztendlich muss deutlich werden, dass Gott allein gerecht macht. Der Mensch ist einfach der Empfänger der Gerechtigkeit Gottes.

IV. Wo stehen wir? Wir, die wir Sonntag für Sonntag zum Gottesdienst gehen, sind nicht unbedingt der ersten Kategorie – welche die Einladung in den Wind schlagen – zuzurechnen. Nicht desto trotz gilt, dass wir uns nicht Illusionen hingeben sollen. Wir haben vor Gott nichts aus eigener Kraft erworben. Alles was wir sind und haben, ist IHM zu verdanken. Was wir tun können ist, (metaphorisch gesprochen) das richtige Kleidungsstück zu wählen; an uns liegt es Offenheit für Gott und seinen Plan mit uns zu bekunden. Er ist jedoch der souveräne Handelnde, so wie ihn das Gleichnis darstellt. Uns soll der Gedanke, ob wir nun „nur" *berufen* oder *auserwählt* sind, nicht wirklich Sorgen bereiten. Denn letztendlich liegt alles «wollen» und «vollbringen» bei ihm. Wichtig ist seine **Einladung** zu dem großen Fest zu **hören** und **anzunehmen**. Und wichtig ist, diese Einladung auch an andere weiter zu geben, wozu wir heute neu aufgefordert werden. Amen.

Keiner soll verloren gehen

Dritter Sonntag nach Trinitatis (12. Juni 2005) – Schäßburg
Predigt zu Lukas 15,11 – 32

11. Jesus sprach: „Ein Mensch hatte zwei Söhne. 12. Und der jüngere von ihnen sprach zu dem Vater: ‚Gib mir, Vater, das Erbteil, das mir zusteht.‘ 13. Und er teilte Hab und Gut unter sie. Und nicht lange danach sammelte der jüngere Sohn alles zusammen und zog in ein fernes Land; und dort brachte er sein Erbteil durch mit Prassen. 14. Als er nun all das Seine verbraucht hatte, kam eine große Hungersnot über jenes Land, und er fing an zu darben 15. und ging hin und hängte sich an einen Bürger jenes Landes; der schickte ihn auf seinen Acker, die Säue zu hüten. 16. Und er begehrte, seinen Bauch zu füllen mit den Schoten, die die Säue fraßen; und niemand gab sie ihm. 17. Da ging er in sich und sprach: ‚Wie viele Tagelöhner hat mein Vater, die Brot in Fülle haben, und ich verderbe hier im Hunger! 18. Ich will mich aufmachen und zu meinem Vater gehen und zu ihm sagen: Vater, ich habe gesündigt gegen den Himmel und vor dir. 19. Ich bin hinfort nicht mehr wert, dass ich dein Sohn heiße; mache mich zu einem deiner Tagelöhner!‘ 20. Und er machte sich auf und kam zu seinem Vater. Als er aber noch weit entfernt war, sah ihn sein Vater, und es jammerte ihn; er lief und fiel ihm um den Hals und küsste ihn. 21. Der Sohn aber sprach zu ihm: ‚Vater, ich habe gesündigt gegen den Himmel und vor dir; ich bin hinfort nicht mehr wert, dass ich dein Sohn heiße.‘ 22. Aber der Vater sprach zu seinen Knechten: ‚Bringt schnell das beste Gewand her und zieht es ihm an und gebt ihm einen Ring an seine Hand und Schuhe an seine Füße 23. und bringt das gemästete Kalb und schlachtet's; lasst uns essen und fröhlich sein! 24. Denn dieser mein Sohn war tot und ist wieder lebendig geworden; er war verloren und ist gefunden worden.‘ Und sie fingen an, fröhlich zu sein. 25. Aber der ältere Sohn war auf dem Feld. Und als er nahe zum Hause kam, hörte er Singen und Tanzen 26. und rief zu sich einen der Knechte, und fragte, was das wäre. 27. Der aber sagte ihm: ‚Dein Bruder ist gekommen, und dein Vater hat das gemästete Kalb geschlachtet, weil er ihn gesund wiederhat.‘ 28. Da wurde er zornig und wollte nicht hineingehen. Da ging sein Vater heraus und bat ihn. 29. Er antwortete aber und sprach zu seinem Vater: ‚Siehe, so viele Jahre diene ich dir und habe dein Gebot noch nie übertreten, und du hast mir nie einen Bock gegeben, dass ich mit meinen Freunden fröhlich gewesen wäre. 30. Nun aber, da dieser dein Sohn gekommen ist, der dein Hab und Gut mit Huren verprasst hat, hast du ihm das gemästete Kalb geschlachtet.‘ 31. Er aber sprach zu ihm: ‚Mein Sohn, du bist allezeit bei mir, und alles, was mein ist, das ist dein. 32. Du solltest aber fröhlich und guten Mutes sein; denn dieser dein Bruder war tot und ist wieder lebendig geworden, er war verloren und ist wiedergefunden.‘"

Liebe Gemeinde!

I. Die Geschichte vom verlorenen Sohn ist literarisch gesehen eine Parabel. Das im Vordergrund stehende Geschehen (die so genannte Bildebene) hat eine symbolische

Bedeutung; hinter den handelnden Personen steckt jeweils ein Programm. Der Vater steht sinnbildlich für Gott, während die beiden unterschiedlichen Brüder Menschen darstellen; Menschen wie es sie zu jeder Zeit gegeben hat und gibt. Die Geschichte fordert zum Nachdenken heraus: einerseits über die Barmherzigkeit und die Langmut Gottes und andererseits über menschliche Eigenschaften, die wir Tag für Tag antreffen, nämlich Unverantwortlichkeit und Leichtsinnigkeit einerseits; Stolz und Unnachgiebigkeit andererseits. Diese Eigenschaften zeigen uns, dass der Mensch auf das Rettungshandeln Gottes angewiesen ist und bleibt. Gott will, dass keiner verloren geht. Diese Geschichte gehört – neben andern, wie etwa jene vom «Barmherzigen Samariter» – zum kostbarsten Gut, welches uns das Neue Testament bietet. Die inhaltlichen Details erschließen sich uns, indem wir die handelnden Personen näher betrachten.

II. 1. Der jüngere Sohn will seine eigenen Wege gehen. Aus dem jüdischen Familienrecht kennen wir die Möglichkeit – wenn man sich z. B. eine eigene Existenz aufbauen wollte – sich das Erbe vorzeitig auszahlen zu lassen. Doch bei dem jüngeren Sohn ist keine Rede von so etwas. Er will sich nicht selbstständig machen; er will einfach weg und das Leben genießen. Darum ist sein Wunsch deplaziert und mit nichts zu rechtfertigen. Er verhält sich so, als ob sein Vater schon tot wäre, denn nur dann wird das Erbe aufgeteilt. So verschleudert er alles was er hat, bis das böse Erwachen kommt. Für den jüdischen Hörer des Gleichnisses Jesu, gab es wohl kein drastischeres Bild für Demütigung und Scheitern eines Menschen. In der Fremde (die zugleich auch Gottesferne bedeutet) Schweine zu hüten (die als unreine Tiere gelten) und vor Hunger gar nach deren Futter zu verlangen: eine solche Situation kam dem Tode gleich. *Entscheidend ist jedoch, dass er das selber merkt und umkehrt.* Der Mut zu einer solchen Rückkehr ist sicher genau so groß, wie der Mut zum Aufbruch. Und zwar darum weil er sein ganzes Scheitern nach Hause mitbringt: die Schande es zu nichts gebracht zu haben und die vielen negativen Erfahrungen. Seine Frage ob er vom Vater überhaupt noch angenommen wird, ist berechtigt. Als Tagelöhner angenommen zu werden hofft er.

2. Der Vater steht – wie schon gesagt – symbolisch für **Gott**. Er ist weise, umsichtig und barmherzig. Er ist äußerst liebevoll im Umgang mit beiden Söhnen. Wie der Vater den Abgang des jüngeren Sohnes erträgt, wird hier nicht geschildert; es kann ihm jedoch nicht leicht gefallen sein. Trotzdem ließ er ihn seinen Weg ziehen und zahlte ihm sogar das Erbe aus, wiewohl er dessen Scheitern voraus sehen konnte. Eine kleine Notiz lässt den Schmerz des Vaters nur erahnen (V. 20): „Als er noch *weit entfernt* war, sah ihn sein Vater". Wie sehnsüchtig muss dieser Vater gewartet haben? Doch nicht nur so viel: Der Vater versucht auch den älteren Sohn zur Vernunft zu bringen, indem er diesem genau erklärt, warum er die Freudenfeier veranstaltet hat. Wie dieser Versuch des Vaters ausgeht, ob sie letztendlich einen Weg zueinander finden, darüber schweigt unsere Geschichte.

3. Der ältere Bruder ist verärgert; aufs erste gesehen zu Recht. Bei ihm sind typische Eigenschaften eines älteren Bruders zu finden. Er weiß und kann alles besser als der jünge-

re. Er war immer treu und hat sich Mühe gegeben. Er war immer pflichtbewusst und stolz auf seine Korrektheit. Der aufgestaute Zorn dieses selbstgerechten älteren Bruders entlädt sich nun in seiner Protesthaltung dem Vater gegenüber. Er spricht nicht mehr von seinem Bruder; er sagt *„dieser dein Sohn da"*. Für ihn ist sein Bruder tot. Sicher ist allen klar, dass dieser sein Erbteil verschleudert hat. Er hat kein Verständnis dafür, dass man ihm zu Ehren nun sogar ein Festmahl zubereitet. Den älteren Bruder plagt der Neid. Warum hat er ein solches Fest nie bekommen, obwohl er es durchaus verdient hätte? Der ältere Bruder verrechnet seine Leistung mit der väterliche Liebe; diese Rechnung geht nicht auf. Gott gibt seine Liebe nicht, nach dem was wir verdient haben, oder verdienen würden. Aber: zu dem Fest sind alle eingeladen. Indem er sich in seine Hass- und Neidgefühle hineinsteigert, merkt der ältere Bruder gar nicht, dass er an diesem Fest mitfeiern darf, dass dieses Fest auch für ihn läuft. Das Risiko welches er eingeht ist, dass er sich – auf andere Weise wie sein Bruder es tat, als er weg ging – nun selber von seinem Vater distanziert.

III. Der jüngere Bruder hat sein Lehrgeld bezahlt und hat nochmals Glück gehabt. Wie es mit dem älteren Bruder weiter geht, darüber können wir nur Mutmaßungen anstellen. Wahrscheinlich geht der Vater auch diesem nach. Eigentlich wären beide Söhne verloren, ohne den Vater. Es sieht zunächst so aus, als ob die materielle Sicherheit beim Vater auch das seelische Gleichgewicht garantieren würde. Doch die Haltung des zweiten Sohnes zeigt, dass dem nicht so ist. Erst dann, wenn eine wirkliche Beziehung zum Vater da ist und nur dann, kann „das Fest beginnen". Geld und Güter sind eine wichtige Wertekategorie in diesem Leben. Doch ohne die andere Kategorie von Werten, die da heißen: Liebe, Verständnis und Barmherzigkeit, bringen sie nichts. Der Vater hat korrekter Weise dieser zweiten Wertekategorie den Vorrang gegeben. Darin hat er sich als weise und vorausschauend erwiesen. Der jüngere Sohn hat – gerade durch seine Negativerfahrungen – die Relativität der materiellen Sicherheit kennen gelernt und kann darum die väterliche Liebe umso mehr schätzen. Der ältere Sohn hat diese Erfahrung der unverdienten Gnade noch nicht gemacht. Aber auch ihm kommt der Vater entgegen. Dem Vater ist es wichtig, dass die beiden Brüder auch untereinander ein gutes Verhältnis haben; wiewohl dieses Verhältnis durch den Weggang des jüngern über lange Zeit hindurch getrübt gewesen sein muss. Gott liegt es daran, dass beide Beziehungen stimmen: die Beziehung zu IHM und zu unserm Mitmenschen. Amen.

Vergeben

Vierter Sonntag nach Trinitatis (17. Juli 2011) – Schäßburg und Dunesdorf[26]
Predigt zu 1. Mose 50,15 – 21

15. Die Brüder Josefs aber fürchteten sich, als ihr Vater gestorben war, und sprachen: „Josef könnte uns gram sein und uns alle Bosheit vergelten, die wir an ihm getan haben." 16. Darum ließen sie ihm sagen: „Dein Vater befahl vor seinem Tode und sprach: 17. ‚So sollt ihr zu Josef sagen: Vergib doch deinen Brüdern die Missetat und ihre Sünde, dass sie so übel an dir getan haben.' Nun vergib doch diese Missetat uns, den Dienern des Gottes deines Vaters!" Aber Josef weinte, als sie solches zu ihm sagten. 18. Und seine Brüder gingen hin und fielen vor ihm nieder und sprachen: „Siehe, wir sind deine Knechte." 19. Josef aber sprach zu ihnen: „Fürchtet euch nicht! Stehe ich denn an Gottes Statt? 20. Ihr gedachtet es böse mit mir zu machen, aber Gott gedachte es gut zu machen, um zu tun, was jetzt am Tage ist, nämlich am Leben zu erhalten ein großes Volk. 21. So fürchtet euch nun nicht; ich will euch und eure Kinder versorgen." Und er tröstete sie und redete freundlich mit ihnen.

Liebe Gemeinde!

I. Die Erzählung von Josef und seinen Brüdern (er letzte Teil von 1. Mose, Kap. 37 – 50) führt uns _ur_menschliche Situationen vor Augen; wer kennt sie nicht? Dazu einige Beispiele: 1) Eltern teilen ihre Liebe nicht gerecht auf die Kinder auf; ein Kind wird dem andern gegenüber bevorzugt. Ein Kind ist begabter als die andern und daraus entsteht eine Bevorteilung seitens Dritter. Menschen sind neidisch aufeinander und dieser Neid lässt sie Böses ersinnen, nur um dem Beneideten eines auszuwischen. 2) Oder aber: Menschen kommen in die Situation, dass sie auf jene – denen sie Böses angetan haben – angewiesen sind. Und dann schämen sie sich natürlich, denn sie wissen, dass ihr Gegenüber Grund genug hätte, ihnen nicht beizustehen 3) Oder aber trifft man Begabte an, die aufgrund ihrer Begabung Arroganz und Überheblichkeit an den Tag legen, um sich sichtbar und bewusst von den andern abgrenzen. All dieses und noch viel mehr finden wir in der Josefsgeschichte. Es ist eine Geschichte mitten aus dem Leben heraus gegriffen; eine Geschichte in der wir uns – an dieser oder jener Stelle; in der einen oder andern Person – wieder finden können. Unser Bibelwort ist dem letzten Teil der Josefsgeschichte entnommen. Hier geht es um die endgültige Versöhnung zwischen Josef und seinen Brüdern. Der Weg zur Versöhnung – der hier nachgezeichnet wird – soll auch für uns nachvollziehbar werden. Darum wollen wir uns die Geschichte näher anschauen.

---

[26] In Dunesdorf gibt es jeweils auch eine rumänische Zusammenfassung der Predigt, weil nicht alle Gemeindeglieder der deutschen Sprache mächtig sind.

II. Zunächst einmal überrascht uns die Bitte der Brüder um Vergebung. Denn schon fünf Kapitel vorher (45. Kap) – als die Brüder wegen der Hungersnot nach Ägypten kamen und von Josef zunächst auf harte Proben gestellt wurden – versöhnte sich Josef anschließend mit ihnen. Doch psychologisch gesehen ist diese zweite Bitte um Vergebung verständlich. Der Vater – die Integrationsfigur der Familie, sozusagen – ist in der Zwischenzeit gestorben. Man könnte ja annehmen, dass Josef seinerzeit nur aus Respekt seinem Vater gegenüber sich nicht an den Brüdern rächte; nun aber – da der Vater tot ist – diese Möglichkeit eventuell in Betracht ziehen könnte. Ebenfalls einleuchtend ist, dass sie ihre Bitte nicht selber vorbringen, sondern sie ihm durch Dritte zur Kenntnis bringen (es ihm „sagen lassen"). Allerdings können sie es nicht lassen, ihrer Bitte mit einer Notlüge nachzuhelfen: sie legen diese Bitte ihrem inzwischen verstorbenen Vater in den Mund. Und damit es wirklich nützt, begründen sie ihre Bitte um Vergebung nicht nur mit der Blutsverwandtschaft, sondern auch theologisch: *„Vergib ... den Dienern des Gottes deines Vaters!"*

In der Tat: seinen eigenen Bruder zunächst umbringen zu wollen und ihn dann „nur" in die Sklaverei zu verkaufen und dem Vater zu erzählen er sei tot, ist ein schwerwiegendes Verbrechen. Josef hätte daran auch zugrunde gehen können (physisch wie psychisch). Man hätte Verständnis dafür aufbringen können, wenn Josef – auch wenn er an seinen Brüdern keine Rache hätte nehmen wollen – zumindest den Kontakt zu ihnen abgebrochen hätte. Der bittere Weg in die Fremde, die harten Jahre der Sklaverei und die Gefängniszeit; so etwas kann man nicht einfach vergessen oder verdrängen. Aber Gott hat sein Schicksal zum Guten gewendet und Josef weiß dies zu schätzen. Im Rückblick erkennt Josef, dass Gott Böses zum Guten gewandelt hat. Die Sünde der Brüder ist für Josef zum Segen geworden. Die zentrale Aussage dieses Textes ist in zwei Sätzen enthalten: *„Stehe ich denn an Gottes Statt? Ihr gedachtet es böse mit mir zu machen, aber Gott gedachte es gut zu machen ..."* Mitten in der Schuld ist Vergebung; mitten im Bösen ist das Gute; mitten im Tod ist Leben. So handelt Gott: diese Linie können wir bis ins Neue Testament, bis hin zu Jesus Christus (zu seinem Kreuz und zu seiner Auferstehung) verfolgen.

Sicherlich hätte Josef sich auch anders verhalten können. Wenn er sich gerächt hätte, dann wäre aus dem Verbrechen seiner Brüder und der Rache Josefs als Reaktion darauf eine Gewaltspirale entstanden und dann wäre Gottes Wille *„nämlich am Leben zu erhalten ein großes Volk"* so nicht erfüllt worden. Andererseits gilt auch dies: Menschen, die Böses tun, sind keineswegs damit zu entschuldigen, dass Gott das Böse was sie taten für einen guten Zweck in Anspruch nehmen kann. Die Verantwortung des Menschen bleibt bestehen. Festzuhalten ist: wir können nur vorletzte Entscheidungen treffen. Letzte Entscheidungen (in jedem und über jedes einzelne Menschenleben) liegen bei Gott.

III. Der *theologische* Gehalt dieser Geschichte kann so zusammengefasst werden: der Mensch – welcher sich mit seinem Mitmenschen vor Gott stehend sieht – hat die Pflicht zu vergeben; eine Pflicht deren Einhaltung selbstverständlich nur Gott alleine einfordern kann. Jemand der einen Schaden angerichtet hat, kann den Geschädigten höchstens um Vergebung bitten, ihn dazu aber nicht zwingen. Diesbezüglich verhält Josef sich vorbildhaft.

Doch fast noch frappierender sind aus meiner Sicht die *psychologischen* Beobachtungen, welche man in dieser Geschichte anstellen kann. Gerade in unserer heutigen Zeit, tritt das Phänomen der so genannten «Patchwork-Familie» immer häufiger auf. Und in diesem Zusammenhang gibt es immer wieder Situationen, in denen Stief- und Halbgeschwister unterschiedlich behandelt werden. Bei allem Wissen, dass jeder Mensch für seine Taten verantwortlich ist (auch Kinder aus zerrütteten Familien), tragen die Eltern in solchen Fällen eine nicht unerhebliche Verantwortung dafür, wenn in der Entwicklung der Kinder etwas schief läuft. Wesentlich für das Verständnis der Geschichte von Josef und seinen Brüdern ist das Hintergrundwissen: der Vater Jakob hatte – wie wir ja wissen – mehrere Frauen; Josef war der Sohn Jakobs mit seiner Lieblingsfrau Rahel. Vor allem aber war Josef zusammen mit Benjamin der Sohn des alten Jakob. Jakob hat – psychologisch gesehen – hier eher die Rolle eines Großvaters, als die des Vaters. Der greise Jakob ist in diesen begabten Sohn Josef richtiggehend vernarrt; als sentimental gewordener alter Mann, bevorzugt er ihn den zwölf andern Söhnen gegenüber und bringt damit das gute Funktionieren einer orientalischen Großfamilie aus den Fugen. Es ist bekannt, dass gerade in den damaligen Zusammenhängen (aber auch heute noch in traditionell geprägten Familien im Orient) der älteste Sohn eine hervorgehobene Rolle spielt(e). Insoweit ist der Vater Jakob – der zur Zeit als unsere Geschichte spielt gar nicht mehr lebte – mindestens so verantwortlich für diese Situation, wie seine Söhne. Wenn der Vater seine Söhne gleich behandelt hätte, wäre es wahrscheinlich gar nicht so weit gekommen, dass die Brüder derart in Neid entbrannt wären, und ihr Verhalten Josef gegenüber so ausgeartet wäre. Insoweit ist die Argumentation der Brüder, dass der Vater vor seinem Tod (in testamentarischer Weise sozusagen) um Vergebung bittet, nicht nur theologisch sondern auch psychologisch richtig.

Wenn wir unser eigenes Verhalten im Blick auf ähnliche Situationen analysieren, dann kann uns eine solche Geschichte als Beispiel dienen: es ist gut in erster Linie für uns selber, wenn wir vergeben können, denn wir tun uns selber etwas Gutes. Wir stehen nicht an Gottes Statt, sondern sind fehlbare Menschen und darum selber auf Gnade und Vergebung angewiesen. Amen.

A patra Duminică după Sărbătoarea Sf. Treimi

(17 iulie 2011) – Daneș, jud. Mureș

Rezumatul predicii despre **Facerea 50,15 – 21**

15. Văzând însă frații lui Iosif că a murit tatăl lor, au zis ei: „Ce vom face, dacă Iosif ne va urî și va vrea să se răzbune pentru răul ce i-am făcut?" 16. Atunci au trimis ei la Iosif să i se spună: „Tatăl tău înainte de moarte te-a jurat și a zis: 17. 'Așa să spuneți lui Iosif: Iartă fraților tăi greșeala și păcatul lor și răul ce ți-au făcut.' Iartă deci vina robilor Dumnezeului tatălui tău!" Și a plâns Iosif când i s-au spus acestea. 18. Apoi au venit și frații lui și, căzând înaintea lui, au zis: „Iată, noi suntem robii tăi". 19. Iar Iosif le-a zis: „Nu vă temeți! Sunt eu, oare, în locul lui Dumnezeu? 20. Iată, voi ați uneltit asupra mea rele, dar Dumnezeu le-a întors în bine, ca să facă cele ce sunt acum și să păstreze viața unui popor numeros. 21. Deci nu vă mai temeți! Eu vă voi hrăni pe voi și pe copiii voștri". Și i-a mângâiat și le-a vorbit de la inimă.

Iubiți creștini,

Tema acestei duminici poate fi rezumată în felul următor: omul are datoria de a ierta, pentru că la rândul lui are nevoie să fie iertat: de semenii săi, dar mai ales de Dumnezeu. Să fie iertători Le-a sfătuit Iisus Însuși pe ucenicii săi. Sigur că doar Dumnezeu îi poate cere omului într-un mod imperativ acest lucru. Un om care a păgubit sau jignit pe altul, nu îl poate obliga pe acesta să-l ierte, ci doar să se umilească în fața lui și să se roage ca să fie iertat. Așa procedează frații lui Iosif și el se îndură de ei, comportându-se exemplar. Este o poveste din viața reală, care se extinde pe mai multe capitole din cartea Facerii (cap. 37 – 50). Textul pe care l-am citit este ultima parte din relatarea sorții familiei lui Iacov și a fiilor săi; este descrisă reconcilierea finală dintre Iosif (fiul preferat a lui Iacov) și frații săi. Drumul spre reconciliere – care ne este trasat aici de Sfânta Scriptură – se vrea a fi un drum exemplar și accesibil pentru noi toți.

Interesante și remarcabile sunt observațiile psihologice ale acestei istorisiri. Sunt chiar izbitoare, dacă le vedem în contextul vremurilor noastre. Întâlnim tot mai multe cazuri in care familii sunt compuse din frați, care nu au același tată sau aceeași mamă, adică frați vitregi. Vorbim de așa numita familie "patch-work"; relațiile familiale fiind din nefericire în multe cazuri de scurtă durată și legându-se relații noi; acest fenomen apare în societatea noastră cu o frecvență tot mai mare. Cei mai expuși în aceste situații și cei care suferă cel mai mult, sunt copiii. Nu de puține ori părinții îi tratează în mod diferit pe copiii lor sau a partenerului de viață și acest lucru are repercursiuni directe asupra comportamentului copilului. În aceste cazuri, părinții poartă o responsabilitate foarte mare în dezvoltarea copiilor. Cheia pentru înțelegerea textului biblic despre Iosif, care a fost vândut de proprii săi frați în sclavie, este următoarea: Iacov, tatăl său a avut după tradiția acelor vremuri mai multe soții. Iosif a fost fiul lui Iacov și al Rahilei, soția sa favorită. Pe Iosif și pe fratele mai mic Beniamin (și el fiu al Rahilei), tatăl Jacov îi iubea mai mult decât pe ceilalți, iar Iosif beneficia de un tratament preferențial din partea tatălui său. Prin acest comportament, Iacov este în mare măsură răspunzător pentru invidia fraţilor mai mari faţă de Iosif. Buna funcţionare al unui clan de familie oriental este deranjată, pentru că acolo doar primul născut are prerogative deosebite. Dacă Iacov ar fi tratat pe fiii lui în mod egal, nu s-ar fi ajuns în această situaţie în care comportamentul celor mari împotriva lui Iosif degenerase şi se transformase în ură şi pizmă.

Motivarea fraţilor, cum că tatăl lor înainte de moartea sa, ar fi solicitat (într-o manieră cvasitestamentară) lui Iosif să-i ierte, este corectă nu numai din punct de vedere teologic, dar şi psihologic. Dacă ne analizăm comportamentul propriu în situaţii similare, această povestire ne poate ajuta ca şi pildă. Este bine în primul rând pentru noi înşine, să avem tăria de a cere iertare şi de a ierta, pentru că nouă înşine ne este în primul rând de folos. Noi nu suntem „în locul lui Dumnezeu", cum afirmă Iosif. Toţi oamenii suntem supuşi greşelii şi – prin urmare – viaţa noastră depinde de harul Său. Avem nevoie de iertarea lui Dumnezeu, dar şi de iertarea semenilor noştrii. Amin.

Abraham – der Glaubende und Gesegnete

Fünfter Sonntag nach Trinitatis (23. Juli 2000) – Schäßburg

Predigt zu **1. Mose 12,1 – 4**

1. Der HERR sprach zu Abram: „Geh aus deinem Vaterland und von deiner Verwandtschaft und aus deines Vaters Hause in ein Land, das ich dir zeigen will. 2. Und ich will dich zum großen Volk machen und will dich segnen und dir einen großen Namen machen, und du sollst ein Segen sein. 3. Ich will segnen, die dich segnen, und verfluchen, die dich verfluchen; und in dir sollen gesegnet werden alle Geschlechter auf Erden." 4. Da zog Abram aus, wie der HERR zu ihm gesagt hatte, und Lot zog mit ihm. Abram aber war 75 Jahre alt, als er aus Haran zog.

Liebe Gemeinde!

I. Die Gestalt des Abraham ist faszinierend. Interessant für uns heute, die wir in einer multikulturellen, aber auch multireligiösen Gesellschaft leben ist wohl die Tatsache, dass Juden, Moslems und Christen ihn in gleicher Weise als ihren Urvater beanspruchen, bzw. sich in ihrem doch sehr unterschiedlichen religiösen Empfinden auf ihn berufen. Unwillkürlich fühlt man sich an Gotthold Ephraim Lessings berühmtes Werk „Nathan der Weisen" erinnert. In der «Ringparabel» versucht der Aufklärer Lessing – anhand der drei identischen Ringe – die Gleichwertigkeit der drei Religionen herauszustreichen. Ohne Zweifel finden sich Gemeinsamkeiten in diesen drei Religionen gerade auch anhand der Abrahamsgestalt. In ähnlicher Weise, wie es unser Bibelwort aus dem **Alten Testament** darlegt, so finden wir es im **Koran** aber auch im **Neuen Testament** vor: Abraham ist das klassische Beispiel für einen Menschen, der sich auf Gott verlässt. Abraham ist die exemplarische Figur des GLAUBENDEN! Islam, Judentum und Christentum sehen mit Abraham etwas Neues im Verhältnis zwischen Gott und dem Menschen anbrechen. Als wesentlich ist festzuhalten, dass Abraham mit der Vergangenheit bricht und sich auf einen «neuen» Gott einlässt. Seine Vergangenheit hatte einen – für uns nicht mehr genau feststellbaren – polytheistischen Hintergrund. Mit Abraham selber ist nun der Übergang zur monotheistischen Religion hergestellt, zum Glauben an den *einen* Gott.

Im **Koran** wendet sich **Ibrahim** vom Glauben seiner Zeitgenossen ab. Sonne, Mond und Sterne, die als Gottheiten verehrt wurden, können seiner Meinung nach nicht mehr angebetet werden, sondern allein der Schöpfergott, soll als einzig wahrer Gott angerufen werden. In Sure 37 z. B. heißt es im Blick auf die Götzenfiguren: „*Da wandte er (Ibrahim) sich ab zu ihren Göttern und sagte: ‚Esst ihr denn nicht? Weshalb redet ihr nicht?' Und er fing an sie mit seiner rechten Hand zu zerschlagen.*" Somit stellt der Koran Abraham als den ersten Monotheisten dar. Abraham ist ein «Gott-ergebener-Mensch», was im muslimischen Sprachgebrauch als ein «*hanifan musliman*» genannt wird.

Im **Judentum** gilt Abraham als der Ahnherr, der nicht nur aus seinem Land und aus seiner Verwandtschaft aufgebrochen ist, sondern mit dem Glauben seiner Umwelt gebrochen hat. In ganz ähnlicher Weise, wie der Koran, berichtet ein **Midrasch** über den Bruch Abrahams mit den Götzen: *„Im Geschäft seines Vaters, wo Götzenbilder verkauft wurden, musste Abraham kurz aufpassen. Er zerschlug alle Götzenbilder, eins ließ er aber übrig. Als sein Vater wissen wollte, was passiert war, sagte Abraham: «Eine Frau brachte einen Kuchen für diese Götzenbilder. Da kriegten die Krach miteinander und zerschlugen sich gegenseitig, nur dieses eine blieb übrig!» «Das stimmt doch nicht», rief sein Vater, «Götterbilder tun doch nichts, sie sehen nichts, sie riechen nichts, sie können nichts». «Siehst du» sagte Abraham, «du glaubst selbst auch nichts davon. Ich mach hier nicht mehr mit. Ich gehe weg!»"* Somit war der Grund für den monotheistischen Glauben der Juden gelegt.

Im **Neuen Testament** ist vor allem der Apostel Paulus an der Gestalt des Abraham interessiert. Im Römerbrief z. B. legt Paulus seine theologische Sicht im Blick auf das Abrahamsbild dar: Abraham ist der Exponent, der Rechtfertigung aus Glauben. Weil Abraham glaubte, wurde es ihm *„zur Gerechtigkeit gerechnet"* (Römer 4,3). Für uns Christen evangelisch-lutherischer Prägung ist dieser Aspekt sehr wichtig: der **Glaube** an die Rechtfertigung, allein aus Gnade, allein durch Christus. Weil Abraham – lange bevor Jesus Christus in diese Welt kam – geglaubt hat auf *„Hoffnung, wo nichts zu hoffen war"* (Römer 4,18) ist er zum Glaubensvorbild über Zeitepochen hinweg geworden. Sicherlich geht die theologische Diskussion – inwieweit der Glaube selber von Gott gewirkt ist und wenn ja, worin der Beitrag des Menschen besteht – weiter, kann und soll aber an dieser Stelle nicht vertieft werden. Festzuhalten bleibt: als Vorbild für einen glaubensergebenen Menschen bleibt Abraham auch für den Christen unverzichtbar.

II. Die Geschichte von Abrahams Auszug bringt faszinierende Momente. Auf den ersten Blick sieht es wie der Beginn eines Reiseberichtes aus: Gott schickt Abraham auf den Weg. Dieser Aufbruch setzt zugleich aber auch große Fragezeichen. Abraham ist nicht mehr der Jüngste; immerhin ist er schon 75 Jahre alt und dazu kinderlos. Man merkt schnell, dass in dieser Geschichte mehr dahinter steckt, als einfach nur die Aufbruchsstimmung eines Reiselustigen. Und in der Tat ist unser Bibelwort weitaus mehr, als ein Reisebericht.

Wir haben ein Wort aus diesem Text noch nicht näher betrachtet. Es wird gleich fünfmal in den vier Versen genannt und entwickelt sich – wie wir sehen werden – zum Leitwort nicht nur dieses Textes, sondern des weiteren Lebensweges Abrahams: der **Segen**. Der Neuanfang, den *Gott verlangt*, wird auch von *Gott möglich gemacht*! Doch an Abrahams Schicksal wird deutlich, dass dieser – von Gott geforderte – Weg nicht immer von Rosen gesäumt ist, dass der Segen nicht immer und überall in gleicher Weise sichtbar und wahrnehmbar wird. Die Anstrengung welche Abraham jedoch vollbrachte war die, dass er glaubte. Er ließ sich auf das Wagnis mit Gott ein, auch wenn die äußeren Gründe dagegen sprachen. Die Zusage Gottes genügt ihm. Weil ihm der Segen Gottes zugesagt wird, kann sich Abraham auf die Weisung Gottes einlassen. Aus dem Vertrauen auf die Verheißung erwächst der Mut für das Unbekannte, oder wie es ein Ausleger formuliert hat: *„ Verheißung ist etwas, das der Mensch noch nicht sehen kann, das aber bei Gott schon Wirklichkeit ist."*

Das Wagnis des Glaubens ist auch von uns gefordert. Ohne dies Wagnis geht's nicht. Auch in unserem Leben kommen wir in Situationen, in welchen man meint, Gott hätte seinen Segen zurück genommen. Und doch gilt die Verheißung Gottes auch uns. Wir dürfen mit der Überzeugung leben, nicht allein gelassen zu sein. Wir wünschen uns natürlich stabile Verhältnisse: in der Familie, am Arbeitsplatz, in der Gesellschaft. Ein ganz spezifisches Problem unserer Zeit ist die hohe Komplexität und der ständige Wandel in fast allen Lebensbereichen. Flexibilität und Mobilität sind Schlagworte unseres Zeitalters. Das hat nicht nur Vorteile. Es gibt Menschen, die an ihrem Arbeitsplatz fast täglich neue Wege gehen müssen, damit der Betrieb im internationalen Wettbewerb mithalten kann. Das ist auf Dauer anstrengend und auch beängstigend, weil einem klar ist, dass man irgendwann zu dem Punkt kommt, ab dem man nicht mehr weiter kann. Unser Predigtwort will uns die Angst vor dem Ungewissen, vor dem Neuen, überhaupt vor den Herausforderungen dieses Lebens nehmen. Auch wenn wir nicht wissen, wie es weiter geht; Gott weiß es und er wird uns zur rechten Zeit das geben, was wir nötig haben. Die Abrahamsgestalt ist gerade in diesem Zusammenhang eine Symbolfigur. Gegen den Augenschein tat er das Richtige. Abraham vertraute Gott und ließ sich auf sein Wort ein. Darum war Abraham ein Gesegneter und in ihm sollen alle Geschlechter auf Erden gesegnet werden. Wir dürfen darauf vertrauen, dass auch wir in diesen Segen mit eingeschlossen sind. Amen.

Gottes Eigentum

Sechster Sonntag nach Trinitatis (11. Juli 2010) – Schäßburg
Predigt zu **Römer 6,3 – 11**

3. Wisst ihr nicht, dass alle, die wir auf Christus Jesus getauft sind, die sind in seinen Tod getauft? 4. So sind wir ja mit ihm begraben durch die Taufe in den Tod, damit, wie Christus auferweckt ist von den Toten durch die Herrlichkeit des Vaters, auch wir in einem neuen Leben wandeln. 5. Denn wenn wir mit ihm verbunden und ihm gleich geworden sind in seinem Tod, so werden wir ihm auch in der Auferstehung gleich sein. 6. Wir wissen ja, dass unser alter Mensch mit ihm gekreuzigt ist, damit der Leib der Sünde vernichtet werde, sodass wir hinfort der Sünde nicht dienen. 7. Denn wer gestorben ist, der ist frei geworden von der Sünde. 8. Sind wir aber mit Christus gestorben, so glauben wir, dass wir auch mit ihm leben werden, 9. und wissen, dass Christus, von den Toten erweckt, hinfort nicht stirbt; der Tod kann hinfort über ihn nicht herrschen. 10. Denn was er gestorben ist, das ist er der Sünde gestorben ein für alle Mal; was er aber lebt, das lebt er Gott. 11. So auch ihr, haltet dafür, dass ihr der Sünde gestorben seid und lebt Gott in Christus Jesus.

Liebe Gemeinde!

I. Vom liturgischen Kalender ist uns an diesem Sonntag das **Taufgedächtnis** als Thema gegeben. Heute geht es darum sich zu vergegenwärtigen, dass das Sakrament der Taufe an einem selbst vollzogen und man dadurch in Gottes Gnadenbund aufgenommen worden ist. Wenn wir das Taufgedächtnis begehen, dann dürfen wir frohgemut feststellen, dass uns nichts mehr von Gottes Gnade trennen kann. Die Tatsache, dass diese heilige Handlung zu einer Zeit geschehen ist, als wir uns weder dafür noch dagegen entscheiden konnten – nämlich als wir unmündige Kinder waren – will deutlich machen, dass Gottes Gnadenhandeln und weniger eine menschliche Entscheidung im Taufgeschehen die entscheidende Rolle spielt. Gott selber hat uns ausgewählt und nicht wir ihn. Wichtig ist, dass ER uns gewollt hat und dass er uns, so wie wir sind, angenommen hat. Gott hat – so wie es der Wochenspruch Jesaja 43,1 formuliert – uns beim Namen gerufen und wir sind sein Eigentum. Diese Erwählung Gottes bzw. die Zugehörigkeit in Gottes Herrschaftsbereich hat ewigen Charakter. Das können wir uns konkret gar nicht richtig vorstellen, weil unser Denken auf Zeitlichkeit programmiert ist. Die Konsequenz der Taufe ist so weit reichend, dass wir uns gar nicht Rechenschaft geben, was sie alles mit impliziert. Das Predigtwort aus dem Römerbrief ist ein klassischer Tauftext, in welchem der Apostel versucht in Worte zu fassen, was die Taufe an tief greifender Veränderung für unser Leben gebracht hat.

II. Viele Menschen betrachten die Taufe heutzutage eine frohgemute, erhebende Familienfeier. Taufe heißt ja, dass ein neuer Erdenbürger seit kurzem auf diese Welt gekommen ist und das ist immer ein Anlass zur Freude. Die Taufe eines – wenige Wochen alten – Kindes, führt uns das Bild eines offenen unbeschriebenen Buches vor Augen. In dieser Situation an den Tod zu denken, wäre befremdlich. Doch genau darüber spricht der Apostel Paulus, wenn er das Thema «Taufe» aufgreift. Da ist die Rede von der Sünde und vom Sterben, vom Kreuz und vom Begraben werden. Zugleich aber spricht er von einem „neuen Leben", in welches uns das Taufgeschehen hinein versetzt. Der Apostel geht hier sehr ehrlich mit der Situation des Menschen auf dieser Welt um; eine Situation, die wir oft und gerne außer Acht lassen. So wie wir uns vorfinden, nämlich der Sünde verfallen, sind wir eigentlich der Verdammnis preisgegeben. Wenn wir mit offenen Augen und geschärften Sinnen diese Welt wahrnehmen, dann wird uns sehr schnell deutlich wie sehr wir Erlösung nötig haben. Wir brauchen Gottes allmächtiges Eingreifen, aber unser sündiges Dasein hindert uns daran, in der Nähe Gottes zu existieren. Von uns aus können wir diese Nähe nicht erwirken. Der Weg dahin ist vergleichbar mit einer Einbahnstraße: Gottes Nähe können wir nur dann erfahren, wenn ER zu uns kommt. Und Gott kommt zu uns. Der von ihm gewählte Weg ist die Taufe auf den Namen seines Sohnes Jesus Christus. Die Taufe ist jener Akt, der uns aus dieser unserer Situation der Verdammnis und der Gefangenschaft befreit. Alles was uns den Zugang zu Gott versperrt, wird aus dem Weg geräumt. In den Vordergrund tritt das Gute, das Heilsame. Radikaler formuliert es der Apostel Paulus: es geht um Leben und Tod. Mit Christus begraben sind wir, bzw. ist unser sündiges Dasein; das ist die eine Seite der Medaille. Die andere ist die, dass ein neues Leben bei Gott uns gegeben ist, weil Jesus Christus von den Toten auferstanden ist. Der Tod ist überwunden und das Leben hat gesiegt. Taufe bedeutet, dass Gott uns an diesem Sieg teilhaben lassen will. Taufe bedeutet mit Jesus gestorben und mit Christus auferstanden zu sein.

III. Sicherlich bleiben auch offene Fragen. Die Präsenz des „neuen Lebens" in welchem die Getauften wandeln, können wir oft nicht oder nur schleierhaft erkennen. Und zwar nicht nur bei jenen, die sich um Kirche und Glauben wenig kümmern, sondern gerade auch bei denen, die sich zu den «guten» Christen zählen. Unser Erdenleben (auch das der Getauften) kennzeichnet sich durch Unvollkommenheit. Doch das Mysterium der Taufe setzt gerade an dieser Stelle an. Dieses irdische Leben – bzw. all das Unvollkommene, das Hässliche, das Böse – werden in der Taufe vernichtet. Die Verbundenheit mit Christus, von der Paulus spricht, beinhaltet dies: der Sohn Gottes ist bei mir und was ihm geschieht, geschieht auch mir. Was er besiegt hat, kann auch mich nicht mehr beherrschen. Sicherlich – der irdische Tod steht uns noch bevor. Sicherlich – Christen sündigen nach wie vor. Aber dieser Sünde ist von Christus mit ins Grab genommen worden. Auch wenn das oft gar nicht merken: Gott reicht uns seine helfende Hand, damit wir von all den Dingen die uns beschweren frei kommen können. Das geschieht immer wieder neu und darum ist es auch so wichtig, sich immer wieder zu vergegenwärtigen, dass man getauft worden ist, und dass man mit Gottes Hilfe von neuem beginnen darf. Wichtig ist zu wissen – und darum ist ein Tag des Taufgedächtnisses so wichtig, weil wir dessen neu innewerden – dass wir eine Beziehung mit unserm Schöpfer und Erlöser haben dürfen, und zwar ohne unser Zutun. Von dieser Beziehung müssen wir Gebrauch machen. Von Martin Luther ist überliefert, dass er in den Momenten, als er größte Anfechtungen durchstehen musste, diesen Satz aufschrieb: „Ich bin getauft." Die Gewissheit getauft zu sein, stärkte ihn und gab ihm Kraft weiter aktiv zu bleiben.

IV. Am Schluss sei es erlaubt unter Zuhilfenahme eines Märchens, das bisher Gesagte zu veranschaulichen. Es geht um das bekannte Märchen vom «Dornröschen». Wie wir wissen, beginnt und schließt dies Märchen jeweils mit einer Feier. Die erste Feier ist jene, die mit einem Fluch endet. Hier wird das menschliche Versagen in symbolträchtiger Weise dargestellt. Der König hätte alle dreizehn Feen einladen können. Er ist jedoch ein eitler Mensch, der mit seinem goldenen Besteck beeindrucken will. Weil das edle Gedeck eben nur für zwölf Personen gedacht, kann er auch nur zwölf Feen einladen. Was als rauschendes Fest – in welchem Schönheit und Reichtum zur Schau getragen werden sollten – begann, endet tragisch. Der neidische Fluch der dreizehnten nicht eingeladenen Fee, bringt den totalen Stillstand. Das zweite Fest am Ende des Märchens, ist diesem ersten diametral entgegen gesetzt. Das Dornröschen – nachdem es dem Fluch gestorben ist – darf nun leben, weil es vom Prinzen befreit wurde. Nicht zufällig löst die Liebe den Fluch. Dieser etwas naive Vergleich hilft mir zu begreifen, was Paulus hier erklären möchte. Der Fluch der Sünde, ist durch die – in Jesus Christus in diese Welt gekommene – Liebe entkräftet worden.

V. Heute sollen wir aufs Neue dessen innewerden: **wir sind Gottes Eigentum**. Die Liebe Gottes, welche in der Taufe über uns ausgegossen ist, erhält und trägt uns. Sie hilft uns dieses irdische Leben zu meistern. Sie gibt uns aber schon jetzt Anteil an dem ewigen Leben, für welches uns Gott bestimmt hat. Auch wenn wir nicht wissen, wie das was uns jenseits der Grenzen dieses Lebens erwartet aussehen wird, so haben wir in der Taufe jetzt schon eine „Anzahlung" davon. Sich der Taufe zu erinnern ist beglückend aber auch verpflichtend zugleich. In Analogie zur Liebe Gottes, sollen wir selber diese Liebe üben, indem wir uns unserem Mitmenschen zuwenden. Aufgrund der Taufe haben wir nicht nur das Recht, sondern die Pflicht dazu. Darin erkennen wir jetzt schon das „neue Leben" in welchem wir „durch die Herrlichkeit des Vaters wandeln". Amen.

Speise für Leib und Seele

Siebter Sonntag nach Trinitatis (21. Juli 1996) – Tartlau[27]
Predigt zu **2. Mose 16,2 – 3.11 – 18**

2. Es murrte die ganze Gemeinde der Israeliten wider Mose und Aaron in der Wüste. 3. Und sie sprachen: „Wollte Gott, wir wären in Ägypten gestorben durch des HERRN Hand, als wir bei den Fleischtöpfen saßen und hatten Brot die Fülle zu essen. Denn ihr habt uns dazu herausgeführt in diese Wüste, dass ihr diese ganze Gemeinde an Hunger sterben lasst." [...] 11. Und der HERR sprach zu Mose: 12. „Ich habe das Murren der Israeliten gehört. Sage ihnen: ‚Gegen Abend sollt ihr Fleisch zu essen haben und am Morgen von Brot satt werden und sollt innewerden, dass ich, der HERR, euer Gott bin.'" 13. Und am Abend kamen Wachteln herauf und bedeckten das Lager. Und am Morgen lag Tau rings um das Lager. 14. Und als der Tau weg war, siehe, da lag's in der Wüste rund und klein wie Reif auf der Erde. 15. Und als es die Israeliten sahen, sprachen sie untereinander: „Man hu?" Denn sie wussten nicht, was es war. Mose aber sprach zu ihnen: „Es ist das Brot, das euch der HERR zu essen gegeben hat. 16. Das ist's aber, was der HERR geboten hat: ‚Ein jeder sammle, soviel er zum Essen braucht, einen Krug voll für jeden nach der Zahl der Leute in seinem Zelte'". 17. Und die Israeliten taten's und sammelten, einer viel, der andere wenig. 18. Aber als man's nachmaß, hatte der nicht darüber, der viel gesammelt hatte, und der nicht darunter, der wenig gesammelt hatte. Jeder hatte gesammelt, soviel er zum Essen brauchte.

Liebe Gemeinde!

I. Ein sehr großes Dilemma der Menschheit, ganz praktischer Natur, schwebt mir vor Augen, wenn ich diesen Text lese: zur Zeit gibt es auf der Erde etwa 1 Milliarde Menschen – das sind etwa 20% der Erdbevölkerung – die an Hunger oder Unterernährung leiden. Bei fast allen Krankheiten und Seuchen, ist eben auch die mangelnde oder fehlende Nahrung ein Grund für hohe Sterblichkeitsraten. Es sind vor allem Kinder in Entwicklungsländern, die täglich zu Tausenden und Abertausenden dem Hunger zum Opfer fallen.

Für uns – hier und heute – ist es schwer nachzuempfinden, was wirklicher Hunger ist. Jene unter uns, welche die schwere Zeit des Krieges und der Nachkriegszeit erlebt haben, wissen es. In diesem Jahr ist das Büchlein «Lebenszeit und Lebensnot» von Walter Peter Plajer aus Zeiden erschienen, in welchem er über die Zeit in der Deportation in die Sowjetunion schreibt. Er berichtet unter anderem über seinen Fluchtversuch, wobei er in ganz detaillierter Weise festhält, wie der Hunger zum überdimensionalen Problem wird. Er

---

[27] Von Januar bis Dezember 1996 war ich Vikar in Zeiden und Heldsdorf. Stellvertretend für den damals erkrankten Tartlauer Pfarrer und Burzenländer Dechanten Johann Orendi hielt ich diese Predigt und den Gottesdienst in Tartlau.

weiß, dass er verfolgt wird und sich daher nicht frei bewegen kann. Er kann nur nachts weiter kommen, am Tag schläft er. Und dann ist dieses nicht locker lassende, unbarmherzige Gefühl des Hungers und des Durstes da, welches nicht unterdrückt werden kann. Er kommt an Feldern vorbei und hat Angst nicht erwischt zu werden; wagt man sich aber dennoch hinein um ein paar Früchte – Tomaten oder Melonen – mitzunehmen. Er kommt an einem Bauernhof vorbei und mit demselben Gefühl der Beklommenheit und der Scham aber auch der Angst, lässt er ein Huhn mitgehen. Unter normalen Umständen wäre doch niemand in des Nachbarn Hof gegangen um ein Tier zu stehlen. Aber was tut man nicht alles wenn der Hunger sich keine Ruhe gibt, wenn es um das nackte Überleben geht?

II. Wenn es ums nackte Überleben geht, findet man sich in einer «Wüstensituation» vor. Das Volk Israel ist aus der Gefangenschaft entflohen, um in ein Land zu gehen, „darin Milch und Honig fließt" – so hatte Gott es Mose versprochen. Aber der Weg ist lang und beschwerlich und dazu kommt eben auch der quälende Hunger und Durst hinzu. Wer wirklich einmal in der Situation war, hungern zu müssen – ich beziehe mich jetzt nicht auf die freiwilligen Hunger- oder Schlankheitskuren – der kann verstehen, warum das Volk Israel **murrt**. Nach dem hebräischen Urtext wäre dieses murren noch richtiger mit **rebellieren** zu übersetzen. Israel rebelliert. Es erinnert sich an die Fleischtöpfe Ägyptens. Natürlich: sie waren zwar in Gefangenschaft und das wünschen sie sich auch nicht zurück. Aber sie hatten zu essen. Und darin steckt doch eine Logik: lieber mit vollem Magen sterben, als langsam und qualvoll in der Wüste dahinzusiechen. „Lieber wären wir in Ägypten geblieben, so aber ist unser Schicksal nun besiegelt".

Nun aber folgt die entscheidende Episode: Gott spricht zu Moses und er greift vollmächtig ins Geschehen ein. Er hat das Murren, die Rebellion des Volkes gehört und zur Kenntnis genommen und nicht nur dies: er hat das Anliegen des Volkes auch ernst genommen und darauf reagiert. Es gibt reichlich Nahrung für das ganze Volk, so dass keiner mehr murren muss.

Es mag vielleicht vermessen klingen, aber genauso ist es bis auf den heutigen Tag: Nahrung ist genug für alle da. Das was an Lebensmitteln auf der ganzen Welt produziert wird, würde ausreichen um die ganze Erdbevölkerung satt zu bekommen. Aber das Problem liegt bei der Verteilung, und daher bei den Menschen selber! Es gibt die sehr armen Gegenden, wo täglich Menschen vor Hunger sterben und es gibt die reichen Gegenden, wo die Wohlstandsgesellschaft es sich gut gehen lässt und viel mehr als sie eigentlich zum Leben braucht – und ich beziehe mich bloß auf die Lebensmittel, **nicht** erst auf: Geld, Immobilien, Wertgegenstände – für sich beansprucht.

Diese schöne Geschichte aus dem Alten Testament zeigt uns, dass Gott für alles gesorgt hat und eigentlich alles da ist. Nur leider sind wir Menschen nicht in der Lage, richtig damit umzugehen. Egoismus und Habsucht sind weiterhin dominante Eigenschaften, welche uns Menschen charakterisieren.

III. Damit sind wir auch dort angekommen worauf diese Geschichte hinaus will. Denn es heißt zwar in Vers 12 *„ihr sollt Fleisch zu essen haben und von Brot satt werden"*. Aber das ist nicht alles. Es steht noch ein kleiner Nebensatz da, in welchem das Entscheidende zur Sprache kommt: *„... und ihr sollt innewerden, dass ich, der HERR, euer Gott bin"*. Genau dies ist die Stelle, die uns zum Nachdenken anregen will und unsere Gedanken auf die rechte Bahn lenken soll. Was nützt uns Essen und Trinken, wenn wir darüber unsern Mitmenschen vergessen? Was nützt es uns, alle möglichen (und unmöglichen) Güter dieser Erde anzuschaffen und im Gegenzug dazu vergessen dass, Gott der Herr ist?

Der heutige Predigttext will uns damit keineswegs nahe legen, eine feindliche Einstellung gegenüber Essen und Trinken an den Tag, zu legen. Es ist sogar notwendig, dass in einem ausgeglichenen Leben auch eine ausgewogene Ernährung ihren Platz hat. Was dieser Text uns sagen möchte ist aber dies: wir sollen wissen dass, die materiellen Dinge nicht alles im Leben sind und dass Gott und die Mitmenschlichkeit darüber stehen. Von IHM kommt alles Gute, eben auch Essen und Trinken und diese sollen auch sinnvoll angewendet werden. Jesus Christus hat – wie wir aus dem Evangelium (Johannes 6,1 – 15) gehört haben – gezeigt wie das gehen kann: wenn richtig (auf)geteilt wird, haben alle etwas davon. In diesem Sinne ist auch der letzte Teil des Predigttextes zu verstehen: es wurde unterschiedlich viel gesammelt; doch am Schluss hatten alle so viel, wie sie zum Essen brauchten.

Wir befinden uns nicht in der «Wüstensituation» des Volkes Israel. Und doch sind wir solche, die unterwegs sind und der Wegzehrung – die Gott zukommen lässt – bedürfen. Was wir anstreben sollen ist, satt zu werden an Leib und Seele, d. h. uns sowohl um das tägliche Brot, als eine von Gott eingegebene Schöpfungsordnung zu bemühen und Bedürftigen abgeben, als aber auch sich vom Wort Gottes durchdringen zu lassen und geistliche Speise zu empfangen, indem wir Gottes Wort hören und am Abendmahl teilnehmen. Indem wir uns *geistlich* ernähren, können wir auch mit der *leiblichen* Nahrung in jeder Hinsicht verantwortlich umgehen. Auch wir sind gerufen zu „schmecken und sehen wie freundlich der Herr ist". Amen.

Die menschliche Würde

Achter Sonntag nach Trinitatis (13. August 2000) – Schäßburg
Predigt zu 1. Korinther 6,9 – 14.18 – 20

9. Wisst ihr nicht, dass die Ungerechten das Reich Gottes nicht ererben werden? Lasst euch nicht irreführen! Weder Unzüchtige noch Götzendiener, Ehebrecher, Lustknaben, Knaben-schänder, 10. Diebe, Geizige, Trunkenbolde, Lästerer oder Räuber werden das Reich Gottes ererben. 11. Und solche sind einige von euch gewesen. Aber ihr seid reingewaschen, ihr seid geheiligt, ihr seid gerecht geworden durch den Namen des Herrn Jesus Christus und durch den Geist unseres Gottes. 12. Alles ist mir erlaubt, aber nicht alles dient zum Guten. Alles ist mir erlaubt, aber es soll mich nichts gefangen nehmen. 13. Die Speise dem Bauch und der Bauch der Speise; aber Gott wird das eine wie das andere zunichte machen. Der Leib aber nicht der Hurerei, sondern dem Herrn, und der Herr dem Leibe. 14. Gott aber hat den Herrn auferweckt und wird auch uns auferwecken durch seine Kraft. [...] 18. Flieht die Hurerei! Alle Sünden, die der Mensch tut, bleiben außerhalb des Leibes; wer aber Hurerei treibt, der sün-digt am eigenen Leibe. 19. Oder wisst ihr nicht, dass euer Leib ein Tempel des heiligen Geistes ist, der in euch ist und den ihr von Gott habt, und dass ihr nicht euch selbst gehört? 20. Denn ihr seid teuer erkauft; darum preist Gott mit eurem Leibe.

Liebe Gemeinde!

I. Vor einigen Jahren kam ein bemerkenswerter Film in die Kinos: «Pretty Woman». Die Schauspieler Julia Roberts und Richard Gere spielten die Hauptrollen. Ein reicher Mann sucht ein Abenteuer für eine Nacht und geht zu einer Prostituierten. Er ist nicht nur reich, sondern auch einflussreich. Sie ist eine unbedeutende Person von der Straße, ein Mensch der unteren Gesellschaftsschicht, aber bildhübsch. Der äußere Unterschied zwi-schen den beiden ist evident und doch gleichen sie sich im Blick auf ihre *moralische Ver-kommenheit*. Doch die beiden kommen sich menschlich näher und die Beziehung festigt sich. Das Verhältnis zwischen den beiden ändert sich: die „Geschäftsbeziehung" (körper-liche Dienstleistung gegen materielle Vergütung) wandelt sich zu einer Partnerschaft, in welcher die Flamme der Liebe zu brennen beginnt. Aus einer «geschäftlichen Beziehung unterster Kategorie», entsteht Zuneigung, die auf richtigen Gefühlen fußt. Zunächst be-nutzen die beiden einander: er ihren Körper und sie sein Geld. Am Ende sind sie beide füreinander da und leben in einer – nicht nur körperlich, sondern auch seelisch – erfüllten Beziehung. Der Film arbeitet ganz interessant und spannend heraus, wie diese Wandlung in den beiden vor sich geht. Vordergründig hat der Streifen zwar nichts aufzuweisen, was mit dem christlichen Glauben in Beziehung stehen könnte. Allerdings gibt es einen Aspekt, der im Lichte unseres Predigttextes gesehen werden kann: *den beiden Menschen* (dem Reichen, der – materiell gesehen – alles hat, aber keine Freunde und keine Liebe und der Frau, die „ganz unten" angekommen war und nichts mehr zu verlieren hatte), *wird ihre menschliche Würde wieder zuteil.* Aus Menschen, die sich gegenseitig benutzt haben, sind Menschen geworden, die sich brauchen, lieben und respektieren. Eine solche Wandlung kann auch vor Gott Wohlgefallen finden.

II. *„Alles ist mir erlaubt, aber nicht alles dient zum Guten." (V. 12)* – schreibt Paulus an die von ihm gegründete Gemeinde Korinth, und er weiß warum. Die Hafenstadt Korinth hatte im Blick auf die Rotlicht-Szene die ganze Palette zu bieten; so wie alle modernen Städte der Welt heute auch. Im damaligen Griechenland gehörten Dinge wie Prostitution aber auch Homosexualität zum Alltag und waren kein Thema kontroverser Diskussionen. Ganz anders war das im jüdisch-palästinensischen Raum, aus welchem Paulus herkam. Die Korinther verstehen irrtümlicherweise unter christlicher Freiheit eben auch dies, dass sie alte Gewohnheiten nicht aufgeben müssen. Sie meinen, dass der neue Glaube an Christus sie nicht daran hindert, das zu tun, was Paulus Unzucht nennt.

Die Bibel umschreibt unsern Predigttext mit „Warnung vor Unzucht". Das ist aber nur die eine (negative) Facette, die natürlich auffällt, wenn man den großen Lasterkatalog liest, den Paulus aufführt. Es geht aber (positiv) um das neue Leben der Christen aus Korinth; es geht um die Gemeinschaft mit und die Freiheit in Christus. Durch die Taufe sind sie Glieder der christlichen Gemeinde geworden. Sie sind rein gewaschen und geheiligt worden. Mit der Taufe hat sich ein Herrschaftswechsel vollzogen; nicht mehr das Böse, sondern Jesus Christus selber ist Herr über den Menschen: über Seele und Leib. Wer vorher ein „Götzendiener, Ehebrecher, Lustknabe, Knabenschänder, Dieb, Geizhals, Trinker, Lästerer oder Räuber" war, muss sich nach der Taufe nicht mehr als solcher betrachten. Durch die Taufe sind alle Sünden abgewaschen; auch die leiblichen Konsequenzen sündigen Tun's sollten es sein. Doch die Getauften leben nach wie vor in dieser Welt; sie sind nach wie vor den Gefahren und Anfechtungen dieser Welt ausgesetzt. Die Entscheidung für Gott und gegen die Sünde will täglich neu getroffen werden. In Korinth handelt es sich also um Christen, die in der Gefahr stehen, ihre neu erworbene intakte, „geheiligte" Leiblichkeit aufs Spiel zu setzen.

Von Paulus lernen wir, dass die neue Freiheit, nicht eine Freiheit in den luftleeren Raum hinein ist. Freiheit bedeutet zwar immer, *von* etwas frei zu sein; zugleich aber heißt es auch, *für* etwas frei zu sein. Freiheit – und das erleben wir (zwar in einer andern Form, aber dann doch ähnlich) auch bei uns nach der politischen Wende 1989 – muss in Verantwortung wahrgenommen und gelebt werden; sonst artet sie in Zügellosigkeit aus. Das Risiko, dass Freiheit auch missbraucht werden kann, besteht immer. Paulus zeigt, dass die Gefährdung gerade in der Uneingeschränktheit der Freiheit liegt. Die Unzucht, vor der Paulus so ausdrücklich warnt, steht der Gemeinschaft mit Christus entgegen; beides zugleich ist nicht möglich. Daher gilt es die richtige Entscheidung zu treffen. Vielleicht etwas schulmeisterlich setzt unser Bibelwort ein: *„Wisst ihr nicht?"* Nein, offenbar wissen die Korinther nicht. Paulus redet ihnen ins Gewissen und versucht mit Argumenten, ihnen die wahren christlichen Werte zu vermitteln. Körperverachtung ist nichts Christliches; die Seele nimmt Schaden, der Geist ist belastet, wenn der Körper missbraucht wird. Der Leib ist der Tempel des Heiligen Geistes. Vor allem aber muss bedacht werden, dass ein unzüchtiger Umgang mit dem Körper nicht nur auf einen selbst zurück fällt, sondern dass auch andere Menschen in Mitleidenschaft gezogen werden.

III. Wir leben in einer Zeit, in welcher ganz besonderes viel Wert auf die menschliche Entscheidungsfreiheit und menschliche Würde gelegt wird. Andererseits aber gab es kaum so viel Unfreiheit, wie heute und immer wieder hören oder lesen wir davon, dass Menschenwürde mit Füßen getreten wird. Man kann angeblich tun und lassen was man will und merkt nur unterschwellig, wie massiv manipuliert wird. Das liegt nicht daran dass Menschen besser oder schlechter sind als früher; es liegt vor allem an den heutigen technischen Möglichkeiten, aber auch an der Macht der Medien. Der heutige Paulustext ist heute so aktuell wie nie: der Körper gilt als ein Kapital, welcher einen Marktwert hat und daher „gewinnbringend eingesetzt werden muss". Wir müssen dabei gar nicht zuerst an Prostitution oder eine andere Art von – im Text beschriebenen – Lastern denken. Es ist unglaublich was für Geldsummen z. B. Fußballvereine für den An- und Verkauf von Fußballspielern aufwenden (Den Rekord hält vorläufig der portugiesische Spieler Luis Figo, der für sage und schreibe 116 Millionen DM vom FC Barcelona zu Real Madrid wechselte, ja *verkauft* wurde). Die Integrität einer Person zeigt sich gerade auch am Umgang mit dem Leib. Der Körper sollte mehr als nur ein Mittel zum Geld verdienen, angesehen werden. Was Paulus aufzeigt hat in unserm angehenden dritten Jahrtausend eine frappierende Brisanz: den Leib zum „Gebrauchsgegenstand" zu degradieren, ist nicht nur gottlos; es ist vor allem menschenfeindlich und menschenverachtend. Gerade dieser Aspekt wird im Film «Pretty Woman» meisterhaft herausgearbeitet. Als Christen dürfen wir uns immer wieder dies in Erinnerung rufen: wir sind von Gott angenommen, wir sind *„teuer erkauft"*; darum sollen wir es als ein Privileg ansehen dürfen, Gott mit *„unserm Leib zu preisen"* (V. 20). Amen.

Das Fundament

Neunter Sonntag nach Trinitatis (24. Juli 2005) – Schäßburg
Predigt zu **Matthäus 7,24 – 27**

Jesus sprach: 24. „Darum, wer diese meine Rede hört und tut sie, der gleicht einem klugen Mann, der sein Haus auf Fels baute. 25. Als nun ein Platzregen fiel und die Wasser kamen und die Winde wehten und stießen an das Haus, fiel es doch nicht ein; denn es war auf Fels gegründet. 26. Und wer diese meine Rede hört und tut sie nicht, der gleicht einem törichten Mann, der sein Haus auf Sand baute. 27. Als nun ein Platzregen fiel und die Wasser kamen und die Winde wehten und stießen an das Haus, da fiel es ein, und sein Fall war groß."

Liebe Gemeinde!

I. Aus dem Überschwemmungsgebiet[28] im Osten des Landes (im Landkreis Vrancea) schwebt mir ein Bild vor Augen, das immer wieder von den Fernsehsendern gezeigt wurde. Ein kleines Flüsschen, welches binnen kurzer Zeit zu einem reißenden Strom geworden war, riss ein Haus – welches unter normalen Witterungsverhältnissen vom Fluss weiter entfernt und etliche Meter höher stand – einfach mit. Besagtes Haus befand sich nämlich an der Spitze eines Bogens, welchen der Fluss beschrieb. Das Wasser, welches eine enorme Kraft entwickelte, prallte richtig auf den – zum Ufer gewordenen – Boden neben dem Haus und unterspülte diesen binnen kürzester Zeit. Als das Haus etwa zur Hälfte unterspült war, kippte es einfach in die Fluten hinein und wurde mitgerissen. Es war erschreckend mit an zu sehen, wie schnell so etwas gehen kann und wie gewaltig die Kräfte der Natur sich entladen können.

Jesus hat – als er dieses Gleichnis erzählt – eine ähnliche Situation vor Augen, die allerdings dem *geologischen* und *klimatischen* Raum des Nahen Ostens entnommen ist. Durch den Wechsel von sehr trockner und sehr feuchter Jahreszeit, entsteht ein bemerkenswertes Phänomen in Kleinasien; so auch in Palästina. Es gibt dort die so genannten „*Wadis*"; das sind kleine Täler die monatelang staubtrocken da stehen, und man auf den ersten Blick gar nicht merkt, dass es die Flussrinne eines Baches bzw. ein Flussbett ist. Wenn es aber zu regnen beginnt, dann bildet sich innerhalb kürzester Zeit ein reißender Fluss. In ein solches „Wadi" ein Haus zu bauen, wäre das Unvernünftigste, was man tun könnte, auch wenn man bei schönem Wetter viel Phantasie braucht, um sich dort ein fließendes Gewässer

---

[28] Im Sommer des Jahres 2005 gab es in ganz Rumänien katastrophale Überschwemmungen. Im Szeklerland etwa, fiel in den Dörfern Simioneşti/Siménfalva und Lupeni/Farkaslaka so viel Niederschlag, wie sonst in Monaten. Diese sintflutartigen Regenfälle bewirkten, dass innerhalb von Minuten kleine Dorfbäche meterhoch anschwollen und nicht nur verheerende materielle Schäden anrichteten, sondern auch Menschen zu Tode kamen.

vorzustellen. Ebenso ist beim Hausbau auf die Bodenbeschaffenheit – felsig oder sandig – zu achten. Es steht außer Frage, dass jeder vernünftige Mensch sein Haus auf den festen und nicht auf den lockeren Untergrund bauen würde. Dieses Hintergrundwissen – welches man bei jedem Menschen damals voraus setzen konnte – verwendet Jesus im Blick auf den Zusammenhang von Hören und Tun seiner Worte.

II. Interessanter Weise spielt das Baumaterial (wie wir das z. B. bei einem Vergleich des Apostels Paulus im 1. Korintherbrief 3,11 – 15, wo es um den Grund des Glaubens geht, vorfinden), keine Rolle. Es geht einzig und allein um den Ort und die Beschaffenheit des Fundamentes, worauf das Bauwerk steht. Das Haus und sein Fundament sind die Folie unseres Gleichnisses; darauf zielt die Metaphorik ab. Der griechische Begriff für «Haus» (οικοζ) kann mehrfach gedeutet werden. Neben der klassischen Bedeutung als Bleibe oder als Wohnraum meint «Haus» auch die dazu gehörenden Menschen. Der Blick wird so von dem Gebäude auf die Hausgemeinschaft gelenkt. Doch es geht noch weiter: die Ausleger im Laufe der Geschichte haben in allegorisierender Weise im Fundament – Christus; im Haus – die Übung der Tugend und im rauschenden Bach – die Gestalt des Teufels gesehen. „Hören“ steht hier parallel zum „Bauen“. Dazu kommt dann aber jeweils das „tun“ oder „nicht tun“, und parallel dazu (und als Folge davon) das „richtige“ oder das „falsche“ bauen. «Bauen» kann hier mit der Grundsatzentscheidung des Menschen – der im Haus leben wird – verglichen werden. Je nachdem wie das Haus gebaut wurde, dementsprechend wird das Leben sich nachher darin abspielen. Ein Hausbau ist gewissen Normen und Regeln unterworfen, welche unbedingt eingehalten werden müssen. Wenn diese Regeln außer Acht gelassen werden, dann besteht Einsturzgefahr. Im übertragenen Sinne, ist das menschliche Leben – das Leben vor Gott und vor dem Mitmenschen – Regeln und Normen unterworfen. Die Missachtung dieser Regeln kann zu gravierenden Schäden führen. Um diese Regeln geht es hier und heute.

III. Unser Bibeltext bildet den Schluss der Bergpredigt; wir haben hier sozusagen eine Zusammenfassung des gesamten vorhergehenden Diskurses Jesu (Matthäus 5 – 7). Das ganze siebente Kapitel behandelt die Thematik des richtigen Weges, welchen der Mensch geht (besser: gehen soll). Um sich für diesen Weg zu entscheiden und ihn dann auch konsequent zu gehen, bedarf es – wenn wir uns die rigorosen Forderungen der Bergpredigt ansehen – keiner geringen Anstrengung. Immer wieder werden in antithetischer Weise die beiden Personen oder die beiden Personengruppen gegenübergestellt: jene die durch die enge Pforte gehen, und die andern, welche die breite Pforte wählen; jene die richten und jene die gerichtet werden. Und zusammenfassend dann: jene die sich die Worte Jesu zu Herzen nehmen und danach handeln und die andern, die es nicht tun. Wichtig ist dies im Blick zu behalten: es ist nicht immer auf Anhieb zu erkennen, wer sich für welchen Weg entschieden hat. Um bei dem Bilde zu bleiben: Die beiden Häuser haben eine identische Bauweise. Der Unterschied liegt jedoch in der Beschaffenheit des Fundamentes, welches nicht sichtbar ist.

Erst wenn der Sturm oder das Hochwasser kommt, dann merkt man ziemlich schnell, wer die richtige Entscheidung getroffen hat. Doch die Katastrophe kommt überraschend. Wenn eine Unwetterwarnung ausgegeben wird, hat kein Mensch mehr die Zeit, das Fundament seines Hauses zu konsolidieren. Erst dann – wenn die Stunde der Wahrheit da ist – wird einem die Tragweite der Entscheidung, bei der Wahl des Fundamentes bewusst. Was man vorher getan hat – als man das Haus baute – ist (bzw. war) entscheidend. Auf der Schluss-warnung „*sein Fall war groß*" liegt in unserm Gleichnis ein großes Gewicht und darum hört sich das Ganze ernst an. Die Mahnung zur Entscheidung zwischen dem richtigen und dem falschen Weg gibt zusammen mit den (bekannten) Seligpreisungen am Anfang des 5. Kap. den Rahmen der Bergpredigt ab.

IV. Doch so radikal das alles klingt; in der Bergpredigt lesen wir auch ganz andere Sätze: „*Alles nun, was ihr wollt, dass euch die Leute tun sollen, das tut ihnen auch! Das ist das Gesetz und die Propheten.*" (7,12) oder: „*Trachtet zuerst nach dem Reich Gottes und nach seiner Gerechtigkeit, dann wird euch das alles (gemeint sind die materiellen Dinge des Lebens) zufallen.*" (6,33) Nicht vergessen sollen wir, dass die Bergpredigt eine Einla-dung sein will; eine Einladung die eigentlich so verlockend ist, dass jeder, der sie ausschlägt über kurz oder lang fest stellt, dass er einen Fehler begangen hat. Denn hinter all den An-strengungen, die Jesus seinen Zuhörern abverlangt, steht diese Botschaft: wenn Du das alles tust, dann tust Du zuerst Dir selber etwas Gutes. Sicherlich merken wir immer wieder, dass wir in unserem Leben (unabhängig davon ob das nun am Arbeitsplatz, oder zu Hause oder im Freundeskreis ist) an unsere Grenzen stoßen. Manchmal sind es unsere Unzulänglich-keiten, die uns behindern; manchmal die Unzulänglichkeiten der Menschen aus unserem Umfeld. Oft ist Egoismus und Machtstreben größer als Nächstenliebe und der Wunsch nach Nähe zu Gott. Das darf uns nicht mutlos werden lassen. Gerade auch anhand dessen, was wir in der Bergpredigt lesen, bekommen wir einen Leitfaden in die Hand, der uns hilft – um beim Bild des Gleichnisses zu bleiben – «am Fundament unsers Lebens und Glaubens zu bauen, so lange gutes Wetter ist». Auch wenn immer wieder (richtiger Weise) gesagt wird, dass trotz großen Anstrengungen es unmöglich sei nach dem Inhalt der Bergpredigt zu leben, so muss dieses Vermächtnis Jesu geradezu wie ein großes Geschenk betrachtet werden. Und zwar darum weil die Bergpredigt eine reale Hilfe für das Leben in dieser Welt ist, gerade weil sie darüber hinaus weist. Jesus hat nämlich das vorgelebt, wonach es sich zu streben lohnt. Jesus von Nazareth war der „glücklichste Mensch, der je gelebt hat", – so hat es einmal die Theologin Dorothee Sölle formuliert. Glück oder Erfüllung ist im Sinne Jesu durch die Nähe Gottes gegeben; nicht etwa durch Besitz oder Wissen. Darum bedeutet richtiges Bauen am Fundament seines Lebens, dies im Sinne der Worte Jesu bzw. im Sinne der Heiligen Schrift zu tun. Amen.

Concordanţa între cuvântul divin şi faptele noastre

A zecea Duminică după Sărbătoarea Sf. Treimi (19 august 2001) – Sighişoara[29]
Predică despre **Ieremia 7,1 – 15**

1. Cuvântul ce a fost de la Domnul către Ieremia: „Stai în uşa templului Domnului şi rosteşte acolo cuvântul acesta şi zi: 2. Ascultaţi cuvântul Domnului, toţi bărbaţii lui Iuda, care intraţi pe această poartă ca să vă închinaţi Domnului! 3. Aşa zice Domnul Savaot, Dumnezeul lui Israel: Îndreptaţi-vă căile şi faptele voastre şi vă voi lăsa să trăiţi în locul acesta! 4. Nu vă încredeţi în cuvintele mincinoase care zic: «Acesta este templul Domnului, templul Domnului, templul Domnului». 5. Iar dacă vă veţi îndrepta cu totul căile şi faptele voastre, dacă veţi face judecată cu dreptate între om şi pârâşul lui, 6. Dacă nu veţi strâmtora pe străin, pe orfan şi pe văduvă, nu veţi vărsa sânge nevinovat în locul acesta şi nu veţi merge după alţi dumnezei spre pieirea voastră, 7. Atunci vă voi lăsa să trăiţi în locul acesta şi pe pământul acesta, pe care l-am dat părinţilor voştri din neam în neam. 8. Iată, vă încredeţi în cuvinte mincinoase, care nu vă vor aduce folos. 9. Cum? Voi furaţi, ucideţi şi faceţi adulter; juraţi mincinos, tămâiaţi pe Baal şi umblaţi după alţi dumnezei, pe care nu-i cunoaşteţi, 10. Şi apoi veniţi să vă înfăţişaţi înaintea Mea în templul Meu, asupra căruia s-a chemat numele Meu, şi ziceţi: «Suntem izbăviţi», ca apoi să faceţi iar toate ticăloşiile acelea? 11. Templul acesta, asupra căruia s-a chemat numele Meu, n-a ajuns el oare, în ochii voştri peşteră de tâlhari? Iată, Eu am văzut aceasta, zice Domnul. 12. Mergeri deci la locul Meu din Şilo, unde făcusem altădată să locuiască numele Meu, şi vedeţi ce am făcut Eu cu el, pentru necredinţa poporului Meu Israel! 13. Şi acum, de vreme ce aţi făcut toate faptele acestea, zice Domnul, şi Eu v-am grăit dis-de-dimineaţă şi n-aţi ascultat, v-am chemat şi n-aţi răspuns, 14. De aceea şi cu templul acesta, asupra căruia s-a chemat numele Meu şi în care voi vă puneţi încrederea, şi cu locul pe care vi l-am dat vouă şi părinţilor voştri, voi face tot aşa, cum am făcut cu Şilo; 15. Vă voi lepăda de la faţa Mea, cum am lepădat pe toţi fraţii voştri, toată seminţia lui Efraim."

Iubiţi creştini!

I. În tradiţia bisericii evanghelice, a 10-a dumincă după sărbătoarea Sfintei Treimi, este închinată comemorării distrugerii Jerusalimului şi se numeşte „Duminica Israelului". În vremea naţionalismului german, când evreii erau priviţi ca un pericol la adresa creştismului, această sărbătoare era folosită pentru a scoate în evidenţă «profilul creştin» şi asta însemna atunci faptul că noi suntem „mai buni". Necazurile care s-au năpustit asupra poporului evreu, erau privite

---

29   Diese Predigt wurde in einem ausschließlich rumänischsprachigen Gottesdienst gehalten.

ca o pedeapsă de la Dumnezeu pentru păcatul său. Din fericire acest capitol s-a încheiat, dar va rămâne o pată neagră în istoria întregului popor german. În zile noastre această duminică este sărbătorită, ca o aducere aminte a rădăcinilor comune, care le au creștinii și evreii. Iisus Hristos a fost EL Însuși evreu, a trăit între evreii și după rânduielile evreiești. De aceea abordarea și confruntarea cu acea credință și acea istorie, este importantă și utilă, dintr-un motiv foarte simplu: face parte din credința noastră; este parte din istoria noastră.

II. Textul biblic din cartea prorocului Ieremia ne amintește de un capitol foarte zbuciumat al poporului evreu. Este vorba de sfârșitul sec. al 7-lea, începutul sec. al 6-lea înainte de Hristos. Trei mari puteri înconjurau mica țară Iudeea: în sud-vest Egiptul, în nord Asiria și în est Babilonul. Imperiul Egiptenilor și cel al Asirienilor mai aveau putere politică și importanță strategică, dar declinul se putea observa. Babilonul însă abia începuse ascendența și urma să devină o mare putere. Era o reală amenințare pentru toți cei din jur, dar mai ales pentru o țară și un popor atât de mic, cum era Israelul. Regele evreu Jojacim nu era iubit de popor; fusese pus în funcție de egipteni, cărora evreii trebuiau să le plătească tribut. Țara era sărăcită și un ajutor nu se putea anticipa de nicăieri. Singurul lucru rămas nevătămat era templul din Ierusalim. De multe ori Ierusalimul resistase deja la asedii, pe când totul din jur era devastat; expilcația pentru evreii era că în templu locuiește însuși Dumnezeu. Asemenea unui ritual liturgic se declama:„Acesta este Templul Domnului, Templul Domnului, Templul Domnului." Templul ajunsese să fie privit ca un talisman. Credința mergea până acolo, cum că Dumnezeu ar fi obligat să mențină acest templu dar și orașul, pentru salvarea propriei Sale imagini.

În această situație prorocul Ieremia intră în scenă cu profeția lui. În Stiința despre Vechiul Testamentul, acestă cuvântare din cap. 7 este nunmită „Cuvântarea Templului". Sunt imagini cumplite, care le prezintă prorocul; cea ce spune Ieremia, este o radiografie a societății evreiești de atunci. Trebuie avut în vedere următorul fapt: Ieremia nu critică cultul templului respectiv serviciul divin; critica lui se îndreaptă spre cei, care văd în săvârșirea ritualului (în aducerea jertfei) und CEC în alb pentru toate păcatele de zi cu zi. Parcă Liturghia cântată corect, ar elibera de orice obligații morale, pe cel care o săvârșește sau pe cel care o ascultă.

Prorocul numește cele mai flagrante încălcări ale legii: 1) La început enunță faptul că străinii, văduvele și orfanii sunt asupriți. Trebuie știut, că în societatea de atunci numai bărbați adulți aveau un cuvânt de spus în societate. Categoriile defavorizate aveau nevoie de cineva, care să le reprezinte interesele. Comportametul față de străini, văduve, orfani era oarecum barometrul după care prorocii, măsurau simțul responsabilității sau simțul juridic al poporului. Unde aceste trei categorii erau cu bună știință date la o parte, prorocii trăgeau semnalul de alarmă. 2) Mai departe, prorocul îi acuză pe concetățenii lui, că se închinau la alți zei. Zeul Baal al poporului vecin Canaan, un zeu al fertilității era foarte îndrăgit. Foarte des apare această acuzație în Testamentul Vechi. 3) În al treilea rând prorocul acuză poporul de: furt, ucidere, preacurvie. Nu se poate afirma că toți ar fi făcut acest lucru. Totuși erau fenomene, care se întâmplau la scară largă, și nimeni nu lua atitudine. Și pentru că în Ierusalim stătea templul, toți se simțeau în siguranță și sperau că nu se va întâmpla nimic și nimeni nu va fi tras la răspundere. Prorocul Ieremia însă prezice căderea zidurilor, fapt care s-a şi întâmplat în anul 587 î. Hr. În urma unui lung asediu de aproape un an al armatei babiloniene sub comandantul Nebucadonosor, Ierusalimul cade, Sfântul Lăcaş, adică Templul este distrus şi o mare parte din poporul evreu este dus în captivitatea babiloniană.

III. Dacă încercăm să tragem concluzii sau învăţături din acest text biblic de aproximativ 2.500 de ani, respectiv să scoatem idei folositoare pentru noi, oameni din milenilui al III-lea, atunci constatăm următoarele: Prorocul Ieremia a avut o gândire deosebit de modernă şi pro-gresivă pentru acel timp. Foarte limpede reiese din cuvântul lui, ce este de făcut, respectiv ce trebuie lăsat. Contrastul se formează din două fraze cheie, care stau ca nişte antiteze, faţă în faţă: „Acesta este Templul Domnului, Templul Domnului, Templul Domnului" pe de-o parte şi „Îndreptaţi-vă căile şi faptele, şi vă voi lăsa să locuiţi în locul acesta" pe de-altă parte. Trebuie scos în evidenţă: Forma nu aduce nici un folos, dacă conţinutul nu este pe măsură. (Vezi "forma fără fond" – Titu Maiorescu.)

Aş dori să exemplific acest lucru: 1) Mai întâi putem să ne uităm chiar înspre Ţara Sfântă: Israelul de-a lungul istoriei dar şi Israelul de azi. De multe ori mi-am pus întrebarea, de ce nu poate să fie pace în acele locuri? În Evul Mediu creştinii (din păcate) s-au simţit chemaţi să-şi pună prin luptă armată amprenta asupra acestor meleaguri; mă refer la cruciade. Azi bătălia se dă între musulmani şi evrei (şi puţinii creştini din acea zonă se află ca între ciocan şi nicovală). Şi acest lucru se întâmplă, pentru că fiecare pretinde că ar fi dreptul lui exclusiv asupra unui teritoriu, considerat de toţi în aceeaşi măsură sfânt. Dar tocmai prin această luptă acerbă, prin vărsare de sânge, respectiv uciderea unor nevinovaţi, cum sunt copii, femei, bătrâni, s-a creat o atmosferă de ură şi locul este profanat de toţi deopotrivă. 2) Dar nu trebuie să mergem peste hotare. Cu câţiva ani în urmă la Cluj, în catedrala fostă greco-catolică, după 1948 devenită or-todoxă, revendicată de ambele culte s-a dat o adevărată bătălie cu pumni şi scaune între eno-riaşii, respectiv studenţii celor două biserici surori. Şi ce este şi mai trist: preoţii stăteau alături şi aţâţau conflictul. Din fericire există şi contrariul. În multe localităţi – aşa şi la noi în Sighişoara – diferitele biserici au o foarte bună colaborare între ele în spiritul ecumenismului, chiar dacă diferenţele de rit sau de limbă există şi vor exista.

Revenim la cuvintele prorocului Ieremia: „Îndreptaţi-vă căile şi faptele, şi vă voi lăsa să locuiţi în locul acesta." – acest imperativ este actual mai mult ca niciodată. Cu toate că trăim în cu totul alte împrejurări ca poporul evreu acum 2.500 de ani. Dacă azi ne gândim la soarta poporului Israel de-a lungul istoriei, atunci nu o putem face altfel decât să învăţăm din această istorie. Noi, etnicii germani avem o povară istorică foarte grea faţă de poporul evreu. Din aceas-tă experienţă nefastă a anilor 30 şi 40 ale secolului al 20-lea trebuie să împărtăşim şi celorlalţi, ca să nu se repete greşelile istoriei. Acest lucru – şi anume să NU se repete greşelile trecutului – este posibil, dacă în viaţa noastră de zi cu zi există o concordanţă între cea ce facem şi cuvântul lui Dumnezeu. Evident, fiecare răspunde individual pentru faptele lui; dar există şi o responsa-bilitate colectivă, o reponsabilitate a unui popor întreg. Aşa reiese din cea ce spune prorocul Ie-remia. Îl rugăm pe bunul Dumnezeu să ne ajute să ne decidem pentru calea cea dreaptă. Amin.

Das Klischee

Elfter Sonntag nach Trinitatis (23. August 2009) – Sächsisch-Regen[30]
Predigt zu **Lukas 18,9 – 14**

9. Jesus sagte zu einigen, die sich anmaßten, fromm zu sein, und verachteten die andern, dies Gleichnis: 10. „Es gingen zwei Menschen hinauf in den Tempel, um zu beten, der eine ein Pharisäer, der andere ein Zöllner. 11. Der Pharisäer stand für sich und betete so: ‚Ich danke dir, Gott, dass ich nicht bin wie die andern Leute, Räuber, Betrüger, Ehebrecher oder auch wie dieser Zöllner. 12. Ich faste zweimal in der Woche und gebe den Zehnten von allem, was ich einnehme.' 13. Der Zöllner aber stand ferne, wollte auch die Augen nicht aufheben zum Himmel, sondern schlug an seine Brust und sprach: ‚Gott, sei mir Sünder gnädig!' 14. Ich sage euch: Dieser ging gerechtfertigt hinab in sein Haus, nicht jener. Denn wer sich selbst erhöht, der wird erniedrigt werden; und wer sich selbst erniedrigt, der wird erhöht werden."

Liebe Gemeinde!

I. Jeder von uns weiß, was ein Klischee ist, bzw. was Klischeedenken heißt. Zum Beispiel dieses: die Deutschen sind geradlinige, korrekte und ordentliche Menschen (womöglich groß, blond und blauäugig). Oder das Gegenstück dazu: die Mehrheitsbevölkerung in diesem Land ist desorganisiert und Klauen ist sozusagen Volkssport. Oder lieber ein anders Beispiel um aus dem heikeln Bereich der Xenophobie heraus zu kommen: Frauen sind als Autofahrerinnen denkbar ungeeignet, weil sie viel häufiger als Männer Unfälle verursachen. Man kann hunderte von Beispiele für Klischees und Klischeedenken anführen, die alle eines gemeinsam haben: sie sind unsinnig. Dadurch sind sie aber nicht weniger real. Mehr noch: so manches Klischee hält sich hartnäckiger als wissenschaftlich bewiesene Wahrheiten. Denn „wer Vorurteile hat, der braucht bekanntlich keine rationalen Argumente". Um uns herum wimmelt es von Menschen, die Schubladendenker sind und die mit klischeehaften Kategorien arbeiten. Darum versuchen wir es einmal mit einer etwas weniger plumpem und dafür geistreicheren Aussage: „Die Erde ist eine Scheibe und Männer haben immer recht"! Dieser – als Witz getarnte Spruch – entlarvt das Klischee als solches, bzw. das Klischee entlarvt sich selber. Weil das eine sicher nicht stimmt, stimmt das andere natürlich auch nicht. Das ist beruhigend und darum können wir uns jetzt zurücklehnen und die Schlussfolgerung ziehen: in Klischees denken und danach verhalten sich die ANDERN, nicht wir. Uns selber kann das gar nicht geschehen, weil wir objektiv denkende und han-

---

30 In diesem Gottesdienst wurde Pfarrer Zorán Kézdi aus Sächsisch-Regen verabschiedet, nachdem die Gemeinde Heltau ihn zum Stadtpfarrer gewählt hatte.

delnde Menschen sind. Und damit sind wir genau in die Falle getappt, die Jesus in unserer biblischen Geschichte dem stellt der nicht richtig aufpasst; eine Falle die *Eugen Roth* in Versform so umschrieben hat:

> „Ein Mensch betrachtete einst näher
> die Fabel von dem Pharisäer,
> der Gott gedankt voll Heuchelei
> dafür, dass er kein Zöllner sei.
> Gottlob! rief er in eitlem Sinn,
> dass ich kein Pharisäer bin!“

II. Die Geschichte vom Pharisäer und vom Zöllner ist eine altbekannte. Wir lesen diese Geschichte von dem reformatorischen Grundsatz der Rechtfertigung „allein aus Gnade“ her, und darum muss jede Werkgerechtigkeit fehl am Platz sein. Die Menschen, denen Jesus diese Geschichte erzählt hat, hätten sich nicht so ohne weiters mit dem Zöllner identifiziert; für jene Menschen war diese Geschichte in welcher eine Umkehrung der Werte vorgenommen wird, eine Provokation schlechthin. Die Zöllner waren (auch damals schon) gar nicht gut angesehen. Außer der Tatsache, dass sie nach eigenem Gutdünken Zollgebühren festlegen konnten und dadurch die Menschen schikanierten, waren sie der Inbegriff für Kollaborateure mit der fremden, der römischen Staatsmacht. Nicht nur die öffentliche Meinung, sondern auch das Urteil des Zöllners über sich selbst ist jenes, das er ein Sünder ist, bzw. sich in der Gottesferne befindet. Und im Gegensatz zur Zachäusgeschichte (Lukas 19,1 – 10) in welcher der Zöllner Zachäus – nachdem er mit Jesus und seiner Lehre in Kontakt kommt – sein Leben ändert und versucht, das wieder in Ordnung zu bringen, was er bis dahin falsch gemacht hatte, tut das der Zöllner aus unserm Gleichnis nicht. Er bleibt Zöllner und darum auch Sünder im Sinne des jüdischen Gesetzes. Die Pharisäer hingegen nahmen es mit dem Glauben sehr ernst. Um sicher zu gehen, dass er alles richtig macht, tut der Pharisäer aus unserer Geschichte weitaus mehr als das jüdische Gesetz fordert: eigentlich muss man nur einmal im Jahr (am Versöhnungstag, dem „Jom Kippur“) fasten; er fastet gleich zweimal in der Woche. Er verzehntet (d. h. er bezahlt die Tempelsteuer für) alles was er einkauft, obwohl z. B. für Lebensmittel wie Korn oder Öl normalerweise schon vom Produzenten selber der Zehnte bezahlt hätte werden müssen. Er tut es um sicherzugehen, dass dieses 10. Teil – das was Gott gebührt – auch an die Tempelbehörde abgeliefert worden ist und dadurch wird der Pharisäer zum Inbegriff des pflichtbewussten und rechtschaffenen Lebens. Sein Gebet ist eigentlich ein Dankgebet. Sein Fehlverhalten jedoch setzt an der Stelle ein, als er – gerade weil er um seine Rechtschaffenheit weiß – überheblich wird, und darum meint vor Gott gerade stehen zu können. Seine Überheblichkeit wird ihm zum Verhängnis.

III. *„Wer sich selbst erhöht, der wird erniedrigt werden; und wer sich selbst erniedrigt, der wird erhöht werden.“*, heißt es in unserm Bibelwort und nun gilt es vorsichtig zu sein. Weil diese Geschichte so bekannt ist, darum identifiziert man sich *selbstverständlich* voll und ganz mit dem Zöllner; denn er war der, der sich erniedrigte und darum erhöht wurde. Jesus erzählt – so wie es ganz am Anfang heißt – dieses Gleichnis denen, *„die sich anmaßten, fromm zu sein, und verachteten die andern"*. Indem man sich zu sehr mit dem Zöllner identifiziert, läuft man jedoch Gefahr, die Rolle des Pharisäers einzunehmen. Auf der Seite der Guten und Richtigen stehen zu wollen ist legitim; die Legitimität beginnt ab dem Zeitpunkt zu schwinden, wenn es aus einem Bedürfnis nach Selbstrechtfertigung heraus geschieht. Wenn ich bereitwillig meine Unzulänglichkeiten bekenne, scheint das zwar das Gegenteil von dem zu sein, was der Pharisäer tut. In Wirklichkeit kann es jedoch sehr leicht geschehen, dass ich in ganz subtiler Weise in die Rolle des Pharisäers schlüpfe. Ich bekenne ja meine Sünde, und darum wird sie mir auch vergeben. Aber bekennt sie auch mein Mitmensch, der (in diesem Fall oder jenem Fall) nun wirklich nicht Recht hatte? Wie schnell kann es geschehen, dass ich (der ich ja den Zöllner zum Vorbild habe) durch den Vergleich mit meinem Mitmenschen (der ja nun wirklich wie der Pharisäer ist), mich selber bzw. mein eigenes Selbstwertgefühl fürsorglich behandeln will. Jesus nimmt gerade den Zöllner als Beispiel, damit dieses eine klar wird: Wir (und das heißt: alle ohne Ausnahme!) sind Sünder und bleiben der Gnade Gottes bedürftig. Wir selber sind nicht besser als die andern. Allerdings merken wir es oft nicht, oder zumindest nur sehr schwer, bzw. müssen immer wieder darauf mit der Nase gestoßen werden. Der einzige Punkt worin man den Zöllner als Beispiel nehmen soll ist dies: nicht nach rechts und links gucken, wer eventuell noch sündig(er) sein könnte. Der Zöllner denkt nicht in Klischees. Jedes Schubladendenken, wo wir jedem seinen Platz zuweisen, ist fehl am Platz. Das Gegenteil davon ist: *„Gott sei mir Sünder gnädig"*. So wie dieser Zöllner gerechtfertigt aus dem Tempel hinunter ging, so wünsche ich, mögen auch wir – ohne auf die Sünden des andern, sondern nur auf die eigenen zu sehen – gerechtfertigt durch dieses Leben zu gehen. Gott helfe uns dazu. Amen.

Von der Hoffnung anstecken lassen

Zwölfter Sonntag nach Trinitatis (14. August 2005) –
«Stiller Sonntag der Begegnung»[31] in Neudorf bei Schäßburg
Predigt zu **Jesaja 29,17 – 24**

17. Wohlan, es ist noch eine kleine Weile, so soll der Libanon fruchtbares Land werden, und was jetzt fruchtbares Land ist, soll wie ein Wald werden. 18. Zu der Zeit werden die Tauben hören die Worte des Buches, und die Augen der Blinden werden aus Dunkel und Finsternis sehen; 19. und die Elenden werden wieder Freude haben am HERRN, und die Ärmsten unter den Menschen werden fröhlich sein in dem Heiligen Israels. 20. Denn es wird ein Ende haben mit den Tyrannen und mit den Spöttern aus sein, und es werden vertilgt werden alle, die darauf aus sind, Unheil anzurichten, 21. welche die Leute schuldig sprechen vor Gericht und stellen dem nach, der sie zurechtweist im Tor, und beugen durch Lügen das Recht des Unschuldigen. 22. Darum spricht der HERR, der Abraham erlöst hat, zum Hause Jakob: „Jakob soll nicht mehr beschämt dastehen, und sein Antlitz soll nicht mehr erblassen. 23. Denn wenn sie sehen werden die Werke meiner Hände - seine Kinder - in ihrer Mitte, werden sie meinen Namen heiligen; sie werden den Heiligen Jakobs heiligen und den Gott Israels fürchten. 24. Und die, welche irren in ihrem Geist, werden Verstand annehmen, und die, welche murren, werden sich belehren lassen."

Liebe Gemeinde!

I. Dieser Bibeltext ist dem so genannten «assyrischen Zyklus» – das sind die Kap. 28 bis 30 des Jesajabuches – entnommen. Zeitlich gesehen, handelt es sich in etwa um die Periode 740 bis 700 v. Chr. Der historische Hintergrund ist die Expansionspolitik und die damit verbundene brutale Herrschaft des Assyrerreiches über die Nachbarvölker; so auch über Israel. Bekanntlich ist im Jahre 722 v. Chr. das Nordreich Israel mit der Hauptstadt Samaria von den Assyrern erobert worden, während das Südreich mit der Hauptstadt Jerusalem der Belagerung im Jahr 701 standhalten konnte (mehr als hundert Jahre später – 587 v. Chr. – dann aber von den Babyloniern erobert und zerstört wurde). Wenn Jesaja das „Ende des Tyrannen" voraussagt, dann kann hinter diesem «Tyrannen» die historische Gestalt des Assyrerkönigs Tiglat-Pileser III. vermutet werden. Jesaja fasst aber auch die Oberschicht seines eigenen Volkes nicht mit Samthandschuhen an. Im Jahre 733 v. Chr. hatte es den so genannten «syrisch-ephraimitischen Krieg» gegeben. Das Nordreich (auch «Ephraim»

---

genannt) verbündete sich mit den syrisch-palästinensischen Kleinstaaten (Aram, Tyros) gegen das Südreich Juda. Der König des Südreiches (Ahas) rief darauf die Assyrer zu Hilfe. Damaskus wurde belagert und schließlich erobert. Israel (das Nordreich) blieb ein Rumpfstaat um Samarien und Juda (das Südreich) wurde ein Vasallenstaat der Assyrer und war diesen tributpflichtig. So viel zum geschichtlichen Hintergrund. Diesen Bruderkrieg verurteilt Jesaja aufs heftigste. Dass seine Landsleute sich auf fremde Mächte und nicht auf Gott verlassen, das kreidet Jesaja ihnen übel an. Vor allem aber wendet er sich gegen die Entrechtung der Armen und Marginalisierten.

II. Der Grundtenor dieses Bibelwortes ist aber – bei all den äußeren Problemen – von einer unheimlich starken Hoffnung geprägt; eine Hoffnung die von Gott her kommt und auf ihn zurück weist. Die Überschrift, welche unsere Lutherübersetzung diesem Text gibt lautet: „Die große Wandlung". Dass Gott große Wandlungen verursachen kann, haben wir schon aus den beiden Schriftlesungen (Bekehrung des Paulus – Apostelgeschichte 9,1 – 20 und Heilung des Taubstummen – Markus 7,31 – 37) gehört. Beim Propheten Jesaja ist von einer historischen Wende die Rede. Jene welchen besonderer Trost durch den Propheten zukommt, dass sind: die einfachen Menschen, jene die körperliche oder geistige Gebrechen haben. Aber sogar für die Natur sieht der Prophet eine Verwandlung voraus: *„Der Libanon soll fruchtbares Land werden, und was jetzt fruchtbares Land ist, soll wie ein Wald werden."* Jakob soll sich *„nicht mehr schämen müssen"*. Das Bild verstehen wir als Siebenbürger Sachsen nur zu gut. Ob man in Ehre oder in Schande stand, hatte und hat einen großen Stellenwert in unserer Gemeinschaft. Ja, das können wir nachvollziehen; womit wir aus Jesajas Zeit und Umfeld bei unserer heutigen Situation angekommen wären.

III. Ein Tag wie der heutige ist dazu angetan, dankbar zu sein; dankbar dafür, dass auch 15 Jahre nach der Massenauswanderung der meisten unserer Landsleute, wir immer wieder aufs Neue zusammen kommen. Eine voll besetzte Kirche: welcher Pfarrer ist da nicht versucht, ins Schwärmen zu geraten? Ich bin mir sicher, dass ein Ereignis wie dieses, Spuren hinterlässt: *sichtbare* oder äußere Spuren in erster Linie, durch das was wir hier und heute an konkreten positiven Eindrücken zu sehen bekommen; aber auch *unsichtbare* Spuren oder Eindrücke in unseren Seelen, die wir dorthin wo wir jetzt leben mitnehmen, und die genau so wichtig sind! Das was unser siebenbürgisch-sächsisches Wesen immer schon ausgemacht hat – nämlich unser Gemeinschaftssinn – können wir heute unter besonderen Bedingungen pflegen, und da ist es berechtigt das Herz höher schlagen zu lassen. Ein Treffen wie das heutige liegt zur Zeit – um einen Begriff unserer Zeit zu verwenden – „voll im Trend": vor einer Woche feierten wir in Malmkrog mit einer ähnlich voll besetzten Kirche 700 Jahre seit der ersten urkundlichen Erwähnung des Dorfes; ebenfalls vor einer Woche gab es ein Treffen in Zendersch mit ca. 250 Heimatbesuchern. Gestern (Samstag, 13.08.2005) gab es ein Treffen in Rode, anlässlich dessen die neu hergerichtete Kirche eingeweiht wurde und am kommenden Wochenende wird es ein Treffen in Schaas geben (und das sind nur jene, aus unserem Schäßburger Kirchenbezirk). Mir ist es klar, dass Geschichte nicht rückgängig gemacht werden kann; was vor 1989 gewesen ist kommt – zumindest in der Form – nicht wieder. Wenn ich mich aber umsehe, dann erkenne ich einen neuen Aufbruch. Es gibt wieder ein vermehrtes Interesse an der alten Heimat; und das nicht nur bei der Älteren Generation oder bei Nostalgikern, sondern auch bei Kindern und Jugendlichen, die berechtigter Weise fragen und hinterfragen. Worauf das Ganze hinaus will, das können wir nicht wissen. Was wir aber glauben dürfen ist, dass der allmächtige Gott seine Gnade nicht von uns wendet. Das hat er auch nie getan, wiewohl die äußeren Umstände in der Vergangenheit uns möglicherweise dazu verleitet haben das zu glauben.

IV. Wichtig und wesentlich ist es, sich daran zu erinnern, dass der Glaube an Gott unsere Vorfahren getragen hat: etwa im Krieg oder in der Deportation in Russland und ich glaube und hoffe auch uns: jene, die von hier gen Westen auswanderten und jene, die weiterhin hier ihren Lebensmittelpunkt haben. Dieser Glaube – an unsern allmächtigen und gnädigen Gott – darf auch dieser unserer Generation nicht abhanden kommen, unabhängig davon wo wir auf dieser Welt leben. Sicherlich sind die Probleme der heutigen Zeit nicht von der Hand zu weisen, auch wenn es uns – zumindest materiell gesehen – weitaus besser als unsern Vorfahren geht. Auch heute gibt es eine politische Großwetterlage, in welcher eine ethnische oder religiöse Minderheit etwa, nur bedingt zum Zuge kommen kann. Wir sind in der ganzen Welt zerstreut und es ist nicht einfach Gemeinschaft zu leben. Trotzdem müssen wir dankbar dafür sein, dass jene Probleme – welche unsere Großeltern oder Eltern hatten: wo es mitunter ums nackte Überleben ging, aber auch jene Schwierigkeiten, die Jesaja plastisch schildert – heute so nicht mehr denkbar sind. Der heutige Tag und dieses Zusammensein zeigen es uns und darum dürfen wir uns von der Hoffnung Jesajas anstecken lassen. Wir sind unsererseits gerufen das zu tun, was Jesaja fordert, nämlich Seinen *„Namen heiligen ... und den Gott Israels fürchten"*. Dann wird er mitten unter uns sein. In seinem Sohn Jesus Christus will er – wenn wir nun gemeinsam das Heilige Abendmahl feiern – dies tun. Ihm wollen wir danken und ihn anbeten. Amen.

Die praktizierte Nächstenliebe

Dreizehnter Sonntag nach Trinitatis (5. September 2004) – Schäßburg
Zehnjähriges Jubiläum des «Pflegenestes»
Predigt zu **1. Johannes 4,7 – 12**

7. Ihr Lieben, lasst uns einander lieb haben; denn die Liebe ist von Gott, und wer liebt, der ist von Gott geboren und kennt Gott. 8. Wer nicht liebt, der kennt Gott nicht; denn Gott ist die Liebe. 9. Darin ist erschienen die Liebe Gottes unter uns, dass Gott seinen eingebornen Sohn gesandt hat in die Welt, damit wir durch ihn leben sollen. 10. Darin besteht die Liebe: nicht dass wir Gott geliebt haben, sondern dass er uns geliebt hat und gesandt seinen Sohn zur Versöhnung für unsre Sünden. 11. Ihr Lieben, hat uns Gott so geliebt, so sollen wir uns auch untereinander lieben. 12. Niemand hat Gott jemals gesehen. Wenn wir uns untereinander lieben, so bleibt Gott in uns, und seine Liebe ist in uns vollkommen.

Liebe Gemeinde!

I. Am 5. September 1994 – heute vor genau 10 Jahren – wurde die erste Bewohnerin im «Pflegenest» aufgenommen. Heute, 10 Jahre danach, blicken wir dankbar darauf zurück, dass diese kleine Wohngemeinschaft und zugleich Pflegeeinrichtung, damals mit viel Engagement, aber auch mit genau so viel Fachwissen zustande kam und mit der Zeit weiter ausgebaut werden konnte[32]. Sicherlich ist das, was vor 10 Jahren begann, was sich im Laufe der Zeit entwickelte und was wir heute vor unseren Augen haben das Ergebnis menschlicher Anstrengungen und materieller Zuwendung. Aber außer dieser sichtbaren bzw. materiellen Komponente gibt es noch eine andere, eine unsichtbare, die aber genau so real existiert wie die erste. Man kann sie auch als die geistliche oder theologische Komponente bezeichnen. Es ist die – von diakonischem Engagement getragene – Motivation, welche Menschen dazu animiert hat, sich hier aktiv zu beteiligen. Hier hat gelebter christlicher Glaube seinen materiellen Niederschlag gefunden. Dieser – nennen wir ihn mal „ideelle Grund" unseres «Pflegenestes» – kann auch so umschrieben werden, wie es unser heutiges Predigtwort getan hat. Ich sehe daher einen direkten Zusammenhang zwischen diesem Bibeltext und unserem heutigen Jubiläum. Und diesen Zusammenhang möchte ich des Weiteren zu erläutern versuchen.

II. Nicht zu überhören ist, dass unser Bibelwort von der Liebe spricht. Insgesamt 15 Mal kommt dieser Begriff in dem relativ kurzen Text vor. Was sich zunächst philosophisches Sinnieren anhört, erweist sich – wenn man diese Worte in einen konkreten Bezug zu bringen

---

[32] Es handelt sich um das Engagement beherzter Christen aus Bremen; ein Engagement, welches vom Diakonischen Werk Bremen koordiniert wurde und welches in einer – bis heute existierenden und gut funktionierenden – Gemeindediakonie in Schäßburg seinen Niederschlag gefunden hat; siehe auch Fußnote Nr. 17 und Predigt zum Sonntag Invokavit.

versucht – als ein Wegweiser für eine ganz praktische Lebenshaltung; *eine Lebenshaltung wie sie Gott gewollt hat.* Die Grundidee unseres Bibelwortes ist eigentlich eine denkbar einfache: Gott ist die Liebe und die Menschen ihrerseits sind gerufen, die Liebe, die sie selbst empfangen haben, weiter zu geben. Sichtbares und untrügliches Zeichen dafür, dass man Gott kennt ist, dass man seinen Mitmenschen liebt. Unsere deutsche Sprache kennt ein EINZIGES Wort für diesen so gewaltigen, umfassenden und facettenreichen Begriff <u>Liebe</u>. Die Ursprache des Neuen Testaments, das Altgriechische, kennt drei Umschreibungen dafür: 1) Eros 2) Philia und 3) Agape. In unserm Bibelwort ist diese letztgenannte im Blick, die «Agape». Man kann sie auch <u>Nächstenliebe</u> nennen. Gemeint ist jene Liebe, die sich selbst vergisst und ausschließlich für andere da ist. «Agape» ist die Art von Liebe, wie wir sie aus vielen Beispielen kennen gelernt haben: sei es aus ganz bekannten Geschichten wie z. B. jene vom „Barmherzigen Samariter" (Lukas 10,25 ff – es war unsere heutige Evangelienlesung), oder aber in konkreten Beispielen unserer Zeit (z. B. Mutter Theresa). Nächstenliebe ist aber nicht das Ding einiger weniger Prominenter (oder sollte es nicht sein). Jeder Mensch, welcher in dem andern den Nächsten sieht und sich dementsprechend auch verhält, leistet das, was unser Bibelwort αγαπε nennt. Sie durchdringt alle anderen Arten der Liebe; sie ist gewissermaßen die Vollkommenste. Unser Bibelwort verwendet große Worte dafür: wenn diese Art von Liebe, die sich αγαπε nennt unter uns existiert, dann sind wir *„von Gott geboren"* und *„kennen"* Gott.

III. Oft aber machen wir die gegenteilige Erfahrung; die nämlich, dass nichts von dieser Liebe zu spüren ist. Wer von uns kann behaupten, diese Erfahrung nicht gemacht zu haben? In unserer ersten Lesung (die Geschichte von «Kain und Abel», 1. Mose 4) finden wir genau dieses Phänomen beschrieben, welches das Gegenstück zur Nächstenliebe, zur praktizierten Agape darstellt. Ohne wirklichen Grund – es ist nur der Neid – wird gemordet. Das ist nicht zu verstehen oder rational zu erklären. Nur wissen muss man: es gibt diese Schattenseiten menschlichen Handelns und das wird uns immer wieder schmerzhaft ins Bewusstsein gerufen. Sicherlich kann und darf die Frage gestellt werden, warum wir in unserem näheren und weiteren Umfeld oft so wenig von der Nächstenliebe vorfinden? Wie oft werden wir mit der Tatsache konfrontiert, dass von dem, was theoretisch so schön klingt, praktisch so wenig umgesetzt wird? Angefangen von kleinen Nachbarsstreitigkeiten und unfreundlichen Worten die man sich gedankenlos an den Kopf wirft, bis hin zu militärischen Konflikten mit verheerenden Folgen: im Irak, im Sudan oder im Kaukasus. Es gibt viele Menschen, die gerade an diesem Punkt Gott nicht (oder: nicht mehr) verstehen. Es gibt Menschen die ihre Mühe damit haben, die vielen negativen Erfahrungen, welche das Leben bringt, mit dem positiven und optimistischen Grundton des christlichen Glaubens in Einklang zu bringen. Ein einziger kurzer Satz dazu finden wir in unserem Bibelwort: *„Niemand hat Gott jemals gesehen"* (V. 12). Wir finden nicht letztgültige Erklärungen für Gottes Handeln; für sein Eingreifen oder sein *Nicht*eingreifen. Mit Gott lässt sich nicht rechnen, um ein Beispiel aus der Mathematik anzuführen; da sind viel zu viele Unbekannte. Das – aus menschlicher Sicht – unverständlichste an Gott ist dann aber wohl, dass er seinen

Sohn opfert, bzw. zulässt, dass dieser umgebracht wird. Wenn wir fragen warum dies Opfer nötig war, dann kommen wir dort an, von wo wir ausgingen: bei der „Liebe". Der Apostel Johannes schreibt: *„Darin ist erschienen die Liebe Gottes unter uns, dass Gott seinen eingebornen Sohn gesandt hat in die Welt, damit wir durch ihn leben sollen. Darin besteht die Liebe: nicht dass wir Gott geliebt haben, sondern dass er uns geliebt hat und gesandt seinen Sohn zur Versöhnung für unsre Sünden"* (VV. 9 und 10) Wir können keine Antwort darauf geben, ob Gott auch einen andern Weg hätte gehen können. Wir wissen, ja wir dürfen – anhand dessen, was wir aus unserem Bibelwort heraus lesen – dessen gewiss sein, dass Gott uns liebt. Bedingungslos tut er das. So wie wir sind liebt er uns, vor allem auch unsere Schattenseiten, auch das, was wir keineswegs als liebenswürdig empfinden.

IV. Den Zustand unserer verfallenen Welt zu beklagen, bringt uns nicht weiter. Wir sind dazu gerufen – weil Gott uns liebt – unseren Nächsten zu lieben. Die Herausforderung, welche in dieser Aufforderung steckt, liegt auf der Hand: es ist keineswegs leicht, menschliche Unzulänglichkeiten in Liebe zu ertragen. Es ist nicht einfach mit Kranken, Behinderten, Hilfsbedürftigen umzugehen. Wer im diakonischen Bereich aktiv ist, der/*die* weiß es am allerbesten. Unser Bibelwort stellt aber heraus, dass gerade in dieser Zuwendung zum Nächsten hin, nicht mehr und nicht weniger als die Nähe Gottes erfahren wird. *„...denn die Liebe ist von Gott, und wer liebt, der ist von Gott geboren und kennt Gott"* (V. 7) Den Glauben an Gott gilt es konkret werden zu lassen. Die erfahrene Liebe Gottes, gilt es weiter zu geben. Das kann auf vielerlei Art und Weise geschehen. Die Zeit nach der Wende 1989 brachte große Veränderungen mit sich, Veränderungen die uns in die Lage versetzten, *neue Formen* der angewandten Nächstenliebe finden zu müssen. Wir sind dankbar, dass vor gut 10 Jahren Menschen – welche die Aufforderung zur Nächstenliebe ganz ernst und wörtlich genommen haben – sich in mannigfacher Weise eingebracht haben; dass sie ihre Zeit, ihr Wissen und auch materielle Zuwendungen *er*bracht und *einge*bracht haben, damit ein sichtbares Zeichen der Nächstenliebe gesetzt werden konnte. Zwar hat diakonisches Engagement unsere evangelisch-sächsische Gemeinschaft immer schon charakterisiert und wirkte, bzw. wirkt vorbildhaft für das Umfeld – man denke an die gegenseitigen nachbarschaftlichen Hilfeleistungen. Was hier in den letzten 10 Jahren geschehen ist, geht darüber hinaus: Menschen ganz verschiedener Prägung, aus verschiedenen Ländern haben in Zusammenarbeit ein Werk christlicher Nächstenliebe geschaffen. Die Frage „wer unser Nächster ist?" (Luk. 10,25 – 37) hat eine Antwort gefunden, die unserer Zeit der Globalisierung und des Zusammenwachsens von Ländern und Kontinenten entspricht.

V. So können wir nur dankbar sein; dankbar für diese 10 Jahre praktizierter Nächstenliebe im «Pflegenest». Und wir dürfen hoffnungsvoll in die Zukunft blicken, dass diese Nächstenliebe auch weiterhin praktiziert wird und darum nicht aufhören wird, zu existieren. Denn: *„Wenn wir uns untereinander lieben, so bleibt Gott in uns, und seine Liebe ist in uns vollkommen."* Amen.

Der Geist der Versöhnung

Vierzehnter Sonntag nach Trinitatis (12. September 2004) – Sächsisch-Regen
(zusammen mit den Gemeinden des Reener Ländchens: Birk, Botsch, Ludwigsdorf,
Obereidisch, Niedereidisch, Weilau, Deutsch-Zepling)

Gedenkfeier anlässlich der 60 Jahre seit der Evakuierung
der Sachsen aus Nordsiebenbürgen

Predigt zu **Römer 8,14 – 17**

14. Welche der Geist Gottes treibt, die sind Gottes Kinder. 15. Denn ihr habt nicht einen knechtischen Geist empfangen, dass ihr euch abermals fürchten müsstet; sondern ihr habt einen kindlichen Geist empfangen, durch den wir rufen: „Abba, lieber Vater!" 16. Der Geist selbst gibt Zeugnis unserm Geist, dass wir Gottes Kinder sind. 17. Sind wir aber Kinder, so sind wir auch Erben, nämlich Gottes Erben und Miterben Christi, wenn wir denn mit ihm leiden, damit wir auch mit zur Herrlichkeit erhoben werden.

Liebe Gemeinde!

I. Wie oft vergessen wir, was es für eine große Gnade Gottes ist, dass wir in Friedenszeiten leben und dass wir jeden Tag zu unserem leiblichen Wohl kommen. Doch dass es uns im materiellen Sinne im Großen und Ganzen gut geht, ist nicht alles. Wichtig und wesentlich ist, dass wir – außer den handfesten Dingen, die zu unserem Leben dazugehören – unseren christlichen Glauben haben. Der Glaube hilft uns dieses Leben zu verstehen und zu meistern. Sicherlich erleben wir oft Situationen, für die wir nicht verantwortlich sind, in denen wir uns nicht wieder finden und die uns manchmal auch an den Rand der Verzweifelung bringen. Aber gerade in solchen Lebenslagen stützt uns unser Glaube; er hilft uns, auch Schicksalsschläge hinzunehmen: „... *wenn wir denn mit ihm leiden ... wir auch mit zur Herrlichkeit erhoben werden"*.

Ganz eindrücklich und in konzentrierter Form bringt es der Apostel Paulus auf den Punkt, wenn er der Gemeinde in Rom schreibt: „*Denn ihr habt nicht einen knechtischen Geist empfangen, dass ihr euch abermals fürchten müsstet; sondern ihr habt einen kindlichen Geist empfangen, durch den wir rufen: Abba, lieber Vater!"* Kraft dessen, dass wir Gottes Kinder sind, haben wir keinen Anlass mehr uns fürchten zu müssen. Das bedeutet nicht, dass das, was uns Angst macht, nicht mehr existiert. Es kann uns aber nicht mehr treffen, wir sind darüber erhaben. Christen haben nämlich die große Zusage, als Kinder Gottes Miterben Christi zu sein. Was wir hier in dieser Welt und in diesem Leben erfahren, ist nicht alles. Es kommt noch etwas danach; etwas was wir jetzt gar nicht im Stande sind, in seiner Gänze zu erkennen und zu verinnerlichen. Der Geist Gottes lässt uns aber schon jetzt ein Stückchen davon erahnen.

Von Gottes Geist getrieben, sind wir gerufen unsere heutige Gedenkfeier anzugehen. Wenn man sich den historischen Hintergrund mit den dahinter stehenden menschlichen Dramen vergegenwärtigt, ist es ein trauriger Anlass. Andererseits aber gilt wie vorhin gesagt, dass all das, was uns in dieser Welt traurig macht – auch wenn es real existiert – uns nicht mehr treffen kann; und zwar darum weil wir uns als «Miterben Christi» bei Gott aufgehoben wissen. Wenn wir uns heute also diese Ereignisse von vor sechzig Jahren vergegenwärtigen, dann wollen wir es so tun, dass wir sie im Lichte des Wortes Gottes zu sehen und zu verstehen versuchen.

II. Die Evakuierung der Sachsen aus Nordsiebenbürgen, wird als eines der einschneidensten Ereignisse in der Geschichte unseres Volkes gewertet – zu Recht. Sechzig Jahre jedoch sind eine lange Zeit; eine Zeit in der mehrere Generationen sich abwechseln. Außer den Zeitzeugen, kann sich heute noch jemand in die Situation Ende August / Anfang September 1944 versetzten, als die Front innerhalb weniger Tage bedrohlich näher rückte? Und doch sind wir heute dazu aufgefordert zumindest zu versuchen, das nachzuempfinden, was in den Menschen damals vorging.

Die Entscheidung zu dieser Umsiedlung war **nicht** nach dem demokratischen Mehrheitsprinzip und unter rechtsstaatlichen Bedingungen gefällt worden. Das wäre unter den damaligen Umständen gar nicht möglich gewesen. Einerseits rückte die Gefahr näher; andererseits aber hatte man sein ganzes Hab und Gut und nicht zuletzt seine Heimat hier. Sicherlich waren einige damit einverstanden evakuiert zu werden; etliche aber konnten jener Idee nicht viel abgewinnen. Viel zu wählen hatte man aber **nicht**, zumal – wenn man sich weigerte zu gehen – man von den damaligen Propagandisten als „undeutsch" bezeichnet wurde. Fakt bleibt: für alle ist es damals ein äußerst schwerer Gang gewesen. Aus heutiger Sicht unerklärlich bleibt die Tatsache, dass manche der führenden Köpfe damals meinten, durch einen solchen Vorgang Menschen nach ethnischen Kriterien trennen zu müssen, damit jeder „seiner Art entsprechend" leben könnte. Was diese Zeit und die Jahre danach mit sich brachten, waren Erfahrungen, die nur schwer zu beschreiben sind: Familien wurden getrennt, Menschen verloren ihren Besitz und ihre Heimat. Aber was vielleicht am Schlimmsten zu bewerten ist: Ethnien die über Jahrhunderte nebeneinander gelebt hatten, fanden ihren Platz nicht mehr nebeneinander. Jene Evakuierten, die in Österreich oder Deutschland blieben, bauten sich eine neue Heimat auf, auch wenn sie die alte nicht vergessen konnten. Die andern – obwohl sie in ihre angestammte Heimat zurückkamen – konnten sich nicht mehr zu Hause fühlen, weil ihnen die materielle Lebensgrundlage entzogen worden war und sie in ihr Heim nicht mehr zurück durften. Nur langsam konnte man sich an die neuen Gegebenheiten gewöhnen. Es vergingen Jahre bis man wieder in normalen Verhältnissen wohnen, arbeiten, leben konnte.

Erklärungen für die damaligen Ereignisse können Historiker *suchen* und werden sie auch *finden*. Verlorenes Eigentum ganz oder zumindest anteilig zurück zu gewinnen, ist in der aktuellen Situation – wenn auch mit vielen Behördengängen und juristischem

Tauziehen – *möglich*. Eine Entschädigung für verlorene Jugendjahre oder gar für verloren gegangene Menschlichkeit zu bekommen, das ist *unmöglich*.

III. In der heutigen Zeit wird in solchen Zusammenhängen gerne der Begriff „Aufarbeiten" verwendet. Auf*arbeiten* sollte aber nicht mit auf*rechnen* verwechselt werden. Wenn man solches tut, dann gehört es wohl zum allermenschlichsten, den andern zuerst im Visier zu haben; den, der einem Unrecht zugefügt hat. Und die Zeitzeugen[33] werden über das was ihnen widerfahren ist, Erschütterndes berichten. Aber in menschlichen Auseinandersetzungen – zumal in einer globalen, wie es der II. Weltkrieg war – ist die Schuldfrage eine komplexe. Aufarbeiten beginnt dann, wenn ehrlicherweise auch die eigenen Fehler und Fehlentscheidungen (und jene der eigenen Volksführer, denen man vor und während des II. Weltkriegs viel zu blind vertraut hatte) eingesehen werden. Trotzdem bleibt es – außer für den Historiker – letztendlich unerheblich, wer Haupt- und wer Nebenschuldiger ist. Irgendwann merkt man, dass es allein mit dem Aufrechnen der Schuld nicht geht, weil man sich in einen Teufelskreis begibt. Auch Jahrzehnte später wird man noch einen Makel an dem andern finden und der andere an einem selber.

Es gibt eine andere Möglichkeit mit erfahrenem und zugefügtem Leid umzugehen. Gerade wir als Christen sind bzw. die Institution Kirche ist dazu aufgerufen, diese Möglichkeit den Menschen nahe zu legen und selber zu praktizieren: die **Vergebung**. Vergebung ist aber nur dort möglich, wo der Geist Gottes – und nicht der knechtische Geist – weht. *„Welche der Geist Gottes treibt, die sind Gottes Kinder."* Gewalt und Gewaltanwendung haben etwas mit Angst und deren Instrumentalisierung zu tun. Dabei ist es bemerkenswert: *Nicht nur die, die Gewalt erfahren werden in Angst versetzt; auch jene, die Gewalt anwenden sind von Ängsten geleitet.* Das deutlichste und auch aktuellste Beispiel ist der Krieg, welchen die USA zusammen mit andern Bündnispartnern zur Zeit im Mittleren Osten führen (zuerst in Afghanistan und dann im Irak). Nach dem 11. September 2001 – vom Gefühl der Angst getrieben – ließ sich ein großer Teil der amerikanisch-westlichen Gesellschaft einreden, dass dieser Krieg nötig sei („Präventionskrieg", „Kampf gegen den Terrorismus"), um die eigenen Werte zu verteidigen. Dass diese Ängste oft irreal sind, sei nur am Rande bemerkt; die Massenvernichtungswaffen sind im Irak nie gefunden worden.

Menschen die von einem knechtischen Geist getrieben werden, fürchten sich. Menschen die vom Geist Gottes getrieben werden, müssen sich nicht fürchten, weil ihnen – auch wenn sie Grausames erlebt haben – der himmlische Vater Sicherheit gibt. Wer sich nicht fürchtet, der wird es nicht so weit kommen lassen, dass seine Angst instrumentalisiert wird und er seinem Mitmenschen zum Schrecken wird. Das wollen wir uns heute auf den Weg mitgeben lassen, in der Hoffnung, dass es nie wieder zu einer solchen Situation, wie vor 60 Jahren kommen muss. Lasst uns darum an dem Glauben an den Gott festhalten, der uns den «kindlichen» Geist gibt, durch den wir rufen „Abba lieber Vater." Dieser Glaube trägt in guten wie in schweren Zeiten. Amen.

---

[33] Zwei Zeitzeugen – Herr N. und Herr S. – berichteten anlässlich dieser Gedenkfeier über ihre bitteren Erfahrungen.

A paisprezecea Duminică după Sărbătoarea Sf. Treimi (12 septembrie 2004) –
Reghin (împreună cu enoriașii evanghelici din: Batoș, Dedrad, Ideciu de Sus, Ideciu de Jos, Logig, Petelea, Uila), jud Mureș

Comemorarea celor 60 de ani de la evacuarea sașilor din Transilvania de Nord
Rezumatul predicii despre **Romani 8,14 – 17**

14. Câți sunt mânați de Duhul lui Dumnezeu sunt fii ai lui Dumnezeu. 15. Pentru că n-ați primit iarăși un duh al robiei, spre temere, ci ați primit Duhul înfierii, prin care strigăm: „Avva! Părinte!" 16. Duhul însuși mărturisește împreună cu duhul nostru că suntem fii ai lui Dumnezeu. 17. Și dacă suntem fii, suntem și moștenitori – moștenitori ai lui Dumnezeu și împreună-moștenitori cu Hristos, dacă pătimim împreună cu El, ca împreună cu El să ne și preamărim.

Iubiți creștini!

În aceste zile se împlinesc 60 de ani de la acel eveniment crucial în istoria sașilor din Transilvania de Nord: evacuarea și dispersarea lor în lumea largă: Germania, Austria sau Canada. Cu toate că este greu – mai ales pentru cei care au fost martori și au suferit nespus de mult – azi suntem chemați să nu lăsăm uitării acel demers nefast al unor conducători, care doreau o nouă împărțire a Europei. Pentru mine este inexplicabil faptul, că mai marii de atunci într-adevăr credeau, că oamenii trebuiesc selectați pe criterii etnice ca fiecare etnie să poată trăii după propriile reguli și datini. Urmările acelei evacuări au generat durere și suferință: familii au fost despărțite, oamenii și-au pierdut agoniseala de o viață și (ce este poate cel mai grav) etniile, care de-a lungul secolelor au trăit lângăolaltă nu-și mai găseau locul una lângă celălaltă. Cei care au rămas în străinătate au încercat și au reușit în timp să-și facă un rost acolo; dar patria-mamă n-au uitat-o niciodată. Cei întorși și-au găsit casele și curțile ocupate; au trecut ani de zile până și-au putut întemeia iarăși un cămin și și-au găsit locul firesc în societate. Între timp partea materială s-a putut reface sau redobândii într-o măsură mai mică sau mai mare. Dar o despăgubire pentru tinerețea sau omenia pierdută nu există.

Nu ne-am adunat azi aici, ca să căutăm vinovați indiferent unde s-ar afla și cărei etnii ar aparține. Creștinii (indiferent de confesiune sau naționalitate) au la îndemână un mecanism de a opri ura și violența: **iertarea**. Acest mecanism însă funcționează doar în condițiile în care – așa cum afirmă Sf. Apostol Pavel – **suntem călăuziți de Duhul lui Dumnezeu.** Sf. Apostol are o remarcă foarte înțeleaptă: face distincție între „duhul de robie" și „Duhul înfierii". Cei care au „duh de robie" își trăiesc viața cu tot felul de temeri. Ceilalți care sunt călăuziți sau „mânați de Duhul lui Dumnezeu" știind că sunt „moștenitori ai lui Dumnezeu și împreună-moștenitori cu Hristos", nu au de ce să se teme. Chiar dacă sunt supuși unor atrocități, pot avea convingerea, că Dumnzeu o va duce la un bun sfârșit: „... dacă suferim cu adevărat împreună cu El" Dumnezeu așa le va rândui „să fim și slăviți împreună cu El."

Acest lucru poate sună teoretic. Există însă exemple foarte concludente din viaţa de zi cu zi, care ne arată ce se poate întâmpla, dacă lipseşte „Duhul lui Dumnezeu" şi domină acel „duh de robie". Cel de-al II-lea Război Mondial şi urmările lui nefaste sunt un asemenea exemplu. Dar ca să ne dăm seama, că oricând şi oriunde se pot ivi situaţii similare, luăm alt exemplu: în urma atentatelor de la 11 septembrie 2001 s-a declanşat un război inutil în Orientul Mijlociu (Afganistan şi Irak). Artizanii acestui război au instrumentalizat frica oamenilor şi astfel au sugerat societăţii vestice (SUA şi statele aliate), că este necesar pentru apărarea valorilor, numind-ul: „război preventiv" sau „război împotriva terorismului". Trebuie remarcat, că în asemena cazuri nu numai cei agresaţi sunt (ce ar fi mai firesc) dominaţi sau „mânaţi" de teamă, ci (poate chiar mai mult) agresorii. Doar ca paranteză trebuie amintit faptul, că de obicei cauza temerilor este ireală. În acest caz „armele de distrugere în masă", motivul incursiunii din Irak n-au fost găsite niciodată, pentru că nu au existat.

Creştinii sunt chemaţi să păşească pe altă cale, cea a **iertării**. Putem ierta pentru că bunul Dumnezeu ne cheamă s-o facem călăuzindu-ne cu Duhul Său, „Duhul înfierii". Ne-a făgăduit să fim „împreună moştenitori cu Hristos". Şi chiar „dacă suferim cu adevărat împreună cu El" – fapt care-l comemorăm azi – nădăjduim „să fim şi slăviţi împreună cu El". Credinţa aceasta ne va lua teama şi va da o calitate net superioară vieţii noastre pe acest pământ, îndreptându-ne gândul nu „spre temere", ci înspre tatăl ceresc căruia ne putem simţii mai aproape decât oricui, chemându-l: „Avva! Părinte!" Amin.

Sorgen?

Fünfzehnter Sonntag nach Trinitatis (20. September 2009) – Schäßburg

Predigt zu **Matthäus 6,25 - 34**

Jesus lehrte seine Jünger und sprach: 25. „Sorgt nicht um euer Leben, was ihr essen und trinken werdet; auch nicht um euren Leib, was ihr anziehen werdet. Ist nicht das Leben mehr als die Nahrung und der Leib mehr als die Kleidung? 26. Seht die Vögel unter dem Himmel an: sie säen nicht, sie ernten nicht, sie sammeln nicht in die Scheunen; und euer himmlischer Vater ernährt sie doch. Seid ihr denn nicht viel mehr als sie? 27. Wer ist unter euch, der seines Lebens Länge eine Spanne zusetzen könnte, wie sehr er sich auch darum sorgt? 28. Und warum sorgt ihr euch um die Kleidung? Schaut die Lilien auf dem Feld an, wie sie wachsen: sie arbeiten nicht, auch spinnen sie nicht. 29. Ich sage euch, dass auch Salomo in aller seiner Herrlichkeit nicht gekleidet gewesen ist wie eine von ihnen. 30. Wenn nun Gott das Gras auf dem Feld so kleidet, das doch heute steht und morgen in den Ofen geworfen wird: sollte er das nicht viel mehr für euch tun, ihr Kleingläubigen? 31. Darum sollt ihr nicht sorgen und sagen: Was werden wir essen? Was werden wir trinken? Womit werden wir uns kleiden? 32. Nach dem allen trachten die Heiden. Denn euer himmlischer Vater weiß, dass ihr all dessen bedürft. 33. Trachtet zuerst nach dem Reich Gottes und nach seiner Gerechtigkeit, so wird euch das alles zufallen. 34 Darum sorgt nicht für morgen, denn der morgige Tag wird für das Seine sorgen. Es ist genug, dass jeder Tag seine eigene Plage hat."

Liebe Gemeinde!

I. Über dieses Bibelwort kann ich nur so predigen, indem ich zuerst etwas über mich und über mein Leben erzähle. Ich hoffe es klingt nicht zu hochgestochen wenn ich das sage, aber diesem Bibelwort und vor allem dem 33. Vers *„Trachtet zuerst nach dem Reich Gottes und nach seiner Gerechtigkeit, so wird euch das alles zufallen"* ist es zuzuschreiben, dass ich heute hier auf der Kanzel stehe und predige. Oder anders gesagt: wenn «Pfarrer sein» mehr ist als ein Beruf, dann ist dieses Bibelwort die Grundlage dessen, was ich damals – als ich mich entschieden habe Theologie zu studieren und ins Pfarramt zu gehen – als «Berufung» empfunden habe. Wie jeder Jugendlicher war auch ich im Alter zwischen 16 und 18 Jahren ein Suchender. In der elften Klasse habe ich die Bibel vom Anfang bis zum Ende gelesen. An diesem Satz *„Trachtet zuerst nach dem Reich Gottes und nach seiner Gerechtigkeit, so wird euch das alles zufallen"* bin ich hängen geblieben und er hat mich nie mehr losgelassen.

Ich war Schüler am Brukenthal-Gymnasium in Hermannstadt, eine Schule mit naturwissenschaftlichem Profil. Prägend war vor allem aber der Gemeinschaftsgeist dieser Schule und einen besonderen Platz in meinem Herzen haben die Erinnerungen an Blasmusik, Sächsische Tanzgruppe, Kammerchor. Ich kam vom Dorf – Leschkirch im Harbachtal – mit dessen sächsischer Gemeinschaft ich mich identifizierte, welche aber in Auflösung begriffen war. Man schrieb das Jahr 1988 und eine politische Wende hat damals niemand vorausgesehen; zumindest nicht in meinem Bekanntenkreis. Freunde und Mitglieder der Großfamilie begannen auszuwandern. Ich selber musste mich für einen Beruf entscheiden, aber mit der technischen Orientierung, welche mir das Gymnasium bot, konnte ich wenig anfangen. Ich bin zum Schlosser ausgebildet worden und das naheliegendste wäre gewesen entweder diesen Beruf auszuüben oder – darauf aufbauend – Maschinenbau zu studieren. Mir war bewusst, dass eine – auf die Kirche hin orientierte – Laufbahn auch Schwierigkeiten in einem (damals) atheistischen Staat mit sich bringen würde. Trotzdem erspürte ich intuitiv, dass meine siebenbürgisch-sächsische Gemeinschaft bzw. die evangelische Kirche mir mehr zu bieten hätte, als der kommunistische Staat.

Ich war hin und her gerissen. Ich machte mir Sorgen um meine Zukunft, aber was für welche. Und dann las ich dieses Bibelwort: „*Sorget nicht!*". War da nicht ein evidenter Widerspruch? Meine – von der Naturwissenschaft her anerzogene – Logik sagte mir: entweder stimmt das eine nicht, oder das andere. Entweder sind meine Sorgen berechtigt: wie soll ich dann dieses Bibelwort einordnen? Oder aber es stimmt wirklich: was ist dann aber mit meinen Ängsten, die ja real existieren und die ich nicht so abtun kann, als gäbe es sie nicht? Ich kann es letztendlich nicht mit hundertprozentiger Genauigkeit sagen, warum dies der Weg gewesen ist, den ich beschritten habe. Zwar habe ich versucht zu beherzigen, was dieses Bibelwort sagt; wie gut es mir aber gelungen ist, weiß Gott alleine. Aber was sagt es eigentlich?

II. Nach fünf Jahren Theologiestudium und zwölf Jahren im Pfarramt und nachdem ich aufgehört habe zu zählen, wie oft ich es gelesen habe und wie viele Kommentare dazu, ergibt sich folgendes Bild: namhafte Neutestamentler meinen, dass Jesus hier die Situation der Tagelöhner zur seiner Zeit im Blick hat. Diese waren so arm, dass sie in der Tat nicht wussten, was sie am nächsten Tag essen würden. Oder aber die Wanderprediger – jene Jünger die Jesus ausgesandt hatte – die wirklich nicht wissen konnten, wo sie am Abend ihr Haupt hinlegen würden. Vor diesem Hintergrund muss auch die Aussage von den Blumen die in den Ofen geworfen werden, verstanden werden: in ihrer Armut haben die Menschen mit getrocknetem Reisig und eben auch mit Stroh oder sogar getrocknetem Gras heizen oder kochen müssen.

Aber betrifft das uns? Wer von uns kann sagen, dass er Hunger oder Durst leiden muss oder dass ihm Kleidungsstücke fehlen? Eigentlich keiner! Sicherlich haben wir Sorgen und Nöte, die wir nicht leugnen und auch nicht verdrängen können, aber diese sind ganz anderer Natur. Klar ist mir im Laufe der Zeit geworden, dass Sorgen und Nöte sehr stark zeit- und situationsgebunden sind. Meine Sorgen, welche ich vor zwanzig Jahren hatte sind längst abgelegt. Dafür habe ich aber ganz andere: ich sorge mich um meine Gesundheit und um das Wohl meiner Familie; ich sorge mich darum, dass die Arbeiten auf den Baustellen hier in der Burg[34] – an der Kirche, aber auch die Pflasterarbeiten – ein Ende haben werden; ich sorge mich darum dass die vakante Pfarrstelle im Reener Ländchen wieder besetzt wird. Das sind nur einige wenige meiner Sorgen. Doch gerade diese Tatsache – nämlich dass meine Sorgen doch sehr stark zeit- und situationsgebunden sind – zeigt mir, dass dieses Bibelwort, welches mir so wichtig war und ist, im Grunde genommen Recht hat; und zwar darum weil es sich über Raum und Zeit hinweg als gültig erweist. Die Sorge ist zeitlich; Gottes Gnade und Güte ist ewig. Jesus verweist auf die Herrschaft Gottes; Gott hat alles geschaffen und ER erhält alles. WIE bleibt letztlich SEIN Geheimnis. Wir erleben beides: in Naturkatastrophen sehen und erleben wir einerseits, wie von jetzt auf gleich zerstörerische Kräfte ihre Wirkung entfalten; wenn wir jedoch andererseits einen Blick in die Natur werfen, dann können wir uns immer wieder nur über die Schönheit dieser Schöpfung wundern.

Der bekannte Schweizer Reformator Ulrich Zwingli hat die Sorgen in zwei Kategorien eingeteilt: er spricht einerseits über die (1) *„geziemende Sorge"* und andererseits vom (2) *„ängstlichen Sorgen"*. Einer der bekanntesten Theologen des 20. Jahrhunderts Rudolf Bultmann verfährt in ähnlicher Weise und spricht einerseits von der (1) *„Vorsorge für die Zukunft"* und der (2) *„Sorge um die Zukunft"*. (1) Die erste ist legitim und logisch. Man stelle sich vor ein Landwirt bereitet das Feld nicht vor (er ackert, düngt und sät nicht), in der Hoffnung, dass Gott ihn ernährt: so wie eben auch ein wildes Tier sein Futter findet oder eine Pflanze auf dem Feld gedeiht. Das hat Jesus SO sicher NICHT gemeint. Das ist *„geziemende Sorge"* oder *„Vorsorge für die Zukunft"*. Es ist selbstverständlich, dass ich arbeiten soll und muss, um mich und meine Familie zu ernähren und der Gemeinschaft zu dienen, soweit mir das möglich ist und in meiner Kraft steht. Es ist nicht normal mich auf die faule Haut zu legen und auch noch die Bibel dazu als Alibi zu missbrauchen. (2) Wovor Jesus aber warnt ist das *„ängstliche Sorgen"* oder die *„Sorge um die Zukunft"*. Diese Art von Sorge muss ich wirklich Gott anheim stellen, weil er alleine weiß, was er uns für die Zukunft ersehen hat. Ich kann mich noch so sehr bemühen; wenn ich morgen unheilbar krank werde oder sterben muss, dann muss ich es Gott anheim stellen, für meine Familie weiter zu sorgen. Dafür kann ich keine Vorsorge treffen (außer dass ich vielleicht eine Lebensversicherung abschließe, wenn ich die nötigen finanziellen Mittel habe; aber das Geld wird mich nicht ersetzen).

Was ich aber kann bzw. soll – und unser Glaube ist der, dass dies über die Grenzen dieses irdischen Lebens hinaus nützlich ist – ist dies: *„Trachtet zuerst nach dem Reich Gottes und nach seiner Gerechtigkeit, so wird euch das alles zufallen"* Was dieses Trachten nun konkret beinhalten soll, kann auch so definiert werden: tue deine Pflicht an dem Ort, wo Gott dich hingesetzt hat und überlass alles weitere IHM. Amen.

---

[34] In Schäßburg trägt die gesamte Altstadt, bzw. deren oberer Teil den Namen «Burg».

Viaţa veşnică

A şaisprezecea Duminică după Sărbătoarea Sf. Treimi (27 septembrie 2009) –
Uila[35], jud. Mureş
Predică despre **Ioan 11,1.3.17 – 27.41 – 45**

1. Era bolnav un oarecare Lazăr din Betania, satul Mariei şi al Martei, sora ei. [...] 3. Deci au trimis surorile la El, zicând: „Doamne, iată, cel pe care îl iubeşti este bolnav." [...] 17. Deci, venind, Iisus l-a găsit pus de patru zile în mormânt. 18. Iar Betania era aproape de Ierusalim, ca la cincisprezece stadii. 19. Şi mulţi dintre iudei veniseră la Marta şi Maria ca să le mângâie pentru fratele lor. 20. Deci Marta, când a auzit că vine Iisus, a ieşit în întâmpinarea Lui, iar Maria şedea în casă. 21. Şi a zis către Iisus: „Doamne, dacă ai fi fost aici, fratele meu n-ar fi murit. 22. Dar şi acum ştiu că oricâte vei cere de la Dumnezeu, Dumnezeu îţi va da." 23. Iisus i-a zis: „Fratele tău va învia." 24. Marta i-a zis: „Ştiu că va învia la înviere, în ziua cea de apoi." 25. Şi Iisus i-a zis: „Eu sunt învierea şi viaţa; cel ce crede în Mine, chiar dacă va muri, va trăi. 26. Şi oricine trăieşte şi crede în Mine nu va muri în veac. Crezi tu aceasta?" 27. Zis-a Lui: „Da, Doamne. Eu am crezut că Tu eşti Hristosul, Fiul lui Dumnezeu, Care a venit în lume. " [...] 41. Au ridicat deci piatra, iar Iisus Şi-a ridicat ochii în sus şi a zis: „Părinte, Îţi mulţumesc că M-ai ascultat. 42. Eu ştiam că întotdeauna Mă asculţi, dar pentru mulţimea care stă împrejur am zis, ca să creadă că Tu M-ai trimis." 43. Şi zicând acestea, a strigat cu glas mare: „Lazăre, vino afară!" 44. Şi a ieşit mortul, fiind legat la picioare şi la mâini cu fâşii de pânză şi faţa lui era înfăşurată cu mahramă. Iisus le-a zis: „Dezlegaţi-l şi lăsaţi-l să meargă." 45. Deci mulţi dintre iudeii care veniseră la Maria şi văzuseră ce a făcut Iisus au crezut în El.

Iubiţi creştini!

I. Ce înseamnă sintagma „Viaţă veşnică" de fapt? În termeni ştinţifici nu putem da o definiţie. Doar prin credinţă putem aspira la ceea ce vine după ce se termină acestă viaţă biologică. În orice caz, ştim sigur ce NU înseamnă viaţă veşnică: nu înseamnă o viaţa fără sfârşit pe acest pământ, repectiv o viaţă care nu va fi odată întreruptă de moarte. Putem deci pleca de la premisa, că Lazăr – cel despre care vorbeşte Sf. Evanghelist Ioan – care a fost mort şi readus la viaţă de Iisus, tot a murit odată, şi că la acea data Iisus nu l-a înviat. În acest context se pune

---

[35] Unsere Kirche hat in Weilau (rum. Uila) ein Kleinod: die einzige evangelische Zigeunergemeinde (die Weilauer selber bezeichenen sich als Zigeuner, nicht als Roma), in welcher rumänisch gepredigt, deutsch gesungen (Liturgie und Gesangbuchlieder) und sächsisch gesprochen wird. Als Theologiestudent habe ich vor zwanzig Jahren dort den – zu jener Zeit üblichen – „Weihnachts- und Ostereinsatz" wahrgenommen. Später habe ich dann als Dechant die Gemeinde öfters besucht. Nur wer dort gewesen ist kann verstehen, dass man – wenn man über Weilau spricht – ins Schwärmen gerät.

întrebarea: ce rost are acest demers? Cui îi foloseşte faptul, că cineva – care este mort de 4 zile – se întoarce la viaţă? Este chiar atât de plăcut, să începi din nou viaţa aceasta, dar ca şi adult? Să suferi iarăşi de boli (Lazăr fusese grav bolnav), să simţi dureri cumplite, ca într-un târziu totuşi să trebuiască să-ţi iei rămas bun de la această lume? Dar nu numai atât: îmi imaginez, că – dacă într-adevăr s-ar întâmpla o asemenea minune la noi (cineva, care a murit, să revină la viaţă în lumea aceasta) – atunci am fi mai degrabă iritaţi şi timoraţi. O asemenea întâmplare nu s-ar încadra în viaţa noastră cotidiană, în mersul firesc al lucrurilor.

Desigur trebuie şi avut în vedere situaţiile tragice în care se află mulţi: când moartea vine pe nepregătite; dacă un om tânăr pleacă din această lume, care are de hrănit o familie întregă, sau dacă în urma unui accident sau a unei boli necruţătoare cineva lasă în urma sa un gol imens, un gol de neînlocuit. Sunt experienţe dureroase care – unii dintre noi – le-au făcut, ori le aflăm de la cei care le fac. Într-o situaţie asemănătoare trebuie să se fi aflat şi cele două surori a lui Lazăr: Maria şi Marta. Trebuie avut în vedere, că statutul social al unei femei în orientul apropiat din vremea lui Iisus: ea era întru totul subordonată unui bărbat (aşa cum şi astăzi este uzual în lumea arabă). Acest bărbat, căreia se subordona, respectiv tutorele, era tatăl, soţul sau fratele. În cazul în care nu exista un tutore (şi acest lucru se întâmpla frecvent în cazul văduvelor, dar şi a femeilor rămase necăsătorite, care nu mai aveau părinţi, respectiv fraţi) atunci aceste femei erau lipsite de drepturi: de pildă nu puteau să-şi revendice dreptatea în faţa unei instanţe judecătoreşti, şi nu puteau nici măcar apărea ca martori într-un proces. În acest context trebuie înţeleasă situaţia celor două surori Maria şi Marta, a căror frate, Lazăr murise. Prin dispariţia tutorelui, pe cele două le aştepta o situaţie cât se poate de potrivnică în societatea de atunci.

Dar şi în situaţiile mai puţin tragice (atunci când cineva se află la o vârstă venerabilă, care şi-a "trăit viaţa", care nu mai trebuie să întreţină o familie), nu stă în natura omului să pri-mească moartea cu braţele deschise. Ţine de natura a omului, să-şi dorească o viaţă cât se poate de lungă; şi deasemenea ţine de natura omului să elimine din gândurile sale, preocuparea cu moartea. Mai ales în vremea noastră – când tehnica medicală, dar şi produsele farmaceutice ne deschid perspective, despre care moşii şi strămoşii noştrii nu îndrăzneau să viseze – avem multe posibilităţi, să împingem confruntarea cu moartea într-un viitor mai apropiat sau mai îndepărtat. Dar în nici un caz nu este posibilă eliminarea morţii. Şi ştim foarte bine, că atunci când vine moartea, atunci nu extistă scăpare, atunci trebuie să ne supunem soartei. Atunci nici medicul sau vreo tehnică sofisticată nu ne mai pot ajuta. Atunci când se termină ştiinţa, ne ră-mâne doar credinţa. Credinţa însă nu urmează logica veacului acesta. Credinţa nu se ghidează după raţiunea acestei lumi. Credinţa ne duce într-o altă sferă al existenţei, şi tocmai aceasta este intenţia Sf. Evanghelist Ioan.

II. Credinţa uneia dintre cele două surori – celei cu numele Marta – este iraţionala, toc-mai prin faptul, că nu se încadrează în tiparele cotidianului. Sf. Evanghelist Ioan consemnează două idei deosebit de importante, care le enunţă Marta. Prima este: „acum ştiu că oricâte vei cere de la Dumnezeu, Dumnezeu îţi va da." şi cealaltă „Eu am crezut că Tu eşti Hristosul, Fiul lui Dumnezeu, Care a venit în lume". Meditând la aceste idei, ajungem să înțelegem motivul, pentru care Sf. Evanghelist Ioan istorisește această întâmplare.

Intenția lui nu este să ne arate, cât de frumoasă este viața pentru cel care a fost re-chemat la viață și anume pentru Lazăr. Nu cred că este întâmplător faptul, că Evanghelia nu pomenește nimic despre faptul, că Lazăr ar fi făcut ceva, sau ar fi spus ceva. Nu i-a mulțumit lui Iisus și nici nu au sărbătorit, chemând pe cei – care au urmărit fenomenul pas cu pas – la o masă festivă. Există chiar o legendă, care spune, că Lazăr a devenit un om important în comu-nitatea creștină, ajungând Episcop în Cipru. Un singur handicap însă l-ar fi urmarit toată viața lui și anume: n-ar mai fi fost în stare să râdă pentru tot restul vieții. Chemarea lui Lazăr dintre morți la cei vii, nu s-a întâmplat pentru a-i face un favor lui Lazăr, ci pentru cei din jurul său: în primul rând pentru cele două surori – Maria și Marta – și în al doilea rând pentru cei mulți, așa cum consemnează Evanghelistul: „mulți dintre iudeii care veniseră la Maria și văzuseră ce a făcut Iisus au crezut în El". Învierea lui Lazăr are un singur motiv, care este enunțat de Iisus în rugăciunea, care o adreseză lui Dumnzeu Tatăl: „Părinte, Îți mulțumesc că M-ai ascultat. Eu știam că întotdeauna Mă asculți, dar pentru mulțimea care stă împrejur am zis, ca să creadă că Tu M-ai trimis."

Învierea lui Lazăr vrea să ne cheme la credință: credința că Dumnezeu – prin Fiul său preaiubit, domnul nostru Iisus Hristos – este stăpân peste viață și peste moarte. Teoretic știm desigur acest lucru. Dar dacă ajungem la situația concretă, atunci ne împodmolim. Ne este teamă de moarte, și de aceea încercăm – cât de mult ne stă în putere – să o evităm. Dar Iisus vrea să ne elibereze de această teamă. De aceea el spune: „Eu sunt învierea și viața; cel ce crede în Mine, chiar dacă va muri, va trăi. Și oricine trăiește și crede în Mine nu va muri în veac". Cine crede în Iisus, acela va trăi în afara limitelor impuse de această viață biologică, care – cum bine știm – se va termina odată. Viața dincolo de limitele vieții biologice va decurege într-un mod, care noi nu ni-l putem imagina azi și va avea forme nebănuite de noi. Învierea lui Lazăr vrea să scoată în evidență: nu prelungirea vieții biologice trebuie să fie un țel demn de urmat. Pre-lungirea vieții biologice este mai degrabă un deziderat al acestei lumi, în care materialismul și egoismul domină. Evanghelia ne chemă la credință; credința că în mâna lui Dumnezeu suntem protejați indiferent, că suntem: tineri sau bătrâni, bogați sau săraci, și indiferent dacă în lumea aceasta trăim sau murim. Amin.

Vergeblich gearbeitet?

Siebzehnter Sonntag nach Trinitatis (8. Oktober 2006) – Schäßburg
Predigt zu **Jesaja 49,1 – 6**

1. Hört mir zu, ihr Inseln, und ihr Völker in der Ferne, merket auf! Der HERR hat mich berufen von Mutterleibe an; er hat meines Namens gedacht, als ich noch im Schoß der Mutter war. 2. Er hat meinen Mund wie ein scharfes Schwert gemacht, mit dem Schatten seiner Hand hat er mich bedeckt. Er hat mich zum spitzen Pfeil gemacht und mich in seinem Köcher verwahrt. 3. Und er sprach zu mir: „Du bist mein Knecht, Israel, durch den ich mich verherrlichen will." 4. Ich aber dachte, ich arbeitete vergeblich und verzehrte meine Kraft umsonst und unnütz, wiewohl mein Recht bei dem HERRN und mein Lohn bei meinem Gott ist. 5. Und nun spricht der HERR, der mich von Mutterleib an zu seinem Knecht bereitet hat, dass ich Jakob zu ihm zurückbringen soll und Israel zu ihm gesammelt werde, - darum bin ich vor dem HERRN wertgeachtet, und mein Gott ist meine Stärke -, 6. er spricht: „Es ist zu wenig, dass du mein Knecht bist, die Stämme Jakobs aufzurichten und die Zerstreuten Israels wiederzubringen, sondern ich habe dich auch zum Licht der Heiden gemacht, dass du seist mein Heil bis an die Enden der Erde."

Liebe Gemeinde!

I. „*Ich aber dachte, ich arbeitete vergeblich und verzehrte meine Kraft umsonst und unnütz*" – an diesem Satz bleibe ich hängen, wenn ich dieses Prophetenwort lese. Natürlich stehen in diesem Text noch ganz andere Dinge drin; interessante theologische Gedanken, zu denen wir auch noch kommen werden. Aber diese Aussage lässt mich nicht los: „*Ich aber dachte, ich arbeitete vergeblich und verzehrte meine Kraft umsonst und unnütz*". Ist das nicht oft unsere eigene Befindlichkeit, welche der Prophet hier schildert? Mir zumindest geht es immer wieder so, dass ich den Eindruck habe mich im Kreis zu bewegen, oder auf der Stelle zu treten und nicht vom Fleck zu kommen. Dabei liefert gerade diese Zeit in welcher wir leben ein Paradoxon: auf der **einen** Seite wurde nie so viel gedacht, gestaltet, produziert wie heute. Einzelne Menschen aber auch ganze Nationen messen sich einzig und allein daran, was sie zu leisten imstande sind und inwieweit sie dadurch auf dem harten Weltmarkt konkurrenzfähig sind und bleiben. Es geht darum immer noch ein bisschen besser oder noch ein bisschen schneller zu sein. auf der **anderen** Seite aber wird nie so viel Sinnlosigkeit erlebt wie heute. Wozu das Ganze? Ist Gewinnmehrung das einzig logische und Erstrebenswerte in dieser Welt? Und vor allem: wo bleibt der Mensch in dieser Gleichung? In immer mehr Bereichen ist der Mensch ersetzbar: sei es durch eine Maschine oder durch einen andern Menschen. Man ist kaum noch aufeinander angewiesen, wie das früher einmal war. Dann kommt natürlich auch die Frage, die ich mir als Pfarrer vielleicht etwas nachhaltiger als andere stelle: Was für eine Rolle hat in einer solchen Zeit Kirche und was für einen Sinn hat christlicher Glaube? Oder ist gerade in dieser Zeit ein solcher Sinn gegeben? Muss nicht gerade in dieser Zeit – mehr denn je – immer neu gerufen werden, so wie der Prophet das tut; auch auf die Gefahr hin, immer wieder überhört zu werden.

II. Damit wären wir bei dem Propheten selber und bei seiner Botschaft angekommen. Es ist von einem die Rede, der sich von Gott gerufen weiß, schon vom Mutterleibe an. Er vergleicht sich selber mit einer Kriegswaffe, mit welcher Gott großes vorhat, durch den ER sich verherrlichen möchte. In der Tat scheint der Auftrag – gerade wenn man das damalige aber auch das aktuelle Tagesgeschehen in Israel sieht – eine Utopie zu sein. Aber es geht noch ein Stück weiter: nicht nur als Dienst an Israel ist der Auftrag gedacht, sondern für alle Völker, soll er das «Licht» und «Heil» sein. Der Text enthält eine Fülle von Bildern. Es ist nicht ganz einfach sie konkret einzuordnen. Ich persönlich werde immer zunächst einmal skeptisch, wenn jemand so groß tönt. Denn je mehr man sich übernimmt umso tiefer fällt man. Aber hier scheint es ja um mehr zu gehen, als nur um ein Großmaul. Denn gerade dieser eine Satz *„Ich aber dachte, ich arbeitete vergeblich und verzehrte meine Kraft umsonst und unnütz“* lässt darauf schließen, dass der Betreffende mit den Füßen auf den Boden der Tatsachen steht. Nicht ganz einfach ist die Frage, wer dieser Knecht Gottes nun wirklich ist? Im Jesajabuch kommt er an vier Stellen vor (Kap. 42; 49; 50 und 53); unser Bibelwort ist das so genannte II. «Gottesknechtslied». Vor allem im dritten und vierten Gottesknechtslied (Kap. 50 und 53) finden wir Anhaltspunkte, welche die christliche Tradition Jesus daraus erkennen lässt und auf IHN hin interpretiert. In unserm Bibelwort kann es aber auch der Prophet selber sein, oder aber auch das ganze Volk Israel. Frappierend ist die Ambivalenz dieses Textes, der gerade durch diese Uneindeutigkeit eindeutig wird. Wir selber sind gerufen uns mit diesen, hier geschilderten Erfahrungen zu identifizieren. Und zwar geht es um folgendes: **einerseits** geht es um die Erkenntnis, dass man eigentlich als Mensch außerstande ist aus eigener Kraft etwas Gutes und Sinnvolles zu tun. Und selbst dann, wenn es der Mensch versucht, wenn er guten Willen hat, dann stößt er immer wieder an Grenzen: es gibt Rückschläge, man wird nicht verstanden. **Andererseits** aber – nämlich wenn der Glaube im Spiel ist, wenn man Gott vertraut – dann können gerade auch die negativen Erfahrungen sich ins positive umkehren. Das Argument dazu liefert der Folgesatz zu dem welcher mich nicht los ließ: *„Aber mein Recht ist bei dem HERRN und mein Lohn ist bei Gott“*.

III. Zusammenfassend sei festzuhalten: Wir dürfen unsere (innere wie äußere) Not vor Gott ablegen. Wir dürfen Schuld und Scheitern beim Namen nennen. Auch wenn das dem Zeitgeist entgegensteht. Gerade auch das, was keine Freude macht, darf vor Gott gebracht und bei ihm abgelegt werden. Das Bild vom Gottesknecht will uns vor Augen führen, dass Wollen und Vollbringen bei Gott selber liegen. Darum kann unser Bibeltext auch so groß tönen. Wenn ein Mensch von sich behaupten würde, das selber bzw. aus eigener Kraft zu schaffen – was unser Bibelwort an Vorhaben anmeldet – dann müsste man ihn als unzurechnungsfähig ansehen. Hier geht es aber nicht um das was ein Mensch vorhat, sondern darum den Willen Gottes zu erfüllen. Der wird zu seiner Erfüllung kommen, dann wenn Gott es für richtig befindet. Das heißt nicht, dass wir dem Vorläufigen und dem Unvollkommenen in dem wir leben entbunden wären. Dieses Leben muss in dieser Welt und unter den Bedingungen, welche diese Welt stellt, gelebt werden. Aber schon in dieser Welt, in diesem Leben finden wir Wegmarkierungen aus jener andern (jener vollkommenen) Welt Gottes, die wir jetzt nicht zu fassen bzw. zu _er_fassen imstande wären. Wenn wir nicht mehr weiter wissen, dann dürfen wir uns Vorbilder vor Augen halten. Das größte Vorbild war und ist Jesus Christus. Er hat diese Erfahrung „*Ich aber dachte, ich arbeitete vergeblich und verzehrte meine Kraft umsonst und unnütz*" auch gemacht. Und trotzdem war er Gott gehorsam bis zum Kreuz und gerade darin hat er diese Welt überwunden. Das will im Glauben angenommen werden und dieser Glaube ist jedem Menschen zugänglich; jedem Menschen der am „*Heil bis an die Enden der Erde*" teilhaben möchte. Die ganze Thematik des heutigen Sonntages mit der Epistel (Römer 10,9 – 18) und dem Evangelium (Matthäus 15,21 – 28) ist daraufhin ausgerichtet. Alle dürfen Zugang zu IHM haben. Wir dürfen dankbar annehmen „*dass unser Recht bei dem HERRN und unser Lohn bei Gott liegt*". Amen.

Was hat Priorität?

Achtzehnter Sonntag nach Trinitatis (2. Oktober 2010) –
Hermannstadt, Johanniskirche[36]
Eröffnung des Studienjahres 2010/2011 am Department für Evangelische
Theologie der «Lucia-Blaga-Universität»
Predigt zu **Markus 10,17 – 27**

17. Als Jesus sich auf den Weg machte, lief einer herbei, kniete vor ihm nieder und fragte ihn: „Guter Meister, was soll ich tun, damit ich das ewige Leben ererbe?" 18. Aber Jesus sprach zu ihm:„Was nennst du mich gut? Niemand ist gut als Gott allein. 19. Du kennst die Gebote: «Du sollst nicht töten; du sollst nicht ehebrechen; du sollst nicht stehlen; du sollst nicht falsch Zeugnis reden; du sollst niemanden berauben; ehre Vater und Mutter.» 20. Er aber sprach zu ihm: „Meister, das habe ich alles gehalten von meiner Jugend auf." 21. Und Jesus sah ihn an und gewann ihn lieb und sprach zu ihm:„Eines fehlt dir. Geh hin, verkaufe alles, was du hast, und gib's den Armen, so wirst du einen Schatz im Himmel haben, und komm und folge mir nach!" 22. Er aber wurde unmutig über das Wort und ging traurig davon; denn er hatte viele Güter. 23. Und Jesus sah um sich und sprach zu seinen Jüngern: „Wie schwer werden die Reichen in das Reich Gottes kommen!" 24. Die Jünger aber entsetzten sich über seine Worte. Aber Jesus antwortete wiederum und sprach zu ihnen: „Liebe Kinder, wie schwer ist's, ins Reich Gottes zu kommen! 25. Es ist leichter, dass ein Kamel durch ein Nadelöhr gehe, als dass ein Reicher ins Reich Gottes komme." 26. Sie entsetzten sich aber noch viel mehr und sprachen untereinander:„Wer kann dann selig werden?" 27. Jesus aber sah sie an und sprach:„Bei den Menschen ist's unmöglich, aber nicht bei Gott; denn alle Dinge sind möglich bei Gott."

Liebe Gemeinde!

I. Ich kann nicht anders, als diese Predigt mit einer nostalgischen Feststellung beginnen: fast auf den Tag genau vor 20 Jahren saß ich zum ersten Mal hier in der Johanniskirche, in dem Eröffnungsgottesdienst des Studienjahres 1990/91, und wurde zusammen mit meinen Kollegen ins erste Studienjahr vom damaligen Dekan Prof. Dr. Hermann Pitters, aufgenommen; für mich war es damals ein ganz besonderer, ein emotionsgeladener Moment. Heute steht eine zwanzig Jahre jüngere Generation da, die sich für das Theologiestudium entschieden hat. So einiges hat sich seit damals sichtbar verändert: das Theologische Institut ist zwischenzeitlich ein Department der Hermannstädter Universität geworden und in einem andern Gebäude beheimatet. Sicherlich haben sich auch die Bedingungen im Blick

---

36 In Vertretung des am 1. Oktober 2010 in Ruhestand getretenen Bischofs D. Dr. Christoph Klein predigte ich als stellvertretender Bischofsvikar im Gottesdienst zur Eröffnung des neuen Studienjahres.

auf das Studentenleben geändert: angefangen von den Studentenwohnungen bis hin zu den technischen Hilfsmitteln. (Ich gehöre wahrscheinlich zur letzten Generation, welche die Seminar- und Hausarbeiten auf der Schreibmaschine getippt hat.) Das alles sind natürlich äußere Dinge. In der Theologie spielt aber – wie in keinem andern Fachbereich – etwas ganz anders die entscheidende Rolle, oder sollte sie spielen: die innere Einstellung, der Glaube. Der Glaube existiert natürlich nicht unabhängig von den äußeren Dingen, im Gegenteil: innere Einstellung und äußere Einflüsse bedingen sich wechselseitig. Die Theologie hat aber den Anspruch weltliche Dinge zu deuten und sie in einen Sinnzusammenhang zu ordnen. Zugleich aber muss die Theologie über den Horizont dieser Welt hinaus, eine Perspektive bieten. In diesem Eröffnungsgottesdienst des neuen Studienjahres ist es uns aufgegeben, uns mit einem Bibelwort zu beschäftigen, welches aus dem konkreten Kontext des Lebens in dieser Welt eine Frage aufwirft, die über den Horizont dieser Welt hinaus weist: *„Was soll ich tun, damit ich das ewige Leben ererbe?"* Ist dies eine Frage, die *euch*, liebe Studierende, aber auch *uns alle* – unabhängig davon **ob** und **wie lange** oder **wie professionell** wir uns mit der Theologie beschäftigen – umtreibt?

II. 1) Der erste Eindruck den dieses Bibelwort vermittelt ist: der Leser wird hier aufgefordert, sich einmal grundsätzlich darüber Gedanken zu machen, welches die Prioritäten in seinem Leben sind. Und wenn diese Prioritäten all zu sehr mit materiellen Dingen im Zusammenhang stehen, dann soll das einmal grundsätzlich hinterfragt werden. Der Mensch soll – so formuliert es der Züricher Theologe Walter Mostert – *„sein Leben nicht mehr von sich aus, um sich herum und für sich leben und aufbauen, sondern von Gott her und um Gott herum und für Gott und den Nächsten gestalten."* Heißt das auf alle mich umgebenden materiellen Werte zu verzichten? Mal ehrlich: Wer unter uns kann dieser Forderung nachkommen? Wenn wir in der Situation jenes Mannes aus unserm Bibelwort wären, würden wir – nach der Antwort Jesu – nicht auch gesenkten Blickes und betrübt fortgehen? Ist es denn nicht so, dass in unsern Augen jener Mensch etwas gilt, der mit materiellen Gütern angemessen umzugehen weiß? Gerade in dieser Zeit sind in unserer Kirche Menschen mit Managerqualitäten mehr den je gefragt. Heutzutage würde eine solche Aufforderung – sein ganzes Gut wegzugeben – doch sonderbar anmuten. Warum stellt Jesus dann eine solche Forderung?

2) Diese Erzählung hat mehrere Spannungsbögen, welche eingehender betrachtet werden sollen. Da ist zunächst die Art und Weise, wie der junge Mann sich Jesus nähert (V. 17). Eine solche Anbiederung (*der Mann läuft herbei, fällt auf die Knie und spricht Jesus mit „guter Meister" an*) ist Jesus zuwider. Er weist den Huldigungsgestus zurück und verweist den jungen Mann auf die Gebote. Doch Jesus rennt scheinbar offene Türen ein: dieser Mann tut seiner eigenen Meinung nach das alles schon. Ob das nun wirklich so gewesen ist oder nicht, wer kann es nachprüfen? Auf alle Fälle ist Jesus nicht verlegen ihm eine ganz andere Aufgabe zuzumuten: seinen gesamten Besitz den Armen zu geben und IHM nachzufolgen, wie es die Jünger ja auch getan hatten. Das geht dem jungen Mann zu weit, und er

geht missmutig davon. Damit könnte die Geschichte eigentlich aufhören und wäre ein Lehrstück dafür, wie man einen Prahlhans auf „elegante" Weise loswird. Doch da steht noch eine kurze Anmerkung: *„Jesus gewann ihn lieb."* Damit schließt sich der eine Spannungsbogen und der andere beginnt. Aufgrund dieses Dialoges mit dem reichen Jüngling – den die Jünger mitbekommen – kommen diese nun ins Grübeln und Jesus kommt mit ihnen ins Gespräch. Sie haben ja selber alles aufgegeben und sind ihm nachgefolgt und trotzdem entsetzen sie sich über diese radikale Aussage, die dreifach variiert wird: zuerst geht es nur um die Reichen: a) *„wie schwer werden die Reichen in das Reich Gottes kommen"*. Dann heißt es allgemein: b) *„wie schwer ist's ins Reich Gottes zu kommen"* um sich dann (drittens) ins hyperbolische – aber nur auf die Reichen bezogen – zu steigern: c) *„leichter kommt ein Kamel durch eine Nadelöhr, als dass ein Reicher ins Reich Gottes komme."* Damit schließt sich auch der zweite Spannungsbogen. In dieser Hyperbel liegt die Hinführung zur Pointe der Erzählung, bzw. es kommt die Antwort auf die ganz am Anfang gestellte Frage nach dem ewigen Leben und damit schließt sich der dritte Spannungsbogen. Durch diese sich steigernden Formulierungen fordert Jesus die Jünger zur Frage heraus: *„Wer kann dann selig werden?"* Die Antwort ist die, die wir alle kennen: bei Gott ist alles möglich.

3) Das Reich Gottes ist ein Geschenk, welches wir uns nicht irgendwie erwirtschaften können. Der junge Mann ist jemand, der nach damaligen Maßstäben gar nicht fern von Gott gelebt hatte. Er hielt – wie das bei frommen Juden üblich war – die Gebote. Doch das Problem dieses Mannes war seine innere Zerrissenheit: einerseits meinte er das Nötige zu tun, andererseits aber – tief in seinem Inneren – spürte er, dass er Defizite aufzuweisen hatte. Die rigorose Forderung Jesu öffnete ihm die Augen dafür, dass sein Besitz sein Herz in großem Maße gefangen hielt; das war ihm bis zur Begegnung mit Jesus offenbar nicht so richtig bewusst gewesen war. Aus dieser Gefangenschaft wollte Jesus den Mann retten; doch der Versuch misslingt, weil der Reiche es nicht will. Sein Reichtum wird ihm zum Hindernis. Und doch ist der junge Mann nicht ganz verloren. Das Bild vom Kamel, welches durch ein Nadelöhr versucht dieses Bild von der unmöglichen Möglichkeit zu verdeutlichen. Dort wo der Mensch keine Möglichkeit mehr sieht, heißt das noch lange nicht, dass Gottes Möglichkeiten ausgeschöpft wären.

III. In unserer heutigen Zeit – in welcher marktwirtschaftliche Prinzipien das Weltgeschehen und oft auch das kirchliche Handeln bestimmen – will uns dieses Bibelwort eine Anleitung dafür geben, wie wir als glaubende Menschen in dieser Welt stehen. Es ist nicht möglich unabhängig von materiellen Dinge zu leben; sie sind aber Hilfsmittel für das Leben in dieser Welt. Ein Hilfsmittel darf nicht zu Selbstzweck werden. Es darf nicht so weit kommen, dass „die Lebens**mittel** mit der Lebens**mitte** verwechselt, bzw. ausgetauscht werden"[37]. Auf diese Lebensmitte sollen wir im Glauben konzentriert bleiben. Davon aus-

---

[37] Dieses Zitat aus einer Vorlesung „Exegese des Alten Testamentes zum Buch Hosea" von meinem ehemaligen theologischen Lehrer für Altes Testament Michael Gross, ist mir bis heute gegenwärtig.

gehend sollen die Prioritäten im Leben gesetzt werden. Dazu werden wir heute – am Anfang eines neuen Studienjahres –eingeladen. Es wird uns nicht immer oder nicht immer im gleichen Maß gelingen. Aber bei Gott sind alle Dinge möglich. Auf ihn sollen wir unsere Hoffnung setzten: in diesem Leben und darüber hinaus. Amen.

Genesen an Leib und Seele

Neunzehnter Sonntag nach Trinitatis (14. Oktober 2007) –
«Markuskirche», Mannheim
Gottesdienst anlässlich der Gedenkfeier «60 Jahre Hilfskomitee der Siebenbürger Sachsen und der Evangelischen Banater Schwaben»[38]
Predigt zu **Johannes 5,1 – 16**

1. Es war ein Fest der Juden, und Jesus zog hinauf nach Jerusalem. 2. Es ist aber in Jerusalem beim Schaftor ein Teich, der heißt auf Hebräisch Betesda. Dort sind fünf Hallen; 3. in denen lagen viele Kranke, Blinde, Lahme, Ausgezehrte. Sie warteten darauf, dass sich das Wasser bewegte. 4. Denn der Engel des Herrn fuhr von Zeit zu Zeit herab in den Teich und bewegte das Wasser. Wer nun zu erst hineinstieg, nachdem sich das Wasser bewegt hatte, der wurde gesund, an welcher Krankheit er auch litt. 5. Es war aber dort ein Mensch, der lag achtunddreißig Jahre krank. 6. Als Jesus den liegen sah und vernahm, dass er schon so lange gelegen hatte, spricht er zu ihm: „Willst du gesund werden?" 7. Der Kranke antwortete ihm: „Herr, ich habe keinen Menschen, der mich in den Teich bringt, wenn das Wasser sich bewegt; wenn ich aber hinkomme, so steigt ein anderer vor mir hinein." 8. Jesus spricht zu ihm: „Steh auf, nimm dein Bett und geh hin!" 9. Und sogleich wurde der Mensch gesund und nahm sein Bett und ging hin. Es war aber an dem Tag Sabbat. 10. Da sprachen die Juden zu dem, der gesund geworden war: „Es ist heute Sabbat; du darfst dein Bett nicht tragen." 11. Er antwortete ihnen: „Der mich gesund gemacht hat, sprach zu mir: ‚Nimm dein Bett und geh hin'!" 12. Da fragten sie ihn: „Wer ist der Mensch, der zu dir gesagt hat: ‚Nimm dein Bett und geh hin'?" 13. Der aber gesund geworden war, wusste nicht, wer es war; denn Jesus war entwichen, da so viel Volk an dem Ort war. 14. Danach fand ihn Jesus im Tempel und sprach zu ihm: „Siehe, du bist gesund geworden; sündige hinfort nicht mehr, dass dir nicht etwas Schlimmeres widerfahre." 15. Der Mensch ging hin und berichtete den Juden, es sei Jesus, der ihn gesund gemacht habe. 16. Darum verfolgten die Juden Jesus, weil er dies am Sabbat getan hatte.

Liebe Brüder und Schwestern!

I. Das verlesene Bibelwort besteht aus zwei Teilen. Die erste Szene welche uns vor Augen gemalt wird – und der wir uns zunächst zuwenden – ist eine <u>statische</u>. Was uns hier vorgeführt wird ist deprimierend: fünf Hallen voll von schwerstkranken Menschen. Auf Heilung können nur die Wenigsten von diesen Menschen hoffen; die meisten müssen sich damit abfinden oder haben sich schon längst damit abgefunden, dass keine Besserung in Sicht ist. Unser Bibelwort fokussiert den Blick gleich auf den schwersten Fall: auf einen

---

[38] In diesem Gottesdienst predigte ich ebenfalls in Stellvertretung des Bischofs.

Mann, welcher schon 38 Jahre da liegt. Rein äußerlich muss man diesem Menschen seine bemitleidenswerte Situation schon angesehen haben. Wie mag es aber in seinem Inneren wohl ausgesehen haben? Man kann es sich in etwa vorstellen, wenn man seine Reaktion auf Jesu Frage *„Willst du gesund werden?"* vernimmt. Der Gefragte antwortet gar nicht; zumindest antwortet er nicht auf die Frage, welche ihm gestellt worden war. Wie viel Mühe muss er vergeudet haben? Wie viel Enttäuschung muss er im Laufe der Zeit erfahren haben?

Aus andern Heilungsgeschichten, welche die Evangelien erzählen kennen wir das anders: *„Willst du, so kannst du mich reinigen"(Mk. 1,40)* oder *„Sprich nur ein Wort und er wird gesund"(Mt. 8,8)* So oder ähnlich treten die Menschen an Jesus heran und bitten um Hilfe. Jesus handelt normalerweise nicht an einem Menschen, ohne dessen Einverständnis. Ausnahme sind nur Kinder oder jene Personen, die nicht für sich sprechen können; dafür übernimmt dann aber eine Begleitperson die Aufgabe des Fürsprechers. Hier ist es anders: Jesus ergreift die Initiative, weil dieser Mann es von sich aus nicht mehr kann (vielleicht auch nicht mehr will) und weil er keinen Fürsprecher hat. Es ist nicht nur die Krankheit, welche ihm zu schaffen macht. Sein eigentliches Leid kommt in *dem* Satz zum Ausdruck, welchen er zu Jesus sagt: *„Herr ich habe keinen Menschen"* Das klingt so, als hätte er sich selber schon aufgegeben. Er war ja bis dahin immer übersehen worden. Aber nun kümmert sich einer um ihn und die Reaktion darauf ist eine, wie wir sie oft bei Menschen vorfinden die nicht nur krank, sondern vor allem auch einsam sind: er beginnt zu erzählen! Er erzählt davon, dass er in all den Jahren erfolglos versucht hat an das heilende Wasser heran zu kommen; dass andere immer schneller waren als er; und vor allem: dass ihm nie jemand geholfen hat. Soweit geht der erste Teil der Geschichte.

II. Im zweiten Teil wird die Handlung <u>dynamischer</u>. Man kann diesen zweiten Teil auch als Reaktion des Umfeldes auf die Heilung lesen. Vor allem aber – und das möchte ich tun – ist die Haltung des gesund Gewordenen interessant zu beobachten. Was nun erzählt wird, ist bemerkenswert: der Mann rollt seine Matte zusammen und geht. Es wird nichts darüber gesagt, dass er auf diese Heilung – auf welche er ja so lange gewartet hatte – irgendwie reagiert hätte: von *keiner* überschwänglichen *Freude* (die einem solchen Anlass angemessen gewesen wäre), aber auch von *keinem Dank* (der genau so angemessen gewesen wäre) wird berichtet. Offenbar hat es ihn gar nicht interessiert, wer DER überhaupt war, der ihm aus seiner misslichen Lage geholfen hatte. Er geht einfach weg. Mit dem normalen Alltagsleben nicht vertraut, tritt er ins Fettnäpfchen: zumindest in der Optik derer, die es mit den Geboten ganz genau nahmen. Er trägt eine schwere Last und das ist am Sabbat verboten. Wenn man anfangs – als er noch krank war – Verständnis dafür hat, dass er keine Verantwortung für sein Tun übernehmen kann, und alle Sympathie für diesen Menschen aufbringt, so ändert sich das nun. Der Geheilte weist alle Verantwortung von sich zurück, aber mehr noch: er schiebt sie auf DEN, der ihn geheilt hat. Leider muss man feststellen: auch jetzt hat er keinen Menschen; vor allem aber: er selber ist auch nicht Mensch für andere. Er merkt gar nicht, dass er durch seine Antwort seinen Retter in Gefahr bringt. Von daher ist die Reaktion Jesu, als er ihn zum zweiten Mal im Tempel trifft, zu erklären: *„Siehe, du bist gesund geworden; sündige hinfort nicht mehr, dass dir nicht etwas Schlimmeres widerfahre."* Ist es Naivität, ist es vielleicht Ignoranz oder ist es sogar Schlechtigkeit, dass der Geheilte trotzdem geht und den Gesetzesschützern verrät, wer Jesus ist und dass er ihnen sogar erzählt, dass Jesus ihn am Sabbat geheilt hat (was ja auch verboten war)? Schließlich führte das ja zur Verfolgung und letztendlich zur Kreuzigung Jesu.

III. Wir wissen nicht, ob dem Geheilten am Ende Schlimmeres widerfahren ist, denn er verschwindet aus dem Blickfeld. Wir sind aber gerufen für uns heute die nötigen Schlüsse zu ziehen. Wenn äußerlich gesehen alles stimmt (und hier denke ich nicht nur an das körperliche Wohlbefinden, sondern auch an materielle Abgesichertheit), so ist das keine Garantie für ein inneres stabiles Gleichgewicht. Unser Bibelwort legt uns nahe dass man immer eine eigene Verantwortung hat, die man nicht von sich weisen kann. Wir müssen es immer wieder neu lernen, dass Jesus den Menschen immer ganzheitlich im Blick hat: er hilft, er befreit von körperlichen Gebrechen, will aber zugleich auch, dass man an IHN selber und an seine Lehre, bzw. an DEN, der IHN gesandt hat, glaubt.

Vielleicht ist der Vergleich von etwas weit hergeholt, aber lasst es mich einmal so formulieren: unsere Gemeinschaft in der Zeit nach dem II. Weltkrieg und im Laufe der kommunistischen Diktatur glich in etwa dem, womit unser Bibelwort in der ersten Szene schockiert: überdimensionierte Wartezimmer mit vielen Kranken. Das Hilfskomitee ist aus dieser schweren Notsituation heraus entstanden; eine Situation, die meine Generation nur vom Erzählen kennt. Diese Notsituation dauerte sogar länger als 38 Jahre, welche jener Kranke aus unserm Bibelwort warten musste. Vielen kam der Lebens- und der *Über*lebenswillen abhanden. Wie viele waren genau in der Situation, welche der Kranke so beschreibt: *„Ich habe keinen Menschen."*?

Die äußeren Umstände haben sich grundlegend gewandelt. Hier ist es anders geworden; vor allem aber auch in der alten Heimat hat sich vieles wesentlich verändert. Was ich als wichtig für uns alle erachte – und unser Bibelwort ist erstaunlich aktuell in diesem Kontext – ist dies: Körperlich gesund werden (oder gesund geworden sein), heißt nicht automatisch auch geistlich zu genesen. Wenn es uns äußerlich oder materiell gut geht, gerade *dann* müssen wir auf den inneren Menschen achten. Darum ist es wichtig, dass all unserm Tun auch in Zukunft die Glaubensmotivation nicht abhanden kommt. Sonst riskieren wir denselben Fehler – wie der Mann aus unserm Bibelwort – zu begehen, nämlich Jesu Dienste in Anspruch zu nehmen, uns selber aber nicht in seinen Dienst zu stellen. Das gilt für alle in gleicher Weise: nicht nur für AUSGEWANDERTE oder GEBLIEBENE, sondern für die Christenheit weltweit. Auch wenn es vielleicht einfach und banal klingen mag: es ist wichtig, sich immer wieder an Gottes Wort zu orientieren.

Möge der Allmächtige Gott uns alle mit seinem Geist ausstatten, dass wir nicht von seiner Lehre abkommen und unsern Dienst – dort wo ER uns hingestellt hat – in seinem Namen tun mögen. Amen.

Liebe und Ehrlichkeit

Zwanzigster Sonntag nach Trinitatis (17. Oktober 2010) – Schäßburg
Predigt zu **1. Thessalonicher 4,1 – 8**

1. Weiter, liebe Brüder, bitten und ermahnen wir euch in dem Herrn Jesus – da ihr von uns empfangen habt, wie ihr leben sollt, um Gott zu gefallen, was ihr ja auch tut –, dass ihr darin immer vollkommener werdet. 2. Denn ihr wisst, welche Gebote wir euch gegeben haben durch den Herrn Jesus. 3. Denn das ist der Wille Gottes, eure Heiligung, dass ihr meidet die Unzucht 4. und ein jeder von euch seine eigene Frau zu gewinnen suche in Heiligkeit und Ehrerbietung, 5. nicht in gieriger Lust wie die Heiden, die von Gott nichts wissen. 6. Niemand gehe zu weit und übervorteile seinen Bruder im Handel; denn der Herr ist ein Richter über das alles, wie wir euch schon früher gesagt und bezeugt haben. 7. Denn Gott hat uns nicht berufen zur Unreinheit, sondern zur Heiligung. 8. Wer das nun verachtet, der verachtet nicht Menschen, sondern Gott, der seinen Heiligen Geist in euch gibt.

Liebe Gemeinde!

I. Die Stadt Thessaloniki war zur Zeit des Paulus eine blühende Handelsmetropole, ein Welthafen. Zwei Aspekte menschlichen Daseins, bzw. Zusammenlebens in ihrer Gegensätzlichkeit werden hier aufgegriffen. Neben ehrlichem Handel und ethisch korrektem Lebenswandel gab es auch das Gegenteil: Betrug und Prostitution. Den Mitgliedern der christlichen Gemeinde ist das sicher nicht unbekannt gewesen. Wenn Paulus es so offen anspricht und ermahnt, sich von Unzucht und Betrug fern zu halten, kann man davon ausgehen, dass Christen nicht nur wussten, dass diese Dinge vorkommen, sondern möglicherweise auch selber daran beteiligt gewesen waren. Dieser Bibeltext ist vor dem Hintergrund einer patriarchalischen Gesellschaft entstanden; Frauen hatten in jener Zeit nicht viel zu sagen und werden demnach hier gar nicht angesprochen. Aber zugleich werden die patriarchalischen Strukturen hier durchbrochen: die Männer der christlichen Gemeinde werden aufgefordert, ihre eigenen Triebe im Griff zu halten, bzw. Frauen nicht wie Objekte zu behandeln. Die Tatsache, dass Paulus hier verlangt eine Frau in *„Heiligkeit und Ehrerbietung zu gewinnen"*, muss als großer Fortschritt für das zwischenmenschliche Zusammenleben gewertet werden. Dadurch grenzte man sich nicht nur von dem heidnischen Umfeld ab, sondern – so können wir das jetzt rückblickend feststellen – gab der Frau einen ganz neuen Stellenwert in der Gesellschaft. Das zweite Problem, welches hier angesprochen wird, ist das Verhalten in geschäftlichen Beziehungen: *„Niemand gehe zu weit und übervorteile seinen Bruder im Handel; denn der Herr ist ein Richter über alles"*. Ein feiner Unterschied zwischen den beiden Ermahnungen ist hier herauszuhören: die Charakteristika der ehelichen Beziehung sind *„Heiligkeit und Ehrerbietung"*. Diese Messlatte kann nicht auf Geschäftsbeziehungen ausgedehnt werden, weil es diese überfordern würde. In einer Geschäftsbeziehung, da geht es vor allem um Gerechtigkeit und Fairness. Eine Ehe wo nur das „nicht übervorteilt werden" im Hintergrund steht, degradiert zu einer Zweckgemeinschaft, eben zu einer Geschäftsbeziehung. Andererseits erwartet man von keinem Geschäftspartner Heiligkeit und Ehrerbietung.

II. So weit so gut. Doch interessiert sich heute noch jemand für diese Problematik, oder entstammen diese Anliegen des Paulus einer längst verflossenen Zeit?

A. Beginnen wir mit der zweiten Ermahnung: *„Niemand übervorteile seinen Bruder im Handel."* Wir leben in einer demokratischen Gesellschaft, in welcher theoretisch jeder Mensch das gleiche Recht hat: auf Bildung, auf ein geregeltes Einkommen, auf medizinische Versorgung usw. Zwar ist nicht jeder zum Geschäftsmann (oder: zur Geschäftsfrau) geboren; doch hat jede(r) das Recht, nicht übervorteilt zu werden: vom Staat und von der Gesellschaft. Und sollte das nicht so sein, darf man dieses Recht über den Weg der Justiz einklagen. Doch im aktuellen politischen und gesellschaftlichen Kontext (gerade hier in unserm Land) klingt diese Theorie wie Hohn. Wenn wir uns umschauen, nehmen wir wahr: da wird geschachert, betrogen und gelogen was das Zeug hält. Die Verantwortlichen aus Politik und Gesellschaft stehen diesbezüglich in der ersten Reihe. In unserem Land ist die Situation zwar sehr krass, aber auch anderswo weiß man um diese Problematik. Ein Wirtschaftsprofessor aus Deutschland hat gesagt, dass großer Reichtum heute „nicht mehr durch Fleiß erarbeitet, sondern nur noch an der Börse erspekuliert werden kann".

B. Wir kommen zur ersten Ermahnung und versuchen sie auf unsern Kontext zu beziehen. Es ist ein Bereich, über welchen man früher nicht gesprochen hat. Zwischenzeitlich hat etwas stattgefunden, was die Soziologen *„sexuelle Revolution"* nennen. Auf diesem Gebiet gibt es in der heutigen Zeit keine Tabus mehr. Trauriger Weise aber sind die Menschen in ihren Beziehungen – ja sind die Ehen – nicht glücklicher geworden, im Gegenteil. Sicherlich hat sich dort, wo Frauen in Ehe und Familie unterdrückt wurden, bzw. Opfer häuslicher Gewalt wurden, einiges zum Guten gewendet. Es gibt Initiativen und Programme, die konkret helfen. Dass man darüber offen darüber sprechen kann und es dafür konkrete Anlaufstellen[39] gibt, ist ein Segen. Aber es scheint mir, dass hier an Symptomen kuriert wird. Das große Problem unserer Zeit ist und bleibt der allgemeine Werteverfall gerade im zwischenmenschlichen Bereich auf allen Ebenen: Familie, Nachbarschaft, Gesellschaft. Das wirkt sich zersetzend aus: natürlich und in erster Linie auf die, welche aller Aufmerksamkeit wert sein müssten (Kinder und Jugendliche). Es ist erschreckend, was man so mitbekommt, wenn man mit Heranwachsenden ins Gespräch kommt, die ja ein Spiegel der Gesellschaft und der Familien aus denen sie kommen, sind. Zwar geht es der heutigen Jugend materiell so gut, wie es vorhergehenden Generationen nie gegangen ist.

---

[39] Unter dem Namen «Floare de Colţ» gibt es in Schäßburg eine Initiative für die Betreuung von Frauen, die Opfer häuslicher Gewalt wurden. Es wurde eine Beratungsstelle eingerichtet und Härtefälle können für eine gewisse Zeitspanne eine Unterkunft finden.

Doch manchmal hat man den Eindruck: je mehr sie haben (besser: je mehr man ihnen gibt), umso unglücklicher sind sie. Gerade auch in scheiternden oder gescheiterten Beziehungen wird versucht Liebe und Nähe mit materiellen Geschenken und Zuwendungen zu kompensieren. Kinder haben keinen Rückhalt mehr, weil es – gerade auch in Scheidungsfällen, aber nicht nur – die Großfamilie oder ein ähnliches soziales Auffangnetz nicht mehr gibt. Oft haben Kinder keinen engeren Kontakt mit den Großeltern (und können dadurch auch kein Verhältnis zum Alter und zum alt werden entwickeln). Oder aber gibt es extrem viele Einzelkinder und diese können nur schwer ein richtiges Verhältnis zu andern Kindern, eben zu Ihresgleichen entwickeln. Aus einer Gemeinschaft – ich formuliere es ein wenig überspitzt – ist ein loser Haufen von Individualisten geworden. Selbst Freundschaft, Liebe und eben auch die Sexualität drohen in diesem Werteverfall entweder zur Ware zu verkommen, oder aber dahingehend degradiert zu werden, dass sie Objekte von geringem Wert und kurzer Dauer werden.

III. Heute geht es nicht darum zu lamentieren, wie schlecht diese Welt ist. Heute geht es darum – und dazu sollen wir uns die Aufforderung des Paulus zu Herzen nehmen – sich aufs Neue der Berufung zur Heiligung zu besinnen. Nicht die Angst vor dem Gericht soll uns dazu anhalten, sondern die Tatsache, dass die Verachtung der Werte schließlich auf den Verächter zurück fällt. Wie kann ich erwarten, dass man mich nicht übervorteilt, wenn ich selber nicht gerecht und fair bin? Wie kann ich von meiner Frau erwarten, dass sie mir mit „Heiligkeit und Ehrerbietung" (heute würde man vielleicht mit „Respekt und Liebe" sagen) begegnet, wenn ich selber ihr nicht so begegne? Was hier über die Ehe ausgesagt wird, kann selbstredend auf all unsere Beziehungen ausgeweitet werden: Beziehungen zu Freunden und Bekannten, zu unseren Eltern und Kindern, zu Nachbarn und Kollegen. Wichtig ist: es gilt bei sich selber anzufangen. In der Tat ist christliche Ethik fordernd und keiner kann ihr zu 100 % gerecht werden. Doch will der Mensch des 21. Jahrhunderts sich auch ungern etwas sagen lassen. Uns soll heute bewusst aufs Neue bewusst werden, dass wir – durch Gottes Gnade – immer neu beginnen dürfen, wenn wir sein Wort hören und uns danach richten. Das Gute und das Richtige zu tun (bzw. was wir tun sollen), dazu wird uns Gott anleiten, wenn wir seinem Geist in unsern Herzen Raum gewähren. Amen.

Dankbarkeit
Erntedankfest und siebenhundertjähriges Jubiläum
der Gemeinde Trappold
(25. Oktober 2009)
Predigt zu **Lukas 12,13 – 21**

13. Es sprach einer aus dem Volk zu Jesus: „Meister, sage meinem Bruder, dass er mit mir das Erbe teile." 14. Er aber sprach zu ihm: „Mensch, wer hat mich zum Richter oder Erbschlichter über euch gesetzt?" 15. Und er sprach zu ihnen: „Seht zu und hütet euch vor aller Habgier; denn niemand lebt davon, dass er viele Güter hat." 16. Und er sagte ihnen ein Gleichnis und sprach: „Es war ein reicher Mensch, dessen Feld hatte gut getragen. 17. Und er dachte bei sich selbst und sprach: ‚Was soll ich tun? Ich habe nichts, wohin ich meine Früchte sammle.' 18. Und sprach: ‚Das will ich tun: ich will meine Scheunen abbrechen und größere bauen, und will darin sammeln all mein Korn und meine Vorräte 19. und will sagen zu meiner Seele: Liebe Seele, du hast einen großen Vorrat für viele Jahre; habe nun Ruhe, iß, trink und habe guten Mut!' 20. Aber Gott sprach zu ihm: ‚Du Narr! Diese Nacht wird man deine Seele von dir fordern; und wem wird dann gehören, was du angehäuft hast?' 21. So geht es dem, der sich Schätze sammelt und ist nicht reich bei Gott."

Liebe Festgemeinde!

I. Nicht nur unser Bibelwort – das Gleichnis vom «reichen Kornbauern» – sondern die Rahmengeschichte ist für uns heute mindestens so bedenkenswert, wie das Gleichnis selber. Ein Mensch fordert Jesus auf, den Schiedsrichter zwischen ihm und seinem Bruder zu spielen und einen Erbstreit zwischen den beiden zu schlichten. Jesus lehnt es ab, in diesen konkreten Fall einzugreifen und gibt, bevor er das Gleichnis erzählt die grundlegende Anweisung: „*Seht zu und hütet euch vor aller Habgier; denn niemand lebt davon, dass er viele Güter hat.*" Spannender Weise steht die erste urkundliche Erwähnung der Gemeinde Trappold im Zusammenhang eines ähnlichen Streites; es geht zwar nicht um einen Erbstreit, sondern um einen Steuerstreit (doch in beiden Fällen geht es ums Aufteilen). Im Jahre 1309, also vor siebenhundert Jahren – so halten es zeitgenössische Quellen fest – gab es einen Zehntprozess zwischen dem Weißenburger Bischof und den sächsischen Dekanaten, welche nicht dem Erzbischof von Gran (Esztergom/Ungarn), sondern eben dem Weißenburger Bischof unterstanden. Als Kläger erscheint in diesem Prozess ein Pfarrer «Nikolaus von Apoldia». In den zuerst besiedelten sächsischen Gemeinden, in der Hermannstädter Propstei etwa – welche dem Erzbischof von Gran unterstanden – blieben, von der eingenommenen Kirchensteuer (dem so genannten Zehnten, weil es sich um 10%

der Einnahmen jedes Wirten handelte) drei Viertel in der Gemeinde. Nur eine «Zehntquarte» (also ein Viertel, bzw. 2,5 % vom Ganzen), wurde an den Bischof abgeführt. Die neu gegründeten Kirchengemeinden der später besiedelten Gebiete kamen in die Jurisdiktion des Weißenburger Bischofs; so auch Trappold, welches zum Kisder (also Keisder) Kapitel gehörte. Hier lief die kirchliche Besteuerung in umgekehrter Weise; von dem Zehnten blieb nur die «Zehntquarte» (also ¼ der Steuereinnahmen) beim Dorfpfarrer, bzw. zur Verfügung der Gemeinde und die andern ¾ mussten dem Bischof abgeführt werden. Im Zehntprozess des Jahres 1309 ging es also darum, dass die später besiedelten Regionen des Sachsenlandes dasselbe – für sie günstigere – Kirchensteuerrecht haben wollten, wie die zuerst besiedelten. *„Seht zu und hütet euch vor aller Habgier; denn niemand lebt davon, dass er viele Güter hat."* Kann man dem Pfarrer «Nikolaus von Trappold» unterstellen, dass er habgierig war? Das wäre vielleicht etwas zu weit gegriffen, denn es ist nicht bekannt, ob er sich selber bereichern wollte, oder ob es ihm darum ging, dass er von diesen Steuereinnahmen gemeinnützige Arbeiten (etwa an der Kirche) finanzieren wollte. Sicherlich wollte er mehr finanzielle Autonomie haben. Wenn es so war; wer kann es ihm verdenken und wie aktuell ist das Problem geblieben!? Die Frage wie mit materiellen Gütern angemessen umzugehen ist, war zur Zeit Jesu aktuell, sie war aktuell vor 700 Jahren und sie ist es auch heute noch.

II. Das Gleichnis aus unserm Predigtwort hat eine Situation im Blick, welche wir alle (nicht nur ein Landwirt) gut verstehen können. Nach schwerer Arbeit ist es natürlich ein Erfolgserlebnis, wenn das Feld so reich trägt, dass man einen Vorrat auf längere Zeit anlegen kann. Es gibt ja auch die andere Situation (und das kennen Landwirte nur zu gut); dass trotz Mühe und Anstrengung wenig oder nichts wächst. Jeder Landwirt freut sich über eine reiche Ernte. Doch in dem Moment, wo der Mensch etwas besitzt kommt auch schon die Sorge, wie mit diesem Besitz zu verfahren ist: wo soll er aufbewahrt werden, wie soll er gelagert werden, dass nichts zugrunde geht? Der Mann stellt fest, dass seine Lagerräume zu klein sind und will größere bauen. Das ist grundsätzlich NICHTS Schlechtes. Allerdings begeht er einen großen Fehler; ein Fehler, der ihm zum Fallstick wird. Er verwechselt die Lebens*mittel* mit der Lebens*mitte*. Er verwechselt den Vorrat an Konsumgütern mit geistlichem Vorrat. Er meint, wenn er über längere Zeit hinweg genug zu essen und zu trinken hätte, dann wäre automatisch auch seine Gottesbeziehung in Ordnung. Und genau an diesem Punkt irrt er sich: er ist nicht reich bei Gott und darum nützt ihm auch alles andere NICHTS. Darum ist es ganz wichtig, sich bewusst zu machen, was wirklich wichtig im Leben ist. Was nützt es mir, dass ich meinem Kind – materiell gesehen – jeden Wunsch erfüllen kann, aber es an der nötigen Herzenswärme ermangeln lasse, bzw. keine oder wenig Zeit für mein Kind habe und es in schlechte Kreise kommt und vielleicht alkohol– oder drogenabhängig wird? Was nützt es mir, dass ich mich von morgens bis abends bemühe Geld zu verdienen und ich mich dabei mit meinem Ehepartner oder der -partnerin auseinander lebe, so dass wir nach einiger Zeit feststellen, dass wir materiell zwar alles haben, was wir brauchen und vielleicht noch mehr; dass wir uns aber nichts mehr zu sagen haben? Unser Gleichnis will dafür sensibilisieren, dass materielle Güter zwar wichtig für dieses Leben sind, aber dass es nicht auf die Quantität ankommt und vor allem: dass materielle Güter nicht alles sind, bzw. dass es da noch ganz andere Dinge gibt, die wir zum Leben brauchen. Die Tatsache, dass ein Leben materiell abgesichert ist, ist noch keine Garantie dafür, dass dieses Leben auch erfüllt ist.

III. An einem Tag wie dem heutigen ist man zum Dank und zum Lob geradezu verpflichtet; auch wenn so etwas nicht anbefohlen werden kann und von Herzen kommen muss. Wenn man die Anlässe bedenkt, die uns heute hier zusammen geführt haben, dann kann dies Gefühl der Dankbarkeit und das daraus folgende Lob dessen, dem wir alles verdanken, sehr wohl in unsern Herzen Einzug finden und unsere Lippen dazu bewegen. 700 Jahre seit der ersten urkundlichen Erwähnung der Gemeinde Trappold; Erntedankfest am heutigen Sonntag; und die Orgel, welche längere Zeit nicht spielbar war, erklingt wieder: das alles lässt unsere Herzen heute höher schlagen und darum haben wir uns heute hier eingefunden; nicht nur die klein gewordene Trappolder Kirchengemeinde, sondern auch Gäste aus unserm Schäßburger Kirchenbezirk sowie Vertreter der Ökumene und der Lokalpolitik. Wenn wir an die wechselvolle Geschichte dieses Ortes und dieser Region denken, dann kann es als ein kleines Wunder angesehen werden, dass es diesen Ort aber auch noch eine evangelische Gemeinde darin gibt. Darum haben wir zu danken. Und wir haben zu danken um die Gaben dieser Erde, welche Gott auch in diesem Jahr – trotz Unkenrufen, dass Missernte zu erwarten wäre – hat wachsen und gedeihen bzw. durch unsere Hände hat werden lassen. Gott hat seine Menschenkinder nicht vergessen, so wie er es zugesagt hat: dessen dürfen wir gewiss sein und bleiben. So wie in unserm Gleichnis beschrieben, können wir uns und unsere Gemeinschaft eigentlich mit dem Mann vergleichen, dessen Feld reich getragen hat. Gott hat im eigentlichen, wie im übertragenen Sinn seinen Segen über uns ausgegossen und wird es auch weiterhin tun. Doch der Frage – wie gehen wir angemessen mit dem um was Gott uns schenkt? – muss jeder und jede Einzelne sich stellen. Erntedank kann der Mensch richtig feiern, der in den Erntegaben Gott selber sieht, dabei aber auch den Mitmenschen nicht vergisst. 700 Jahre seit der ersten urkundlichen Erwähnung der Gemeinde feiern, hat nur dann einen Sinn, wenn wir in Gott den Lenker unserer Geschichte sehen und – daraus folgernd – ihm uns, im Blick darauf was kommt, mit allem was wir sind und haben aufs Neue anvertrauen. Amen.

Ziua Recoltei şi Jubileul comunei Apold - 700 de ani de la prima atestare documentară

– 25 octombrie 2009
Predică[40] despre **Luca 12,13 – 21**

13. Zis-a Lui Iisus cineva din mulţime: „Învăţătorule, zi fratelui meu să împartă cu mine moştenirea." 14. Iar El i-a zis: „Omule, cine M-a pus pe Mine judecător sau împărţitor peste voi?" 15. Şi a zis către ei: „Vedeţi şi păziţi-vă de toată lăcomia, căci viaţa cuiva nu stă în prisosul avuţiilor sale." 16. Şi le-a spus lor această pildă, zicând: „Unui om bogat i-a rodit din belşug ţarina. 17. Şi el cugeta în sine, zicând:‚Ce voi face, că n-am unde să adun roadele mele?' 18. Şi a zis:‚Aceasta voi face: Voi strica jitniţele mele şi mai mari le voi zidi şi voi strânge acolo tot grâul şi bunătăţile mele; 19. Şi voi zice sufletului meu: Suflete, ai multe bunătăţi strânse pentru mulţi ani; odihneşte-te, mănâncă, bea, veseleşte-te.' 20. Iar Dumnezeu i-a zis:‚Nebune! În această noapte vor cere de la tine sufletul tău. Şi cele ce ai pregătit ale cui vor fi?' 21. Aşa se întâmplă cu cel ce-şi adună comori sieşi şi nu se îmbogăţeşte în Dumnezeu."

Iubiţi creştini!

I. Dacă analizăm acest cuvânt biblic, atunci observăm, că cel puţin atât de importantă ca parabola despre „agricultorul bogat", este contextul în care o spune Iisus. Un om îi cere lui Iisus de a fi arbitru între el şi fratele său şi de a soluţiona un litigiu referitor la moştenirea celor doi. Dar Iisus refuză să intervină în acest caz special, şi – înainte de a spune pilda – îi avertizează pe cei din jur: „Vedeţi şi păziţi-vă de toată lăcomia, căci viaţa cuiva nu stă în prisosul avuţiilor sale." Într-un mod frapant, prima atestare documentară a satului Apold o găsim în legătură cu o controversă similară. Nu este vorba despre un litigiu privitor la o moştenire, ci de un litigiu fiscal; dar în ambele cazuri, în prim-plan se află modul de a împărţi nişte bunuri. În anul 1309, adică cu 700 ani în urmă a avut loc acest litigiu în care s-a disputat cui şi care parte se cuvine din „Zeciuiala" (adică impozitul bisericesc sau sidoxia, respectiv 10% din venitul, care îl plătea fiecare cap de familie). Primele aşezări săseşti (pe atunci catolice) erau subordonate Arhiepiscopului de Esztergom/Ungaria. Colonizările ulterioare erau subordonate Episcopului de Alba Iulia. În acele aşezări săseşti subordonate Arhiepiscopului de Esztergom din aşa-numita zeciuială, ¾ (adică 7,5%) rămânea în comunitate respectiv la preot. Numai ¼ din întreg (adică 2,5%), urma a fi plătit Arhiepiscopiei. În comunităţile bisericeşti, din zonele populate mai târziu, aflate în jurisdicţia Episcopului de Alba Iulia (în speţă şi Apoldul, care a aparţinut de Protopopiatul Saschizului) impozitarea se făcea exact invers: din zeciuială doar ¼ rămânea la preotul satului, respectiv disponibil pentru comunitate, iar celelalte ¾ reveneau Episcopului. Apare ca reclamant în acest proces din anul 1309 un preot, «Nikolaus de Apoldia», care a vrut să aibă acelaşi

---

[40] Die Predigt wurde nur auf Deutsch gehalten. Für die rumänischsprachigen Gottesdienstteilnehmer (Gäste aus der Lokalpolitik und Gesellschaft) lag ein Blatt mit der rumänischen Übersetzung aus.

impozitare bisericească mai favorabilă, ca primele așezări săsești. „Vedeți și păziți-vă de toată lăcomia, căci viața cuiva nu stă în prisosul avuțiilor sale." Se poate oare afirma că preotul, «Nikolaus de Apoldia», a fost lacom? Nu putem să știm acest lucru; poate n-a vrut să se îmbogățească personal, ci a dorit să finanțeze lucrări comunitare, respectiv să construiască biserica. Poate a vrut să aibă mai multă autonomie financiară. Întrebarea cum trebuie să se administreze în mod corespunzător bunuri materiale este una incitantă: a fost actuală pe vremea lui Iisus, a fost actuală acum cu 700 de ani în urmă, și este până în prezent actuală.

II. Parabola spusă de către Iisus are o situație în vedere, pe care o putem înțelege foarte bine. După munca grea, care o prestează un agricultor, desigur are un sentiment de satisfacție, atunci când recolta este atât de bogată încât poate crea un stoc pentru o perioadă mai lungă de timp. Există de asemenea și cealaltă situație (și agricultorii o știu prea bine), că în ciuda faptului că muncesc din greu, recolta este puțină sau lipsește. O recoltă bogată mulțumește agricultorul și răsplătește în același timp truda lui. Dar în momentul în care omul are ceva în posesie, apare și preocuparea cum să procedeze cu această posesie: cum trebuie să fie păstrată, care sunt condițiile adecvate de depozitare, ca nimic să nu se deterioreze? Acel om din parabolă știe că hambarele sale sunt prea mici și vrea să construiască altele mai mari. Acestă decizie nu conține nimic rău în esență. Cu toate acestea, el face o mare greșeală: el confundă niște lucruri care întrețin viața, cu viața însăși. El confundă bunurile de consum, cu bunurile spirituale. El crede că, dacă are suficient de mâncat și băut pentru o lungă perioadă de timp, atunci în mod automat și relația sa cu Dumnezeu ar fi în ordine. Exact acest lucru este grava eroare, pe care o comite: el nu este bogat în fața lui Dumnezeu, și prin urmare, nici celelalte lucruri nu-i folosesc. În cosecință, Iisus vrea să conștientizăm, ce este cu adevărat important pentru viața noastră. La ce folosește dacă-i pot permite copilul meu – din punct de vedere material – totul, dar îl lipsesc de căldura sufletească? Dacă n-am timp pentru copil și el intră în niște anturaje în care devine dependent de alcool sau de droguri ?! La ce-mi folosește, că alerg de dimineața până seara pentru a câștiga bani și după ce o țin tot așa constat, că avem tot ce ne trebuie din punct de vedere material, dar nu mai avem nimic să ne spunem cu partenerul/ partenera de viață? Scopul parabolei este conștientizarea, că bunurile materiale sunt importante pentru această viață, dar nu sunt totul, sau nu sunt esențialul. Există și alte lucruri dicolo de cele materiale, de care avem nevoie. Faptul că sunt asigurat din punct de vedere financiar, nu reprezintă nici o garanție că duc o viață îndeplinită.

III. O zi ca aceasta este una de mulțumire și de laudă, chiar dacă un astfel de sentiment nu se instalează la comandă și trebùie să vină din inima. Dacă medităm asupra evenimentelor care ne-au reunit astăzi aici, și dacă ne amintim ce a făcut Dumnezeu pentru noi, atunci reacția firească trebuie să fie mulțumirea și lauda, Celui căruia îi datorăm totul: 700 de ani de la prima atestare documentară a satului Apold și Ziua Recunoștinței (sau Ziua Recoltei), care este celebrată în această duminică. Inima noastră bate astăzi un pic mai tare și de aceea ne-am adunat astăzi aici: nu numai enoriașii comunității din Apold, dar și enoriași din celelalte comunități ale

Districtului Sighişoara şi oaspeţi de onoare. Când ne gândim la istoria plină de evenimente ale acestui loc, atunci poate fi privit ca un miracol faptul, că mai existăm încă. Prin urmare, nu putem decât să-i mulţumim lui Dumnezeu. Să-i mulţumim pentru darurile trupeşti, dar mai ales penrtu cele sufleteşti. Dumnezeu nu ne-a uitat, aşa cum ne-a promis. După cum este descris în parabola din Sf. Evanghelie după Luca, putem să ne comparăm pe noi înşine şi comunitatea noastră, cu omul, al cărui câmp a dat roade. Dumnezeu a revărsat binecuvântările sale peste noi şi va continua să facă acest lucru. Dar întrebarea care – fiecare dintre noi – trebuie să şi-o pună este: cum trebuie administrat în mod corespunzător, ce ne dă Dumnezeu? Pe primul plan stă – aşa cum am afirmat – mulţumirea către Dumnezeu. Această mulţumire trebuie să se materializeze însă prin faptul, că nu trebuie uitat semenul nostru, omul de lângă noi. Sărbătorirea celor 700 de ani de la prima atestare documentară a Apoldului, are un sens numai dacă îl vedem pe Dumnezeu ca şi cârmuitor al istoriei noastre, dar ca şi cârmuitor al acestui loc. Să ne încredem în bunătatea lui şi prin rugăciunea de mulţumire să rămânem aproape de El. Amin.

Wie ist der Reformation in angemessener Weise zu gedenken?

Reformationstag (31. Oktober 2003) – Reformationskolloquium in Mediasch[41]
Predigt zu **Matthäus 5,1 – 12**

1. Als Jesus das Volk sah, ging er auf einen Berg und setzte sich; und seine Jünger traten zu ihm. 2. Und er tat seinen Mund auf, lehrte sie und sprach: 3. „Selig sind, die da geistlich arm sind; denn ihrer ist das Himmelreich. 4. Selig sind, die da Leid tragen; denn sie sollen getröstet werden. 5. Selig sind die Sanftmütigen; denn sie werden das Erdreich besitzen. 6. Selig sind, die da hungert und dürstet nach der Gerechtigkeit; denn sie sollen satt werden. 7. Selig sind die Barmherzigen; denn sie werden Barmherzigkeit erlangen. 8. Selig sind, die reinen Herzens sind; denn sie werden Gott schauen. 9. Selig sind die Friedfertigen; denn sie werden Gottes Kinder heißen. 10. Selig sind, die um der Gerechtigkeit willen verfolgt werden; denn ihrer ist das Himmelreich. 11. Selig seid ihr, wenn euch die Menschen um meinetwillen schmähen und verfolgen und reden allerlei Übles gegen euch, wenn sie damit lügen. 12. Seid fröhlich und getrost; es wird euch im Himmel reichlich belohnt werden. Denn ebenso haben sie verfolgt die Propheten, die vor euch gewesen sind."

Liebe Gemeinde!

I. In gar nicht so ferner Vergangenheit – ich erinnere mich selbst noch an Reformationsfeiertage aus meiner Kindheit in den 1980er Jahren – wurde der 31. Oktober, der Tag des Thesenanschlages Luthers an die Tür der Wittenberger Schlosskirche, als ein Tag begangen, an dem 1) das evangelische Spezifikum herausgestellt und 2) der durch die Reformation gewonnene rechte Glaube – natürlich: der evangelische! – bezeugt und gefeiert wurde. Die Paramente an Altar und Kanzel waren (und sind heute noch) selbstverständlich rot wie sonst nur zu Pfingsten, diesmal aber nicht das Feuer, sondern den Kampf bzw. das Blut symbolisierend. Unser Reformator Martin Luther – obwohl wir selbstverständlich keine Heiligen mehr anbeten – wurde auf das Postament gehoben und die katholische Kirche bekam ihr Fett weg, zumindest jene katholische Kirche, wie sie im Mittelalter existierte und sich aufführte. Der Gedenktag der Reformation ist uns bis heute als ein Tag erhalten geblieben, an dem Profil gezeigt wird, oder gezeigt werden sollte; ein Tag an dem nochmals deutlich herausgestellt werden kann und soll, wie gut es ist, dass es den Protestantismus gibt und dass es schön ist, protestantischer Christ zu sein. So weit, so gut.

---

[41] Am Reformationskolloquium nahmen wie immer ortsansässige Gemeindeglieder und Gäste aus andern evangelischen Kirchengemeinden teil. Da bei dieser Veranstaltung aber auch großen Wert auf ökumenische Beteiligung gelegt wird, wurde die Predigt auch gekürzt in rumänischer Sprache gehalten.

II. Es hat sich in den letzten Jahren – und ich beziehe mich auf die Zeit nach der Wende 1989 – einiges in der lokalen Ökumene hier in Siebenbürgen entwickelt, was uns heute zu einer differenzierten Betrachtung der Reformation herausfordert. Aus meiner Sicht berechtigterweise, zeigen wir unser Profil, und sind vielleicht auch ein wenig stolz auf unseren Reformator. Aber die christlichen Schwesterkirchen als Feindbild wahrzunehmen (wie das über Jahrhunderte hinweg der Fall war), das ist „Schnee von gestern". Es ist nicht nur nicht mehr zeitgemäß und auch nicht mehr nötig; aus meiner persönlichen Sicht ist auch gar nicht mehr möglich. Der Begriff „Einheit in der Vielfalt" ist zu einem Schlagwort geworden, welches unsere heutige Situation umschreibt. Wie damit umzugehen ist, habe ich von einem lieben orthodoxen Kollegen aus Schäßburg gelernt, der sagte: „*Credința altuia s-o cinstești; credința ta s-o sfințești*". (Den Glauben des andern sollst du ehren; deinen eigenen sollst du heiligen). Es gab Zeiten in denen Christen verschiedener Konfession sich richtig befehdeten; leider geschieht es auch heute noch in manchen Gegenden dieser Welt. Gott sei es gedankt, dass wir uns hier und heute theologisch verbal auseinandersetzen können; oftmals gibt es Kontroversen, manchmal aber auch fruchtbare und beglückende Ergebnisse. Ich stelle froh und zugleich erstaunt fest: Wenn wir heute Reformation mit Geschwistern aus den andern christlichen Kirchen feiern, dann hat das Reformationsfest eine neue Dimension bekommen. Das ist eine Herausforderung an uns Protestanten, die es anzunehmen gilt.

III. Das Bibelwort, welches der heutigen Predigt zugrunde liegt, ist keineswegs protestantisches Sondergut, sondern ein zentraler Text für alle christlichen Konfessionen. Ich erinnere mich an Beerdigungen, die ich mit orthodoxen Kollegen gestaltet habe, wo die Seligpreisungen rezitiert wurden. Sie haben ihren festen Platz in der «Heiligen und Göttlichen Liturgie» der orthodoxen Kirche. Was für eine Botschaft bringen sie uns heute am Reformationsfest, bzw. was bedeuten sie für uns heute? Es steckt in diesem Bibelwort eine umfassende, kompakte Theologie drin. Eigentlich sind die orthodoxen Kollegen zu beneiden, weil sie diesen Text nur rezitieren, nicht aber predigen müssen. Denn dieses Wort ist selbst Teil einer Predigt; der wohl größten und welterschütternsten Predigt, die je auf dieser Erde gehalten worden ist, nämlich die BERGPREDIGT. Über die Bergpredigt (speziell über die Seligpreisungen) zu predigen, bleibt ein schwieriges Unterfangen und immer epigonenhaft; was kann hier noch an Erklärungen hinzugefügt werden? Ich versuche es trotzdem: Die von den Seligpreisungen verkündete Theologie beinhaltet und transportiert eine Botschaft, die allgemeine Gültigkeit unter den Christen hat (man mag fast meinen: universale Gültigkeit über die Grenzen des Christentums hinaus). Es heißt nicht: Selig, ist wer evangelisch, katholisch, oder orthodox ist. Es heißt aber: „*Selig sind die: Barmherzigen, Sanftmütigen, Friedfertigen usw. ...*" und vor allem „*Selig seid ihr, wenn euch die Menschen um meinetwillen schmähen und verfolgen ...*" Gemeint und angesprochen ist der Christenmensch; derjenige, der sich zu Christus bekennt, der bereit ist, in seinem Glauben vor dieser Welt standhaft zu bleiben. Die Eigenschaften, die Jesus selig preist können selbstredend jedem

Christen anhaften: dem Katholiken wie dem Protestanten; dem Orthodoxen wie dem Frei-kirchler.

IV. Über die Ethik der Bergpredigt ist viel gesagt worden; vor allem die Frage wem sie gilt ist sehr brisant, ist sie doch als die am schwersten durchführbare bekannt. Es ist schwer bis gar nicht möglich, das einzuhalten was Jesus hier sagt, auch für jene die vor-dergründig den Kriterien Jesu entsprechen würden. Es ist nicht wahr, dass der **Arme** schon durch seine Armut Gott näher wäre; er kann genauso von dem Gedanken an Besitz ergriffen sein wie der Reiche. Es ist auch nicht wahr, dass der **Trauernde** automatisch seinen Halt in Gott sucht. Wir alle kennen trauernde Menschen, die ihren Trost ganz anderswo suchen, z. B. im Alkohol, in Drogen u. ä. Und schließlich ist es nicht zwingend notwendig, dass der für **Gerechtigkeit Kämpfende** automatisch ein gerechter und glücklicher Mensch sein muss bzw. ein solcher, der auch Gerechtigkeit ausstrahlt. *Jesus preist nicht Menschen selig, weil sie in einer besseren Lebenslage wären.* Er preist Menschen in der Situation selig, in welcher der Betreffende diese Lage des Leides, der Not, der Entbehrung – eigentlich die eigene innere Leere – **erkennt** und dann offen ist für Gottes Wirken. Diesen Menschen will er der helfende Gottessohn sein.

V. Genau das ist die zentrale Entdeckung (oder Wiederentdeckung) unseres Refor-mators Martin Luther gewesen, nämlich das Evangelium, die frohe Botschaft: „In mein erbarmenswertes Leben tritt Jesus Christus hinein und macht es durch sein Opfer vor Gott gerecht und gut. Trotz meiner großen Schuld, bin dennoch SEIN Bruder." Jesus kommt selbst in das Leben von Menschen hinein, die wir längst aufgegeben haben. Wenn wir ihm nur Einlass gewähren – und das ist an keine Konfessionszugehörigkeit gebunden – dann will er zu uns kommen und bei uns sein. Amen.

Colocviu de Ziua Reformei (31 octombrie 2003) –
Mediaș, Biserica Sf. Margareta
Predică despre Matei 5,1 – 12

1. Văzând mulțimile, Iisus S-a suit în munte, și așezându-se, ucenicii Lui au venit la El. 2. Și deschizându-și gura, îi învăța zicând: 3. Fericiți cei săraci cu duhul, că a lor este împărăția cerurilor. 4. Fericiți cei ce plâng, că aceia se vor mângâia. 5. Fericiți cei blânzi, că aceia vor moșteni pământul. 6. Fericiți cei ce flămânzesc și însetează de dreptate, că aceia se vor sătura. 7. Fericiți cei milostivi, că aceia se vor milui. 8. Fericiți cei curați cu inima, că aceia vor vedea pe Dumnezeu. 9. Fericiți făcătorii de pace, că aceia fiii lui Dumnezeu se vor chema. 10. Fericiți cei prigoniți pentru dreptate, că a lor este împărăția cerurilor. 11. Fericiți veți fi voi când vă vor ocărî și vă vor prigoni și vor zice tot cuvântul rău împotriva voastră, mințind din pricina

Mea. 12. Bucuraţi-vă şi vă veseliţi, că plata voastră multă este în ceruri, că aşa au prigonit pe proorocii cei dinainte de voi.

Prea cucernici părinţi, iubiţi creştini,

Într-un trecut nu foarte îndepărtat – mă refer la experienţe proprii trăite în copilărie, respectiv în anii 1980 – ziua de 31 octombrie (ziua reformei) se celebra cu o vecernie în care predica scotea în evidenţă specificul evanghelic, şi dreapta credinţă dobândită prin reformă; dreapta credinţă fiind „evident" cea evanghelică. Cu toate că noi protestanţii nu ne închinăm la sfinţi, Martin Luther era ridicat pe un piedestal, care-l situa deasupra muritorilor de rând. Nici Biserica Romano-Catolică (sau cel puţin acea Biserică din Evul Mediu, din care s-a desprins noua confesiune) nu scăpa „nevătămată" verbal. Până azi, ziua reformei a rămas o zi, în care se meditează asupra "profilului" nostru protestant.

După 1989 s-au produs schimbări majore în Biserica noastră, dar şi în celelalte Biserici creştine din toate ţările fost comuniste; aşa şi în România. Evoluţia ecumenică ne obligă azi la o vedere mai diferenţiată a reformei. Ca protestanţi nu trebuie să ne ruşinăm sau să ne plecăm capul; nu trebuie să renunţăm la specificul nostru. Dar în acelaşi timp ar fi anacronic să privim celelalte confesiuni, ca pe nişte vrăjmaşi cum s-a întâmplat secole de-a rândul. În opinia mea acest lucru nici nu mai este posibil, cu toate că din nefericire mai există excepţii care confirmă regula (d. e. Irlanda de Nord). Conceptul de „unitate în diversitate" a devenit conses şi descrie situaţia faptică în care ne aflăm noi la ora actuală. Cum se aplică în practică această "unitate în diversitate", am învăţat de la un preot ortodox din Sighişoara (un frate de care mă simt foarte apropiat în gândire şi credinţă, cu toate că face parte din generaţia părinţilor mei): „Credinţa altuia s-o cinsteşti; pe a ta s-o sfinţeşti!" Trebuie mulţumit bunului Dumnezeu, că avem azi posibilitatea, de a sta la aceeaşi masă şi de a dialoga pe teme teologice, chiar dacă nu vorbim mereu la unison. Dacă azi sărbătorim ziua reformei cu fraţi şi surori din alte confesiuni creştine, atunci constat cu bucurie, că abordarea reformei a primit o nouă dimensiune. Este o provocare pentru noi protestanţii, provocare în sens pozitiv, care trebuie acceptată şi fructificată.

Cuvântul biblic, care l-am meditat este unul foarte cunoscut şi aparţine deopotrivă te-zaurului comun al tuturor confesiunilor creştine. Aşa-zise-le „fericiri" sunt parte integrantă din Liturgia Bisericii Ortodoxe. Aceste cuvinte conţin în fraze foarte compacte o teologie întreagă. De fapt toată predica de pe munte (Matei 5 – 7), unde fericirile sunt parte integrantă este un colos; este probabil cea mai zguduitoare predică, care s-a ţinut vreodată pe acest pământ. Me-sajul predicii de pe munte în general, şi mesajul fericirilor în special, este unul universal. Iisus nu spune: „Fericit este cel evanghelic, cel catolic sau cel ortodox." Fericiţi sunt: cei milostivi, cei blânzi, cei împăciuitori, şi mai ales cei care îl mărturisesc pe Iisus, chiar dacă alţii din jur nu agre-ază acest lucru. Însuşirile menţionate le poate avea oricare creştin, indiferent de confesiune.

S-a vorbit şi s-a scris mult despre cerinţele etice severe a «Predicii de pe Munte». Este greu până la imposibil de a se conforma spuselor Mântuitorului Iisus. Oare către cine se îndreaptă aceste cerinţe: către fiecare creştin în parte sau numai către o elită? Tocmai această problemă – aşa cel puţin considerăm noi protestanţii – a rezolvat-o reforma. Omul nu trebuie să dobândească din propriile puteri mântuirea. Mântuirea o primeşte gratuit; dar trebuie s-o accepte şi din mulţumire şi din respect să-l urmeze pe Iisus, respectiv să îndeplinească nişte cerinţe etice, care însă nu sunt condiţia pentru mântuire. Iisus îi consideră fericiţi pe cei, care conştientizează deficienţele lor, respectiv goliciunea interioară, fiind în acelaşi timp deschişi pentru învăţătura lui Dumnezeu, pentru cea ce spune Iisus. Tocmai acest lucru a fost o descoperire sau mai bine o redescoperire teologică centrală a lui Martin Luther într-o conjunctură în care biserica de atunci abuza de frica omului de moarte şi iad, favorizând "indulgenţa". Evanghelia, vestea bună este aceasta: „În viaţa noastră mizeră intră Iisus Hristos şi prin sacrificiul său ne face drepţi în faţa lui Dumnezeu. Eu – care mă pot doar smeri în faţa lui Dumnezeu – sunt considerat vrednic să fiu frate cu Iisus." Mântuitorul vine în viaţa noastră, dorind s-o schimbe radical, în condiţiile în care noi îi permitem acest lucru şi suntem deschişi pentru EL. Mesajul de azi este, că noi toţi – indiferent de confesiune – suntem părtaşi la aceste fericiri. Amin.

Leid und Tod überwinden

Gedenktag der Entschlafenen[42] (25. Oktober 1998) – Keisd
Predigt zu **1. Korinther 15,35 – 38.42 – 44a**

35. Es könnte aber jemand fragen: Wie werden die Toten auferstehen, und mit was für einem Leib werden sie kommen? 36. Du Narr: Was du säst, wird nicht lebendig, wenn es nicht stirbt. 37. Und was du säst, ist ja nicht der Leib, der werden soll, sondern ein bloßes Korn, sei es von Weizen oder etwas anderem. 38. Gott aber gibt ihm einen Leib, wie er will, einem jeden Samen seinen eigenen Leib. [...] 42. So auch die Auferstehung der Toten. Es wird gesät verweslich und wird auferstehen unverweslich. 43. Es wird gesät in Niedrigkeit und wird auferstehen in Herrlichkeit. Es wird gesät in Armseligkeit und wird auferstehen in Kraft. 44. Es wird gesät ein natürlicher Leib und wird auferstehen ein geistlicher Leib.

Liebe Gemeinde!

I. *„Das ist das Verhängnis: / zwischen Empfängnis / und Leichenbegängnis / nichts als Bedrängnis."* sagt Erich Kästner in seiner unverkennbaren Art. Wenn wir die Finalität dieses irdischen Lebens betrachten, dann kommen wir nicht umhin uns zu fragen, was für einen Sinn dieser Abschnitt zwischen Geburt und Tod hat und ob es wirklich nicht nur (oder zum größten Teil nur) Bedrängnis enthält. Eigentlich gehört nichts *so sicher* zum Leben in dieser Welt dazu, wie der Tod. Allein die Tatsache, dass ein Mensch geboren wird, zieht den zwingenden Schluss nach sich, dass dieses Leben <u>später</u> oder (bei Unfall oder Krankheit sogar) <u>früher</u> auch einen Tod schuldig sein wird. Diese Wahrheit ist jedem zurechnungsfähigen Menschen in dieser Welt bewusst. Und doch ist es so, dass in der Regel der Tod – so gut es nur geht – verdrängt wird. Warum ist das so? Wenn wir dieser Frage nach rein menschlichen Kriterien nachgehen, dann hat diese bewusste oder auch unbewusste Ausklammerung des Todes ihren Sinn. Solange wir mitten im Leben stehen, ist der Tod ein totaler Störfaktor, und zwar darum weil er das Leben radikal in Frage stellt. Der Tod ist der große Kontrapunkt

---

[42] In Schäßburg und manchen Gemeinden der Umgebung wird nicht am Letzten Sonntag im Kirchenjahr («Ewigkeitssonntag») der Gedenktag der Entschlafenen («Totensonntag») begangen. Das geschieht traditioneller Weise am letzten Sonntag im Oktober oder am ersten im November. Aus meiner Sicht gibt es zwei Gründe dafür. Der eine ist ein ökumenisch-traditioneller: Anfang November feiern die Kirchen ungarischer Verkündigungssprache (römisch-katholische, reformierte, unitarische und evangelisch-lutherische) den Totengedenktag. Auch viele orthodoxen oder griechisch-katholischen Rumänien haben diesen Feiertag zwischenzeitlich übernommen. Der andere ist ein praktischer: in dieser Zeit ist die Wahrscheinlichkeit Blumen für den Grabschmuck zu finden größer; weiterhin ist dies in Schäßburg der letzte Gottesdienst in der Bergkirche vor Wintereinbruch und muss darum früher angesetzt werden als der Ewigkeitssonntag, welcher auf den letzten oder vorletzten Novembersonntag fällt.

zu diesem Leben und der Lyriker Rainer Maria Rike hat dies in seiner unnachahmlichen Weise so ausgedrückt: *„Der Tod ist groß. / Wir sind die Seinen / lachenden Munds. / Wenn wir uns mitten im Leben meinen, / wagt er zu weinen / mitten in uns."*

Der Tod stellt uns Menschen vor zwei große Herausforderungen: das Leid und die Trauer. Die **erste** Herausforderung – das Leid – betrifft den, dem der Tod selber bevorsteht. Selten ist das Sterben leicht; in der Regel geht ihm eine kürzere oder längere Krankheit voraus und gewöhnlich ist das alles mit Schmerzen verbunden. Doch mit dem Eintritt des Todes haben Leid und Schmerz ein Ende. Die **zweite** Herausforderung – die Trauer – betrifft die dem Toten nahe Stehenden. Im Gegensatz zur ersten Herausforderung, welche mit dem Eintritt des Todes ein Ende hat, setzt die Trauer mit dem Tod erst richtig ein und kann lange halten. Manche Menschen erholen sich von einem schweren Verlust eines nahe stehenden Menschen nie mehr wieder, bis sie selber aus dieser Welt scheiden. Leid und Trauer begleiten jeden unter uns in mehr oder weniger intensiven Form.

II. Der Sinn des Gedenktags der Entschlafenen ist aber nicht der, uns mit dieser Thematik nach menschlichen Gesichtspunkten (oder *nur* nach menschlichen Gesichtspunkten) auseinander zu setzten. Heute sind wir dazu aufgefordert den Tod im Lichte der Ewigkeit zu sehen. Der Tod ist keine Endstation, sondern der Durchgang zu einem neuen Leben, so wie auch die Geburt keine Endstation ist, sondern der Durchgang zu einem neuen Leben ist. Und so wie die Zeit vor der Geburt eine Vorbereitung für das Leben nach der Geburt ist, ist unser Leben hier in dieser Welt eine Vorbereitung auf das was dann kommt. Vor der Geburt ging es darum, dass sich ein Leib heranwuchs. Da war es wichtig, dass sich alle Organe richtig ausbilden, dass sich ein Körper entwickelt, der nach der Geburt lebensfähig ist. Im Leben auf dieser Welt ist es wichtig, dass sich der innere Mensch ausbildet, damit er in der Ewigkeit lebensfähig ist. Für den Apostel Paulus steht es außer Frage, dass der Tod nur eine Zwischenstufe auf dem Weg zu einem andern Leben in der besseren Welt Gottes ist. Der Grund dafür ist, dass Jesus Christus durch seine Auferstehung dem Tode die Macht genommen hat. Der einzige und wahre Trost – wenn man mit der bitteren Realität des Todes konfrontiert wird – das ist der Trost, den Gott uns in seinem Sohn Jesus Christus schenkt. Wenn es diese Überwindung des Todes durch Christus nicht gegeben hätte, dann würden Leid und Trauer dominieren. Paulus spricht im 15. Kapitel des 1. Korintherbriefes von der Auferstehung der Toten, als ob es das am leichtesten Verständlichste dieser Welt wäre. Wenn man seiner Logik folgt, dann ist es in der Tat gar nicht so kompliziert.

Der Vergleich mit dem Samenkorn ist äußerst suggestiv. Für das Samenkorn bedeutet der Sävorgang (d. h. die Tatsache, dass es in die Erde vergraben wird) den sicheren Tod. Es löst sich auf, es wird gesprengt vom Keimling und den Wurzeln und ist hinterher nicht mehr wieder zu erkennen. Weil man aber genau weiß, was für schöne Pflanzen nachher daraus wird nimmt man dieses Sterben des Samenkornes in Kauf. Mehr noch: wenn das Samenkorn nicht ausgesät wird, dann verfehlt es seine Bestimmung. Es kann diesem Korn letztlich gar nichts Besseres passieren, als das es ausgesät wird.

Paulus fordert dazu auf, dass wir in Analogie dazu als Christen mit dem Tod umgehen. Vor dem Tod braucht man sich darum nicht zu fürchten, denn das was uns um Jesu Christi willen danach erwartet, ist so großartig und gewaltig, dass es alles andere in den Schatten stellt. Das Leben hier in dieser Welt ist endlich und der menschliche Körper ist verweslich. Es wird sicher der Tag kommen – auch wenn vielleicht noch viele Jahre bis dahin vergehen werden – da unser Körper zu Erde zerfallen wird. Aber wir werden auferstehen unverweslich; das heißt, wir werden eine Existenzform erreichen, in der es den körperlichen Tod nicht mehr geben wird. Kein Zerfall, keine Schmerzen, keine Krankheit.

III. Wie dieses NACHHER ausschaut darüber kann in dieser Welt nur spekuliert werden. In vier Gegensatzpaaren versucht der Apostel Paulus den „unendlich qualitativen Unterschied" (Karl Barth) zwischen unserer vergänglichen Welt und Gottes Ewigkeit heraus zu stellen: 1) verweslich – unverweslich; 2) Niedrigkeit – Herrlichkeit. 3) Armseligkeit – Kraft 4) natürlicher Leib – geistlicher Leib. Allein die Tatsache, dass keine Krankheit, kein Leid, kein Streit und letztlich kein Tod mehr existieren wird, übersteigt unser Vorstellungsvermögen. Wir wollen darum diese Aussagen des Paulus so stehen und in uns nachklingen lassen. Entscheidend für dieses Leben (aber auch für das was danach kommt) ist unser fester Blick auf Gott, der in Christus uns das Leben in Fülle gebracht hat. Wenn wir uns an Christus und seine Lehre halten, haben wir Anteil an ihm bzw., an Gottes Ewigkeit. Der Tod wird dann nur noch ein Durchgang in das „totaliter aliter" (das ganz Andere) sein, so wie das Samenkorn in das Dunkel der Erde gesenkt wird, ehe es keimt. Das ist die tröstliche Botschaft heute: nicht Tod und Sterben haben das letzt Wort, sondern die Auferstehung und das Leben. Amen.

Hartnäckig sich an Gott klammern

Drittletzter Sonntag im Kirchenjahr (11. November 2001) – Schäßburg

Predigt zu **Lukas 18,1 – 8**

1. Jesus sagte seinen Jüngern ein Gleichnis darüber, das sie allezeit beten und nicht nachlassen sollten, 2. und sprach: „Es war ein Richter in einer Stadt, der fürchtete sich nicht vor Gott und scheute sich vor keinem Menschen. 3. Es war aber eine Witwe in derselben Stadt, die kam zu ihm und sprach: ,Schaffe mir Recht gegen meinen Widersacher!' 4. Und er wollte lange nicht. Danach aber dachte er bei sich selbst: ,Wenn ich mich schon vor Gott nicht fürchte noch vor keinem Menschen scheue, 5. will ich doch dieser Witwe, weil sie mir soviel Mühe macht, Recht schaffen, damit sie nicht zuletzt komme und mir ins Gesicht schlage.' 6. Da sprach der Herr: Hört, was der ungerechte Richter sagt! 7. Sollte Gott nicht auch Recht schaffen seinen Auserwählten, die zu ihm Tag und Nacht rufen, und sollte er's bei ihnen lange hinziehen? 8. Ich sage euch: Er wird ihnen Recht schaffen in Kürze. Doch wenn der Menschensohn kommen wird, meinst du, er werde Glauben finden auf Erden?"

Liebe Gemeinde!

I. Eine Witwe war in der Zeit, in welcher Jesus lebte, Inbegriff der Rechts- und Schutzlosigkeit. Frauen mussten im Normalfall einen Vormund haben: das war zunächst der Vater oder (wenn der nicht mehr lebte), einer der Brüder; nach der Heirat war es der Ehemann. Witwen hatten diesen Vormund NICHT. Witwen und Weisen werden in der Bibel öfters als besonders benachteiligte Gruppen erwähnt. Und zwar nicht nur darum weil sie in der Regel arm waren und auf die Hilfe anderer angewiesen waren, sondern weil sie in der damaligen Gesellschaft nicht oder nur sehr schwer ihre rechtlichen Ansprüche geltend machen konnten. Vor Gericht durften nur mündige Personen auftreten, und das waren nach damals geltendem Recht erwachsene Männer (keine Frauen; keine Kinder). Eine Witwe war – selbst wenn sie Recht hatte – von vornherein im Nachteil. Sie konnte sich nicht nur KEINE teuren Prozesskosten leisten, sondern durfte nicht einmal für sich selber aussagen. So konnte es gut möglich sein, dass der Rechtsstreit einer Witwe zu ihren Ungunsten ausging, noch bevor er überhaupt richtig begonnen hatte. So ist es zu erklären, dass die Witwe sich noch vor dem eigentlichen Prozessbeginn an den Richter wendet, um in dem eigentlichen Verfahren zumindest den Hauch einer Chance zu haben, bzw. um zumindest sein Wohlwollen zu erreichen. Allerdings hat sie ein großes Problem: dieser Richter ist korrupt, er hat keine Gottesfurcht aber auch eine philanthropische Einstellung liegt ihm fern. Einer der Gott als Richter nicht ernst nimmt, dem auch das Urteil der Leute gleichgültig ist, steht nach jüdischem Verständnis außerhalb dessen, was zum rechten Menschsein gehört. Selbst wenn die Frau Recht haben könnte, interessiert das diesen Richter nicht. Dass er sich letztendlich ihrer doch noch annimmt, ist einzig davon motiviert, dass er Rücksicht auf sein eigenes Wohlbefinden nimmt: er will seine Ruhe haben. Der griechische Urtext lässt zwei Übersetzungsmöglichkeiten, bzw. zwei sprachlich mögliche Umschreibungen für dies Verhalten zu: 1) die wiederholten Interventionen der Witwe, derer der Richter überdrüssig ist oder 2) wörtlicher, er fürchtet, sie könne – mit einem Faustschlag unter die Augen – ihm gegenüber handgreiflich werden. Diese zweite Übersetzung findet sich in unserer revidierten Lutherübersetzung. Der Mann ist an sich ein Versager: als Richter und als Mensch.

II. In krasserem Gegensatz zu der Schilderung dieses Richters, kann der Vater im Himmel nicht stehen. Doch diese Übertreibung hat ihren Sinn. Den Jüngern soll klar werden: Wenn ein solcher Richter – der ein Mensch der „untersten Schublade" ist – schon Recht schaffen kann, um wie viel mehr wird Gott Recht schaffen können? «Wer Gott nur andauernd genug in den Ohren liegt, bekommt schon sein Recht» – so könnte man dies Gleichnis umschreiben. Es wendet sich an Menschen, die in Verfolgung und Drangsal stehen. Es wendet sich an Leute, die sehnsüchtig darauf warten, dass Gott für sie eintritt, weil es sonst niemand für sie tut. Den Menschen wird Mut gemacht, dass in Kürze ihnen Gerechtigkeit widerfahren wird. Sie sollen sich nicht beirren lassen und weiter so hartnäckig sich an Gott klammern. Das Gleichnis endet mit einer Frage, ja – man kann sagen mit einer Infragestellung. Die Jünger und implizit auch wir werden direkt angesprochen. Es geht gar nicht mehr um die Witwe, sondern um jeden Christenmenschen; es geht auch um uns selber. Jesus möchte, dass uns dies klar wird: an Gott liegt es nicht. ER ist bereit zu hören und zu helfen. Er wird Recht schaffen; aber wie steht's mit uns? Die Frage zielt auf unser Verhalten. Sind wir bereit – durch getrostes und unbeirrtes Beten – uns an Gott zu klammern? Beten so hartnäckig wie die Witwe aus unserem Gleichnis es tut, das möchte Jesus seinen Jüngern nahe legen. Sie redet darüber, was ihr weh tut. Sie tut es immer wieder, bis ihr Gehör geschenkt wird. Unser Gleichnis legt uns nahe, dass es keine Schande ist, wenn das Gebet mit der Klage einsetzt. Gerade anhand der Art des Volkes Israel zu beten (so wie es uns etwa die Klagepsalmen nahe legen, z. B. Psalm 6; 22; 38; 51 usw.), können auch wir Christen viel lernen. Es ist falsch zu meinen, dass ein anständiger Christ nur zu bitten und zu danken hat. Neben dem Schuldbekenntnis, ist die Klage über das was uns Sorgen bereitet, genau so angebracht. Der hessische Pfarrer Dr. Klaus Douglass („Glauben hat Gründe") stellt die Klage auf dieselbe Stufe mit dem Lob. Gemeint ist damit, dass es legitim ist, unsere innere Befindlichkeit – ob die nun himmelhochjauchzend oder zu Tode betrübt ist – vor Gott auszubreiten.

III. Aus den Evangelien ist ersichtlich, dass Jesus selber das hartnäckige Gebet bis zum letzten Atemzug praktiziert hat. Er hat die schönen aber vor allem auch die bittersten Erlebnisse, Erfahrungen und Gefühle vor Gott gebracht; Gott, den er Vater nannte. Gerade diese Art von Gottesbeziehung ist uns Christen zum Vorbild geworden und wir dürfen (und sollen) uns genau so an Gott wenden; so wie Jesus sich an Gott wandte. Sein Gebet geht all unserem Beten voraus. So wie er Gott als Vater angebetet hat, so dürfen auch wir dies tun. Wir dürfen glauben, dass Gott uns hört, auch wenn wir sein Handeln oft nicht verstehen, auch wenn wir oft bittere Stunden erleben, die uns in Anfechtung bringen, auch dann wenn wir uns ängstigen. Durch das Gleichnis von der bittenden Witwe sollen wir ermutigt werden, mit unserm Beten immer neu vor zu Gott kommen: Wir müssen nicht zaghaft und ängstlich unsere Bitten vortragen, sondern wie Menschen, denen es ausdrücklich erlaubt ist diese ganz persönliche Dinge, Fragen und Wünsche auszusprechen. Beharrlich sollen wir sein und nicht gleich aufgeben, wenn die Hilfe ausbleibt oder sich nicht erfüllt, was wir von Gott erflehen. Martin Luther hat es – in ähnlich unverfrorener Weise wie die Witwe in der Geschichte – vorgeschlagen: *„Du musst Gott im Gebet die Ohren reiben, bis sie heiß werden!"* Darum wollen wir auch da, wo augenscheinlich keine Antwort auf unser Gebet kommt, nicht das Vertrauen verlieren. Gott hat uns gehört und er hört uns jeden Tag neu. **ER wird uns antworten, aber zu dem Zeitpunkt und derart, wie er es für richtig hält.** *„Sollte Gott nicht auch Recht schaffen seinen Auserwählten, die zu ihm Tag und Nacht rufen, und sollte er's bei ihnen lange hinziehen?"* Ja, wir glauben, dass ER es tun wird. Amen.

Ernst und trostvoll

69. Landeskirchenversammlung (Samstag[43], 16. November 2002) –
Hermannstadt, Stadtpfarrkirche
Predigt zu **2. Korinther 5,1 – 10**

1. Wir wissen: wenn unser irdisches Haus, diese Hütte, abgebrochen wird, so haben wir einen Bau, von Gott erbaut, ein Haus, nicht mit Händen gemacht, das ewig ist im Himmel. 2. Denn darum seufzen wir auch und sehnen uns danach, dass wir mit unserer Behausung, die vom Himmel ist, überkleidet werden, 3. weil wir dann bekleidet und nicht nackt befunden werden. 4. Denn solange wir in dieser Hütte sind, seufzen wir und sind beschwert, weil wir lieber nicht entkleidet, sondern überkleidet werden wollen, damit das Sterbliche verschlungen werde von dem Leben. 5 Der uns aber dazu bereitet hat, das ist Gott, der uns als Unterpfand den Geist gegeben hat. 6. So sind wir denn allezeit getrost und wissen: solange wir im Leibe wohnen, weilen wir fern von dem Herrn; 7. denn wir wandeln im Glauben und nicht im Schauen. 8. Wir sind aber getrost und haben vielmehr Lust, den Leib zu verlassen und daheim zu sein bei dem Herrn. 9. Darum setzen wir auch unsre Ehre darein, ob wir daheim sind oder in der Fremde, dass wir ihm wohl gefallen. 10. Denn wir müssen alle offenbar werden vor dem Richterstuhl Christi, damit jeder seinen Lohn empfange für das, was er getan hat bei Lebzeiten, es sei gut oder böse.

Hohe Landeskirchenversammlung! Liebe Brüder und Schwestern!

I. Es geht in diesem Bibelwort um die Lehre von den letzten Dingen, die **Eschatologie**. Am Ende des Kirchenjahres, vor allem an den drei letzten Sonntagen, ist es von der Ordnung der Predigttexte her vorgesehen, sich mit dieser Thematik auseinanderzusetzen. November ist der Monat, in welchem sogar die Natur, die spätherbstlichen Stimmungsbilder solche Gedankengänge nahe legen. Zwar sind wir als Landeskirchenversammlung heute durchaus dazu bestellt, Entscheidungen für dieses Leben und diese Welt, also „vorletzte" und nicht „letzte" Entscheidungen zu treffen. Und doch müssen diese „vorletzten" Entscheidungen im Lichte der „letzten Dinge" gefällt werden. Nicht zuletzt auch darum, weil wir das höchste (das: Gesetz gebende) Gremium unserer – wenn auch sehr klein gewordenen – Kirche sind, so ist unsere Verantwortung im Blick auf die zu treffenden Entscheidungen groß. Ob dieser Verantwortung, ist es sicherlich richtig, sich mit der vorhin benannten Thematik, mit eschatologischen Gedanken auseinander zu setzen. Es klingt fast programmatisch, wenn Paulus schreibt: *„Denn wir müssen alle offenbar werden vor dem*

Richterstuhl Christi, damit jeder seinen Lohn empfange für das, was er getan hat bei Leb-zeiten, es sei gut oder böse" (V.10).

II. Das Ende ist eine bitter ernste Angelegenheit: sei es der Tod eines Menschen, aber auch das Ende einer Gemeinschaft, wie wir es in den letzten Jahren ganz schmerzhaft erfahren haben. Wo etwas zu Ende geht, da hört der Spaß auf. Bitter ist vor allem die Erfahrung, dass man – wenn der Schlussstrich einmal gezogen ist – nichts mehr rückgängig machen kann. Wenn der rechte Zeitpunkt (*kairos*) verpasst wird, dann lernt man Endgültigkeit von ihrer negativen und bitteren Seite kennen. Das gilt im Hinblick auf die Ewigkeit, aber es gilt auch schon in diesem irdischen Leben. Ein Mensch der mit seinem Mitmenschen unversöhnt stirbt, bleibt unversöhnt. Wenn man – um die (sehr weltliche) Aktualität dieser Tage in Betracht zu ziehen – einen Termin für die Abgabe von Akten bezüglich Rückerstattung enteigneter Liegenschaften verpasst[44], dann verantwortet man dafür, dass die Kirche – so viele Jahre nach Enteignung und Entbehrung – endgültig um ihr immobiles Eigentum geprellt wird. Das Gefühl, welches sich im Blick auf die Endgültigkeit breit macht, hat Rainer Maria Rilke lyrisch aufgearbeitet und so formuliert: *„Wer jetzt kein Haus hat, baut sich keines mehr. / Wer jetzt allein ist, wird es lange bleiben; / wird wandern, lesen, lange Briefe schreiben / Und wird in den Alleen hin und her / Unruhig wandern, wenn die Blätter treiben."*

III. In unserem Bibelwort verwendet der Apostel Paulus ein interessantes Bild, um unsere Vergänglichkeit näher zu beschreiben. Unser Leib ist wie ein Haus in dem das Leben wohnt, sagt Paulus, wie ein Zelt, das nur für kurze Zeit steht. Martin Luther übersetzte den griechischen Begriff „skenos" mit „Hütte"; heute könnte man auch „Bruchbude" sagen. Doch selbst das Wohnen in einem auf festem Untergrund und mit allem Komfort ausgestatteten Haus, ist auf Zeit. In einem Haus, wo man zur Miete wohnt, kann man nicht ewig bleiben weil jeder Mietvertrag ein Kündigungsdatum hat. Und selbst wenn es eine Eigentumswohnung ist, so wird irgendwann – durch ein *Erdbeben* jäh oder durch den *Zahn der Zeit* allmählich – ein Schlussstrich gezogen. Damit verbindet sich die Angst um die Zukunft: Was wird, wenn diese „Hütte" zerfällt? Wo bleibe ich, wo finde ich Geborgenheit? Ernst und trostvoll wendet sich der Apostel an die Gemeinde, welche er selber gründete. Er ist erstaunlich zuversichtlich im Blick auf den Zeitpunkt, wenn die Hütte einbrechen sollte: *„Wir [haben] einen Bau, von Gott erbaut, ein Haus, nicht mit Händen gemacht, das ewig ist im Himmel"* (V. 1). Was danach kommen soll, das steht offenbar in keinem Vergleich zu dem, was wir jetzt sehen, fühlen und hören. Paulus sehnt sich sogar danach diese Hütte

---

[44] Im Jahr 2002 wurde (endlich) das Gesetz betreffend Rückerstattung enteigneter kirchlichen Liegenschaften verabschiedet („Legea 501/2002 pentru aprobarea Ordonanţei de urgenţă a Guvernului nr. 94/2000 privind retrocedarea unor bunuri imobile care au aparţinut cultelor religioase din România"). Termine für die Abgabe der Akten bei der Rückerstattungskommission in Bukarest waren sehr kurzfristig angesetzt.

frühzeitig zu verlassen, um früher bei seinem Herrn zu sein: „*Wir sind aber getrost und haben vielmehr Lust, den Leib zu verlassen und daheim zu sein bei dem Herrn*" (V. 8). Der bekannte katholische Theologe Hans Küng hat – im Blick darauf, was «danach» kommt gesagt: „*Was geschieht, ist also eine Neuschöpfung und Verwandlung des ganzen Menschen durch Gott jenseits der Dimension von Raum und Zeit ... Wir sterben nicht ins Nichts, sondern in Gott hinein.*"

IV. Angesichts des Endes dereinst, aber auch angesichts der mannigfachen Schlussstriche und Enden, die wir in unserer Zeit erleben, möchte uns das Apostelwort neu ausrichten. Das Ende ist – wenn es denn nur im rechten Licht gesehen wird – wohl etwas ERNSTES aber nichts NEGATIVES. Jedes Ende beinhaltet einen Neuanfang: Ende des irdischen Lebens, bedeutet Anfang des Lebens bei Gott. Aber nicht nur so viel: eingedenk der abzulegenden Rechenschaft, wird das Ende hier schon zu einem positiven Aufhänger, denn wer auf kein Ende zugeht, hat auch kein Ziel. Den Delegierten der Landeskirchenversammlung sei dies im Blick auf die nun folgende Sitzung zum Bedenken gegeben. Ohne Zweifel werden auch wir dereinst aufgefordert werden, Rechenschaft abzulegen: Rechenschaft über das was wir getan haben, aber sicher auch darüber was wir NICHT getan haben. Die Zeit, in welcher wir leben, bietet einer Kirche viele Perspektiven und Möglichkeiten aktiv zu werden. Das merkt man an den unzähligen verschiedenen Initiativen, die es in unserer Kirche gibt: sei es einzelner Kirchen*mitglieder*; sei es von Kirchen*gemeinden* oder von kirchlichen *Werken* – EINERSEITS. ANDERERSEITS aber sind wir durch unsere spezifischen Probleme nach der Wende 1989 doch stark eingeschränkt und können vieles nicht (oder: nicht *mehr*) leisten. Vielerorts geschieht Erstaunliches: etwa in der ökumenischen Öffnung, in der Jugendarbeit oder in der Diakonie. Mancherorts aber ist es so, dass auch die „*geistliche Grundversorgung*", (das bitter nötigste, was eine Kirche leisten muss: Gottesdienste, Kasualien, Unterweisung) nicht zufriedenstellend gewährleistet wird (oder: werden kann). Oft liegt das gute Funktionieren einer Gemeinde, oder das Gelingen einer Initiative in der Hand eines/einer Einzelnen; und wenn der/die weg ist, dann platzt alles wie eine Seifenblase. Auch wenn der Satz, den ich nun sage, ausgeleiert klingen mag: Es müssen neu Prioritäten gesetzt werden. Und wir müssen für diese gesetzten Prioritäten auch verantworten: schon jetzt aber auch dereinst, vor dem ewigen Richter. Eine dieser Prioritäten, die heute gesetzt werden, ist die Wahl der Mitglieder des Landeskonsistoriums; Männer und Frauen, welchen für die nächsten 4 Jahre die Geschicke unserer Landeskirche anvertraut werden. „*Wem viel gegeben ist, bei dem wird man viel suchen; und wem viel anvertraut ist, von dem wird man umso mehr fordern.*" (Lukas 12,48) sagt Jesus den wartenden Knechten und es gilt auch für uns heute in besonderer Weise.

V. Wir wissen, dass wir in dieser Verantwortung nicht alleine gelassen sind. Die Erfahrung der Vergangenheit sagt uns, dass uns der Allmächtige mit seinem Schutz begleitet hat. Was uns in Zukunft bevorsteht wissen wir nicht, denn „*wir wandeln im Glauben und nicht im Schauen"* (V.7). Und trotzdem, können (und sollen) wir gar nicht anders, als uns aufs Neue der Allmacht Gottes anzuvertrauen. Denn bei Gott werden auch unsere schiefen Wege wieder zurechtgerückt. Auch wenn wir Fehler machen, so sind wir doch seine geliebten Kinder, wenn wir denn bereit sind diese Unzulänglichkeiten einzugestehen. Dietrich Bonhoeffer sagt und damit möchte ich schließen: *„Ich glaube, dass Gott uns in jeder Notlage soviel Kraft geben will, wie wir brauchen. Aber er gibt sie nicht im Voraus. In solchem Glauben müsste alle Angst vor der Zukunft überwunden sein. Ich glaube, dass auch unsere Fehler und Irrtümer nicht vergeblich sind, und dass es Gott nicht schwerer ist, mit ihnen fertig zu werden, als mit unseren vermeintlichen Guttaten."* Gott segne unsere Zusammenkunft heute; ER schenke uns den Mut und die Weisheit, die rechten Entscheidungen für unsere bzw. für SEINE Kirche zu treffen. Amen.

Wer zu spät kommt

Letzter Sonntag im Kirchenjahr[45] (22. November 2009) – Schäßburg
Predigt zu **Matthäus 25,1 – 13**

Jesus sprach zu seinen Jüngern:„1. Dann wird das Himmelreich gleichen zehn Jungfrauen, die ihre Lampen nahmen und gingen hinaus, dem Bräutigam entgegen. 2. Aber fünf von ihnen waren töricht, und fünf waren klug. 3. Die törichten nahmen ihre Lampen, aber sie nahmen kein Öl mit. 4. Die klugen aber nahmen Öl mit in ihren Gefäßen, samt ihren Lampen. 5. Als nun der Bräutigam lange ausblieb, wurden sie alle schläfrig und schliefen ein. 6. Um Mitternacht aber erhob sich lautes Rufen: ‚Siehe, der Bräutigam kommt! Geht hinaus, ihm entgegen!' 7. Da standen diese Jungfrauen alle auf und machten ihre Lampen fertig. 8. Die törichten aber sprachen zu den klugen:‚Gebt uns von eurem Öl, denn unsre Lampen verlöschen.' 9. Da antworteten die klugen und sprachen:‚Nein, sonst würde es für uns und euch nicht genug sein; geht aber zum Kaufmann und kauft für euch selbst.' 10. Und als sie hingingen zu kaufen, kam der Bräutigam; und die bereit waren, gingen mit ihm hinein zur Hochzeit, und die Tür wurde verschlossen. 11. Später kamen auch die andern Jungfrauen und sprachen:‚Herr, Herr, tu uns auf!' 12. Er antwortete aber und sprach:‚Wahrlich, ich sage euch: Ich kenne euch nicht.' 13. Darum wachet! Denn ihr wisst weder Tag noch Stunde."

Liebe Gemeinde!

I. Bei einer traditionellen Hochzeit – so wird das mitunter auch hier in unserer Gegend noch gehandhabt – wird die Braut von zu Hause abgeholt. So ähnlich muss man es sich auch in Palästina zur Zeit Jesu vorstellen: die Frauen warten im Haus der Braut auf den Bräutigam, um dann die beiden zum Haus des Bräutigams zu begleiten, wo die Hochzeit gefeiert werden sollte. Etwas sonderbar mutet an, dass dies in unserm Gleichnis bei Dunkelheit geschieht. Wenn es aber schon so sein soll, dann kann man sich vorstellen, dass es sich hier nicht um kleine Öllämpchen handelt, welche nur im Haus gebraucht werden konnten und nicht draußen, wo sie einerseits zu wenig leuchteten, andererseits aber auch vom leichtesten Windhauch ausgelöscht werden konnten. Es handelt sich eher um zu jener Zeit gebrauchte größere Gefäßfackeln, in welchen – in Öl getränkte – Lumpen verbrannt wurden. Diese erzeugten mehr Licht, konnten aber auch nicht so leicht ausgehen. Die Frauen warten also im Hause der Braut und der Bräutigam verspätet. Das ist zwar unangenehm, aber nicht ungewöhnlich im balkanischen bzw. orientalischen Kulturkreis. Auch heute noch kann so etwas vorkommen: ich habe es selber vor einer Woche auf einem Dorf erlebt, wo ich ein Paar trauen sollte. Diese Trauung war für 12°° Uhr angesetzt. Etwa eine Viertelstunde vor-

---

45   In Schäßburg wird der Letzte Sonntag im Kirchenjahr als «Ewigkeitssonntag» begangen, da der Totensonntag, einen Monat früher angesetzt ist (siehe auch Fußnote Nr. 42).

her kam ich an und in dem Moment fuhr der Hochzeitszug in mehreren Autos an der Kirche vorbei. Der letzte Wagen hielt an und es stieg der Vater des Bräutigams, der mich erkannt hatte aus. Er eröffnete mir, dass sie noch ins Nachbardorf um die Braut fahren müssten. Ich hatte zumindest so viel Glück dass: 1) ich gerade in dem Moment vor der Kirche stand und so von der Verspätung überhaupt etwas erfahren hatte; und 2) weil eine Frau aus dem Kirchenrat eine Kaffeekanne mitgebracht hatte und ich mich zumindest ein wenig erwärmen konnte. Das Brautpaar verspätete sich um fast 2 Stunden und mein gesamter Zeitplan für diesen Tag war auf den Kopf gestellt worden.

II. Jesus erzählt ein „*Himmelreichgleichnis*". Dabei tut er das, was wir auch sonst von seinen Endzeitreden her kennen. Er teilt die Menschen in zwei Kategorien: Gerechte und Verdammte oder Gesegnete und Verfluchte. Auch die Frauen, welche auf den Bräutigam warten, werden nach zwei Kategorien eingeteilt: die erste Kategorie ist auf eine eventuelle Verspätung eingestellt und dementsprechend auch dafür ausgerüstet (in diesem Fall besteht die Ausrüstung in einem Vorrat an Öl für die Fackeln). Diese werden als KLUG bezeichnet. Die anderen sind auf diese Verspätung nicht eingestellt und dementsprechend auch nicht ausgerüstet; diese Kategorie wird als TÖRICHT bezeichnet. Das Wort findet sich heute kaum noch im deutschen Sprachgebrauch vor; heute würde man dazu einfach «DUMM» sagen. Dadurch dass diese Frauen auf die Verspätung nicht vorbereitet sind, haben sie die Möglichkeit am Fackelzug teilzunehmen NICHT und verpassen das Schönste: die Feier. So einfach ist es: wer darauf vorbereitet ist geht mit, wer nicht bleibt zurück. Das Gleichnis hat natürlich einen pädagogischen Hintergrund, weil schon ganz am Anfang die Klassifizierung vorgenommen wird. Der Hörer bekommt gar keine Gelegenheit sich mit den Dummen zu identifizieren. Die Entscheidung fällt automatisch für die Seite der Klugen. Selbstverständlich muss das jeder Mensch für sich selber tun, bzw. die nötigen Vorkehrungen treffen, um nicht selber in diese Kategorie der Dummen hinein zu fallen. Niemand kann oder darf dem andern unterstellen dumm zu sein. Das was den Unterschied zwischen klug und dumm ausmacht ist ja nur eine einzige Sache: Öl dabei zu haben oder nicht. Der Hörer wird nicht zu den Feierlichkeiten in den Saal mit hinein genommen. Er bleibt vor der Tür, und sieht die Tragik der fünf Dummen, die sich verspäten und nicht mehr hinein dürfen mit an. Auf diese Art und Weise wird der Hörer selber in die Geschichte verwickelt. Aristoteles hat einmal gesagt, dass Mitleid und Furcht, welche durch eine Tragödie hervorgerufen werden, eine Reinigung bewirken. Die Absicht des Gleichnisses ist ganz klar: der Hörer soll im Vorfeld davor bewahrt werden, in die Kategorie der Dummen hinein zu fallen. Die Perspektive, dass es ein „zu spät" geben könnte, soll davor bewahren, dass dies auch wirklich eintritt. Die Theologin Tabea Frey formuliert es folgendermaßen: „*Der Hörer soll sehen, wie es enden kann, damit es nicht so enden muss. Noch ist es Zeit, uns die Wahrheit über unser Leben sagen zu lassen.*"

III. In wenigen Tagen erfüllen sich 20 Jahre seit den umwälzenden Ereignissen im Herbst und Winter 1989. Einer dem wir diese Veränderungen zu danken haben, der sie überhaupt möglich gemacht hat, war Michail Gorbatschow. Er hat einmal gesagt: *„Wer zu spät kommt, den bestraft das Leben."* Ich gehe nicht davon aus, dass dieser Satz einen geistlichen Hintergrund hatte, bzw. Gorbatschow ihn nicht aus einer Glaubensmotivation heraus gesagt hat, sondern eher im Blick auf das sich abzeichnende Ende seiner politischen Karriere. Gerade deshalb muss es ihm umso höher angerechnet werden, dass er damals die Zeichen der Zeit recht erkannte und (ohne Rücksicht auf seine eigene Person) die Weichen richtig stellte. Er war gerade nicht kurzsichtig, sondern hatte eine enorme Weitsicht. Er wurde politisch abgestraft, das stimmt. Gerade in Russland und der ehemaligen UdSSR hat er keine Rolle mehr gespielt bzw. spielen können. Doch was er durch seine Haltung und seine Entscheidungen erwirkt hat, weist ihn als einen aus, welcher der Kategorie der KLU-GEN zuzuordnen ist; er hatte zur Rechten Zeit das Öl dabei. Er hat für sich selber richtig entschieden (und damit auch für Millionen andere). Das sollen auch wir tun, auch wenn unsere Verantwortung nicht mit jener Gorbatschows zu vergleichen ist. Rechtzeitig klug zu werden, „wach zu sein", dazu werden wir heute aufgefordert. Es ist ein Ziel, welchem wir dieses ganze Leben lang nachzustreben haben. Amen.

Verzeichnis der Predigttexte